ALICE COOPER
BEM-VINDO AO MEU PESADELO

Dave Thompson

ALICE COOPER
BEM-VINDO AO MEU PESADELO

Tradução:
Fabíola Cardoso

MADRAS®

Publicado originalmente em inglês sob o título *Alice Cooper – Welcome to My Nightmare*,
por Omnibus Press.
© 2012, Omnibus Press.
Direitos de edição e tradução para o Brasil.
Tradução autorizada do inglês.
© 2013, Madras Editora Ltda.

Editor:
Wagner Veneziani Costa

Produção e Capa:
Equipe Técnica Madras

Tradutor:
Fabíola Cardoso

Revisão da Tradução:
Soraya Borges de Freitas

Revisão:
Silvia Massimini Felix
Renata Brabo
Luciana Moreira

Dados Internacionais de Catalogação na Publicação (CIP)
(Câmara Brasileira do Livro, SP, Brasil)

Thompson, Dave
Alice Cooper: bem-vindo ao meu pesadelo/
Dave Thompson; tradução Fabíola Cardoso. –
São Paulo: Madras, 2013.
Título original: Alice Cooper: welcome to my nightmare
ISBN 978-85-370-0834-8

1. Alice Cooper (Banda de rock) 2. Cooper, Alice, 1948- 3. Discografia 4. Músicos de rock – Estados Unidos – Biografia I. Título.

13-01710   CDD-782.42166092

Índices para catálogo sistemático:
1. Músicos de rock: Biografia e obra   782.42166092

É proibida a reprodução total ou parcial desta obra, de qualquer forma ou por qualquer meio eletrônico, mecânico, inclusive por meio de processos xerográficos, incluindo ainda o uso da internet, sem a permissão expressa da Madras Editora, na pessoa de seu editor (Lei nº 9.610, de 19.2.98).

Todos os direitos desta edição, em língua portuguesa, reservados pela

MADRAS EDITORA LTDA.
Rua Paulo Gonçalves, 88 — Santana
CEP: 02403-020 — São Paulo/SP
Caixa Postal: 12183 — CEP: 02013-970
Tel.: (11) 2281-5555 — Fax: (11) 2959-3090
www.madras.com.br

Agradecimentos

Obrigado à pequena agenda telefônica, repleta de pessoas, por contribuir para essa história, alguns anonimamente, outros por acaso, mas todos muito valiosos. No coração da história, é claro, estão minhas próprias entrevistas, conversas e encontros com Alice, Neal Smith, Glen Buxton, Shep Gordon, Mike Pinera, Marcus Blake, Ray Manzarek, Hilly Michaels, Russel Mael, Harley Feinstein, Howard Kayman, Mark Volman, Tony Visconti, Harry Nilsson, Dee Murray, Jack Curtis, Dave Vanian, Stiv Bators, Cheetah Chrome, Kip Winger, Peter Frampton, Keith Boyce, Gary Holton, Suzi Quatro, Gaye Advert, Jim McCarty, Arthur Brown, John Donovan. Mas também agradeço aos amigos e associados que conversaram comigo em particular e cujas observações contribuíram muito para a base da história.

E para todo mundo que contribuiu de alguma maneira: Amy Hanson, Jo-Ann Greene, Toby, Oliver, Trevor, Jen, Gaye & Tim, Bateerz e família, Geoff Monmouth, Barb East, Karen e Todd, Linda e Larry, Deb e Roger, Dave e Sue, Mike Sharman, Chrissie Bentley, meu agente Brandi Bowles e todos na Omnibus Press.

Índice

Introdução..9
Nota do Autor 15
Capítulo 1 – Noite Estrelada...17
Capítulo 2 – Veja Minha Vida Solitária Desenrolar-se 31
Capítulo 3 – Recém-Chegado de Phoenix..45
Capítulo 4 – Ela Deu Quarenta Golpes na Mãe.............................59
Capítulo 5 – Belezuras para Frank..71
Capítulo 6 – Eles Matam Galinhas (Não Matam?) 87
Capítulo 7 – Amando... Até a Morte..105
Capítulo 8 – Assassinos Fora da Escola...125
Capítulo 9 – Você Já Teve Gases Antes? 147
Capítulo 10 – Não Consigo Achar uma Rima................................167
Capítulo 11 – Dando Boas-Vindas ao Pesadelo 187
Capítulo 12 – Não Consigo Dormir, os Palhaços Vão
Me Devorar..203
Capítulo 13 – Uísque, Por Favor, e Me Amarre 219
Capítulo 14 – Forças Especiais..239
Capítulo 15 – O Dia em que Meu Animal de Estimação
Morto Voltou...257
Capítulo 16 – Não me Venha com Esse Papo-Furado 275
Capítulo 17 – Doces para Diabéticos 295
Capítulo 18 – Redenção para o Coop...307
Discografia...315
Índice Remissivo...329

Introdução

Em outubro de 1997, pouco depois da morte de Glen Buxton, seu antigo colega na banda Alice Cooper, o baterista Neal Smith estava passando o tempo de papo pro ar com um velho amigo quando o assunto Hall da Fama do Rock 'n' Roll surgiu.

A banda Alice Cooper apenas recentemente se tornara elegível para inclusão, eles tinham comemorado o aniversário de 25 anos da formação do final dos anos 1960 em 1994, e havia poucas e preciosas bandas clássicas que mereciam a inclusão mais do que os Cooper. Talvez realmente tenha demorado uns dois anos para pegar mesmo o ritmo, mas ainda assim a sequência de *single*s de sucesso (e LPs) da banda Alice Cooper que estouraram ao longo do começo dos anos 1970 se mantém inigualável, incluindo alguns dos hinos do rock mais importantes de todos os tempos.

Com "I'm Eighteen", "School's Out", "Elected", "Hello Hooray", "Under My Wheels", "No More Mr Nice Guy", "Generation Landslide", "Billion Dollar Babies" e "Be My Lover" daria para encher um CD de *greatest hits* com as músicas pelas quais Alice Cooper são mais reconhecidos e outro com as músicas por quais são mais lembrados: "Dead Babies", "I Love the Dead", "Black Juju", "Killer", "Sick Things", "Halo of Flies" e "Hallowed Be Thy Name".

Alice Cooper pode não ser a banda mais pesada do mundo, mas eles ainda fazem todo o resto parecer peso leve, e o fato de as cabeças sagradas do Hall da Fama não terem arrastado os Cooper, chutando e

reclamando para dentro de suas salas de mármore quando o grupo se tornou elegível foi... Bom, não foi nem inexplicável. Foi desprezível.

"O Hall da Fama do Rock 'n' Roll", riu Buxton, "pode beijar meu traseiro rock 'n' roll".

"Aquele comentário me perseguiu por todos esses anos", sorri Smith 13 anos depois. "Então, cerca de um ano atrás, escrevi uma música sobre isso...", e enquanto trabalhava em seu segundo álbum do atual projeto Killsmith não pareceu haver motivos para não incluir essa música.

Exceto um.

O dia em que o telefone tocou e era o Hall da Fama do Rock 'n' Roll. Os Cooper tinham entrado, e Smith ficou abismado. "Eu nunca sonhei, nem em um milhão de anos, que nós seríamos incluídos. E quanto a 'O Hall da Fama do Rock 'n' Roll pode beijar meu traseiro rock 'n' roll'... Bom, era uma ótima ideia na época, mas veremos o que acontece. Não sou Nostradamus."

Killsmith é uma das bandas mais cativantes de todas as inúmeras bandas que surgiram dos destroços da banda Alice Cooper ao longo das últimas três décadas. *Sexual Savior*, o álbum de estreia da banda, foi lançado em 2008 e provou ser um dos discos mais desafiadoramente perversos da carreira de Smith, com um conjunto de *riffs* eletrizantes, acordes ensurdecedores, percussão monstro e o tipo de letra que faria qualquer anglo-saxão corar.

Dessa vez as coisas ficaram um pouco mais equilibradas. *Killsmith 2*, riu Smith, era "muito mais propício ao rádio do que o primeiro. Eu desabafei tudo aquilo, desabafei todos os palavrões. *Killsmith 2* é muito mais comercial, mas com a potência do primeiro. Apenas como as músicas são escritas... refrões mais marcantes. Doze músicas todas novíssimas, mas 'Kiss My Ass, Rock 'n' Roll Hall of Fame'... eu acho que não posso incluir essa".

Ele continua: "Eu estou muito empolgado pelos fãs que continuaram conosco por tanto tempo. Nos últimos dez anos circularam abaixo-assinados e essas pessoas simplesmente não entendiam por que não estávamos incluídos. Eu ainda estou surpreso que, em 1973, nós ficamos em primeiro lugar com o LP *Billion Dollar Babies* e, para mim, esse foi o pico de nossas carreiras em termos de coisas que acontecem do nada e que nem esperávamos. Eu não achei que ficaria melhor do que isso, ainda mais com a hesitação sobre nós sermos indicados para o Hall da Fama...".

"Eu sei que Alice tem fãs incríveis, mas a banda original também tem. O apoio deles tem sido forte e inabalável ao longo desses anos e eu estou bem empolgado por eles. Acho que esse é um dia maravilhoso para os fãs, um ótimo momento para eles." E o fato da indicação ter sido tão atrasada, de certa forma, apenas a deixou um pouco mais doce.

O único momento em que fiquei realmente empolgado com a nomeação foi quando percebi... Eu não acreditava que isso teria algum resultado positivo, afinal demorou 16 anos para sermos indicados. E eu amo todas as bandas que estão lá, mas acho que uma porção de bandas não está. Você as compara com os Beatles, os Rolling Stones, o The Who, Jimi Hendrix, Elvis Presley, os verdadeiros monstros do rock, e se pergunta por que elas estão lá. Então eu estava meio desiludido com isso.

Mas quando eu comecei a ver as bandas indicadas pela primeira vez, aquelas que entraram na primeira indicação, cara, foi quando eu fiquei empolgado. Eu pensei que se nós algum dia fôssemos indicados e conseguíssemos entrar, seria incrível entrar de primeira. E foi isso que fizemos. Na verdade, é uma coisa incrível e eu estou muito empolgado com isso."

Especialmente satisfatório para Smith e para os fãs da banda é o fato de a banda original ser a indicada, não apenas Alice Cooper. Afinal de contas, isso não seria um choque, pois mesmo no auge do sucesso da banda, em 1972-1973, as pessoas estavam mais propensas a não se referir a Alice Cooper como um cantor individual, esguio, com cara pintada, um doido com uma cobra na mão, cujos pais chamaram de Vince Furnier, e deixar o resto da banda no anonimato.

Não importa que Smith, os guitarristas Michael Bruce e Glen Buxton e o baixista Dennis Dunaway fizessem parte da encenação tanto quanto seu vocalista, nem que a maior parte dos grandes hits da banda fossem coescritos por pelo menos um dos outros integrantes. Para o público em geral, Alice Cooper era Alice Cooper e é um equívoco a que a história se atrelou obstinadamente desde então.

Ou talvez não seja um equívoco. Para cada banda e cada artista existe aquele momento transcendente no qual o marco de suas carreiras engrena. Para Alice Cooper, o homem, e Alice Cooper, o artista, esse momento foi exatamente 39 anos antes da inclusão no Hall da Fama, em um tempo em que ambos eram mais propensos a ser imortalizados na Casa dos Horrores ou no Muro da Vergonha do que ser proclamados uma parte integrante do DNA do Rock.

As retrospectivas e o hábito da história de criar eras nitidamente delimitadas dentro da massa confusa da cronologia do rock 'n' roll nem sempre concordam entre si, mas quanto à primavera de 1972, o que sabemos é que o *glam rock* ainda era uma explosão esperando por um estopim.

T Rex, Slade e The Sweet estavam a todo vapor, e a predileção por maquiagem e o figurino feminino recém-adquirida pela última banda com certeza os colocou em uma posição visual compartilhada pelos outros dois. Mas três bandas não formam um movimento, por mais bem-sucedidos que sejam; esse é um argumento muito mais utilizado ainda quando se considera como os estilos musicais de cada um eram diferentes.

O álbum completamente elétrico, *The Slider*, era iminente, mas, até que fosse finalizado, T Rex ainda era uma banda folk de raiz com uma tendência a tocar *riffs* tipo Eddie Cochran. Slade era uma banda de hard rock provocadora, mas bem disciplinada e propensa a fazer um som estilo Steppenwolf e Janis Joplin em todo o seu material empolgante. E o som do The Sweet era geralmente visto como um *bubblegum* não diluído, eternamente ligado ao estilo adocicado da dupla de compositores Chinnichap.

Sim, algo estava acontecendo. As retrospectivas insistem nisso.

No entanto, mais para os adolescentes de 11, 12 e 13 anos de idade, a geração que apenas começava a ler os jornais de rock semanais, mas cujos mundos ainda eram construídos em grande parte ao redor do *Top of The Pops*, que olhavam para o rock 'n' roll como um meio de delimitar suas obsessões juvenis e talvez encontrar uma pista ou duas sobre o que realmente significava ser um adolescente, 1972 não oferecia muito mais do que 1971. E, pesquisando as listas de lançamentos futuros dos próximos meses, seria preciso uma bola de cristal incrivelmente afinada para detectar a meia dúzia de futuros 45 segundos que converteriam um vago sentimento de intenção musical em uma revolução pop desenvolvida.

Existiu outro tiro no escuro de uma sensação de um hit só chamado David Bowie, um veterano sem hits tentando novamente, como Gary Glitter, uma saga *hippie* de longa data de Landbroke Grove chamada Hawkwind, uma nova banda artística chamada Roxy Music; o comercial eterno e sem esperanças Mott the Hoople, um bando de músicos naturais de Manchester chamados 10cc e o que parecia ser a última de uma longa linhagem de cantor-cantora, a irmã caçula de Carly Simon ou a mãe de Melanie, uma garota chamada Alice Cooper.

A Radio North Sea Internacional, a alternativa litorânea à Radio One que rompeu a estática de um rádio-transmissor tarde da noite, defendia os atrativos românticos de Edwina Biglet and the Miglets, mas a Radio One propriamente ainda estava parada em "Without You" de Nilsson. E com os grandes três (ou seja, T Rex, Slade e The Sweet) entre os *single*s, o verão seguiu em frente como uma festa do pijama de eremitas.

Mas de repente as coisas começaram a mudar. "Starman" de Bowie era uma música doce, meio "Over the Rainbow", com um toque meio riponga (bem "Let the Children Boogie" [Deixe as crianças se divertirem]), mas mesmo assim acertou em cheio, principalmente depois que o já estranho Bowie apareceu no *Top of the Pops* e apoiou um braço nos ombros de seu guitarrista. "Rock 'n' Roll" do Glitter foi uma batida primitiva, todos os "heys" e "yeahs" e a percussão pesada eram uma avalanche de sons que só poderia fazer sorrir. Roxy era James Dean vestido de uma *drag* alienígena. Hawkwind berrava e murmurava com um *riff* que tinha gosto de ácido e assim por diante até chegar a Mott The Hoople, cujo sucesso foi escrito por David Bowie e tudo aquilo pareceu tão circular que o futuro era inevitável. Como diria Bowie: todos os caras novos trazendo as novidades.

Mas coube a Alice Cooper nos dizer o que essa novidade realmente era, com seus cabelos negros e com o palco cheio de animais e suas Barbies, uma atuação totalmente americana em um campo de batalha até então basicamente inglês, com uma maquiagem tão grossa que seus olhos pareciam duas aranhas, um nariz longo e tão curvado que causava inveja nos piratas e uma identidade de gênero tão distorcida pelo peso de seu nome que precisava de um ou dois momentos para que tudo se encaixasse em seu lugar.

Alice era uma banda, Alice era um homem, e qual era a novidade que ela se apressou em contar?

School's Out.

Era isso que estávamos esperando, era o que precisávamos ouvir. Todos os outros álbuns eram peças de quebra-cabeça. Bowie balançando explorações atrás do balcão em nossas caras e afirmando que o sexo oposto era apenas um dos modelos a ser seguidos. Roxy declarando que a roupa faz o homem, mas apenas se o homem fizer os barulhos certos antes. Hawkwind trouxe as drogas recreativas, Glitter trouxe a liberação do espírito.

Mas foi Alice quem derrubou o último dos obstáculos, abalou a rigidez da estrutura dos fundamentos, falou de liberdade e nos mostrou como alcançá-la. Outras bandas nos deram as melhores partes da vida adulta e nos disseram para fazer delas o que poderíamos. Mas

Alice formou o *Department of Youth* e então permitiu a entrada de quem quisesse.

Que melhor começo as longas férias de verão poderiam ter?

Quarenta anos depois, parece estranho ainda discutir sobre esse disco ou até mesmo essa época. O rock seguiu em frente, Alice seguiu em frente. Mas o desafio que o verão de 1972 impôs continua tão potente hoje quanto era naquele tempo, e mais ainda se você se perguntar isso. Algum outro período de seis a oito semanas na história do rock ou pop apresentou a uma geração inteira tantas bandas, crenças e padrões culturais que continuam a ser, décadas depois, os ídolos icônicos de tantas pessoas?

Não apenas uma banda preferida. Nós falamos de algo tão além do mero favoritismo que chega a ser obsessão. Os jovens que descobriram David Bowie, Hawkwind, Roxy Music, 10cc, Mott the Hoople no primeiro hit e continuaram fiéis a eles desde então foram recompensados com carreiras que ainda são relevantes, senão ressonantes, na atualidade. E então, mais uma vez, lá está Alice, que não é apenas relevante e ressonante, como também ainda se apresentava no mesmo nível de perfeição que possuía tempos atrás, ainda encenando shows incríveis, que deixam a audiência maravilhada, de olhos esbugalhados e bocas abertas e ainda é o namoradinho na infância, o amigo gótico dos tempos de escola que você nunca vai esquecer. E nunca realmente superou.

Oh, e ainda proclamando que está fora escola porque... bom, está, não está? Como poderia ser diferente?

Dave Thompson

Nota do Autor

Alice Cooper. É um homem, é uma banda, é uma marca? Ou é tudo isso? Depois de escrever este livro e revisá-lo ficou claro que alguma forma de coerência era necessária. Então, o nome Alice refere-se ao cantor que primeiro liderou o grupo que lhe deu o nome e depois seguiu em carreira solo. Alice Cooper e variações (The Cooper, banda The Cooper, etc.) realmente se referem à banda.

E Vince Furnier é o cara que junta as duas partes, mas cuja própria vida e história apenas aconteciam nos bastidores do mundo que ele cocriou para o entretenimento do resto do mundo. Por isso, este livro não é uma biografia de Vince Furnier. Os eventos de sua vida marcaram sua participação, é claro. Seu passado, seus demônios e suas fascinações inevitavelmente influenciaram Alice e os Cooper. Mas Vince Furnier conta essa história em sua biografia *Alice Cooper, Golf Monster*, e ele conta bem porque aquele era um livro sobre a vida que ele viveu.

Welcome to My Nightmare trata da vida que ele criou.

Capítulo 1
Noite Estrelada

Ande pelas ruas do subúrbio de Detroit hoje em dia e é difícil acreditar que elas já criaram um monstro.

Não, temos de reformular isso. Se a América moderna tem algum tipo de produção tipicamente americana, esse é o gosto por criar bichos-papão, e isso é uma linhagem que remonta aos tempos coloniais, quando o Cavaleiro sem Cabeça de Sleepy Hollow assombrava os pesadelos dos puritanos tementes a Deus e às malvadas bruxas de Salém, Massachusetts, dançavam com o Demônio e amaldiçoavam as vacas dos vizinhos.

Uma linha traçada a partir disso divide algumas abominações horríveis, e a cultura americana sempre se agilizou para dar uma cara a elas. Lizzy Borden com seu machado pode não ter sido a primeira *serial killer* do país (afinal de contas, ela foi absolvida dos crimes), mas a rima que dançava na psique americana nos tempos em que a chacina do Fall River foi descoberta...

> *Lizzie Borden took an axe*
> *Gave her mother forty whacks*
> *When she saw what she had done*
> *She gave her father forty-one*

> *Lizzie Borden pegou um machado*
> *Deu em sua mãe 40 golpes*
> *Quando ela viu o que tinha aprontado*
> *Deu em seu pai 41 vezes*

... é tão familiar atualmente quanto era antes, e se tornou a trilha sonora não oficial de tantos *blockbusters* (sem mencionar os toscos filmes B e C) que é quase um milagre não existirem bonequinhos de Lizzie para se juntar aos Freddies, Jasons e Leatherfaces.

O clima dos grandes filmes de terror que dominaram os anos 1930, devassados pela Depressão, aqueles que seguiram seus passos durante os anos 1950 da Guerra Fria e aqueles que surgiram novamente durante os anos 1980 de Reagan criaram todos os seus próprios terrores singulares com os quais uma nação de pais poderia assustar seus filhos para irem para cama ("Vá dormir ou Michael Myers vai pegar você") ou se prontificar a proteger os inocentes dele. O pânico dos grandes quadrinhos dos anos 1950, quando uma indústria inteira foi atacada pelos poderes da Decência e dos Bons Costumes, brotou exclusivamente dos rabiscos assustadores da editora EC Comics e seus diversos contribuintes, e vemos o quanto os valores americanos mudaram se compararmos o destino do Crypt Keeper dos anos 1950, criticado pelo governo e retirado das publicações, e seu equivalente dos anos 1990, que resultou em um seriado de televisão próprio.

Então, sim, a América sempre criou bichos-papões, mas apenas recentemente eles realmente saíram da ficção e da imaginação geral para literalmente esvaziar as ruas à noite e oferecer aos cidadãos atingidos pela paranoia uma razão para estocar armas de fogo. No passado, os verdadeiros bichos-papões da América eram personagens de HQ e atores. Hoje são pedófilos, usuários de drogas e os conhecidos *serial killer*s. Algumas pessoas assustam suas crianças até elas dormirem porque são muito reais para ficar confortáveis.

E estão perto demais.

Então andamos novamente pelas ruas do subúrbio de Detroit e reconstruímos aquela ideia. É difícil pensar que essas ruas calmas criaram um bicho-papão em particular, um que saiu da ficção para se tornar realidade, mas que transformou essa realidade de volta para entretenimento a fim de mudar o curso de um pouco mais de duas décadas de *Public Enemy Number One* [Inimigo Público Nº 1] para nada mais do que entretenimento familiar, uma noite fora para a diversão de todas as gerações e a referência para tudo que é eternizado em si sobre o amor americano pelo *showman*.

Nos anos 1970, Alice Cooper era Lizzie Borden, Freddie Kruger e o Assassino do Zodíaco, todos juntos e com um pitada de possessão demoníaca para dar sorte.

Hoje e já há mais de 20 anos ele é PT Barnum, Buffalo Bill, Hefner, Hughes e Howard Johnson e Frankenstein. Todos e tudo que já questionaram o que a América realmente quer e conseguiram responder a essa questão com sucesso.

A América quer espetáculo, quer estímulo, quer sedução. Mas acima de tudo a América quer um bicho-papão e sempre foi sortuda nesse aspecto. Porque um sempre acaba aparecendo.

No meio dos anos 1950, o nome do bicho-papão era Elvis Presley e quando Alice Cooper era um garotinho com 7, 8 ou 9 anos era ele quem Alice queria ser.

O rock 'n' roll ainda era uma criança na época, até mais novo que seus admiradores mais jovens, e Elvis era o mais barra-pesada de todos que levavam a sociedade refinada à apoplexia. Não ajudou ele cantar como um homem negro em um tempo que muitas rádios americanas ainda exerciam o boicote por cor, mas sua música era apenas uma parte do problema.

Ele usava brilhantina no cabelo, seu lábio era grosso e ele parecia cruel e insolente antes mesmo de abrir a boca. E como se mexia! 'Heartbreak Hotel', o primeiro *single* de Presley, entrou nas listas apenas um mês depois do aniversário de 8 anos de Vince, chegando radiante às salas de toda a nação abalada, com as câmeras de televisão focadas somente na parte de cima do corpo do cantor para reforçar o que os jornais diziam sobre todo o resto: que ele movia seus quadris com um desprendimento sexual e apenas assisti-lo fazia jovens garotas impressionáveis molharem todo o assento.

Em uma época em que os filmes e a televisão eram controlados com rigor por leis da decência formuladas nos anos 1930, onde casais de seriados dormiam em camas separadas e até um beijo de boa noite poderia mandar um jovem embora pela tortuosa estrada da degradação, desespero e morte por mil DSTs, Elvis Presley era mais do que a primeira estrela do rock. Ele também foi a primeira estrela do rock chocante, um homem que murmurou quando deveria ter falado, que tinha um olhar de desprezo quando deveria sorrir e que pode ter amado sua mamãe, mas deixou um rastro de corações partidos mesmo assim.

Você deixaria sua filha casar com o "Pélvis"?

Alice fala de Elvis em sua autobiografia, ironicamente chamada Alice Cooper *Golf Monster*: "Eu ficava na frente do espelho e o imitava. O olhar. O rebolado". Mesmo quando criança, ele diz, era um "grande imitador".

Ele provavelmente era. E ainda é. Mas foi o espelho e não a imitação que ele cresceria para personificar. O espelho que ele criou para o mundo estava ao seu redor, mas cuja feiura era aparente só para Alice. Ele admitiu isso quando o jornalista Albert Goldman da revista *Life* o confrontou sobre seus shows que possuíam grandes faixas da sociedade responsável em pé de guerra e muito dos irresponsáveis da sociedade de braços dados com ele.

"As pessoas botam seus próprios valores no que fazemos, e as vezes esses valores são distorcidos. Eles reagem dessa forma porque são inseguros. Eles consideram [o que fazemos] chocante, vulgar... [mas] as pessoas realmente puras gostam. Se Edgar Allan Poe estivesse vivo hoje, ele faria as mesmas coisas que fazemos."

Goldman concorda: "Confessando fantasias que muitas pessoas prefeririam morrer antes de revelar, Alice Cooper se tornou um bode expiatório para a culpa e repressão de todo mundo. As pessoas projetavam nele, insultavam-no, ridicularizavam-no. Alguns, sem dúvida, gostariam de matá-lo". Mas Alice apenas ri. "É claro que éramos de mau gosto. Não existe nada na América que não seja de mau gosto. Isso é maravilhoso, não é?"

Não que ele necessariamente se considere de mau gosto. Nem mesmo rebelde. Como ele observou muitas vezes em outras ocasiões, ele simplesmente pegou suas próprias paixões da cultura pop... filmes B de terror, suspenses de espiões e Hollywood, revistas *kitsch* e *Contos da Cripta*, todas as coisas que encantaram quase toda criança crescendo na América dos anos 1950... ele os reuniu e os misturou com a onda de fantasias juvenis que surgiram na época, o pop da invasão britânica, a polpa de Roger Corman, as liberdades da psicodelia, e então ele ficou misturando. Ele viveu a vida de um super-herói da Marvel Comics por anos antes de se tornar um e um superstar de filmes de terror durante anos antes de se tornar um também.

Uma linha do tempo da carreira recente de Alice Cooper apontaria inúmeras conquistas dos anos 1990 em diante, desde ter escrito um tema musical para *A Hora do Pesadelo* e escrever uma história em quadrinhos com Neil Gaiman de *Sandman,* até pensar na possibilidade de concorrer à prefeitura em sua cidade adotada como natal, Phoenix. E em cada momento era simplesmente uma questão de a realidade alcançar os sonhos que ele tinha criado em algum momento do passado. A carreira da maioria das celebridades vive ao som das conquistas sempre em declínio, quanto mais mergulhassem no futuro. Alice Cooper nunca caiu nessa armadilha, porque ele já previu o que aconteceria muito antes.

É claro que previu. Como não? Ele era o bicho-papão, afinal.

Naturalmente, Alice não era Alice quando começou, na verdade só se tornaria Alice quando começou a encarar seus 20 anos. Para os amigos e a família que o viram crescer, ele era Vince, Vincent Damon Furnier (pronuncia-se Fern-ee-ay), para ser mais preciso, uma criança magricela nascida em uma quarta-feira, dia 4 de fevereiro de 1948. Recebeu o nome de Vince por causa de seu tio Vince na primeira parte e pelo escritor Damon Runyan na segunda.

Não foi um bom dia para notícias. Os jornais de Detroit, como todos os outros ao redor da América do Norte, estavam dominados pelo clima severo que atrapalhava o trânsito e as viagens desde o Natal e mostrava poucas possibilidades de mudança. Do outro lado do mundo, no ponto mais baixo da Índia, o Ceilão acabava enfim com as leis britânicas para se tornar a nação independente de Sri-Lanka, mas isso teve pouca visibilidade em Michigan, assim como muitos dos outros grandes acontecimentos do dia.

A corte suprema se preparava para decidir se era constitucional ou não a educação religiosa entrar no currículo escolar (e não era) e o presidente democrata Truman lutava contra a ameaça de muitos membros do partido sulista de sair e criar seu próprio partido separatista. A União Soviética brandia seus sabres sobre o que via como uma tentativa americana de dividir a Europa, militarizar a Alemanha e ir contra o bloco comunista.

Mas a própria Detroit desabrochava à medida que o comércio automotivo continuava a celebrar a volta da força de trabalho masculina da guerra, e a América em geral começou a relaxar e entrar em um momento de paz que prometia grandes possibilidades de oportunidades e movimentos, ambos dependentes do veículo motorizado. Um galão de combustível custava 16 centavos, um carro novo ficava em torno de 1.200 dólares redondos. Os salários aumentavam, a inflação caía. Era um ótimo momento para viver, um grande momento para ser um americano.

No entanto, não era um bom momento para ser Vince Furnier. Na autobiografia de 1976, *Me Alice*, ele lamenta: "Eu nasci (...) em um hospital que chamavam de 'Butcher's Palace' [Palácio do Açougueiro] em Detroit e tive sorte de sair de lá, porque muitos não saíam. Eles não fizeram um trabalho tão ruim em mim, exceto que eu nasci com eczema e asma infantil". A primeira coisa ele superaria, a segunda se tornaria um dos fatos decisivos de sua jovem vida, já que seus pais foram em busca de um clima que não deixasse seu filho sem ar toda vez que a temperatura caísse.

A família de Vince era um grupo diversificado. Do lado de seu pai, o lado dos Furnier, eles descendem dos huguenotes, a onda de protestantes franceses reformistas que foram perseguidos em sua terra natal no fim do século XVII e cuja diáspora os levou para todos os cantos do mundo. Alguns não foram muito longe. A Inglaterra, a Suíça, a recente República Holandesa e a Prússia deram boas-vindas (ou não) aos huguenotes. Outros encontraram seu caminho onde agora é a África do Sul, mas antes era um conjunto de novos territórios ainda buscando sua identidade em meio à confusão de senhores ingleses e holandeses.

Mas os mais durões se mudaram para a América do Norte, para outro agrupamento de colônias que buscavam coesão, mas cujos políticos (senão as próprias políticas) já pareciam oferecer um refúgio para a opressão. Os Furnier de Vince estavam entre eles e parece que deixaram uma marca.

Um primo de sétimo grau dos Furnier, como a tradição familiar insiste, era Marie-Joseph Paul Yves Roch Gilbert Du Motier, o marquês de Lafayette, um aristocrata de origem francesa que lutou ao lado dos republicanos contra a monarquia durante a Revolução Americana e depois mudou efetivamente de lado e lutou pela monarquia e contra os republicanos durante a ascensão francesa. Portanto, um homem de convicções políticas variadas, mas ele era a cereja no topo do bolo genealógico do qual o jovem Vince nunca se cansava. Você conseguiria até ver a semelhança da família, ele dizia, nos retratos do grande homem, nas maçãs do rosto marcantes e protuberantes e no cabelo escuro e fino que eram marcas da família.

O marquês não era a única reivindicação de fama familiar dos Furnier. Mais próximo na linhagem e no tempo estava Thurman Sylvester Furnier, um evangélico que se tornou presidente da Igreja de Jesus Cristo. Thurman era o avô de Vince.

Um dos dez filhos de um jardineiro, John Washington Furnier, (1838-1923) e sua esposa Emma (1846-1910), o avô Thurman nasceu em Washington, Pensilvânia, no dia 21 de abril de 1888 e viveu até a idade avançada de 85 anos, tempo suficiente para ver seu neto se tornar uma das maiores estrelas dos palcos americanos. Aliás, tão famoso nessa área quanto Thurman foi na sua.

A Igreja de Jesus Cristo foi uma das muitas igrejas que se desenvolveram a partir da Igreja Mórmon após a morte de seu fundador, Joseph Smith Jr., em um linchamento em 1844. Para alguém de fora, ela se diferenciava de sua matriz apenas por ter diminuído o nome (os mórmons são a Igreja de Jesus Cristo do Último Dia dos Santos). Mas uma divisão mais profunda, é claro, separa as duas igrejas.

A cisão foi causada por uma disputa amarga sobre quem deveria suceder o falecido Smith. Os mórmons elegeram Brigham Young, o presidente do Quórum dos Doze da Igreja. À Igreja de Jesus Cristo (cujos membros decididamente não são mórmons, apesar de aderirem aos seus princípios sagrados) seguiu Sidney Rigdon, o membro sobrevivente da administração original da primeira presidência da igreja, e Willian Bickerton, um dos primeiros convertidos por Rigdon seguindo a ruptura.

Foi Bickerton quem organizou a primeira filial da Igreja de Jesus Cristo em 1851 e a levou à incorporação total em 1865. Por diversos critérios aplicados, ela sempre foi uma igreja pequena. Com 150 anos, a filiação mundial é estimada em um pouco mais de 12 mil seguidores, com apenas 3 mil deles vivendo nos Estados Unidos. Eram ainda menos quando Thurman Furnier foi ordenado pastor em 3 de janeiro de 1915, mas sua ascensão entre os cargos foi rápida. Em 1916 ele se tornou um evangelista, encarregado de levar a mensagem da igreja do púlpito para o campo, e no dia 7 de outubro de 1917, quatro meses depois se alistar no exército dos Estados Unidos, ele foi eleito um apóstolo.

Agora casado com a avó de Vince – Birdie –, Thurman teve dois filhos, Lonson, de 8 anos, e Vincent "Jocko" Collier, de 6 anos, quando se alistou no dia 5 de junho de 1917. Um terceiro filho, Clarence, nasceu em 1918 e finalmente o futuro pai de Alice Cooper, Ether "Mickie" Moroni Furnier, chegou no dia 26 de março de 1924.

A essa altura Thurman trabalhava na indústria automotiva, afinal Detroit era a cidade americana do automóvel e Thurman não pôde escapar disso. Ele trabalhou como administrador dos pagamentos em uma das fábricas, mas suas crenças religiosas nunca ficaram distantes, pois continuou a ascender na hierarquia da igreja. De fato, quando atingiu o pico, ao ser eleito presidente no dia 11 de abril de 1965, ele havia servido em todas as funções da igreja.

A igreja floresceu sob sua liderança, sendo descrita com frequência como pelo menos a de crescimento mais rápido entre as várias ramificações da original, e a presidência de oito anos de Thurman Furnier teve um papel crucial na expansão da igreja. Portanto, foi bem irônico que, enquanto o neto dele se manteve quieto em relação à sua criação religiosa, do outro lado da dissidência de um século uma família mórmon que cantava e dançava, chamada Osmond, conseguia novos fiéis tão furiosamente quanto produzia álbuns de sucesso. Para Vince, o jantar na casa de seus avós deve ter sido fascinante.

Os Furnier eram uma família unida e, quando Mickie se casou com uma garota de 21 anos de Tennesse, Ella Mae McCartt, em 1946, seus pais nunca estavam distantes. O jovem Vince cresceu ouvindo seu tio Jocko contando histórias sobre uma piscina que construiria com o dinheiro ganho como prêmio nos tempos de luta e quase todas elas acabaram sendo verdadeiras. Ninguém parece lembrar por que as pessoas começaram a chamá-lo de Jocko, mas o apelido ficou e, se Ether não tivesse batizado seu primogênito Vincent, Jocko talvez esquecesse qual era seu verdadeiro nome.

Lonson, o irmão mais velho de Mickie, também havia desistido de seu nome de batismo havia muito tempo. Ele agora era tio Lefty e havia tempos tinha deixado Detroit por um emprego na Jet Propulsion Laboratory em Los Pasadena, lar do programa espacial americano e dos primeiros anos de desenvolvimento atômico. Mas seu sobrinho o conhecia bem o suficiente para se lembrar dele como um playboy de terno e gravata, cuja vida social na Califórnia ao menos o deixou mais próximo de atrizes como Lana Turner e Ava Gardner. Para uma criança que não conhecia nada do mundo além do que absorvia das ruas de Detroit e de suas visitas todos os sábados de manhã ao cinema, Lefty era a personificação do *glamour*.

E então havia os primos. Já muito cedo o pequeno Vince percebeu que a sobrevivência do nome da família Furnier caiu sobre seus ombros, e somente os seus. Dois anos mais velha que ele, a irmã Nickie Ann foi a primeira no que se tornou um autêntico mar de feminilidade, enquanto o lado da família de Ella Mae contribuiu com sua própria prole e deixou Vince com 13 primos, "na maioria garotas". Ele cumpriria com seus deveres também. Embora ele acabasse mudando seu nome oficialmente para Alice Cooper, esperou até o nascimento de seu primeiro filho, Damien Furnier.

O novo desenvolvimento na última metade do século deixou a Rua Lincoln, onde Vince cresceu, quase irreconhecível. Um amontoado de casas de família simples que percorria tudo desde a Rua Turnbull, o bairro agora ficava nas sombras da monstruosa via expressa John C. Lodge. Mas o estádio Wayne State Stadium da Wayne's University (atual Tom Adams Field), lar do time de futebol americano Wayne State Warriors, ficava a apenas uma caminhada de distância, enquanto a predominante constituição polonesa da vizinhança dava um ar exótico de Europa central ao mesmo ar que respiravam. O Vince mais velho só precisa imaginar o aroma de *pierogis* ou rocambole para ser transportado de volta à Rua Lincoln em sua mente. Isso e o som do bastão batendo na bola.

Se a religião do avô e o *glamour* do tio foram os melhores momentos da criação familiar de Vince, sua vida fora de casa se resumia ao baseball no geral e ao Detroit Tigers em particular.

Os Tigers representavam a cidade desde a formação em 1901 e seus primórdios continuam lendários, já que, com o agora quase místico Ty Cobb jogando para eles, conquistaram três campeonatos da Liga Americana consecutivos, entre 1907 e 1909. Cobb aposentou-se em 1921, mas os Tigers continuaram potentes, vencendo o Campeonato Mundial em 1935 e de novo em 1945, chegando perto disso na maior parte do tempo entre esses anos.

No entanto, quando Vince nasceu, até o triunfo mais recente começava a desaparecer da memória e, embora a cidade ainda conseguisse produzir bons jogadores e se gabasse do quase incontrolável Al Kaline, seguir os Tigers durante os anos 1950 significava estar fadado à decepção ano após ano.

Mas Vince e seu pai nunca desistiram. Se não estavam ouvindo o jogo pelo rádio, estavam do lado de fora imitando (e superando muitas vezes) seus heróis, e quando o garoto ficou velho demais para se contentar em jogar apenas com seu pai, ele seguiu em direção ao time local que representava a Rua Lincoln em uma espécie de guerra esportiva entre as gangues com seus vizinhos. Longe do enclave polonês da Rua Lincoln, os irlandeses, negros e italianos de Detroit possuíam suas próprias ruas, seus próprios times, e o baseball era o campo de batalha escolhido. Ocasionalmente os ânimos ficavam exaltados e sangue era derramado. Mas, na maior parte do tempo, as rivalidades mortais eram resolvidas em campo, e Vince Furnier desabrochou. Poderia até, se as tacadas fossem certeiras, fazer do baseball sua carreira.

Mas havia um empecilho: sua saúde e a asma que o mantinha preso em seu quarto, sem ar e suando frio, tanto quanto o permitia sair para jogar. Suas fragilidades eram cruéis principalmente no outono e no inverno, e enquanto seus amigos da escola saíam nas inevitáveis nevascas, Vince se limitava a assistir de sua janela, fedendo a Vick ou se concentrando nos modelos de aeronaves e automóveis de plástico que amava montar. A única cura que o médico podia oferecer, a única coisa que poderia salvar o garoto de uma vida fungando sofrimento, era uma mudança de clima.

O tio Lefty logo propôs: "Venham para Los Angeles e fiquem comigo". A família já tinha passado uma temporada lá quando Vince era pequeno e viram a diferença que fez para a saúde da criança. Eles ficaram em Phoenix por um curto período também e viram o calor seco do deserto causar uma melhora instantânea. Toda vez, no entanto, os problemas financeiros os levavam de volta a Detroit para aguentarem mais um inverno miserável. Nunca foram pobres, mas também não eram ricos. Como muitas famílias, eles simplesmente sobreviviam com o que tinham.

Mas em 1955, Mickie e Ellie Mae tiraram Vince e Nickie da escola Havenhurst Elementary e os botaram no velho Ford Fairlane da família por 3.700 quilômetros, 36 horas, até a Califórnia. Uma missão exploradora que no final os levaria a se mudar para lá de uma vez por todas. Quando chegaram, um Alice mais velho reflete, ele vivenciou um momento decisivo. "Meu primeiro gostinho do sucesso."

Lefty vivia em San Fernando Valley, um endereço que não cativou o pequeno Vince até chegarem lá e, no meio das palmeiras, da luz do sol e do verde que Los Angeles tem todos os dias, ele descobriu a piscina de seu tio. Ele nunca tinha visto algo assim antes, certamente não plantada no jardim de alguém, e nesse momento ele fez uma promessa para si mesmo de que até hoje ainda se lembra. Um dia ele teria sua própria piscina.

Os Furnier fizeram umas três ou quatro viagens entre Detroit e Los Angeles, depois do que o fiel Ford Fairlane deu o que tinha de dar. Agora eles viajavam em um Ford Anglia importado, um carro minúsculo feito muito mais para as ruas vagarosas e os curtos percursos de sua terra natal britânica do que os grandes espaços abertos da América. Amontoadas no banco de trás, as crianças se entretiam da melhor forma possível; na frente, seus pais apenas rezavam para que a viagem acabasse. O dia em que fizeram a última viagem, para adquirir uma residência permanente à luz do sol, todos suspiraram aliviados.

Eles não poderiam saber de maneira nenhuma que suas viagens haviam acabado.

Mickie, um desenhista treinado e engenheiro eletrônico, já tinha achado trabalho junto com seu irmão Lefty na Jet Propulsion Laboratory, e Ellie foi trabalhar como garçonete no restaurante Lawry's na Avenida La Cienega, com uma fachada de arquitetura modernista fascinante, desenhada por Wayne McAllister (também o olhar por trás do primeiro da rede de hotéis Marriott). Ainda assim, o dinheiro continuava apertado e o lar se tornou uma sucessão dos aluguéis mais baratos que conseguissem encontrar, perto o suficiente do trabalho e da escola. Um dia Mickie retornou atônito de um almoço de negócios com Lefty e alguns associados: a conta tinha atingido 30 dólares ou duas semanas de aluguel para os Furnier.

Para Vince, a penúria de gastar dinheiro era simplesmente mais um desafio da infância a ser vencido com o máximo possível de criatividade. Tendo em vista sua pouca idade, era uma quantidade considerável. "Se eu precisasse de 25 centavos para comprar algo que queria", ele contou à revista *Spec* em setembro de 1974, "eu roubava um dólar da bolsa da minha mãe, gastava os 25 centavos e botava o troco na gaveta do armário da minha irmã, onde minha mãe com certeza encontraria o dinheiro. Eu não era tão burro a ponto de gastar o dólar todo, garantia que sobrasse dinheiro para incriminar minha irmã".

Tanto em Los Angeles como em Detroit muito do seu dinheiro era gasto no cinema. A era de ouro do cinema americano ainda tinha força, ainda se segurava contra a ameaça da televisão como destino número um para famílias, adolescentes ou crianças desacompanhadas procurando por algumas horas de entretenimento a um preço baixo. Nem importava o que passava. Naquela idade, naquela época, um filme era um filme e Vince devorava todos. Desde musicais no estilo Rodgers & Hammerstein que iluminavam a tela em cores vívidas até filmes de terror de baixo orçamento, que passavam por uma semana e depois eram mandados para a obscuridade.

Ele se lembrou daquela época na revista *Famous Monsters*, em 1999, como um ou outro cinema local passava todo sábado uma sequência de filmes de terror das 10 horas às 18 horas. Oito horas de emoções por apenas 30 centavos. "Nós íamos para ver *It Came From Beneath the Sea, It* ou *Them!* ou *It Came From Outer Space*, ou algo do gênero, e eu ficava muito ansioso para ir ao cinema. Sempre pensei que fosse uma criança bem normal, porque [o cinema] ficava lotado de crianças da minha idade. Parecia que, sempre que tinha um dia inteiro de terror, toda criança 'normal' de Detroit estava lá para assistir. Eu não era o único. Era incrível! Ir ao cinema durava o dia inteiro. Se você saísse da sala e ainda estava claro, bem, você não foi realmente ao cinema. Até o cinema local tinha os corredores de mármore e colunas vermelhas, com gigantescos lustres góticos e um lanterninha que usava um daqueles chapeuzinhos quadrados."

Ele foi muito sortudo, como percebeu depois, de ser uma criança quando os melhores filmes de horror de todos os tempos foram lançados. Mas não tinha medo de olhar para o passado também. O cinema passava com frequência o velho RKO e os clássicos da Universal dos anos 1930, e Vince saboreava esses também, registrando todas as criaturas e criações em sua imaginação, classificando os filmes por quanto ele os amava.

Por alguns filmes ele se apaixonou, outros quase o assustaram até morrer e ele se apaixonou mais ainda por esses. *A Filha de Drácula* era um favorito, mas *Monstro da Lagoa Negra* foi o primeiro a fazê-lo sair correndo da sala aterrorizado, a cena em que uma criatura pisoteia um campista infeliz "e (...) basicamente destrói a cara dele. Eu saí correndo do cinema". Mas, claro, ele voltou correndo para a exibição do dia seguinte para descobrir o que ia acontecer. Outro suspense inesquecível feito por John Carradine, *The Unearthly*: "Esse também me assustou muito, tinha o Tor Johnson grande e careca sem olhos...".

Mas outra influência ganhava espaço na vida familiar, que teria um impacto ainda maior na vida do jovem Vince do que o terror. Ao longo dos anos em Detroit, os Furnier respeitavam o entusiasmo religioso do vovô Thurman, mas mantinham distância. Eles não eram exatamente agnósticos, mas se você perguntasse se a família era protestante ou católica a resposta geralmente era um longo silêncio.

Talvez fosse a distância física que agora existia entre pai e filho, talvez fosse somente uma busca por algo com que pudessem contar para superar as dificuldades cotidianas, mas pouco após chegarem a Los Angeles, os pais de Vince começaram a frequentar a filial mais próxima da Igreja de Jesus Cristo, abraçando a religião com tanto fervor que a vida em família mudou completamente.

Mickie parou com seu hábito de fumar três maços de cigarros por dia e removeu qualquer traço de bebida alcoólica da casa. Ele parou de falar palavrões. A família inteira ia à igreja todo domingo, quarta e sexta e, quando não tinha nada para fazer aos sábados, o mais jovem dos Furnier estaria novamente na igreja limpando tudo para a missa do dia seguinte.

Como seu pai anteriormente, Mickie começou a subir de cargo na igreja. Ele desenvolveu um gosto por trabalhos missionários entre os americanos nativos, cujas reservas pareciam ter sido posicionadas nos cantos mais inóspitos do sudoeste americano, e a maioria deles vivia em um nível de pobreza que constrangeria o Terceiro Mundo. A missão de Mickie o levou para uma das reservas mais conhecidas, depois da fronteira entrando em Arizona, a reserva indígena San Carlos ou Hell's Forty Acres, como costumava ser conhecida talvez com mais precisão.

Fundada em 1871, a reserva San Carlos era o lar de meia dúzia de tribos apache diferentes, 3.220 quilômetros quadrados, o que fazia dela a décima maior reserva do país. Nem tudo era deserto. A bela e vasta floresta Ponderosa é uma parte da San Carlos Nation, mas claro que isso trouxe uma série de perigos e dificuldades. Não havia cassinos extravagantes ou tabacarias de preço baixo no horizonte nativo americano naquela época. As famílias viviam tão abaixo da linha da pobreza que um carro abandonado era considerado uma boa casa e, na medida em que a família crescia, o carro também aumentava para fora formando "quartos" de papelão, gravetos e barro. Um bom barraco, como essas construções típicas eram chamadas, conseguia aguentar muito do que a natureza lançava, mas ainda assim os Furnier quase não acreditaram no que viram na primeira vez em que foram para lá.

Com certeza era um desafio para quem estivesse determinado a tentar melhorar as condições de vida precárias, mas Mickie se entregou ao seu chamado. Menos de dois anos após ter desenraizado sua família rumo a uma vida nova na Califórnia, ele anunciou que se mudariam mais uma vez.

Eles seguiram em direção ao norte de novo, dessa vez para Uniontown, Pensilvânia, próximo a uma unidade da Igreja de Jesus Cristo. Lá, Mickie continuou imitando o crescimento de seu pai na hierarquia da igreja, enquanto aprofundava seus estudos religiosos. Então, em 1949, a família voltou ao Arizona por um tempo, voltaram para Califórnia e depois para o Arizona pela última vez, bem em tempo de Vince entrar na Junior High School.

Mas ele não fez isso.

Mickie tinha conseguido um trabalho na fábrica da Goodyear Aerospace em Phoenix, Arizona. Ele encontrou uma casa próxima a uma área de *trailers* e todo fim de semana a família ia para a reserva fazer o que pudessem para ajudar as pessoas de lá. Foi depois de uma dessas visitas, no fim de semana do dia 4 de julho de 1961, que Vince, até então muito saudável, começou a vomitar violentamente.

Os pensamentos iniciais de que ele havia pegado um resfriado foram logo descartados. Agora seus pais se perguntavam se ele não teria sido picado por qualquer uma das inúmeras criaturas venenosas que também habitavam a reserva. Como ele estava sempre brincando na terra com as outras crianças que conhecia por lá, pode ter sido picado ou mordido por qualquer coisa, desde um escorpião até uma viúva-negra ou um dos 18 tipos de cobras venenosas que o Arizona abriga.

O garoto balançou a cabeça. Nada do tipo. Além disso, sua doença não seguiu os passos de tal calamidade e nem havia marca alguma em seu corpo que sugerisse um ataque. O que ele conseguia produzir era uma abundante quantidade de vômito verde e malcheiroso, e foi nesse momento que seus pais decidiram buscar ajuda médica. Nem importava mais que a futura conta médica provavelmente os levasse a ficar no vermelho nos meses seguintes.

Os exames de sangue confirmaram o que o médico suspeitava desde o momento em que viu o garoto, e sem dúvida todos ficaram sem entender como um garoto de 11 anos poderia ter estourado o apêndice há dois dias e não ter ficado totalmente incapacitado desde então. No entanto, de alguma forma isso aconteceu e agora o corpo de Vince estava completamente tomado por peritonites. Todos os órgãos internos foram infectados, seu sangue estava mais grosso de tanto veneno. Quando os pais de Vince pediram um prognóstico a longo prazo, o médico disse a eles que provavelmente não haveria um. O garoto talvez tivesse 10% de chance de sobrevivência. Se tivesse sorte.

Levado às pressas para a cirurgia, os médicos extraíram quase cinco litros de veneno do corpo de Vince, "o suficiente (...) para intoxicar um exército", o garoto depois se gabou, mas ele ainda não estava fora de risco. Todos os dias em que os pais iam visitá-lo ele parecia mais magro do que a vez anterior, e quando essa provação acabou o filho de 38 quilos tinha perdido um terço da massa corporal.

Ele ficou alterado fisicamente também. Sua coluna curvou-se e quando ele ficava em pé o começo de uma corcunda ficava à vista de todos. Os antibióticos fizeram seu cabelo cair. Parecia que um vento forte não só poderia simplesmente levá-lo embora, como também poderia parti-lo em dois. Demorou três meses até o hospital considerar dar-lhe alta. Mas ele sobreviveu e a fé religiosa de seus pais ficava cada vez mais forte toda vez que eles olhavam para seu pequeno milagre ambulante, o garoto que voltou do fim da linha.

Claramente, eles se deslumbravam, Deus possui grandes planos para o filho deles.

Capítulo 2
Veja Minha Vida Solitária Desenrolar-se

Na primavera de 1962, ainda com cicatrizes e esquelético pela hospitalização, um Vince Furnier de 14 anos voltou à sua rotina escolar, sendo matriculado na Squaw Peak Junior High, na Rua 34 N, Phoenix.

Ele ainda estava fraco. Em casa, sua mãe o alimentava com bife e fígado para tentar fortalecê-lo, depois o mandava para a escola implorando para que não entrasse em nenhuma briga. Um simples soco no estômago poderia abrir um rombo nele antes que os médicos tivessem a chance de completar o trabalho. Um ano após a crise inicial, Vince voltaria ao hospital para ser aberto novamente, mas dessa vez para remover o tecido danificado. As cicatrizes finais o lembravam de uma mordida de tubarão que vira em uma revista qualquer, então era isso que ele dizia às pessoas, uma lembrança de seus dias surfando em Los Angeles.

Ele não era uma criança tímida. Tantos anos mudando de casa e a vida social incessante que girava em torno das atividades na igreja garantiram que fosse fácil para Vince fazer amigos, enquanto olhos e ouvidos que sempre focam em estar um passo à frente de todos o viam rapidamente construindo uma reputação como o palhaço da turma. Mas ele conseguia se forçar a estudar também, tanto que se destacou em artes e inglês, e os professores pareciam gostar dele.

"Eu era um bom estudante e ia bem na escola", Alice escreveu na revista *Spec*: "Eu fazia de tudo para ser simpático e engraçado na sala de aula. Não engraçado do tipo pretensioso, mas do tipo legal. Eu era conhecido como um bom diplomata. Conseguia me livrar de qualquer briga e basicamente qualquer situação que aparecia, só na lábia".

Ele também era um pacificador, desfazendo situações difíceis na sala de aula com uma piada ou comentário engraçado na hora certa, um dom que com certeza conquistou os professores a tal ponto que o valor do entretenimento extracurricular era suficiente para garantir uma nota maior do que seus estudos mereciam. "Talvez eu fosse sortudo, mas eu gostava da escola. Sou competitivo por natureza e gosto de atuar, e sempre encontrava uma forma de praticar essas qualidades na rotina diária."

Vince realmente se diferenciava dos amigos da escola por sua vida social, principalmente pelo fato de não ter uma. Sua doença teve um papel importante nisso, é claro, mas a vida familiar também. "Por ser filho de um pastor, minha vida social inteira girava em torno da igreja e das pessoas ligadas a ela. Às quartas, sextas e domingos havia eventos relacionados à igreja e essa foi minha vida social por anos a fio."

Ele nem ligava muito para garotas, mesmo enquanto observava seus amigos começarem a dar os primeiros passos hesitantes em direção ao sexo oposto. Ele estava muito mais interessado em construir seus aviões em miniatura e assistir aos jogos de baseball da Little League.

A essa altura ele chegou ao colegial, sendo matriculado na Camelback High por algumas semanas antes de ser transferido para a recém-inaugurada Cortez High, lar dos campeões estaduais do baseball colegial. Claro que Vince se inscreveu para os testes e, apesar de não ser nenhuma surpresa não conseguir uma vaga no time, ele depois admitiu ter ficado completamente decepcionado.

Porém, suas ambições esportivas logo encontrariam um novo escape e dessa vez ele seria bem-sucedido.

O colegial evidenciou outra habilidade natural, dessa vez para desenho e pintura, um talento que logo possibilitou a ele cruzar a barreira tácita que existe tradicionalmente entre os calouros do primeiro ano e os veteranos. Ele andava agora com um garoto do segundo ano, Dennis Dunaway, compartilhando visões que descobriram ser as mesmas. Nas férias de verão, ele e Dunaway foram contratados para pintar um mural. Contratados por dinheiro. "Nós dois nos considerávamos artistas profissionais", refletiu Vince.

Vince e Dunaway eram inseparáveis. Salvador Dalí era um herói em comum, assim como James Bond, que ainda era um personagem literário na época, antes de suas aventuras chegarem ao cinema. Na televisão a dupla era vidrada no mesmo tipo de coisa que os deixava viciados no cinema.

Eram os tempos áureos do *John Zacherley's Shock Theater*, um programa de TV com filmes de terror cujo anfitrião que dá o nome a ele aparecia vestido de coveiro. Sua esposa, conhecida apenas como My Dear, e seu assistente de laboratório, Gasport, também apareciam no vídeo, ajudando Zacherley com as falas da apresentação do filme clássico de terror daquela semana ou até se juntavam a ele nas interrupções do filme, fazendo cortes em cenas aleatórias para os três encenarem alguma situação surreal. Vince e Dennis nunca perdiam um episódio sequer.

Eles também eram fãs de Freddy the Ghoul, que transmitia sua própria linha de comédias com temática de terror na TV local de Phoenix todos os sábados. Os dois garotos conversavam sobre que tipo de qualificações seriam necessárias para conseguir um trabalho como esse. Imagine ser pago para apresentar filmes de terror antigos na televisão. "Até mesmo hoje", Vince continua naquela entrevista para *Famous Monsters*, "esse seria um trabalho bem legal."

Por ora era satisfatório transferir suas interpretações dos filmes de terror preferidos para seus trabalhos de classe. Ele se envolveu com os movimentos artísticos dadaísta e cubista, devorava os HQs e estudava surrealismo e então os combinava em seus trabalhos. Às vezes seu professor de artes se incomodava com a natureza puramente macabra dos trabalhos dele, mas nunca questionava sua visão ou técnica, e as ideias de Vince começaram a crescer cada vez mais. Ele se tornaria um artista, não de alguma área específica, mas através de muitas, pegando os milhares de temas arquitetados em sua mente por suas fascinações e os recriando com quaisquer meios disponíveis, fazendo disso seu ganha-pão. Dunaway estava ao seu lado em cada passo da jornada.

Como Vince, Dennis Dunaway era relativamente novo em Phoenix, Arizona. Nasceu no dia 15 de março de 1946, em Cottage Grove, Oregon, naquela época uma pequena comunidade fazendeira ao sul de Eugene. Ele era o mais velho de quatro filhos, um garoto bem alinhado, no "estilo clássico", ele dizia, mas já era considerado um herói na Cortez High. No ano anterior à chegada de Vince, Dunaway era um membro do lendário time colegial de corrida *cross country*, "Invencível", e, percebendo a estrutura alta e magra de seu novo amigo, ele e outro corredor, John Speer, logo recrutaram Vince. Com o treinador Emmet Smith compartilhando do entusiasmo deles, Vince entrou para o time. Como artista e esportista, o filho do pastor estava, aos poucos, criando sua imagem no mundo do colegial.

Vince ainda fala com orgulho de suas conquistas como corredor de longa distância. Um dos primeiros calouros a entrar no time de *cross country* representante da Cortez, ele se tornou um ícone do time em setembro de 1962, isto é, um dos seletos astros do atletismo que ganhavam o direito de usar um agasalho com a inicial da escola meticulosamente costurada por um pai orgulhoso. Melhor ainda, na época de seu último ano ele tinha nada menos que quatro listras em seu agasalho e isso "significava muito. Os caras mais durões do último ano geralmente tinham apenas duas listras porque eles só se destacavam em esportes durante os dois últimos anos".

Vince, no final das contas, estava destinado a conseguir um recorde na maratona de 38 quilômetros, tendo mais mérito ainda por correr sob um calor de 40 graus e também por ter sido o único a terminar a prova. Mas, de volta à sua casa, quando estava no banheiro, ele enfim sentiu o esforço todo em forma de insolação. Ele desmaiou e, apesar de ter ficado inconsciente por poucos instantes, acordou e encontrou sangue por toda a parte e seu nariz quebrado o suficiente para salientar ainda mais sua curvatura. Foi o momento mais glorioso de sua carreira atlética, mas também o último. Outra fascinação chegava à cidade enquanto Vince, Dunaway e Speer seguiam adiante no colegial, o que mexeria com a cabeça dos garotos mais do que qualquer outro interesse que tivessem.

A música pop estava como um animal doente nos últimos anos. Em 1955, 1956, quando Vince imitava Elvis no espelho, o rock 'n' roll parecia destinado a comandar o mundo para sempre. Mas foi uma impressão falsa. Morte (Buddy Holly, Eddie Cochran), prisões (Chuck Berry), degradação (Jerry Lee Lewis), álcool (Gene Vincent), religião (Little Richard) e o exército (Elvis) garantiram isso.

Nada apareceu para substituí-los e os jovens não tiveram escolha senão retornar aos velhos valores, antes da revolução. Valores que a indústria musical determinou que deveriam ser sintetizados em músicas sobre o colégio, ser fiel à escola e obedecer aos professores e, é claro, se apaixonar pela garota ou garoto de seus sonhos em quem você poderá um dia dar um beijo de boa noite e nada mais. Então nasceu uma sucessão de adolescentes perfeitinhos, com cabelos arrumadinhos e sorrisos brilhantes, cuja falta (quase inevitável) de habilidade para cantar era ignorada ou totalmente soterrada por camadas açucaradas de vocais de apoio e solos instrumentais.

Esse estilo era retratado como música pop, mas, mais do que isso, era perpetuada como um estilo de vida. E o mercado explorou tudo o que existia. Em 1959, Tommy Facienda (um ex-membro do Gene Vincent's Blue Caps) não apenas gravou uma música simplesmente chamada "High School USA", como a regravou 30 vezes. "High School USA (Boston)", "High School USA (Buffalo)", "High School USA (Chicago)"... continuando por todo o país, fazendo uma versão para quase todas as cidades grandes dos Estados Unidos. Quase. Phoenix não entrou na lista e talvez isso tenha prejudicado um pouco as vendas de discos locais. Mas isso não importava.

Em todo o lugar existia um colégio, os hits colegiais ecoaram por todos os lados e qualquer jovem que desprezasse esse barulho e pensasse que couro e gel ainda era o jeito de se vestir, bem, eles eram os *bad boys* e sempre acabavam mal. O álbum *Leader of the Pack* das The Shangri-Las', que espalhava seu sobrenome anti-herói pela estrada, conta essa história.

Na Cortez, Vince, Dunaway, Speer e mais alguns amigos eram os principais, entre os que iam contra, a jogar suas mãos para o alto em horror toda vez que um novato imbecil começava a grasnar no rádio, embora nunca tenham abraçado a imagem de *bad boy* no final das contas. Em vez disso, o gosto musical deles seguiu para o lado melodramático do espectro, com a vibração intuitiva de Duane Eddy e "Peter Gunn", o grasnado de Johnny & The Hurricanes, a atmosfera de Henry Mancini, música que tinha pouca relação com as lamúrias da galera colegial, mas que atingiam você na cabeça com outra coisa, com uma sensação de aventura, provocação, drama.

De vez em quando alguma coisa saída dos hits do momento cativava a imaginação deles. Vince era um grande fã de Dion & The Belmonts, o grupo mais quente da quase extinta era do *doo-wop*, e era fã também do Four Seasons, cujas harmonias sincopadas e falsetes etéreos levaram o som do Belmonts a novas alturas épicas. Ele adorava as barricadas sônicas que cercavam cada produção de Phil Spector e toda vez que ouvia o som dos Beach Boys era levado de volta a Los Angeles e à vida que poderia ter tido se a família tivesse ficado por lá.

Um sucesso dos Beach Boys no verão de 1964, "I Get Around", ainda o transporta para lá. "Quando eu era garoto, esse era o maior sonho", Vince contou à *Metal Hammer* em 1994. "Ter seu próprio carro, pegar seu amigos e apenas dirigir pelas ruas. Existem algumas músicas que continuam ótimas depois de todo esse tempo. Se você ouve na rádio, apenas aumenta o volume no máximo. Meu critério para julgar uma música é se eu ouvir na rádio e aumentar o volume. 'I Get Around' é uma dessas."

Mas isso é tudo o que o pop era no começo dos anos 1960, uma sucessão de discos e não de artistas que o faziam sair correndo e gastar dinheiro. Então os Beatles chegaram e tudo mudou, não apenas para Vince e seu círculo de amigos que se apaixonaram pelos penteados dos Fab Four, mas para a música americana em geral. De repente o pop era empolgante de novo e quando os Beatles foram seguidos por bandas como Stones and The Kinks, Gerry & The Pacemakers e Freddie & The Dreamers, onda após onda de invasores britânicos, todos com sua própria versão da batida e um coração rítmico, o lamento cativante que os precedeu não foi apenas empurrado para fora, mas pisoteado. Não pela última vez, no universo de Vince, a escola estava em recesso.

Os Beatles entraram em cada faceta da vida de Vince. Treinando na pista de corrida, ele, Dunaway e John Speer adaptavam suas letras preferidas de Lennon e McCartney para o que tinha de ser feito, e cantavam a plenos pulmões enquanto corriam: "We beat you, yeah, yeah, yeah" ["Nós vamos vencer, yeah, yeah, yeah] ou "Last night I ran three laps for my coach" [Na noite passada eu dei três voltas para meu treinador]. Eles compravam os discos e guardavam fotos recortadas de revistas. Curtiam as apresentações do grupo na TV americana e sonhavam que um dia fossem para Phoenix... eles nunca foram, nem em 1964, nem em 1965, nem mesmo na última turnê, em 1966. Mas isso não diminuiu a popularidade local no Arizona, em geral, nem no colégio Cortez, em particular.

Foi quando Dennis Dunaway teve uma ideia. O concurso de talentos e show de variedades anual do Lettermen's Club estava próximo e Vince já tinha sido escalado para recrutar os espetáculos da noite. Não estava dando muito certo. Como ele diz em *Me Alice*: "Ninguém tinha talento algum. Ninguém nem se iludia". Vince pendurou cartazes por toda a escola e, até então, só um possível talento se pronunciou, um mágico em potencial. Enfim, "eu convoquei uma reunião no vestiário um dia antes da corrida e pedi sugestões".

As primeiras não foram muito úteis, coisas como vestir o Dunaway de mulher e fazê-lo cantar "I Enjoy Being a Girl", e o restante foi ainda pior. Mas então o próprio Dunaway perguntou, "Por que todos nós não fazemos isso?", e essa ideia só cresceu. As primeiras mercadorias dos Beatles chegavam às ruas, perucas dos Fab Four e guitarras. E se os três... digo, quatro na verdade, eles teriam de encontrar uma quarta pessoa... vestissem perucas dos Beatles? Suas roupas pretas de corrida poderiam passar por ternos dos Beatles, completadas com jaquetas que Vince sabia que sua mãe conseguiria fazer. Eles fariam guitarras de madeira ou papelão, contratariam umas garotas para encenar um público convincente de histeria e gritos e então dublariam as músicas durante toda a própria versão de um show dos Beatles.

Era uma ideia brilhante e logo ficou ainda melhor. Outra das atividades extras de Vince o levaram a trabalhar no jornal da escola, o *Cortez Tip Sheet*, um tabloide de quatro páginas que mantinha as crianças informadas do que acontecia no campus. O trabalho principal de Vince era uma coluna de opinião chamada "Get Out of My Hair" baseada em sua notoriedade estabelecida não só por cultivar um dos cabelos mais compridos do colégio, mas também por acumular oito suspensões distintas por seus esforços.

Ele escrevia sob o magnífico pseudônimo Muscles McNasal, mas a melhor coisa em seu trabalho era entrar em contato com colegas que talvez nunca cruzassem com um atleta de corridas. Colegas como Glen Buxton, um fumante excessivo, briguento, sempre desafiando autoridades e que passava mais tempo com sua guitarra do que com seus livros escolares e também não se importava com quem notasse isso. Um dia, Vince perguntou por que ele trabalhava no *Tip Sheet*. "Porque é um ótimo jeito de conhecer garotas", riu Buxton, loiro e quatro-olhos, brandindo a câmera que recebeu junto com o trabalho de fotógrafo.

Glen Buxton nasceu no dia 10 de novembro de 1947, em Akron, Ohio. Segundo de três filhos, ele também era um arruaceiro de nascença ou, como ele mesmo afirmava maliciosamente, "um tanto rebelde. James Dean era o cara, eu ainda era uma criança quando ele morreu [em um acidente de carro em setembro de 1955], mas o descobri alguns anos depois e foi isso, cara".

Primeiro seu cabelo tomou a forma distinta que Dean havia esfregado na cara chocada da sociedade. Ele começou a fumar e admirar carros rápidos. Ele corria atrás de garotas e, quando o resto de seus amigos começou a adorar o rock 'n' roll, ele deu um passo adiante e idolatrou o rock. Tinha 11 anos quando conseguiu seu primeiro violão, um presente de aniversário que implicava fazer aulas formais, mas é claro que eram apenas um meio para seu objetivo final. Ele mais tarde ria: "Eu nunca realmente aprendi as coisas que meu professor queria me passar, mas conseguia tocar uma ótima versão de 'Johnny B Goode'".

A família Buxton chegou a Phoenix no começo de 1961, depois de seu pai Tom ter conseguido uma transferência da fábrica da Goodyear Aerospace de Akron. Dois anos depois Glen entrou na Cortez High, um *bad boy* querendo ser ainda pior: "Eu conheci um cara, John Tatum, e tivemos uma banda de *surf music* juntos, então eu conheci Vince no jornal, começamos a andar juntos, ele me apresentou Dennis e foi quando fizemos o lance dos Beatles".

Foi Buxton quem sugeriu que, em vez de dublar na apresentação, eles deveriam realmente tentar tocar. Ele e John Tatum conseguiam e providenciariam a base melódica. A banda deles já havia incorporado algumas músicas dos Beatles no repertório e, desde que ninguém tentasse nada muito diferente, tudo que o baixo e a bateria tinham de fazer era manter o ritmo para os vocais. Vince já havia se declarado o vocalista da banda, então Buxton olhou para Dunaway e outro amigo, Phil Wheeler. "Alguma pergunta?"

Nenhuma. Wheeler ficou com a bateria, Dunaway pegou o baixo. "Glen foi comigo à [loja de departamento] Montgomery Ward e escolhemos um baixo que era chamado de baixo Airline", disse Dunaway para a *Ink* em 2004. "Eu ia para a casa de Glen e nós tirávamos as notas de nossas músicas preferidas."

Eles buscavam um nome e alguém criou Joe Banana & The Bunch. O nome os fazia rir, mas eles trocaram quando perceberam que apenas o lema acompanhante, "music with a-peal" [música com repique], realmente remetia a eles. Além disso, se estavam imitando os Beatles eles precisavam ser insetos. Eles se definiram como Earwigs, "por causa daqueles pequenos insetos que entram em sua orelha", Vince conta. "Um tipo de escorpião aquático que cheira mal quando é pisado em cima e pode entrar por seu ouvido e infectar seu cérebro."

Era uma descrição adequada. Mesmo com a maior força de vontade do mundo, ninguém dos Earwigs poderia imaginar que o show preparado para sua audiência seria muito menos irritante que o inseto em seu ouvido. Magníficos em suas roupas de corrida e com as perucas sintéticas Dynel, que provaram ser mais baratas e mais fáceis de conseguir do que as dos Beatles, eles subiram no palco da cafeteria e, depois de desistirem de realmente tocar os instrumentos no último momento, eles esperaram enquanto um amigo preparava a vitrola.

Eles tocaram três músicas e se curvaram diante do tumulto de gritos organizado por três garotas que contrataram para a ocasião. "Earwigs! Earwigs!", o trio gritava, e os músicos deixaram o palco convencidos de que qualquer *status* legal que tiveram ou teriam em Cortez estava agora morto e enterrado. "Isso", Buxton estremeceu, "foi a experiência mais humilhante de minha vida."

Então foi um grande choque quando a grande noite acabou e, sendo a 12ª de uma lista de 13 apresentações, os Earwigs ficaram em segundo no final da competição. Na semana seguinte, quando o *Tip*

Sheet foi publicado, dois integrantes do próprio jornal, Vince Furnier e Glen Buxton, estavam na primeira página.

Talvez fosse porque tinham ido tão mal que eram bons. Talvez porque ninguém acreditasse que alguém pudesse ter a coragem de fazer um show como aquele. Existiam inúmeros motivos e teorias para o sucesso do show. Mas a banda não se importava. Todos falavam deles, todo mundo os cumprimentava. Pelo menos nesse momento, eles eram estrelas e adoraram cada segundo da atenção. "As pessoas me cumprimentaram no dia seguinte por ter tido a coragem de fazer o show", Vince relembra em *Me Alice*, "e garotas que nunca antes iam querer alguma coisa com um cara magricelo e de narigão do time de corrida começaram a falar comigo. Isso estimulou minhas químicas do entretenimento como nunca. Eu fiquei viciado no holofote."

Phil Wheeler deu para trás. Tinha sido divertido, mas ele não queria nada mais com os Earwigs. No entanto, para seus antigos colegas de banda, o gostinho do começo foi o suficiente. Recrutando o colega de corrida John Speer para a causa, os Earwigs logo se estabeleceram como visitantes regulares da casa de Buxton, ensaiando na garagem da família. Foi quando, os pais do guitarrista recordam, "nós percebemos que estava ficando sério".

Os Buxton eram bem tranquilos. "Nós nunca impedimos Glen de trazer seus amigos em casa", os pais de Glen disseram ao escritor Patrick Brzezinski. "Eles eram sempre bem-vindos em nossa casa. Nós estávamos sempre interessados no que ele fazia." Eles até toleravam o barulho, desde que não perturbasse os vizinhos, e a banda tinha instruções precisas de encerrar tudo às 21h todas as noites. Jerry Buxton, a mãe de Glen, relembra: "Começava bem, mas ia ficando cada vez mais alto ao longo do ensaio. Pela casa, nós conseguíamos dizer quando o som aumentava, pois as paredes começavam a vibrar. Nós tínhamos de sair sempre dizendo a mesma coisa: 'Abaixe isso!'"

Os ensaios iam devagar: enquanto Dunaway e Speer aprendiam a se virar com seus instrumentos de escolha, Vince continuava a trabalhar moldando sua voz. Mas, como um sinal de da rapidez com que a banda conseguiria espalhar seu nome, em outubro de 1964, menos de um mês depois da festa Letterman, o *Tip Sheet* mandou a estudante Nancy Prince entrevistar a banda.

"Speer, Vince e eu estávamos todos no time de corrida no ano passado", Dunaway explica: "e nós costumávamos inventar letras com as músicas dos Beatles para manter o ritmo durante a corrida. Um dia eu parei e disse: 'Gente, vamos nos juntar e começar uma nova banda'.

Nós vimos Glen e Tatum tocando guitarra e perguntamos se queriam participar também."

Eles procuravam um empresário, ele continua, e depois que viram "um cara andando de bicicleta pela rua um dia, chamaram-no e perguntaram se ele não queria ser o empresário deles". Dentro de 24 horas, Nick Sataslow "tinha um monte de trabalhos agendados para nós".

Depois de pedirem para a mãe de Vince, separaram croquis para a futura roupa de palco e os Earwigs logo estavam resplandecentes em jaquetas em amarelo vivo sobre blusas de gola rolê pretas. Eles também avançaram musicalmente. Apesar da origem beatlemaníaca dos Earwigs, a emergente Rolling Stones era a base sobre qual a banda agora se erguia, e Vince acrescentou a gaita aos seus deveres vocais para que pudesse imitar Mick Jagger melhor ainda. Logo os membros da banda percorriam as lojas de discos locais e sintonizavam os programas de rádio em busca de novos catálogos para explorar. Eles estavam começando até a escrever seu próprio material, chamado de plágio por eles mesmos, mas isso nunca diminuía a empolgação de poder anunciar "essa é uma das nossas músicas", no palco.

"Quando começamos, não fazíamos nada além de Rolling Stones, Yardbirds, The Who e todas as bandas de rock inglesas que fossem uma alternativa aos Beatles", Vince disse à *Hypno* em 1996. "Nós nem tocávamos os sucessos, apenas as coisas mais obscuras."

Ele dispensou todos os outros heróis atuais. A primeira vez que ouviu Bob Dylan, por exemplo, ele simplesmente riu. Achou que o maltrapilho anasalado fosse um comediante e não entendia por que tantas pessoas o levavam a sério. Disse à *Penthouse*: "Ele cantava sobre cachorros rolando por um penhasco e coisas do tipo... Eu pensei que era a coisa mais boba que já tinha ouvido na minha vida".

A qualidade musical da banda não foi, como todos já admitiram, sempre a mais atraente, mesmo depois de começarem a tocar pela cidade. Os músicos estavam aprendendo no trabalho, muitas vezes parando as músicas no meio para que um ou outro tentasse novamente um *riff* de guitarra ou virada na bateria mais complicados. Em qualquer outra cidade maior, os Earwigs provavelmente teriam sido esmagados de primeira. Mas eles não estavam em uma cidade grande. Estavam em Phoenix, uma cidade em que o rock 'n' roll local ao vivo era raro, mesmo em um nível iniciante.

A banda tocou ao vivo pela primeira vez em uma festa de debutante de uma garota da escola. Segundo Vince, eles foram os únicos convidados a aparecer. Mas aos poucos as coisas começaram a dar certo.

Eles se disponibilizaram para cada festa escolar que podiam encontrar, mesmo sem frequentar a tal escola, e na Cortez encontravam trabalho quando eles mesmos organizavam shows.

No mesmo mês em que o artigo apareceu no *Tip Sheet*, os Earwigs podiam ser ouvidos na maioria dos horários de almoço e quando o final do mês trouxe o baile escolar Pit & The Pendulum Halloween, os Earwigs eram a banda da casa e eles começaram a quebrar tudo. Eles construíram uma guilhotina no palco e, embora fosse apenas parte do cenário, o suspiro em choque do público quando a banda apareceu ao redor dela foi uma memória que um dia voltaria para eles.

Eles conseguiram uma temporada no Pizza Pub (sem a guilhotina), onde eram pagos com toda a pizza que conseguissem comer, e isso trouxe outros agendamentos com pagamentos semelhantes, garantindo que os Earwigs continuassem bem alimentados, mesmo que não bem pagos.

Os estacionamentos eram outro palco favorito. Outra banda local, The XLs, estava basicamente na mesma situação que os Earwigs (eles também começaram a carreira como *covers* dos Beatles), e então eles encenavam competições, como a Batalha das Bandas, no estacionamento do Christown Mall, ficando com as honras do dia a banda que tocasse mais alto. Uma década depois, diversos membros da XLs, incluindo Bill Spooner, estariam em turnê mundial com a banda Tubes.

Mas não era tudo fácil. As leis locais de concessão de licenças significavam que os bares eram geralmente fora do alcance da banda e, mesmo quando conseguiam agendar, seria sem o vocalista. O pai de Vince era, considerando suas crenças religiosas, surpreendentemente tolerante em relação às atividades musicais de seu filho e até o encorajava de certo modo. Mas havia uma regra que não poderia ser violada. Vince estava proibido de se apresentar em qualquer lugar que servisse álcool e, com sua vida romântica ainda presa aos limites dos pais, seus parceiros de banda logo aprenderam a se divertir contando histórias sobre suas noites regadas a álcool e sexo. "Na verdade nós éramos tão assexuados e sóbrios quanto ele", Buxton conta rindo. "Mas ainda era muito engraçado."

Porém, clubes direcionados aos adolescentes surgiam aos montes, assim como outros estabelecimentos onde o álcool não estava no cardápio. E de todos os bares locais, o lugar que os Earwigs estavam desesperados para entrar, assim como todas as bandas da cidade, era o VIP Lounge (e mais tarde, o VIP Club).

O VIP era criação de Jack Curtis, um *promoter* e agente que trabalhava na cena jovem local desde o começo da década, quando o colunista de cultura para o jornal *The Arizona Republic* abriu o Stage 7 nos fundos do edifício Phoenix Junior Chamber of Commerce, na Rua 7 N, em fevereiro de 1961.

Primeiro ele se concentrou no talento local. A noite de inauguração foi comandada pelo Richie Hart and the Heartbeats, um grupo cujo nome condizia com a música da moda na época. Mas aos poucos ele foi em busca de talentos nacionais mais renomados. B Bumble & The Stingers, a banda instrumental melhor conhecida pela novidade da mutilação clássica "Nut Rocker", foi a primeira banda de sucesso a tocar para Curtis; Jan & Dean e The Righteous Brothers, The Coasters, Bobby Vee e Del Shannon foram em seguida, enquanto Curtis também diversificou os negócios e começou a apresentar shows no maior espaço de eventos do estado.

Outros clubes de Curtis surgiram enquanto o VIP Lounge agregou uma segunda casa de shows, o Beau Brummel, e Dale Pitney, cuja banda Motion era uma das maiores atrações de Phoenix, ainda fala com admiração de Curtis. "Jack era um verdadeiro amigo dos jovens de Phoenix. Ele abria clubes para eles irem nos fins de semana conversar com outras pessoas da mesma idade e ouvir as bandas de Phoenix tocar suas versões dos últimos sucessos. Muitas bandas começaram tocando em clubes como o VIP. Como Motion nós tivemos os melhores momentos das nossas vidas até que a responsabilidade nos alcançou... universidade, casamento, filhos e hipotecas substituíram a diversão dos anos 1960."

Ninguém lembra o quanto demorou para os Earwigs conseguirem uma audição com Curtis e, quando finalmente conseguiram pisar no palco, a resposta inicial foi de que fracassaram terrivelmente. Dias, até mesmo semanas se passaram e nenhuma notícia de Curtis. Então, em uma noite, John Tatum estava no VIP sozinho assistindo ao show de uma banda, quando Curtis o viu e exigiu saber por que os Earwigs não tinham entrado em contato com ele de novo. Ele queria fazer outra audição, apenas para repassar algumas coisas que poderiam ser melhoradas. E, desde que isso corresse bem, ele já teria uma data marcada para que eles tocassem.

De fato, Curtis tinha apenas uma ressalva sobre a banda. Ele odiava o nome, como a banda também parecia odiar. Eles também superaram havia muito tempo esse apelido engraçado que marcou o ano anterior. Já não eram uma banda de tributo aos Beatles que se juntaram para uma festa dos atletas do colégio. Agora eles eram os Spiders. E aparentavam ser de Vênus, como insistiu o temperamental DJ K-LIF, contratado para promover um show em Tucson no final daquele ano.

"Esse sábado à noite, das 20 horas até meia-noite, e claro a entrada é apenas um dólar... isso é um tostão para o show com mais *swing* e dança de Tucson: os Tribesmen e os sensacionais Spiders from Venus!"

O nome Spiders from Venus raramente, talvez nunca, foi mencionado novamente e decerto não aparece em nenhum pôster ou entrevista de que a banda participou. Mas, seis anos depois, o cantor David Bowie, coincidentemente, batizaria seu grupo de Spiders from Mars e, bem longe, em algum mundo paralelo onde os roqueiros de Phoenix nunca mudaram o nome da banda, o palco estava pronto para uma verdadeira batalha interestelar entre bandas de *glam rock*.

Capítulo 3
Recém-Chegado de Phoenix

Jack Curtis tornou-se de fato o empresário da banda. Quando ficou sabendo que eles não tinham transporte, ele comprou um carro para John Tatum, um Chevy 1956, e os lembrou de que agora a banda não tinha mais desculpas para chegar atrasada aos compromissos. Ao descobrir que ambos, Buxton e Tatum, tocavam usando o mesmo amplificador minúsculo, ele comprou um segundo. Quando percebeu como as apresentações do grupo melhoravam rapidamente, ele começou a falar sobre a importância da imagem, a importância de dar ao público algo que os faça lembrar a banda. A música, afirmou aos músicos, era apenas metade da batalha. Os jovens podiam dançar com suas músicas a noite inteira sem nem olhar sequer uma vez para quem estivesse tocando. Porém, dê algo para eles olharem também e serão seus para sempre.

Os Spiders não usavam o palco local sozinhos mesmo depois de Curtis planejar a construção de um palco personalizado, um espaço apenas para os Spiders no lado oposto do clube onde as bandas geralmente tocavam e decorá-lo com uma grande teia de aranha. The Young Men, Next of Kin, P-Nut Butter, Red & White Blues Band, Precious Few, Motion, entre outros, competiam com os Spiders pela fama local. Mas Vince e seus companheiros sempre pareciam estar um passo à frente.

Eles eram, afinal, um grupo distinto. Cientes de que o entusiasmo ao tocar ainda extrapolava às vezes suas habilidades, eles partiram para os estímulos visuais de Tatum. Começaram intercalando a música com quadros de comédia escrachada emprestados (e depois adaptados) do seriado de televisão, até então popular, *Smothers Brothers*. Muito antes de qualquer coisa sofisticada, como um show de luzes, o porteiro--trambiqueiro-gerente-da-venda-de-petiscos Bob LaFollette girava uma luz estroboscópica com uma manivela enquanto eles tocavam. E qualquer dinheiro que os membros da banda conseguiam era revertido em roupas, não em fantasias, porque essa ideia ainda estava para surgir, mas mesmo assim tinham um corte diferente. Seus sons apareceram no rastro dos modelitos.

Vince mais tarde contou à revista inglesa *Sounds*: "Nós não éramos tão interessados nos Beatles, éramos mais interessados nos sons da guitarra de Jeff Beck, como em 'Happenings Ten Years Time Ago' ou Pretty Things tocando 'I'm a Roadrunner', todas essas coisas antigas, de raiz e atrevidas. O começo do Kinks, quando o som deles parecia que ia estourar seus tímpanos".

"Lil' Red Rooster", com Buxton fazendo um *slide* incrível na guitarra, uma "Dirty Water" vibrante, uma "Mona" hipnótica, "In the Midnight Hour" nervosa e as batidas de blues arrebentando em "I'm a Man" e "Smokestack Lightning", era com isso que os Spiders cortejavam os jovens corações de Phoenix.

Eles montaram uma sequência sólida de *covers* dos Rolling Stones que ia desde o sublime ("19th Nervous Breakdown") até o ridículo (cantada com hesitação, mas lindamente tocada, "As Tears Go By") e seguia por outras canções mais desconhecidas. "Down the Road Apiece", "Oh Baby, We Got a Good Thing Going" e "Surprise Surprise" do Mach 10 estavam todas no repertório. Fitas barulhentas dos ensaios da banda e alguns vídeos fragmentados de apresentações ao vivo de 1965-1966 confirmam a ambição deles.

Em 2011, 45 anos depois que essas gravações foram feitas, Vince ria. "Eu [ainda] tenho medo de ouvir as gravações dos ensaios do colegial", mas ele não precisava ficar tão nervoso. Pelos padrões e expectativas da época, os Spiders eram uma banda de garagem muito boa.

A voz de Vince é aguda do tipo mais próximo possível do lamento anasalado de John Lennon e, embora o som da banda seja mais ruído do que melodia, os acordes aleatórios de guitarra que soam ao longo de seu próprio "Public Enemy #1" pode ser associado com qualquer uma das milhares de gravações de porão que a era do CD desencavou do fim da época britânica do *beat boom*.

Eles arrasaram tocando Chuck Berry com bastante entusiasmo e, se Vince nunca poderia reproduzir o anticlímax que Eric Burdon trouxe para "I'm Crying" do Animals, ele compensava com um grunhido gutural que oferecia um contraponto animalesco para os distintos vocais de fundo da banda. "Baby You Know" oferece outra chance para Buxton fazer seu melhor solo estilo Brian Jones, e uma versão de garagem agitada de "Talk Talk" (uma música que Vince trabalharia de novo em um futuro distante) arrasa com um efeito sinistro que coloca o som da banda diretamente em uma pegada californiana em seu futuro.

Foi essa pegada sólida no *Invasion* que colocou os Spiders acima das outras bandas, como Vince explicou para o escritor Michael Delaney, em 1971. "Existiam todas essas bandas de *surf music* tentando dar certo como Beatles de cabelos compridos. Era muito ruim. Os The Byrds foram os primeiros a fazer algo original e então ninguém mais sabia para que lado ir. Nós costumávamos tocar todo o tipo de coisa britânica obscura. Coisas como Yardbirds e Moody Blues, o material mais estranho que chegava da Europa. Foi um experimento sob terror, eu acho. Existiam todas essas bandas tentando fazer um som místico; e solene, e falhando em cada tentativa. Eles tentaram imitar os Byrds e ninguém consegue fazer isso. Nós éramos feios e não conseguíamos vencer com música estilo Byrds (...) a banda era excruciante."

No verão de 1965, os destaques do repertório dos Spiders eram uma interpretação vibrante da "Why Don't You Love Me", da banda pouco conhecida de Merseybeat, os Blackwells, e uma música que pegaram do último álbum dos Rolling Stones, uma versão estilo Bo Diddley de "Hitch Hike" de Marvin Gaye. Foi esse par que Jack Curtis aproveitou em setembro, quando levou os Spiders para o Audio Recorders, um estúdio no final da Rua 7, para lapidar o que se tornaria o primeiro *single*.

Ele seria lançado pelo selo Mascot da cidade de Phoenix, Mascot, uma fonte de influência regional que estava por lá desde 1961. P-Nut Butter ("What Am I Doing Here With You"), Frank Fafara ("Only in My Dreams" e "Golden One"), Roosevelt Nettles ("Mathilda" e "Got You on My Mind") e Jim Boyd ("Don't Ask for More") conseguiram sucessos regionais com a Mascot, subindo nas listas das rádios K-RUX e K-RIZ. "Why Don't You Love Me" entraria merecidamente para a lista, uma reprodução sólida do som "clássico" da invasão britânica com os "yeahs" altos e rebuscados de Alice dançando ao redor de um solo de guitarra arquetípico e uma pegada firme no refrão super grudento da música.

Na visão mais ampla das coisas, a versão dos Spiders não era mais bem-sucedida do que a dos Blackwells, mas era a sensação em Phoenix e, quando você virava o disco, "Hitch Hike" fazia um vocal limpo (se breve) e uma resposta maravilhosa (se não breve) e uma voz principal que talvez seja uma oitava mais alta do que qualquer coisa que Vince mais tarde faria, mas ainda assim era notável. Vince estava lavando o carro da família na frente de casa na primeira vez que ouviu sua banda no rádio. "Eu não conseguia acreditar que era eu. Era como (...) conhecer um irmão gêmeo."

O sucesso do disco inevitavelmente evidenciou a banda mais do que nunca. Mas havia mais conotações pessoais para Vince. Ele agora estava envolvido com uma namoradinha do colegial, ainda considerada por ele "minha primeira namorada de verdade". Debby Hickey morava no mesmo projeto habitacional que os Furnier, Country Gables, e os dois eram membros do mesmo clube aquático. De fato, foi lá que se conheceram, sentados na borda da piscina em um dia à tarde, e acabaram namorando por três anos. Havia apenas uma nuvem no horizonte deles, a mãe de Debby. Vince contou a *Spec*: "[Ela] me odiava porque meu cabelo era comprido demais, [e] fazia com que fosse cada vez mais difícil a Debby e eu nos encontrarmos. Que mulher miserável. Ela só odiava meu cabelo".

A resposta de Vince era alertá-la de que algum dia ele seria famoso, um dia eles seriam astros e era melhor que ela fosse boa com ele, senão Debbie perderia sua chance com isso tudo. Ele estava convencido de que só a fama nas rádios de "Why Don't You Love Me" já corroborasse isso. Ansiava por poder esfregar todo o seu sucesso na terrível cara da senhora Hickey, e seu ego ficava muito machucado quando a mulher apenas ignorava a ameaça como se fosse algo totalmente insignificante e continuava agindo como antes. "Ela não dava a mínima. Meu cabelo era tudo que ela via."

Longe do lar dos Hickey, os Spiders continuavam a crescer. Os contatos de Jack Curtis garantiram a eles um espaço em um programa de televisão local, *The Wallace and Ladmo Show*, um show de variedades, muitas vezes lunático, comandado por Bill Thompson (Wallace), Ladimir Kwiatkowski (Ladmo) e Pat McMahon. Transmitido pela independente KPHO-TV, canal 5 em Phoenix, o time inventava notícias, fazia cenas e esquetes, passava desenhos animados e geralmente criavam situações caóticas na televisão em tão grande estilo que o show manteve-se no ar até o fim de 1989.

A trupe musical do próprio programa, comandada por outro graduado do haras de Jack Curtis, o cantor Mike Condello, era especializada em piadas dos *hits* e das bandas principais da semana, e até tocava uma seleção própria de discos, incluindo as paródias dos Beatles, *Blubber Soul* e *Commodore Condello's Salt River Navy Band*. Mas talentos mais tradicionais também eram bem-vindos, assim como os Spiders. A estreia na televisão aconteceu no começo de 1966.

Outra transmissão da banda, ainda menos convencional, aconteceu na forma de algumas semanas de apresentações em um teatro legítimo, pois o ator e comediante nova-iorquino Jan Murray levou a peça *Bye Bye Birdie* para o Celebrity Theather. Os Spiders eram os Birdies, a banda para o cantor Conrad Birdie (Murray), e o ritmo da peça lhes proporcionou sentir como misturar a bagunça do rock 'n' roll com a disciplina de uma performance totalmente coreografada poderia ser exigente e satisfatório. Era tudo bem distante da Broadway e ainda mais dos musicais deliciosamente maliciosos que Vince cresceu amando e decorando cada fala. Mas em seu inconsciente, assim como de seus amigos da banda, uma pequena semente começava a germinar, um desejo de não só tocar em algum lugar, mas produzir um show. Um show com uma história, com um enredo. Um show com um começo, meio e fim.

Suas ambições se aquietaram por enquanto. De volta ao VIP Club, a lista de bandas para quem os Spiders abriam compunha-se dos principais do circuito de turnês americanas de 1965-1966. Então, Lovin' Spoonful, Animals e Peter & Gordon eram apenas alguns dos nomes que passavam por Phoenix e tocavam no VIP Club ou, quando a banda era grande demais para o lugar, no Arizona Veterans Memorial Coliseum, e os Spiders abriam o show para eles. De fato, os Spiders foram a primeira banda de rock a tocar naquele espaço desde que esse gênero passou a ser aceito lá, abrindo para os Byrds em novembro de 1965.

Talvez o show mais memorável dos Spiders, no entanto, tenha acontecido no dia 4 de setembro do ano seguinte, quando os Yardbirds passaram pela cidade. Essa foi a noite em que os Spiders contribuíram com seu próprio pedaço de lenda para a história dos Yardbirds.

Para os próprios Yardbirds, a última turnê americana foi uma aventura caótica: assustados com a crescente insatisfação do guitarrista Jeff Beck com a vida de estrela, cancelaram e atrasaram vários shows. Mas os criadores de manchetes nunca esqueceram a noite no Arizona em que a banda de abertura era uma banda local cujo repertório inteiro era de músicas dos Yardbirds.

Vince explica: "Nós éramos a banda da casa e estávamos abrindo para os Yardbirds. Agora, quando abrirmos para qualquer outra banda, nós tocávamos todas as músicas dos Yardbirds, então chegamos lá e de repente percebemos que 80% do nosso set era de músicas deles e eles eram a banda principal daquela noite. Eu falei com Jeff Beck uma vez e ele disse, 'eu com certeza me lembro disso, eu me lembro de um grupo de garotos tocando nossas músicas e nós pensamos que vocês foram muito bem. Fizeram uma boa versão'. Mas é claro, eles entraram no palco e eram os Yardbirds e eles nos destruíram".

Os companheiros de Beck, Chris Dreja e Jim McCarty, também se lembram dessa noite. Vince continua: "Eu estava entrevistando Chris e Jim em meu programa de rádio e estava contando sobre a vez que nós abrimos para eles enquanto estávamos no colegial, e eles disseram: 'É, e vocês tocaram todas as nossas músicas antes de nós, então entramos no palco e acabamos com vocês'. Eu disse, 'é, vocês destruíram a gente', Mas então eles falaram: 'Mas vocês realmente fizeram algumas versões boas'".

Entre tantos triunfos havia uma nuvem no horizonte. Enquanto os Spiders estavam maravilhados por dividir um show com os Yardbirds e apreciavam cada oportunidade de sentar aos pés da próxima banda de R&B *beat-booming*, os olhos de Tatum foram abertos pelos Byrds e os Hollies, grupos cujos uso de harmonia e o amor por ela abriram novas possibilidades musicais em sua mente, possibilidades que ele sabia não serem viáveis com os Spiders. Ele também sabia que um de seus amigos, Bill Spooner, do XLs, tinha uma banda que se encaixava perfeitamente em seu ideal musical. Quando, na primavera de 1966, Spooner mencionou que precisava de mais um vocalista, foi o dia em que Tatum deixou os Spiders.

Não foi uma decisão de que ele lembra com muito apreço. Três meses depois, o grupo acabou, mas já era tarde demais para voltar para os Spiders. Eles logo o substituíram pelo guitarrista Michael Bruce, o único candidato que respondeu ao anúncio que tinham colocado no mural de uma loja de discos.

No Arizona desde sempre, Michael Bruce nasceu no dia 21 de novembro de 1948. Como Vince, ele ainda estava no colégio do outro lado da cidade em North High, mas ele e os Spiders se cruzaram várias vezes, já que todos estavam em várias batalhas de bandas e os Spiders sempre acabavam contra os Trolls (também conhecidos como os Duels) ou os Wildflowers, as bandas que Bruce liderava desde que conseguiu controlar sua guitarra.

Os Spiders o fascinavam, ele admitiu. Eles o lembravam, ele dizia sempre, dos membros da gangue de *Amor Sublime Amor*, o exemplo da briga na rua legal. Mas Bruce também os fascinava. Um *single* dos

Wildflowers, "On a Day Like Today" (com o Lado B "A Man Like Myself"), já tinha se provado tão bem-sucedido quanto o único material produzido pelos Spiders, mas havia outro motivo que os interessava em Bruce. Ele tinha uma van, e agora que Tatum e seu Chevy pegaram a estrada, transporte era muito valioso. Bruce mais tarde brincou: "Acho que eles quiseram mais a van do que eu".

Ele não oficializou tudo com os Spiders na hora. Em nenhum momento seus novos companheiros lhe disseram que ele estava propriamente na banda. Em vez disso, eles apenas diziam onde era o show ou o ensaio, e esperavam que ele estivesse lá. Pensando bem, estava bem claro que ele era membro da banda, mas Bruce ficou indeciso o suficiente para não ter saído dos Wildflowers. Ele apenas adotou um nome artístico, o notável não pseudônimo Bruce Michael, e continuou a tocar e gravar com eles, até fez um novo *single* dos Wildflowers, "More Than Me"/"Moving Along With the Sun", antes de aceitar que ele fosse um Spider por inteiro.

Ao longo dos primeiros anos dos Spiders, Vince permaneceu um membro ativo da Igreja de Jesus Cristo. Seu pai agora era pastor, um pregador habilidoso destinado a subir cada vez mais, e todo terceiro domingo a família Furnier sentava na congregação enquanto o pai direcionava toda a sua força retórica ao rebanho. A congregação encarava Vince enquanto ele entrava e sentava em seu lugar na igreja, cabelo comprido e vestindo-se cada vez mais desgrenhado, e as senhorinhas apontavam e sussurravam as notícias de suas últimas transgressões. Ele foi suspenso novamente por não querer cortar o cabelo. A pobre senhora Hickey estava angustiada com a escolha de namorado de sua filha Debby. Ele era visto tarde da noite na rua por alguém ou tocando rock por outro. Seu nome era mencionado na rádio sempre que algum locutor citava os músicos responsáveis pelo primeiro *single* dos Spiders, e isso deixava as línguas em frenesi também, já que todos sabiam que uma carreira no rock seria o primeiro passo para a escorregadia estrada para o inferno.

Todo mundo, quer dizer, fora o pai de Vince. Mickie Furnier pode não ter aprovado totalmente a atividade escolhida pelo filho e pode ter rezado com fervor para que fosse só uma fase até que Vince escolhesse a igreja pela terceira geração consecutiva. Mas ele não ia bater o pé e falar para o garoto parar, pelas mesmas razões que seu pai nunca tentou forçar suas convicções religiosas goela abaixo de seus filhos. O garoto criaria juízo quando fosse o momento certo. Até lá, Vince apenas não deveria se esquecer do *status* de seu pai e não fazer nada que o constrangesse. Em troca, Mickie assistiria a alguns shows dos Spiders e parecia se divertir bastante enquanto estava lá.

Enquanto isso, a fama dos Spiders continuou a se espalhar. Eles fizeram seus primeiros shows fora da cidade e introduziam cada vez mais músicas próprias no repertório. Uma tempestade estridente de guitarra, chamada apropriadamente "Don't Blow Your Mind", música que fazia parte dos shows desde que John Tatum estava no grupo, estava completa, e Bruce e Dunaway criaram o sólido som de R&B explosivo chamado "No Price Tag", duas músicas que os Spiders logo elegeram para o próximo *single*.

Eles gravaram em um pequeno estúdio em Tucson, Santa Cruz Recording, que por sua vez tinha seu próprio selo, também chamado Santa Cruz. Lá, o dono do estúdio, Foster Casey, assistiu à banda se perder no que algumas fontes consideram ser material para quase um álbum completo, mas apenas essas duas músicas se destacariam, tornando-se número um das paradas de Phoenix no verão de 1966.

"As gravações não eram uma tarefa fácil para nós", Vince confessou em *Me Alice*. Eles não tinham muita certeza do que faziam ou do que deveriam fazer e, embora o estúdio disponibilizasse um técnico, sua preocupação era apenas captar o som da banda em fita. Ele não tinha nada a oferecer quando era preciso decidir que som deveria ser captado. Então "nós tocamos nossas partes em uníssono e o resultado foi uma música que soava como se estivéssemos todos apinhados em uma cabine telefônica". Jack Curtis fez o resto, convocando amigos, família e clientes do VIP para encher de ligações as estações de rádio de Tucson com pedidos pelo disco.

"Don't Blow Your Mind" acabou ficando em terceiro lugar na lista da K-FIF de Tucson. Mas a verdadeira emoção para os Spiders e choque para os pais de Vince veio quando eles entraram e ganharam um concurso de batalha das bandas. O primeiro prêmio: uma viagem para Los Angeles, que era, tanto como agora, uma referência da indústria musical americana da Costa Oeste. Faça sucesso lá, diziam, e você fará sucesso em qualquer lugar.

De fato, isso não é nem nunca foi verdade. A história está cheia de cadáveres de bandas que chegaram ao topo das paradas de sucesso na Califórnia, mas que nunca conseguiram dar aquele passo crucial pela fronteira do estado em direção ao restante dos Estados Unidos. Mas, na virada de 1966 para 1967, os Spiders perceberam que eles levaram a fama e a fortuna do Arizona ao limite: a cidade estava fervendo.

Não menos do que para São Francisco, meio dia de estrada subindo a costa, Los Angeles fervilhava de bandas como The Doors, Love e Buffalo Springfield, que contribuíram modestamente para a cena psicodélica em ascensão, e clubes como Whisky a Go Go, Troubadour e Gazzari's desabrochavam nas ruas dos sonhos, que os locais chamavam de Hollywood.

Os Spiders sabiam que ainda não estavam prontos para competir no mesmo nível que essas outras bandas. Mas eles também acreditavam que eram tão bons quanto algumas delas, e, tendo aberto shows para quase todas as grandes bandas da época (pelo menos aquelas que se dispuseram a viajar pelo Arizona), já haviam provado fazia tempo que conseguiam se garantir entre os melhores.

O que eles não tinham eram provas de suas proezas. O escritor Paul Willians, refletindo na *Fusion* alguns anos atrás, lamentou a falta de evidências por escrito dos excessos dos Spiders na época. "A única notícia que remetia aos primeiros shows no Arizona falava de [Vince] debruçado no parapeito de uma janela, gritando umas besteiras incrivelmente psicodélicas sobre debruçar na janela da sua mente."

As recordações de Alice, no entanto, incluem uma menção rápida ao fato de ter conhecido Jimi Hendrix quando ele abriu o show para os Young Rascals no verão de 1967: "Um *hipster* muito descolado e um cara muito gentil. Ele deixou a gente ficar andando com ele por lá", (a mesma programação aparentemente contrária tocou no Central Park de Nova York em julho), enquanto a autobiografia de Michael Bruce relembra uma noite em Chandler, apenas a 40 quilômetros de Phoenix, onde um caipira ficou tão injuriado com a performance que os ameaçou de longe com um canivete.

"Não era muito incomum sermos enxotados da cidade. A gente já teve garrafas jogadas em nós, o que você disser já foi jogado." A lealdade entre gangues no meio dos anos 1960 no Arizona, ele conta, dividia bem os Cowboys e os Indians e era muito raro vê-los unirem forças. Até que os Spiders chegaram à cidade. "Nós tivemos de ficar dentro do paiol da Guarda Nacional porque os Cowboys e os Indians estavam do lado de fora, prontos para espancar a gente." Uma nova música, toda em notas menores e cheia de emoções, devidamente intitulada "Nobody Likes Me", surgiu dessa experiência.

Outra noite, Glen Buxton relembrou: "Nós estávamos tocando para a galera *greasy*,* garotas com coques em forma de colmeia e os

---

* N.T.: Referência a *Greaser,* uma subcultura de jovens da classe operária dos anos 1950, situada em alguns estados dos Estados Unidos.

atletas em um espaço em Tucson para 2 mil pessoas". Ele contou à revista *Circus*: "Era há muito tempo, quando cabelo comprido era para as mulheres (...) e deixa eu te falar, nosso cabelo não era curto. Nós íamos dançar nesses lugares e estavam cheios desses *greasers* e esses caras iam matar a gente. Tinham uns cinco caras encarando [o Vince] dizendo, 'vou te pegar lá fora, cara. Vou te encher de porrada'. Eu fui o primeiro a subir no palco e estava praticamente me cagando todo porque tinha de atravessar até o outro lado, estava muito assustado e todos eles me encarando feio e tinha essa garota no meio disso tudo.

Ela era uma *groupie* suja, com gonorreia, espinhenta e idiota que todos odiavam e eu nem sabia disso, sabe? E eu fiquei com a sensação de que eu estou aqui desafiando todo mundo e essa garota fala 'Toca 'Louie, Louie'.' Toda essa merda acontecendo, eu ia acabar morto e ela está lá dizendo 'Toca 'Louie, Louie'.'"

Muitas bandas se sentiriam intimidadas por tais experiências. Os Spiders simplesmente deram de ombros e prometeram que da próxima vez irritariam mais gente ainda. "Nós ficávamos com hematomas por todo o corpo por causa dos empurrões", Vince riu em uma entrevista para a enciclopédia *Story of Pop*. "Isso mostrava o quanto os *promoters* se recusavam a encostar na gente. Então decidimos subir no palco e fazer qualquer coisa que quiséssemos. Às vezes íamos cambaleando para o palco de tão bêbados, eu desmaiava pelo menos umas três vezes durante as músicas. E, surpresa, as pessoas gostavam e frequentemente iam apenas para ver o que ia acontecer com a gente. Eu só ficava parado no meio do palco e desmaiava, a plateia aplaudia. A banda me levantava, eu recobrava a consciência, tomava um gole daquele maldito vinho Ripple barato e desmaiava mais uma vez."

O que tinha exatamente nos Spiders para causar tanto ódio? O cabelo, os narizes, a aparente desconsideração pelos princípios de lei e ordem que a sociedade caipira, tradicionalmente vinculada à extrema-direita da política americana, considerava com tanto carinho. Rock 'n' roll ainda era uma grande afronta para uma boa parcela das pessoas da época e, quanto mais fundo você entrava na América (e o Arizona era quase o mais fundo que se poderia ir), maior o ódio de seus fundadores.

Os Spiders não eram odiados por ser quem eles eram, mas pelo que representavam e, além disso, o que eles faziam pulando como veadinhos pelo palco quando deveriam estar servindo o exército, alistando-se para matar uns amarelos no Vietnã? Os Estados Unidos tinham acabado de admitir que sua intervenção na guerra civil do leste da Ásia era algo maior do que a missão de consultoria e policiamento, que foi a desculpa oficial, e despachavam um número cada vez maior de tropas na zona de combate. Por que, os caipiras gostariam de saber, os Spiders não foram os primeiros da fila para acabarem com a ascensão do Comunismo?

Os Spiders geralmente riam diante de tais perguntas, pelas costas de seus interrogadores, é claro. Três membros da banda, John Speer, Dennis Dunaway e Glen Buxton, agora frequentavam uma universidade considerada em geral a melhor carta na manga para se livrar da cadeia quando o assunto era vestir uniformes e lutar pela liberdade. O restante, Vince e Michael Bruce, ainda estava no colegial, mas eles tinham seus próprios planos em mente para a continuação dos estudos. Ou pelo menos eles tinham, até Los Angeles aparecer no horizonte.

A partir de março de 1967, os Spiders faziam visitas regulares a Los Angeles, amontoando-se junto com uma comitiva de amigos crescendo aos poucos, como o *roadie* Mike Allen, o empresário Dick Christian e o engenheiro elétrico Charlie Carnel, dentro da van de Bruce por seis horas direto pela Interestadual 10, e, no momento em que pisaram na Hollywood Boulevard, eles pensaram por que esperaram tanto tempo para se jogar nessa viagem.

Era um centro louco. Cada esquina estava lotada de jovens que, como diriam na época, se animaram, largaram tudo e se ligaram. Todas as lojas pareciam vibrar com a música, cada respiração enchia suas cabeças com portas desconhecidas e alturas inimagináveis. Os primeiros dias em Hollywood, os dias que a banda tinha planejado a princípio para se concentrar em encontrar emprego, foram gastos apenas absorvendo o espírito da cidade e comparando tudo o que viam com as coisas mais próximas possíveis da terra natal.

Não havia competição. As lojas eram mais claras, as garotas mais bonitas, os locais eram mais amigáveis. No Arizona, ter o cabelo na altura do ombro era considerado uma afronta para cada desconhecido que passasse. Em Hollywood, os cabelos começavam no ombro e os Spiders com certeza, em comparação, pareciam carecas.

No Arizona, os Spiders eram a coisa mais louca sobre dez pernas. Em Hollywood, toda banda era doida e aqueles que não eram loucos o suficiente eram simplesmente deixados para trás. Naquele momento, os Spiders estavam no meio de algum lugar e, enquanto viam as vitrines de brechós e *Head shops** contornando as ruas de Hollywood e desviavam de trens que ainda passavam pelo centro da Sunset Boulevard, só

---

* N.T.: Lojas de utensílios variados relacionados ao uso de *cannabis* e outras drogas recreativas.

falavam das mudanças que poderiam fazer e fariam quando conseguissem um emprego assalariado.

O problema foi que todas as bandas da cidade tiveram a mesma ideia. As audições no Arizona significavam ligar para o dono do clube e perguntar se ele gostaria de conhecer a banda. A resposta geralmente já era dada na hora. Era diferente em Los Angeles. Os clubes em Hollywood promoviam noites de audições abertas e você percebia por causa da fila de músicos que começava a aparecer na porta do lugar ainda de tarde. "Era como uma batalha de bandas toda noite em todo lugar aonde íamos", lembra Glen Buxton.

E estar no começo da fila não dava nenhuma garantia de conseguir uma chance de fazer a audição. Amigos de amigos da equipe do clube ligavam e eram chamados para cortar a fila dependendo da força do nome citado. Músicos eram tirados da fila porque pareciam bem melhores que o resto ou eram mandados embora porque pareciam ser os piores. Era um caos e apenas o começo. Alguns clubes tiveram a ideia de cobrar pela entrada nas audições e isso arrancou mais um pedaço da esperança e dos sonhos da banda. Outros clubes ficaram de saco cheio da polícia os incomodando por bloquearem a calçada e começaram a exigir que as bandas agendassem os testes e então mais uma vez escolhiam os amigos e os amigos dos amigos dessas listas.

Mas aos poucos os Spiders conseguiram ser ouvidos, lutando para conseguir tocar em festas ou fazendo-se disponíveis para qualquer um dos muitos shows gratuitos que aconteciam, muitas vezes desafiando as leis, ao redor dos parques da cidade. Um dos primeiros, senão o primeiro, foi em Griffith Park no dia 26 de março de 1967. Duas noites depois os Spiders estrearam no Gazzari's, no Strip, e assim as coisas foram indo pelos próximos meses. Eles conheciam pessoas e encontravam chãos de amigos para dormir ou então se amontoavam na van e dormiam como fosse possível. Mas eles nunca conseguiram fixar raízes lá porque sempre precisavam voltar para Phoenix. De fato, em algumas noites, a banda tinha tempo apenas para fazer o show e correr para a van e voltar para Phoenix, com suas cabeças ainda rodando com a emoção do show.

"Eu era muito ingênuo quando cheguei à Califórnia", Alice disse à *Spec*. "Eu era como uma ovelha entrando no matadouro. Saindo daquela criação religiosa, não tinha ideia nenhuma sobre sexo. Nós vivíamos bem no meio de Hollywood, no coração da Evil Hill, a área entre a Boulevard Sunset e Santa Mônica, logo abaixo do Whisky. Eu nem sequer sabia o que era um homossexual, só achava que todo mundo na vizinhança gostava de poodles. Finalmente, eu entendi. Você aprende muito quando vive na Califórnia."

Não faltavam educadores dispostos. Os Spiders encontraram um lugar para dormir, cortesia de Doke Huntington que trabalhava de secretário particular do ator Tony Curtis. Sua casa em Weatherly Lane, logo saindo da Santa Monica Boulevard, se tornou o lar fora do lar para os Spiders enquanto estavam em Los Angeles, e demorou bastante para a banda finalmente perceber por que tantos dos amigos mais extravagantes de Doke passavam tanto tempo na casa dele, apenas observando os jovens curtirem. Mas essa percepção não os chocou. Afinal, eles estavam em Los Angeles e, depois de duas ou três viagens para a cidade, eles finalmente decidiram o que estavam conversando por mais de seis meses. Estava na hora de abandonar Phoenix e se mudar para Los Angeles de uma vez por todas.

Era um novo começo em todos os sentidos. Mickie Furnier presenteou a banda com uma van nova, uma bela máquina amarela que permitiu que a velha van de Michael Bruce finalmente se aposentasse. Outro amigo, também animado com o sonho hollywoodiano, concordou em acompanhá-los como *roadie* e operador de luz, lidando com a coleção de holofotes caindo aos pedaços que tinham acabado de comprar. E os Spiders tornaram-se os Nazz, depois de ouvir sem parar o recente lado B dos Yardbirds, "The Nazz is Blue".

A banda sabia da lenda daquela terra agora, e as primeiras semanas na cidade foram dedicadas a ensaiar para a próxima bateria de audições que sabiam que teriam de enfrentar. Eles pegavam ideias emprestadas ou as roubavam se quisessem e as encaixavam na montagem da apresentação em um ato cada vez mais turbulento que deixava cada participante, músico e espectador iguais, em um movimento quase perpétuo, com Vince se movendo pelo palco como um *serial killer* de filmes B, seus colegas da banda como uma ameaçadora gangue e a plateia grudada nas paredes pelo barulho, enquanto os músicos escolhiam suas vítimas.

O repertório estava chegando rapidamente ao ponto de ser inteiramente composto por coisas próprias. O *cover* preferido ocasionalmente aparecia, mas estava tão bagunçado pela imaginação da banda que o público precisava identificar a música sozinho. Outras músicas saíam direto de coisas que os músicos liam ou pensavam na época, manchetes dos jornais, balões de diálogos tirados de HQs, expressões excêntricas que ouviam na televisão e memorizavam para averiguar no futuro.

Bruce e Dunaway destacaram-se como compositores, com um deles trazendo uma pegada de melodia e drama para o palco, enquanto o outro buscava fundo em sua mente macabra ideias que o fizessem tremer. "Lay Down and Die, Goodbye" foi sem dúvida escrita sob a influência dos Yardbirds, sua guitarra era um eco da "Happenings Ten Years Time Ago". Mas o título deixou a intenção dos Nazz bem clara: à medida que seu repertório se desenvolvia, sua fúria nos palcos também crescia. "Everything is Orange"... "Mr. Machine"... "Travel Agent"... "Animal Pajamas"... "Wonder Who is Loving Her Now". A música era coesa e com isso veio o espírito que se tornaria a *raison d'être* da banda. Como Vince gostava de dizer: "Os *hippies* viram o futuro [nos Nazz] e isso os assustou muito".

Capítulo 4
Ela Deu Quarenta Golpes na Mãe

"Quando estávamos começando", Vince gostava de relembrar às pessoas, "era o tempo do The Doors, Buffalo Springfield, Love." Quase uma década depois, em 1975, ele disse ao *New Musical Express*: "Nós competíamos com 20 mil bandas diferentes apenas em L.A. Nós fazíamos coisas como 'uma audição' por três horas em um clube e depois nenhum trabalho era oferecido: o que acontecia na verdade era que eles nos faziam tocar de graça em seus clubes.

Nós estávamos famintos, fisicamente famintos e cansados de sermos fodidos o tempo todo. Então nossa solução foi fazer com que vocês olhassem para a gente. Nós vamos chamar sua atenção".

Uma noite, passando o tempo do lado de fora do Gaslight, um clube na Sunset Strip, Vince começou a conversar com uma banda chamada Rainmakers. Uma das milhares de bandas que finalmente havia conseguido botar o pé no primeiro degrau da ascensão local, os Rainmakers haviam acabado de conseguir uma residência de uma semana no Gaslight e Vince disse a eles que com certeza entraria no clube para apoiá-los. E levaria sua banda com ele.

Eles trocaram números de telefone e Vince seguiu seu caminho por alguns dias, até ficar perplexo quando o telefone tocou e um dos recém-conhecidos pediu um favor. O guitarrista dos Rainmakers ficou doente e a banda não poderia tocar naquela noite. "Desculpe ser tão em cima da hora, mas será que vocês poderiam nos substituir hoje?"

Eles podiam e foram, e as engrenagens começaram a funcionar. O show no Gaslight se tornou um evento regular, assim como na Hullabaloo, perto dali. Foi nessa repentina onda de atividades que eles conheceram Sherry Cottle, empresária do Cheetah Club, situado no Pacific Ocean Park, em Venice, um complexo de entretenimento construído no píer.

Tristemente destruído por uma série de incêndios criminosos que levaram ao seu fechamento no começo dos anos 1970, o Cheetah tinha o mesmo modelo que outro clube de mesmo nome em Nova York, uma pista de dança de 2 mil metros quadrados rodeada por paredes de aço inoxidável. O The Doors tocou lá, Janis Joplin e Blue Cheer, junto com quase todas as bandas significantes que chamaram de lar a cena de clubes de L.A. Sem muita certeza do que eram os Nazz, mas impressionada com seu entusiasmo e talento, Cottle chamou a banda para fazer uma audição no Cheetah e ficou fascinada o bastante para agendá-los novamente.

Os Nazz fizeram sua estreia no Cheetah no começo de agosto, abrindo para o The Doors em um concerto feito para o primeiro aniversário de morte (dia 3 de agosto) do comediante Lenny Bruce. Mas era garantia de um público de famosos, enquanto a sequência de bandas posicionou os Nazz logo depois de Butterfield Blues Band, uma banda de Chicago de blues rock pesado que na época era comparada ao Cream.

De jeito nenhum eles fracassariam.

Em horrorizar.

Foi um desastre. Com a iluminação intensa e os amplificadores funcionando bem, eles entraram no palco em um lampejo de barulhos e cores e partiram direto para o tema do programa de televisão *Patty Duke Show*. Eles acharam ter ensaiado o repertório até chegar à perfeição, cada alto e baixo marcado sem erros, cada batida coreografada para o melhor resultado possível. Mas pouquíssimas pessoas ficaram por lá para ouvir tudo. Eles esvaziaram o Cheetah em um intervalo de quatro músicas.

O jornalista Howard Bloom analisou a ocasião para os leitores da revista *Circus*: "Eles entraram com roupas cromadas, coloridas e com franjas, enquanto máquinas de fumaça soltavam nuvens densas ao redor da banda e luzes negras acionavam as rodas giratórias fosforescentes no fundo do palco. Então eles continuamente provocaram a plateia que havia ido para assistir rock estilo Jim Morrison com uma mistura do som de Dionne Warwick com músicas de ficção científica sobre computadores dominando a Terra. Quando chegaram na quarta música, 7 mil fãs dos Doors haviam fugido".

Aqueles que ficaram, no entanto, formavam uma plateia impressionante a seu próprio modo: Sherry Cottle, que já planejava a próxima aparição do grupo; Vito, o líder do time *hippie* coreografado, Vito's Dancers, e três membros de uma associação informal de *groupies* que se identificavam como GTOs Girls Together Outrageously [Garotas Unidas Escandalosamente]. Junto com Cottle, elas se tornariam as *cheerleaders* mais incansáveis dos Nazz.

No dia 22 de agosto de 1967, os Nazz tocaram a primeira de sete noites consecutivas no Cheetah, abrindo para os movidos a funk Watts 103rd Street Rhythm Band. Era uma combinação absurda, mas Cottle sabia o que estava fazendo. As plateias não gostavam dos Nazz, e o desprezo era contagioso. Os rumores se espalharam: "Você tem de ver essa banda, eles são péssimos". Sentindo o interesse crescer, Cottle fixou os Nazz, junto com os menos controversos Chambers Brothers, como bandas da casa no Cheetah. No começo de setembro, os Nazz estavam abrindo duas noites para Buffalo Springfield e Cottle abria sua própria casa de três quartos na Rua Beethoven para a banda.

Porém, eles não eram os únicos músicos do local. Outros grupos também compartilhavam a hospitalidade de Cottle, incluindo, por alguns dias, no fim de outubro de 1967, uma banda britânica chamada Pink Floyd.

Ainda na onda do sucesso britânico do álbum de estreia, *The Piper at the Gates of Dawn,* e o *single* "See Emily Play" tirado do mesmo álbum, o Pink Floyd estava no ápice do *underground* do Reino Unido, em um tempo em que ainda lutava para acompanhar seus semelhantes americanos. Com certeza, três dias em Winterland, São Francisco, foi pouco para impressionar os fãs locais, já que a banda viajava sem muitos dos efeitos de iluminação e de palco que marcaram sua reputação, enquanto o vocalista Syd Barrett estava tomado por problemas psicológicos que logo o tirariam da banda e o transformariam em uma lenda do rock antes mesmo de montarem mais um álbum juntos.

O empresário da banda, vendo a desintegração de Barrett arrastar junto a reputação da banda toda, estava desesperado, fazendo tudo que podia para cancelar a turnê e trazer a banda de volta para casa. Mas enquanto esperavam pelo voo de volta a Londres, o Pink Floyd acabou indo para Venice e compartilhando uma refeição memorável com os Nazz.

Uma década depois, Glen Buxton relembrou: "Syd era uma pessoa muito estranha. Ele nunca falava, mas eu estava lá comendo e de repente passava o açúcar para ele. Era como se eu tivesse ouvido Syd dizer 'passe o açúcar'. Era algo como telepatia. Essa foi a primeira vez na minha vida que conheci alguém que conseguisse fazer isso quando quisesse e esse cara fazia o tempo todo. Ele definitivamente era de Marte".

Segundo Vince, Barrett passava a maior parte do tempo sentado quieto na cozinha e vestindo o mesmo par de calças gastas de veludo rosa. Mas o Pink Floyd todo foi até o Gazzari's em um dia à tarde para assistir à audição dos Nazz para um dos seus shows na casa e ofereceram suas contribuições para os preparativos, começando com a distribuição de *brownies* com maconha. E então era a vez de irem para o Cheetah Club, onde o Pink Floyd fazia sua estreia em Los Angeles.

"No Cheetah Club, Syd decidiu que seu cabelo era enrolado demais e tinha de ser alisado antes de o show continuar", lembrou o baterista do Floyd, Nick Mason, uma história que Glen Buxton confirmou ao se lembrar de ter sido mandando até a farmácia mais próxima para comprar um tubo de gel, que Barrett esvaziou em sua própria cabeça. Ele entrou no palco e, com o calor da iluminação, "parecia que sua cabeça estava derretendo".

Aqueles outros habitantes do Cheetah, o The Doors, ficaram amigos dos Nazz, convidando-os até para assistir às gravações do segundo álbum, *Strange Days*, enquanto outros grupos cruzavam seus caminhos com os Nazz, tendo sido positivo ou negativo. No meio de novembro, os Nazz abriram para os Clear Light, uma banda amplamente apontada como a nova The Doors, e o ano acabou com mais uma bateria de shows no Cheetah que os mantiveram ocupados até o Natal.

Eles se esforçaram e lançaram um novo *single*. "Lay Down and Die, Goodbye" tornou-se o primeiro e único lançamento do selo deles, Very Records. Vendeu um punhado de cópias para os curiosos e mais um tanto para as figuras estranhas que queriam um suvenir do frenético show ao vivo, mas, esse não era o objetivo. Era verdade que os Nazz ainda não tinham deixado sua marca em nenhum outro lugar além de Venice, mas ainda assim, seis meses na Califórnia os deixaram em uma posição muito além da esperada e eles também não eram tão desprezados como gostavam de dizer.

Outro amigo de Phoenix se juntou à família. Neal Smith era o *roadie* da banda. Assim como Glen Buxton, era de Akron e nascera na Rubber City no dia 23 de setembro de 1947, antes de sua família se mudar para Phoenix. Formado pelo Camelback High, ele tocava em uma banda chamada Holy Grail e se interessou pelos Spiders a princípio não tanto pela música, mas por um sentimento nostálgico, pois ele e Buxton se deram bem pelo passado de ambos em Akron, e a amizade cresceu a partir de então.

O restante da banda não gostou de Smith de cara. De fato, Vince admitiu em sua autobiografia *Me Alice*: "Eu sempre achei que Neal Smith fosse um idiota. Eu o vi pela primeira vez em uma batalha das bandas em Phoenix, quando ele era o baterista de uma banda rival, os Surf Tones. Todos os grupos naquela batalha em particular concordaram em compartilhar os equipamentos para que nenhuma banda precisasse desmontar tudo no final de cada set, perdendo a atenção do público no estacionamento. Neal (...) foi o único contra. Ele fez todos os músicos desmontarem seus equipamentos para que ele pudesse montar sua bateria na hora. Então, no meio de uma versão de 16 minutos da música 'Wipe Out', ele fez um solo de bateria por 14 minutos".

Smith entrou como o *roadie* dos Spiders, mas ainda procurava uma banda própria. Assim, ele já estava lá quando receberam a primeira e, até então, única amostra de interesse de alguma gravadora. Um selo chamado Sound Records apareceu, e Smith lembra: "[eles] queriam contratá-los, mas queriam que fosse outro vocalista". Os Nazz recusaram. Eles não tinham chegado tão longe com Vince para descartá-lo agora. Ou iam todos como uma unidade ou não iria ninguém. Seus pretendentes escolheram a última opção, para então a banda descobrir que talvez precisasse de um novo vocalista de qualquer forma. Vince estava de partida para o Vietnã.

O baterista John Speer tinha largado a banda nessa altura, saindo em dezembro de 1967, depois de mais um desentendimento entre tantos, e mantém-se desde então com a boca fechada sobre os motivos de sua saída. Porém, Michael Bruce continua convencido de que foi o incidente com os *brownies* de maconha junto com o Pink Floyd. "Ele ficou realmente bravo... [e] no dia seguinte ele carregou seu carro e partiu para Phoenix."

Seu substituto, no entanto, já estava à espera nos bastidores. Foi Buxton quem insistiu que Smith fosse promovido de *roadie* para um membro da banda e dessa vez foi o amor de Smith por armas de fogo que o seduziu. Buxton carregava uma Derringer na época e nada o empolgava mais do que dirigir até o deserto para praticar sua mira. Smith, por outro lado, tinha uma metralhadora Thompson. Com o restante da banda usando rifles .22, os treinos no deserto melhoraram um pouco mais.

Smith ocupou o banco vazio da bateria sem esforço, trazendo com ele uma educação que vinha de todas as orquestras e bandas de desfiles que tocara desde que conseguiu segurar as baquetas. E ele foi o primeiro a descobrir que não iria para o Vietnã, depois que uma ida ao deserto o deixou com uma ferida de bala no pé.

Mirando em um coelho, Vince acabou acertando seu colega e esse foi o fim das esperanças militares de Smith. Principalmente depois que Smith insistiu que ele estava tentando cometer suicídio na época. Para o exército americano, não importava se acabasse morto depois que você estivesse alistado, desde que não fosse você quem puxasse o gatilho.

Seus colegas de banda não tiveram a mesma sorte. Ao contrário do que acreditavam, a matrícula na Glendale Community College não era o suficiente para convencer o exército de que os Spiders eram mais valiosos ficando no país do que sendo sacrificados na linha de frente. Buxton, Bruce, Dunaway e Vince receberam a classificação A-1, ou seja, foram considerados tanto adequados como disponíveis para serviço militar irrestrito. Agora só dependia dos quatro convencer o exército do contrário.

Todos eles ainda estavam registrados como moradores de Phoenix, então voltaram para o Arizona, ficando com cada vez mais medo à medida que as luzes de Los Angeles ficavam para trás. Porém, ainda não estavam desesperados. Eles tinham um plano.

O licor Southern Comfort correu solto na noite anterior à apresentação ao gabinete de recrutamento e os armários foram revirados para encontrar as roupas mais maltrapilhas possíveis. A ideia, compartilhada por muitos outros prestes a ser convocados era parecer tão estranho, ultrajante e indesejável para o exército que eles prefeririam perder a guerra a recrutar alguém assim.

A princípio parecia que o esquema funcionaria. Dunaway foi desclassificado por causa de sua aparência e a alta probabilidade, aparentemente até mesmo para o oficial mais cabeça-dura do recrutamento, de que ele jamais pudesse ser transformado em uma máquina de matar. Não nesta vida, pelo menos.

Buxton foi mandado de volta, assim como Bruce, depois de sofrer o que parecia ser um surto psicótico no ônibus a caminho do campo de treinamento. Sobrou apenas Vince, com sua cabeça ainda atordoada com todo o álcool tomado, resplandecente em um par de calças lamê douradas, seu cabelo era uma bola de nó que chegava até o final das costas, um *hippie*, um horror, um degenerado. Mas mesmo assim Vince, como foi declarado, era exatamente o que o exército precisava e ele sabia o porquê. O oficial de recrutamento era o mesmo estúpido que havia roubado Debby (para o alívio da senhora Hickey), e odiava seu antigo rival com fervor. Foi dito a Vince para ir embora e começar a fazer as malas. Ele ia para a guerra.

Foi pura sorte que o salvou. Sorte e a decisão do governo norte-americano de tentar diminuir a montanha de críticas em relação à aparente forma indiscriminada com que os jovens americanos eram selecionados para a guerra. Pouco depois do aniversário de 20 anos de Vince, em fevereiro de 1968, mas antes de receber os papéis oficiais de convocação, foi anunciado que o exército estava retomando uma prática vista pela última vez em 1942, recrutando futuros combatentes por sorteio. Todos os processos pendentes foram suspensos até que o sorteio fosse feito no dia 1º de dezembro de 1969.

A possibilidade de ser mandado para a guerra ainda pairava sobre Vince Furnier. Mas ele tinha uns 18 meses de liberdade pela frente para continuar com sua vida. No começo de março de 1968, os Nazz voltaram para Los Angeles com apenas um objetivo em mente. Tornarem-se tão famosos que, se Vince acabasse sendo convocado para a guerra, seria a maior manchete de jornal desde que Elvis Presley fora recrutado, porque eles já seriam as maiores estrelas depois dele.

O garotinho que costumava chacoalhar os quadris na frente do espelho estava prestes a crescer.

O adiamento da decisão deu uma nova perspectiva para a banda. Como um homem prestes a morrer, ansioso para aproveitar ao máximo o tempo que ainda restava, a banda transformou tudo: o estilo, o som, a música, a atitude. E o nome. Vazaram notícias sobre outra banda chamada Nazz, uma banda da Filadélfia comandada por um tal de Todd Rundgren, e o fato de que os Nazz de Venice Beach souberam disso muito antes de seus colegas da Pensilvânia sugere que qualquer tentativa de manter o nome estaria fadada ao fracasso. Era tempo para outra mudança.

Vários nomes foram cogitados, incluindo o memorável Husky Baby Sandwich. Mas o nome que em pouco tempo seria o escolhido não foi sugerido por nenhum poder terrestre.

Ou assim afirma uma das histórias.

O grupo voltou a Phoenix para passar o Natal em casa e juntar mais um tanto de dinheiro, "um baú de guerra", como Neal Smith dizia, de 4 mil ou 5 mil dólares para financiar o próximo ataque a Hollywood. Em uma noite, o empresário das turnês, Dick Phillips, convidou o grupo para ir à sua casa, onde sua mãe havia arrumado um tabuleiro Ouija. Imediatamente uma força obscura começou a manipular o indicador, meticulosamente soletrando um nome que não significava nada para ninguém. Era Alice Cooper.

Eles perguntaram para o tabuleiro quem era ela. Sua resposta apareceu causando calafrios:

ALICE COOPER É VINCE FURNIER.

Eles não poderiam deixar o assunto morrer ali. Nos próximos anos, os membros da banda e amigos dedicaram-se a muitas pesquisas, e logo apareceu uma história de medo sobrenatural e horror supersticioso. Alice Cooper foi uma mulher inglesa, nascida no século XVI ou XVII, uma de duas irmãs acusadas de praticar bruxaria em uma época em que a prática era um crime capital.

As autoridades foram atrás da irmã de Alice primeiro, arrastando-a acorrentada, aprisionando-a e interrogando, extraindo e acreditando em uma confissão que não enganaria nem como roteiro para um filme de horror fraco, e então a condenaram à morte na fogueira. Alice assistiu em choque enquanto sua irmã era queimada e ela sabia que seria a próxima. Dias, talvez horas antes de ser presa, ela cometeu suicídio por envenenamento. Vince, como disse o tabuleiro Ouija, era a reencarnação dela. Ou talvez, ela era a dele. Voltando para Los Angeles alguns dias depois, a banda se envolveu em um acidente na estrada, que destruiu a van e chegou perto de acabar com a banda também. Enquanto olhavam desacreditados para os destroços do meio de veículo e os instrumentos e equipamentos destruídos pela estrada, a pergunta veio à mente de todos. E se Vince na verdade tivesse morrido no acidente? E se Alice, a bruxa Alice do século XVI, tivesse reanimado seu cadáver para seus propósitos maléficos e vingativos?

Eles tinham sua história. Ou uma delas, pelo menos, porque existiriam várias versões.

Em uma época em que os maiores sucessos pareciam vir de várias cantoras-compositoras, Joni Mitchell e Laura Nyro, Melanie Safka e por aí vai, Alice Cooper era exatamente o tipo de nome que seria vinculado a uma cantora loira de folk 100% americana. Não seria legal, Vince riu, atrair uma audiência esperando uma noite de dedilhados leves e sóbrios e então atacá-los com a força total dos Nazz?

"O nome começou simplesmente como um cuspe na cara da sociedade", ele contou rindo para a *Rolling Stone* em 1973, totalmente ciente de que a revista foi uma das que disseminou tal tipo de música. "Com um nome como Alice Cooper, nós podíamos fazê-los sofrer de verdade."

Em outras ocasiões, ele simplesmente refletia sobre a beleza do nome, estilo "pequena Jane Lizzie Borden, doce e inocente com um machado atrás das costas". "Havia algo tipo 'assassinato a machadadas' sobre Alice Cooper. O nome me lembrava de Lizzie Borden. [Ele] tem uma sensação *Whatever Happened to Baby Jane*. Era como se fosse feminino, mas não era. Havia algo de diferente, algo perturbador".

Em outros momentos, ele desistia de todas essas histórias e contava uma que jurava ser "a verdade, juro por Deus". E é tão provável (ou não) quanto todas as outras explicações. Em 1975, ele contou à *Circus*, "nós ainda éramos estudantes do colegial e estávamos sentados na casa de umas garotas. Elas eram secretárias e queriam formar uma banda. Elas se chamavam Weeds of Idleness e eram realmente sinceras, mas terríveis. Elas trabalhavam como secretárias e realmente nos ajudavam. A gente ia lá e elas preparavam bastante comida. Então, estávamos lá sentados um dia dizendo, 'precisamos de um novo nome' (...) e eu disse, 'nós não temos nada a perder, vamos fazer algo que ninguém vai compreender de forma alguma'. Eu poderia ter dito Jennifer Smith ou Mary Truesdale, mas aconteceu que Alice Cooper saiu. E foi o primeiro nome que surgiu também".

Mais versões apareciam. "Existem rumores de que o nome verdadeiro de Alice era Vernon Harlipp", anunciou a revista *Teen* em novembro de 1972. "Alice Cooper é nome de solteira de sua mãe e a família é descendente distante do falecido Gary Cooper. No entanto, Alice se recusa a comentar qualquer uma das afirmações." E no fim de 1973, o *Melody Maker* afirmou que o animal de estimação na infância de Alice era uma cobra-real filhote que encontrou no jardim um dia. "[Ele] chamou a cobra de Alice porque era o nome de uma garotinha da escola dominical. Só quando a cobra morreu que ele descobriu ser um macho. Vince ficou muito triste com a morte da cobra, chorou por dias, não havia nada que sua mãe pudesse fazer. [Mas] ele nunca esqueceu aquela cobra."

Glen Buxton, porém, refletia sobre uma influência mais prosaica, quando a "White Rabbit" de Jefferson Airplane chegou aos topo das paradas e iniciou uma contracultura, a grande fascinação pelos contos *Through the Looking Glass/Alice no País das Maravilhas* do autor inglês Lewis Carroll. Alice, nome da personagem principal de ambas as histórias, era um nome tão popular em 1967 e no começo de 1968 quanto outro herói folk da época, o carro Mini Cooper, vencedor da competição Monte Carlo, em 1967. A combinação desses ícones poderosos, a fantasia da psicodelia e o estilo moderno de Londres, pareceu irresistível para um bando de anglófilos assumidos cuja maior alegria até agora foi conhecer a banda Pink Floyd na primeira vez deles na América e cujos próprios sonhos musicais estavam presos ao lixo turbulento dos invasores britânicos. Eles poderiam facilmente ter escolhido o nome Lucy Lotus.

Mas não fizeram isso. Eles eram Alice Cooper, e Sherry Cottle em ação criando novas identidades aos músicos para aparecer nas divulgações na imprensa. Vince já era certo, pois ele era Alice. Mas Glen Buxton tornou-se "uma figura emergente do passado, um cavaleiro negro já temido por muitos", Dennis Dunaway era "um artista dos tribunais, pintando o quadro da história, conhecendo as cores do amanhã", Neal Smith era "um rei guerreiro, nascido do poder, criado na fortaleza dos deuses" e Michael Bruce tornou-se "um poeta das ruas, escrevendo músicas centenárias, uma figura do futuro".

Aonde suas identidades iam, seu guarda-roupa foi atrás. Seus cabelos já chegavam a um comprimento invejado até pelos maiores cabeludos da época. Agora seu figurino, já absurdo e beirando a vulgaridade, começou a evidenciar a ilusão das nomenclaturas. A irmã de Neal Smith, Cindy, era a estilista e sócia de uma boutique em Phoenix e se tornou a alfaiate oficial da banda. Enquanto ela trabalhava nos primeiros desenhos e fantasias, os Cooper avistaram a cena certa para estrear a depravação recém-criada. Como Vince indagou em voz alta em uma entrevista em 2010, "Por que nós sempre temos de ser os heróis do rock? Por que não um vilão do rock? Eu ficaria mais do que satisfeito em ser o Darth Vader do rock, em ser o Capitão Gancho".

Um show gratuito estava chegando. Os Nazz tinham um show marcado para tocar junto com Blue Cheer e Nitty Gritty Dirt Band no espaço de eventos Earl Warren, em Santa Bárbara, no dia 16 de março de 1968, aniversário de Michael Bruce. Enrolando para anunciar a mudança de nome só quando estivessem no palco, o que aconteceu em seguida entrou para o folclore da banda e as lendas locais.

Alice disse à *Fusion*: "Nós sempre gostamos de álcool, mas naquela época era praticamente a parte principal da nossa apresentação. Nós gostávamos de cair de bêbados e depois sair para tocar naqueles eventos onde todos curtiam o lance da consciência nessa nova cena descolada, andando por aí dizendo 'maneiro' e 'uau' entre eles e fazendo toda a cena social, que nós nunca gostamos de forma alguma. Nós tínhamos nossa própria cena e naquele momento nosso grande lance era o vinho".

O problema era que "muitos dos jovens ainda eram bastante puritanos em relação ao álcool, e nossa abordagem principal era apenas ficar o mais louco possível e ir tocar para ver como conseguíamos ser chatos. Apenas para criar qualquer tipo de ruptura absurda que conseguíamos nessa de serenidade bucólica. E funcionava, era muito divertido. As pessoas andavam em círculos dizendo, ' Uau, como esses caras são ruins! Quem são eles?', e alguns vinham perguntar depois por que estávamos tentando desanimar todo mundo.

Uma outra coisa é que, na época, nossa música era quase completamente barulho, sem nenhum tipo de ordem, e muitas pessoas também não gostavam desse tipo de coisa. Mas nós sim, e continuamos, e de vez em quando alguém aparecia no final e dizia que realmente gostou do que estávamos fazendo e nós dávamos um gole de Red Mountain. Alguns eram tipos intelectuais que queriam falar sobre música atonal e aleatória, mas na maior parte das vezes eram motoqueiros que nos davam seus vinhos ou ofereciam uns remédios e diziam como eles achavam os *hippies* chatos. Eu acho que eles se identificavam mais com nossa música do que qualquer outro, porque era tão barulhento, eles ouviam motocicletas."

De repente ele sorriu: "Lá estava Alice Cooper. E as pessoas nos odiavam. Eles nos odiavam tanto que iam nos ver. Até as outras bandas nos odiavam. Nossos amigos começaram a nos odiar. Mas eles iam ver o show".

Capítulo 5
Belezuras para Frank

Sem nunca deter um público próprio, a banda Alice Cooper encontrou uma nova forma de fazer as pessoas falarem sobre eles: alienando quem quer que fosse assisti-los. Nos festivais eles estavam determinados a ser a banda mais barulhenta. Agora resolveram ser a mais colorida também, caçando pelos brechós de Hollywood as roupas femininas mais descoladas possíveis, um caleidoscópio confuso de lamê e plumas, corseletes e meias-calças. Era um estilo em que seus ídolos, os Rolling Stones, talvez tenham sido os pioneiros alguns anos atrás, com o vídeo feito para a música "Have You Seen My Mother, Baby", mas para os Stones era apenas uma proposta para a filmagem. Os Cooper estavam dispostos a fazer disso um estilo de vida.

Phoenix já estava dominada. Um *promoter* local, aparentemente entusiasmado com ambos, o nome e a banda, ofereceu a eles direitos de nome em um clube que ele pretendia abrir, como relata um artigo da revista *Teen* no dia 6 de abril de 1968. "O novo clube noturno de Valley para os jovens abriu ontem à noite com a banda Alice Cooper, antes chamada Nazz, homônima do clube. O lugar na rua E. Van Buren 5555, foi completamente redecorado, incluindo painéis de madeira nas paredes e um material tipo crepe rosa que cobria desde o teto do saguão. Com essa combinação, Alice Cooper é sucesso garantido."

Neal Smith relembra: "Alguém tinha um velho bar estilo *western*. Eles queriam transformá-lo em um bar de rock e disseram que poderíamos fazer o que quiséssemos. Então mudamos o nome para Alice Cooper

Club e, como nos deram carta branca para fazer o que quiséssemos, pintamos a parte interna toda de rosa.

Nós estávamos tão inspirados pelo lance S&M de Hollywood que tínhamos chicotes, correntes, algemas e todas essas coisas doidas por todos os lados, apesar de que no oeste chicotes não são nada demais".

Para dizer a verdade, o clube ficou aberto por apenas um fim de semana, com dois shows comandados por Alice Cooper e um terceiro com participação da Music Machine, 18 meses depois do sucesso Top 20 da música dos Spiders, "Talk Talk". "Talvez ficasse aberto por mais um tempo", Smith assume, "mas nós não tocamos lá de novo. De qualquer forma o clube teve um tempo de vida útil muito curto".

A banda passava cada vez mais tempo em Los Angeles. Nem todos os lugares que eles procuravam para audição os aceitavam após verem as fotos entregues pela banda e, mesmo quando conseguiam convencer o dono a agendá-los, ainda tinham de vencer uma audição, ou não. Mas ao longo do começo da primavera de 1968, o mundo de Alice Cooper expandia-se aos poucos com seus próprios esforços e dos fãs mais infames.

As Garotas Unidas Escandalosamente (Às vezes ou Sempre, dependendo do humor) era uma agregação das *groupies* de Laurel Canyon cuja especialidade era dançarem juntas nos clubes de Hollywood, vestidas apenas com camisetas brancas minúsculas e shortinhos, divertindo-se com as identidades sugestivas que Tiny Tim escolheu para elas: Miss Sandra, Miss Sparky, Miss Pamela (Miller, que depois se tornou uma *groupie* importante e casou com o cantor Michael DesBarres), Miss Cinderella, Miss Mercy e Miss Christine. Sobrenomes eram desnecessários, as reputações das garotas já as identificavam facilmente.

"Nós nos chamávamos de A Companhia de Balé de Laurel Canyon", relembra Miss Pamela, e uma noite em um show do Mothers of Invention no Shrine Auditorium, enquanto Zappa "vagava pelo clube depois do show", ela "fez questão de trombar com ele na pista de dança". Eles engataram uma conversa e, logo, com Miss Christine instalada como a governanta da casa de Zappa, ela estava convidando suas parceiras para a casa de Zappa, antiga mansão do ator Tom Mix em Laurel Canyon, para entreter outros convidados cantando e dançando ao som dos discos do Mothers of Invention.

Era um ótimo espetáculo, ou assim achava Zappa, e ele logo estava planejando incorporar as GTO's em três de seus shows no Shrine de Los Angeles. Lá, a *Rolling Stones* descreveu a perfomance como lindamente coreografada, então, "e daí que um dos Mothers pensa que elas são espantosamente sem graça e não conseguem cantar nada?". O fato era que elas trouxeram mais invenções para a performance dos Mothers, assim como ofereciam uma boa chance para os membros do público mais pilhados pela testosterona darem vazão a suas emoções mais primitivas.

Nem todos os Mothers estavam felizes com a chegada das meninas no mundo deles. Bunk Gardner lembra-se delas como "vampirescas, batons pretos, lápis preto, tudo preto", e as achava "um tanto não atraentes para meu gosto". Mas o entusiasmo de Zappa não via limites.

Nem o de Vince. Uma noite ele conheceu Miss Christine no lendário Cantor's Deli e, confessando que "eu tinha uma quedinha por ela", ele começou a acompanhá-la para o trabalho: cuidar dos dois filhos de Zappa, Dweezil e Moon Unit. Quando Miss Christine começou a falar sobre ele com o pai das crianças, provavelmente não impressionou muito um cara que passava o dia inteiro ouvindo sobre uma banda ou outra, até que ela disse as palavras mágicas. "O nome deles é Alice Cooper. E ninguém gosta deles."

"Ninguém mesmo?", perguntou Zappa.

"Ninguém mesmo", confirmou Miss Christine.

A banda já havia começado a mandar fitas demos e cópias não vendidas de "Lay Down and Die, Goodbye" para diversas gravadoras locais, mas sempre sem nenhum resultado. Isso não era surpresa, pois todos os selos da cidade já estavam abarrotados de jovens esperançosos e até as demos de Jackson Browne foram arquivadas por David Geffen, até que uma secretária resgata a fita e força-o a ouvir. Então, o fato de Alice Cooper não encontrar nenhum selo interessado talvez tivesse menos a ver com o ódio das pessoas e mais com a possibilidade de a fita ter ficado perdida no meio daquela bagunça toda.

Zappa sabia disso, claro. Mas ele também respeitava as opiniões de Miss Pamela e, o mais importante, ele estava ativamente procurando novos talentos (se isso não for um termo majestoso demais para suas intenções) para lançar o par de gravadoras que ele recentemente tinha aberto. A Straight Records, para o que ele considerava *mainstream*, e a Bizarre Records para os mais vanguardistas.

As GTO's já estavam dentro, assim como Wild Man Fischer, um esquizofrênico-paranoico, cantor e compositor que Zappa descobriu em uma esquina de Hollywood, apresentando um monte de músicas fragmentadas. Captain Beefheart estava a caminho e todos os três, Zappa sabia disso, se encaixavam no manifesto que ele já havia elaborado para o selo, que "produziria álbuns um pouco diferentes (...) um material musical e sociológico atual que as grandes gravadoras não deixariam você ouvir".

A presença adicional dos cantores-compositores folk Tim Buckley, Judy Henske e Jerry Yester contradiziam um pouco essas intenções, mas ainda assim parecia que Alice Cooper seria um ótimo integrante do catálogo Straight. Mas o grupo fez alguns favores pra si mesmo quando finalmente conheceram Zappa.

"Frank era uma cara que compreendemos", Alice explicou naquela entrevista para a *Famous Monsters*. "Ele era um dadaísta. Trabalhava com surrealismo e diversas mídias em suas músicas. E ele era engraçado! Tirava um sarro dos *hippies*, dos políticos e das pessoas caretas, tudo era válido para ele. Bem cedo em nossas carreiras nós descobrimos quem Frank era, ouvimos *Freak Out* e *Absolutely Free* [os primeiros dois álbuns dos Mothers] e rimos porque esse cara é como o Spike Jones do rock 'n' roll.

Nós só percebemos como ele era bom depois do *We're Only in It For the Money* e esses álbuns quando ele realmente começou a tocar guitarra e quando nós realmente ouvimos as músicas e vimos como ele era brilhante. Mas ele era o único interessado em Alice Cooper."

Alice já tinha convidado Zappa para ver a banda em alguma noite no Cheetah e estava acostumado a ouvir alguma desculpa. Porém, ele se recusava a receber "não" como resposta e, quando se viu na mesma festa em que Zappa estava, ficou determinado a persuadir o maestro de bigode sem parar, minando sua resistência. Finalmente, e apenas para calar a boca de Alice, Zappa concordou em conhecer a banda, proferindo as palavras que embasariam uma das lendas mais infames de Alice Cooper: "Tudo bem. Venha de manhã e eu vou ouvir".

E então aconteceu às 7 horas em uma manhã de domingo ensolarada de junho, o sono tranquilo de Zappa e da própria Laurel Canyon foi interrompido pelo som da banda Alice Cooper em trajes completos e força total. Miss Christine deixou-os entrar e os ajudou a montar tudo. Então, com a casa ainda silenciosa, eles começaram a tocar.

Zappa apareceu perturbado e de roupão, agarrado a uma caneca de café que ele estava minimamente acordado para encher. "O que vocês estão fazendo aqui?", ele perguntou.

Eles disseram, ele resmungou. Quando ele falou "de manhã", queria dizer muito, muito mais tarde que isso. E quando disse que ouviria, ele esperava uma fita cassete. Não uma performance ao vivo. Mas permitiu que terminassem o curto set, murmurou e hesitou por um momento e então fez as duas primeiras perguntas que vieram à mente:

"Vocês estão sob efeito de drogas?". Não. E: "De onde vocês são?". Quando disseram que eram de Phoenix e não de algum canto longínquo do *underground* tradicional, ele estava convencido.

"Eu entenderia se vocês fossem de São Francisco, do Village ou da Inglaterra. Mas Phoenix? Eu vou contratar vocês."

Foi fácil assim.

Zappa nunca seria um fã de Alice Cooper. Ele os contratou pela pura noção artística de que, se ele não fizesse, ninguém mais faria, e também porque ele pensou que alguém entre seus fãs poderia apreciar essa banda. Mais tarde, naquele dia, ele ligou para seu empresário Herb Cohen e pediu para ele começar a preparar um contrato de gravação e, tendo certeza de que os Cooper não tinham um empresário, sugeriu que Cohen assumisse esse trabalho também.

Alguns shows foram arranjados para manter os Cooper ocupados. Zappa tinha um show marcado no estádio Wrigley Field no sul de Los Angeles em 27 de junho. Os Grassroots e T Bone já estavam confirmados, mas Alice Cooper foi colocado no final do cronograma de apresentações. E eles foram tão mal quanto ele esperava.

Bunk Gardner falou para Billy James, o biógrafo de Zappa: "Eles eram terríveis musicalmente, até constrangedores. Era um Teatro do Absurdo e os jovens adoraram. Mas eu ainda tinha aflição de como eles eram ruins musicalmente. Desde o começo eu simplesmente não compreendia porque Frank e Herbie os contrataram".

Zappa incluiu os Cooper em outro show também, em julho no Whisky a Go Go, e essa foi a deixa para o mesmo local chamar a banda para outro show, algumas semanas antes do show do Zappa, abrindo para a banda de blues britânica, Ten Years After, no dia 24 de junho. E lá a Straight Records ligou os gravadores para registrar em fita o mais antigo show conhecido dos Cooper.

Vinte e cinco minutos em cima do palco foi o tempo para a banda tocar apenas oito músicas, abrindo com as fórmulas de compasso distorcidas características e o *riff* em *staccato* de "No Longer Umpire" como um teste instantâneo da sensibilidade da plateia, partindo para a marginalmente mais convencional "Today Mueller", uma música escrita sobre uma garota que conheceram em Phoenix ("muito divertida") e, então, indo para a primeira das faixas realmente experimentais, a breve, porém frágil, "Ten Minutes Before the Worm", que pegou a inclinação das duas músicas anteriores a torcer e contorcer o básico de uma melodia e transformá-la em uma miscelânea de loucura.

Os falsetes característicos dos vocais de apoio aumentavam, a bateria de Smith gritava como uma guitarra elétrica e tão logo uma excentricidade acabava, então outra, a "Levity Ball" de Dunaway, chegava arrebentando. Era a música mais convencional do repertório inteiro da banda e destinada a ser uma das melhores, principalmente por causa do meio da música, onde o amor da banda por Pink Floyd, que uma vez batizaram seus *brownies*, foi escrito ao redor deste pela imitação final recriando a "Interstellar Overdrive".

"Nobody Likes Me", essa relíquia de autodepreciação das velhas desgraças dos Spiders, avança por harmonias e lampejos de uma batida estilo Bo Diddley e então outra batida rápida, como "BB On Mars" ("é sobre esse BB... em Marte"), transforma as antigas sensibilidades da música *beat* do grupo em um tipo de demolição mais rápida que a velocidade da luz, que muitas bandas britânicas pós-punk, uma década depois, se considerariam muito espertas por inventar.

O desprezo da banda pelo blues posteriormente divulgado nem se compara com "Sweet Low, Sweet Cheerio", uma música cuja letra no melhor estilo show de horrores não corresponde a uma faixa de fundo típica dos Quicksilver Messenger Service e também tira um sarro da difamação ouvida em todos os lugares sobre a musicalidade da banda. E então vamos para a faixa final, uma ardente "Changing Arranging", que cambaleava no clima emprestado indiscriminadamente da "Who Are the Brain Police" de Zappa, mas logo enxuga os ornamentos para se tornar outra das músicas enganosamente pops que Alice Cooper escondia atrás das táticas de choque.

Era uma performance dramática, às vezes devastadora, e a resposta da plateia embasa de imediato a insistência corrente de que Alice Cooper era a banda mais odiada de Los Angeles. Mas também não foi uma única vez. Em julho, o *LA Free Press* os viu no recém-redecorado Cheetah Club, na festa do Dia da Bastilha, e os descreveu como "um sucesso" mas, na verdade, parecia mais impressionante pela recente reforma do clube. Foi embora e comemorou, a "maior parte daquelas lâminas de metal irritantes que fazia você sentir que estava dentro de uma lata de lixo".

Outro clube deu-lhes boas-vindas e apresentou Alice, pelo menos, a outro pedaço de seu futuro. Localizado logo depois do Sunset, Thee Experience era um novo empreendimento, comandado pelo mesmo time marido-e-mulher que administrou outro clube com sucesso pelos últimos anos, o Thee Image, em Miami, Flórida. E ainda mais excitante, a banda da casa na Flórida, Blues Image, estava agora em Los Angeles e o guitarrista Mike Pinera relembra uma cena vibrante.

"O Thee Experience realmente sabia como tratar bem os músicos. Hendrix estava sempre por lá, o The Who, Jim Morrison era um frequentador, nós tínhamos bandas ótimas por lá o tempo todo. Alice Cooper se tornou a banda de abertura, então eu os via todos os fins de semana. Eles ainda não haviam ficado famosos, mas estavam com o selo de Frank Zappa e eram bem bizarros para aquela época. Já passavam maquiagem preta embaixo dos olhos, pareciam bem interessantes e eu me lembro da primeira vez que tocamos juntos, eu os convidei ao nosso camarim e dividimos sanduíches, café e outras coisas. Enquanto isso, o resto da minha banda, Blue Image, ficou longe. Eles disseram: 'Eles são meio assustadores, cara, avise-nos quando eles tiverem ido que nós voltamos'."

Porém, já era óbvio que a reputação de Alice Cooper havia crescido para além das roupas e maquiagens que a banda usava. Pinera continua: "O que representava, o batom e a coisa preta embaixo dos olhos e a lingerie, as pessoas não gostavam muito, mas ninguém poderia negar que era uma boa banda e que suas músicas originais eram muito bem elaboradas. Então, algumas pessoas os odiavam, outras amavam. Existiam bandas que eram igualmente *darks* na aparência e na personalidade, mas eles não conseguiam tocar porcaria nenhuma. Além do mais, Los Angeles era conhecida na época por todos os guitarristas com seus violões, mortes, melancolia e o fim do mundo, e isso não era bom. Los Angeles precisava de bandas como Alice Cooper".

E Alice Cooper precisava de Los Angeles. Por ora. A banda tinha saído do aperto da casa de Sherry Cotelle, em Venice, e chegaram até o outro lado da cidade, em Watts, onde a Chambers Brothers, a outra banda da casa no Cheetah, pôs o porão à disposição deles na sede na Crenshaw Boulevard. Lá, Alice Cooper ensaiava para o maior compromisso até então, o Newport Pop Festival, no espaço de eventos de Orange County, no dia 3 de agosto. Com uma lista de bandas bem esotérica, que ia desde Canned Heat e Chambers Brothers até Steppenwolf e Sonny & Cher, a banda Alice Cooper destruiu aquela tarde com músicas que desafiavam todas as classificações.

Na semana seguinte eles estavam de volta a Phoenix para comandar um evento com o nome de uma de suas músicas, o Levity Ball, e uma semana depois disso, de novo em Los Angeles, eles tocaram no segundo Brucemas Festival no Cheetah, em um espaço aberto na praia com o Doors como banda principal. Em setembro, assistindo ao Chambers Brothers ensaiar para o próximo grande show, abrindo para Jimi Hendrix no Hollywood Bowl, ficaram perplexos quando o próprio Jimi passou pela porta.

Ele se lembrou deles logo de cara do último encontro no ano anterior e compartilhou da animação deles sobre o recente contrato de gravação. Depois de os membros da banda menores de idade irem para Phoenix para que seus pais pudessem assinar o contrato, a papelada toda estava finalmente completa e Alice Cooper assinou com a Straight no dia seguinte.

Mas Hendrix ficou menos entusiasmado com o plano de deixar Cohen administrar a banda. Em vez disso, ele sugeriu que o acompanhassem até seu quarto de hotel, o Landmark, para encontrarem um cara que Hendrix tinha acabado de conhecer, Shep Gordon.

O nova iorquino Gordon resume em poucas palavras sua carreira até então: "Eu me formei na Universidade de Buffalo e frequentei a New School for Social Research por um semestre. Então fui para Los Angeles como um funcionário de acompanhamento por um dia". Agora ele estava vendendo cópias do *LA Free Press* na esquina na Sunset Boulevard, e morando no Landmark porque não tinha mais nenhum lugar para ir. Mas ele também estava no meio musical: junto com seu sócio, o contador Joe Greenberg, Gordon era o empresário da Costa Oeste para os Left Banke, camaradas nova-iorquinos que fizeram sucesso uns anos atrás com "Don't Walk Away Renee".[1] E ele estava sempre em busca de talentos novos.

De acordo com Vince, rindo dessa história depois, foi Janis Joplin quem apresentou Gordon para Hendrix, mas apenas depois de nocauteá-lo após ele ter apartado o que ele achava ser uma briga entre ela e um cara. Na verdade eles estavam transando e Janis apenas estava fazendo muito barulho. Mas ela pediu desculpas na manhã seguinte quando o avistou perto da piscina e Hendrix fez o resto. Mesmo com suas tentativas de deixar os Left Bake em uma posição segura em Los Angeles, Gordon não teve um momento de experiência como um empresário, mas Hendrix não se importou com as reclamações. "Você é judeu, não é? Deveria ser um empresário."

Gordon concordou. Na hora, Alice Cooper foi contratado pela recém-formada Alive Enterprises e no dia seguinte no escritório do Zappa Gordon assumiu o controle imediatamente. O contrato redigido era para um LP, com a opção de dois lançamentos posteriores. Ele aceitou isso e a oferta de um adiantamento de 6 mil dólares anuais, feita por Zappa e Cohen. Mas quando Cohen disse que a Straight controlaria a publicação do material da banda, Gordon reagiu. Eles poderiam

---

1. Quarenta anos depois, Alice se lembraria dessa ligação quando regravou a música "Pretty Ballerina", do Left Banke, para seu álbum *Dirty Diamonds*.

copublicar as coisas da banda. A banda ficaria com 50% para si. Mais tarde ele admitiu que não tinha a menor ideia do que significava publicações. Mas, se Cohen e Zappa queriam, então deveria valer algo.

"O mercado fonográfico e artístico era inocente e frágil", Gordon continuou. "Os ingressos custavam três, quatro ou cinco dólares, e as gravadoras ajudavam a desenvolver o talento das pessoas." O empresário, por outro lado, estava lá para "tentar manter um senso de realidade entre os artistas, mesmo sendo tão difícil. Um senso de como eles são sortudos e como o sucesso pode ser instável e se segurar ao que funciona e ser grato, em vez de ser invejoso, ganancioso, bravo. Essas são sempre as coisas que parecem separar bandas quando começam a ficar famosas".

Suas responsabilidades eram "diversas. Mas, antes de mais nada, era a pessoa que não concordava com tudo (...) falava o que tinha de falar (...) protegia o dinheiro (...) que construía uma estrada para a fama e fortuna que pudesse percorrer e a advertir quando toma um caminho errado na estrada ou o ego dela começa a embaçar suas visões". E em troca ele esperava que o artista "chegasse no horário e fizesse seu trabalho".

Gordon nunca exigiu, e nunca aceitou, um contrato de empresário com a banda. Tudo que ele e Alice Cooper, tanto individualmente como em conjunto, faziam juntos era selado, no máximo, com um aperto de mão, incluindo seus 15% do adiantamento inicial. Ele já estava ciente de que faria tudo isso, e muito mais, ao lado da banda. Afinal, os 6 mil dólares não eram apenas dinheiro para gastar por aí e pagar as contas. Também serviria para financiar a gravação do primeiro álbum. Uma gravação que a Straight Records exigiu que fosse entregue a eles dentro de um mês.

Nesse processo, 12 das 13 músicas destinadas a se tornar o que seria o álbum de estreia da banda foram gravadas em três dias diretos, com a banda se fechando no estúdio para gravar e regravar o repertório dos shows e então repassar todas as fitas para encontrar as melhores versões. A 13ª música, "Levity Ball", foi tirada das fitas do Whisky (apesar de os frequentadores fiéis do lugar preferido deles, que viram o álbum, afirmarem ter sido no Cheetah) depois de a versão no estúdio não ter conseguido captar a mesma energia.

Era básico, era rudimentar, estava bem longe das semanas após semanas que outras bandas gostavam de passar agonizando sobre sua arte. Mas Gordon sabia, e a banda concordou, que Alice Cooper não era uma banda que atingiria a perfeição. O que a gravação poderia oferecer era o que o próprio grupo distribuía, um punhado de barulhos fortes e altos martelando na cabeça do ouvinte para sempre.

Frank Zappa pretendia produzir as sessões pessoalmente, mas logo ficou claro que a visão que eles tinham e as visões do grupo eram muito diferentes. "Eu lembro que Frank foi a apenas uma das sessões de gravação do (...) álbum", Michael Bruce contou a Billy James, enquanto Alice disse ao jornalista canadense, Mike Quigley: "Frank queria nos produzir, [mas] ele não entendia a sensação que queríamos. Nada contra ele, mas ele não estava na mesma viagem. Ele chegou a começar, mas nós dissemos que não estávamos felizes com o que sentimos (...) o álbum agora tem muito mais nossa cara do que a produção que Frank fez. Eu acho que ele estava tentando produzir mais uma (...) um tipo de imagem mais barata."

Abandonado também foi um esquema louco de Zappa para lançar o álbum em uma série de discos de bolso com 12 centímetros, e embalá-los em uma lata de biscoitos, intitulados Alice Cookies. Alice Cooper estava essencialmente por conta própria. "Frank era muito político", Alice resumiu para a *Rolling Stone* no ano seguinte. "Ele se levava muito a sério. Agia como Hitler e com aquele bigode até se parece com ele."

No lugar de Zappa, outro membro do Mothers, Ian Underwood, ficou encarregado de supervisionar as gravações (ele seria tirado dos créditos no álbum final), mas alguns métodos de Zappa sobreviveram à sua partida. Neal Smith disse a Billy James: "Frank Zappa disse que queria que o álbum soasse como um carro passando por uma garagem enquanto uma banda tocava. Esse era seu objetivo e acho que mais ou menos conseguiu isso. Ele nos mandou colocar os amplificadores em volta da bateria para ter um vazamento total de som. Nós atropelaríamos a música configurando nossos amplificadores e todo o resto, apenas tentando tirar um som decente para que pudéssemos gravar e Zappa dizer, 'Conseguimos uma gravação'. E nós dizíamos, 'O quê? Nós ainda nem tocamos a música'".

Compensando o que faltava em habilidades no estúdio com o aumento da teatralidade, os Cooper andaram delirantemente por tudo, desde a música irritantemente inacabada "Titanic Overture", que abre o espetáculo ao deixar até o ouvinte mais desatento querendo mais, até a psicodelia de "Reflected", uma música lançada com uma cara nova três anos depois, quando foi refeita como "Elected".

Por todos os lugares, os sons dos Stones dos anos 1960, o período final de Pretty Things, os Beatles fora de forma e um desastre ferroviário cheio de invasores britânicos, eram alimentados pela visão de mundo das bandas e cuspidos como algo que quase poderia ser ouvido se não fosse tão distorcido. Meticulosamente, a banda aprendeu vários dos temas dos filmes de James Bond, e então os aprendeu novamente tocando ao contrário. E pronto, uma nova melodia. Eles escreveram a primeira música romântica, "Come With Us Now", feita a partir do amor de Alice pelo velho Burt Bacharach e por um tempo eles a usavam para abrir os shows, como uma calmaria enganosa antes da tempestade.

Eles sentavam e assistiam a filmes e então imaginavam como seriam se Alice Cooper tivesse feito a trilha sonora. "Levity Ball", por exemplo, era a contribuição imaginária para *Carnival of Souls*.

As épicas no palco eram exageradas, ideias secundárias foram deixadas de lado enquanto eles cresciam. Dois anos depois, Alice Cooper vasculharia um monte desses trechos, incluindo a mal-humorada "The More I Want You to Know", e os converteu em uma música épica, a gigantesca "Halo of Flies". Outro trecho solto um dia se tornaria "Dead Babies". Mas, em 1969, as vinhetas puderam aparecer como eram, um aspecto fragmentado de um álbum, que trazia a sensação de ser um quarto cheio de espelhos que acabaram de ser quebrados e então remontados sem nenhuma atenção ou coesão. Que melhor título para tal criação senão aquela que todos concordaram? *Pretties For You*.

"Eu gosto de *Pretties For You* por sua originalidade", Neal Smith contou à *Goldmine* em 2000. "Quando você cria músicas que se parecem com outras que rolavam na época, elas se tornam antiquadas. Por outro lado, quando você faz algo diferente, tem uma chance maior de manter-se firme ao longo dos tempos. Infelizmente, quando entramos no estúdio, éramos iniciantes e não sabíamos nada sobre o processo de gravação."

Alice Cooper seguiu em frente. Em setembro de 1968, eles conseguiram um show em Denver, Colorado, abrindo para Steppenwolf. Outubro os levou para a Filadélfia em um show com os MC5 para uma plateia de apenas cem pessoas. Conseguiram três noites de show no Bank em Torrance, subvertendo o sutil pop drogado do Three Dog Night, e Zappa parecia botá-los para tocar em todos os lugares da Califórnia que oferecessem o espaço, incluindo um show de duas noites no Shrine, dedicado completamente ao grupo de músicos da Straight Records. *Pretties For You* só iria para as lojas em junho de 1969, sob o comando da distribuidora Warner Brothers. Mas não havia mal em começar a divulgação mais cedo.

Shep Gordon trabalhava arduamente enquanto isso, principalmente colado no telefone para agendar a banda em todos os lugares que pudesse, não importando se fosse longe ou em um espaço duvidoso. Um dos primeiros shows que ele conseguiu para a banda foi em uma base militar no Colorado, com o grupo agendado como Alice Cooper & The Hollywood Blondes, e dá para imaginar como os recrutas reagiram quando descobriram a verdadeira natureza de Miss C e suas colegas.

Não era incomum para a banda entrar na van e dirigir metade do país apenas para cumprir um show, mas, se eles alguma vez reclamassem do esforço aparentemente desproporcional exigido pela viagem, Gordon já tinha uma resposta pronta. Muitas bandas ficam famosas em suas próprias cidades e eram completamente desconhecidas em todo o resto. A banda Alice Cooper espalhava seu nome pelo país e não importava o quanto eles tinham de viajar para isso: se eles pudessem fazer um garoto ficar quieto e ouvir, então ele talvez comprasse o álbum. Ou levasse seus amigos para o próximo show que houvesse.

Ninguém duvidava que era o nome de Zappa, não o da banda, que atraía os trabalhos. Às vezes Gordon precisava dizer ao empresário do clube apenas que Alice Cooper fazia parte do selo de Frank Zappa para conseguir outra data preenchida em seu calendário. E quando não estavam trabalhando, a banda estava ensaiando, trancados, diz Alice, em um prédio vazio chamado Psychedelic Supermarket cujo nome era o mesmo de um lendário clube em Boston, mas essa era a única relação entre os dois. De lá era apenas um tempo curto na estrada de volta para Landmark, onde Gordon havia acomodado os membros da banda, e de lá era apenas uma pequena caminhada até o coração de Hollywood.

E foi Hollywood que criou a banda Alice Cooper, o hedonismo materialista de uma cidade-dentro-de-uma-cidade construída sobre os sonhos de Mamon e da Babilônia, e que lutou tão espalhafatosamente por seus próprios princípios, mesmo quando o resto do mundo, ou certamente a Costa Oeste, parecia tão determinado a atingir a utopia. Era uma terra de fantasias, o lar da indústria cinematográfica americana, onde a única moeda que valia para tudo era a pura ambição. Como Alice depois ressaltou, nenhuma estrela do rock com autoestima admitiria que fazia tudo por sexo e drogas, os carros rápidos e roupas brilhantes, e mesmo quando o Mothers of Invention de Zappa estabeleceu um limite, intitulando seu terceiro álbum *We're Only in It For The Money*, a confissão foi diminuída pela paródia deliberada do *Sgt. Pepper* dos Beatles na capa do álbum.

A banda Alice Cooper, por outro lado, não tinha vergonha do fato de que eles queriam ser famosos, ter dinheiro e não davam a mínima para quem ou o que eles tinham de passar por cima para atingir esses objetivos.

Eles ocultaram seus passados, suas vidas particulares, o "eu" interior de cada um. Não haveria confessionários acústicos de Alice Cooper, mesmo quando o resto de Los Angeles seguia atrás das sirenes horríveis de James Taylor, Carole King e do tsunami de cantores-compositores varridos de Laurel Canyon para divulgar suas neuroses ao mundo. De fato, quando a história repete a reivindicação dos Cooper de continuarem conhecidos como a pior banda em Los Angeles, apenas repete as palavras dos críticos do rock que falaram mais alto, aqueles que encontraram em Taylor e companhia um consolo para seus próprios demônios.

Para os jovens que lotaram o Whisky por quatro noites no começo de 1969, gritando e aplaudindo uma performance que agora estava tão firme que a plateia quase não conseguia respirar, a banda Alice Cooper não era nem uma piada nem um incômodo. Era libertação. Era liberdade. Era um lembrete de que o rock ainda podia rolar e que nada podia pará-lo, nem mesmo o roubo dos amplificadores da van dos Cooper em uma noite no fim de janeiro.

"A coisa toda é um produto direto da televisão, do cinema e da América", disse Alice para Michael Quigley em 1969, em entrevista para uma revista que foi logo acrescentada no material de imprensa da banda. "Porque é nisso que a América se baseia. É daí que seus corações nascem, do sexo e da violência da televisão e dos filmes, e essas foram nossas influências. Nós fomos criados sob a influência dos eletrônicos, uma bomba (eu não estou criticando, eu acho a bomba ótima), mas a televisão tem sido a principal influência para essa geração toda e é por esse motivo que tudo isso está acontecendo. Você apenas liberta seu ego e então absorve todos esses aspectos da sociedade: a cidade com buzinas soando, pessoas gritando coisas uma para as outras, a violência e o caos de tudo contra todos da cidade. Bote no palco com música e é isso que acontece."

"A pior lista de bandas que eu já vi foi no Whisky", o guitarrista Andrew Gold estremeceu, um dos muitos jovens cheios de esperança cujo próprio jeito descontraído e habilidades musicais harmoniosas estavam na nova onda adulta de baladas. "Linda Ronstadt estava tocando por uma semana lá [fevereiro, 19-23, 1969] e Alice Cooper abria os shows. Eu não podia acreditar, ninguém conseguia acreditar."

Ronstadt ainda estava em ascensão na época, ainda trabalhava para cortar suas antigas raízes no folk, dando preferência para a diversidade de produções pop que, no final, a definiriam como uma das maiores estrelas americanas dos anos 1970. Seu álbum de lançamento era esperado. A maioria das pessoas a conhecia ainda como a voz por trás do

Stone Poneys. Mas uma multidão considerável apareceria de qualquer forma para ouvir o que, mesmo naquela época, era considerada a voz mais bonita em Los Angeles. E o que eles receberam como aperitivo?

"Essa música chama-se 'Ten Minutes Before the Worm'... essa é 'Earwigs to Eternity'... essa é 'Lay Down and Die, Goodbye'... essa é 'Don't Blow Your Mind Like We Did Last Summer'." E cada uma delas afugentava os *hippies* para longe e se distinguia da anterior porque a banda parecia tocar um pouco mais alto em cada uma.

Glen Buxton mostra um sorriso maléfico. "Se achávamos que a plateia precisava de algo extra, se soubéssemos antes de entrar que as pessoas provavelmente não gostariam da gente, nós começávamos alto e íamos aumentando o volume até que no final ficava ensurdecedor. Algumas bandas começam alto e não têm mais para onde ir, mas é como a guitarra no Spinal Tap, que vai até 11. A minha ia até 20."

"As pessoas estavam indo embora, deixando seus drinques no bar e indo embora", Gold relembra. "Havia mais pessoas na calçada do lado de fora do que dentro, mas você ainda conseguia ouvir Alice Cooper, e eu ainda digo que a banda não estava mais tocando música naquele momento, eles faziam um barulho de forma livre com todo mundo gritando por cima porque não se importavam. Eles queriam deixar sua marca na noite e foi o que fizeram."

Alice nem retrucou. "É como um experimento artístico ver o que você consegue fazer para as pessoas reagirem", ele disse à escritora Eve Rizzo naquele mesmo ano. "E o que você pode apresentar de certa forma. A maioria de nós estudou artes por dois anos na universidade e as mesmas filosofias valem para a arte e para a música. As especialidades da banda Alice Cooper não têm limites... o que surgir, vai surgir... e nós o faremos!"

No entanto, Buxton negou que a banda já abandonou alguma vez seu repertório para enfurecer mais ainda o público. "Nós nunca teríamos feito isso. Para começar, não teria sido justo com quem realmente queria nos ver tocando. E, segundo, já éramos o pior pesadelo de muita gente, tocando nosso repertório normal. Por que precisaríamos ser piores do que isso?"

Ao mesmo tempo, porém, a banda pouco fez para conter os rumores ou mesmo as críticas que circulavam ao redor de suas performances, com certeza satisfeita com suas reputações e até sorrindo com indulgência quando outro grupo apareceu, a peculiar Halfnelson, liderada por dois irmãos, que ameaçava desalojá-los daquele espaço.

Logo aparecendo em um palco maior como Sparks, a banda Halfnelson era comandada pelos irmãos Ron e Russell Mael e, como eles mesmos admitiram, admiravam a reputação de Alice Cooper por apresentações teatrais. Porém, foi só quando a banda inteira foi a um show dos Cooper na sala de reuniões acima da cafeteria da UCLA, que perceberam como eles teriam de ir longe.

O baterista do Halfnelson, Harley Feinstein, relembra: "Nós sentamos no chão bem em frente. Nessa época a Halfnelson estava em um estágio bem inicial de seu desenvolvimento. Nós tínhamos falado bastante sobre a ideia de adicionar elementos teatrais nas nossas apresentações ao vivo, mas eu não me lembro de ninguém falando de ideias específicas além de usar maquiagem e roupas extravagantes.

A banda subiu ao palco, as luzes se acenderam e eles começaram a tocar. Nós fomos atingidos como se fosse um raio. Dizíamos, 'temos de fazer algo teatral' e Alice Cooper já estava fazendo 1.000% a mais do que tínhamos imaginado. Uma das jovens da nossa comitiva, Diane Cunningham, que era uma espécie de artista intelectual, disse que checou seu batimento cardíaco durante a 'Sun Arise' e ele estava exatamente no ritmo da música. Depois que acabou, nós apenas dissemos, 'Uau, será que um dia seremos tão incríveis assim?'".

A Sparks, é claro, conseguiria atingir suas ambições no fim das contas. Mas por enquanto Alice Cooper tinha o espaço só para eles. "Nós estávamos fazendo de tudo para ser chatos", Alice admitiu para o jornalista Michael Delaney. "Costumávamos ficar tão bêbados que não conseguíamos tocar. Eu usava uma roupa de palhaço rosa e subia no palco para desmaiar depois de duas músicas. Eu falava para os jovens caírem fora e eles iam. Eles amavam, mas iam embora. Eu estava muito bêbado. Éramos notórios por coisas que não tínhamos feito. As pessoas inventavam coisas sobre nós e escreviam por aí. Eles estavam transformando Alice Cooper em uma coisa anti-herói."

Além disso, nem todos os odiavam. A jornalista Eve Rizzo disse aos leitores da *Scene II*: "O som deles pode ser melhor descrito como excitante... rápido... alto... o repertório inclui uma variedade de músicas, nenhum show é igual ao outro. Cada performance é uma surpresa, graças ao uso imprevisível de fantasias e cenários. Suas fantasias são absolutamente maravilhosas, todas criadas pela irmã de Neal, Homer Fudgecake!".

O lançamento do álbum estava próximo. Em março de 1969, os Cooper tocaram em um festival em Speedway Meadows às sombras da Golden Gate Bridge de São Francisco, ao lado de Crazy Horse e MC5.

No mês seguinte eles abriram para o Mothers of Invention em uma série de shows de arena. Uma turnê foi providenciada, atravessando o país nas semanas posteriores ao lançamento. Seus tentáculos foram tão longe quanto Ohio, Pensilvânia e Chicago, e em junho eles chegaram a Nova York pela primeira vez, com alguns shows no Felt Forum trocados por uma residência no Scene, espaço do já lendário Steve Paul na Rua 8 com a 46 em Manhattan.

Lá, tipos como Hendrix, Doors, Iggy Pop e Velvet Underground já tinham deixado suas marcas no folclore local, agora Alice Cooper faria o mesmo com cinco shows em seis noites (eles partiram no meio para um show na Filadélfia) que Glen Buxton relembra como "verdadeiramente esclarecedor (...) porque foi a primeira vez que tocamos para uma plateia que entendia realmente o que estávamos fazendo".

Nova York e Los Angeles eram mais do que polos geográficos para a indústria do entretenimento americano. Culturalmente também eram diferentes, uma ensolarada e dopada, a outra dura e acelerada. O The Velvet Underground era um arquétipo de Nova York, apesar de nem Nova York perceber isso na época, assim como a loucura poética *beat* dos Fugs, além de muitas bandas que, musicalmente, poeticamente e mais que tudo, fisicamente, chutavam o mantra californiano de paz e amor na cara presunçosa e triste dos *hippies*.

Alice concordava. Ele disse à *Scene II*: "Todo público é positivo ou negativo, depende do que você oferece quando entra no palco pela primeira vez. É como um reflexo. Se você quer ver algo no público, tem de produzir isso e eles vão entender, e então se transforma em comunicação. As coisas em cima do palco são contagiosas. Se você sorri bastante ou se vir alguém que está realmente feliz no palco ou alguém apático, você ficará da mesma forma. Então, tudo depende do artista".

Alice Cooper tocou até a exaustão de todos, e Nova York clamou por mais. "Alice Cooper, um show musicalmente instigante e visualmente excitante, teve um primeiro set forte na Scene de Steve Paul, dia 12 de junho", publicou a revista *Billboard*, perguntando "o quanto de Alice Cooper é encenação", mas basicamente concluindo que isso não importava. Com seus "grandes sons" e "bons solos" e o "final impactante" providenciado pela "Don't Blow Your Mind Like We Did Last Summer", a *Billboard* estava praticamente prevendo boas coisas para o "grupo louco". E a voz da revista não demoraria para ser ouvida.

Capítulo 6
Eles Matam Galinhas (Não Matam?)

Com a primeira turnê completa pelos Estados Unidos começando em junho, a banda ainda estava na estrada quando as primeiras resenhas sobre *Pretties For You* chegaram, um pacote misto que ia desde a insistência da *Record World* de que eles teriam aproveitado "a deixa de John Cage e Frank Zappa (...) para esse conjunto de sons e músicas estranhas e desnorteadoras", até a contemplação um tanto confusa da *Arizona Republic* sobre "música [que] supostamente serve para transmitir uma atitude feliz, radiante e otimista sobre a vida (...) para que seja possível uma alternativa à crítica social e ao pessimismo sobre a situação mundial encontrados em tantas músicas contemporâneas".

O resultado, o crítico do jornal concluiu, "está bem à vontade na categoria de 'psicodélico pesado', o que quer que isso signifique", e o sentimento local parecia mais empolgado com a recusa de muitas das lojas de discos da cidade de colocar o álbum na vitrine sem o adesivo "censurado" para esconder a roupa íntima feminina que o artista Ed Beardsley havia incluído na arte da capa. A ideia original de Zappa de lançar o disco em uma lata de biscoitos parecia muito antiquada comparada com a controvérsia em que a banda estava envolvida agora.

No entanto, a turnê não era apenas para lançar o álbum. De fato, perto de fazer um ano desde que o disco foi gravado, o grupo já havia evoluído muito e logo eles admitiram que, se fossem gravá-lo atualmente, *Pretties For You* seria um álbum muito diferente. Eles provaram isso durante os shows ao estender e elaborar o melhor do disco e simplesmente jogando o restante para um lado, incorporando às vezes elementos de uma música para o surgimento de outra, seguindo na direção do segundo LP que a Straight já estava exigindo.[2]

A turnê também era uma missão exploratória, indo em direção ao desconhecido à procura de uma cidade que pudesse ser mais receptiva para a banda Alice Cooper do que Los Angeles. Hollywood era o lar, mas existiam preconceitos lá que talvez nunca fossem vencidos, não importando se a banda fosse famosa em outros lugares. Melhor ainda, Shep Gordon decretou (e a banda logo concordou) a missão de encontrar uma cidade que os amasse desde o começo, que pudesse, enfim, tornar-se seu próprio Cavern Club, um lugar para construir, refinar e construir novamente, diante de um público que não estivesse constantemente gritando por "Fire and Rain" e não molhasse as calças coletivamente toda vez que um trovador solitário aparecesse na cidade.

Durante todo o verão, Alice Cooper fez o circuito de festivais, alastrando-se por eventos com várias bandas em Toronto, Nova York, Eugene, Vancouver e Seattle, e em cada uma teve a chance de ver a ideia do mercado sobre os novatos da nova década em primeira mão.

Em Seattle, viram Led Zeppelin surgir como o beemote sobre os sons já anacrônicos de Doors, Byrds e Flying Burritos Brothers. No Toronto Pop Festival, eles tocaram no Varsity Stadium ao lado de Sly & The Family Stone, Blood Sweat & Tears e Al Kooper ("Eu não podia acreditar como nossos nomes estavam próximos!", Glen Buxton). Em Londres, Ontário, eles derrotaram até a Nice de Keith Emerson e deixaram a local London Free Press babando: "Alice Cooper (...) um grupo de rock com cinco homens do Arizona, eletrizante (...) pisando em uma mochila de metal, rasgaram o bumbo, jogaram microfones e pedestais no palco, batucaram todas as emoções violentas da guerra e morreram. Foi uma cena incrível. E aconteceu em Londres".

Em todo lugar a desconhecida e sem censura banda Alice Cooper tocava suas músicas, geralmente no começo do festival, e então ficava por lá para assistir aos outros, conhecer músicos, misturar-se com o público e simplesmente ficar por dentro do que, usando os termos da época, poderia ser chamado de "a *vibe* local".

"Geralmente quando nós tocamos", Alice disse à revista *Cream*, "as pessoas não querem ficar muito próximas, pois acham que podem pegar algum piolho que transmite gonorreia ou algo assim. Eles temem

---

2. Um novo contrato estendendo o acordo original por mais dois LPs seria assinado em outubro de 1969, com o primeiro desses discos sendo gravado em novembro.

compreender um pouco. Nós vemos uns loucos de ácido que ficam tão tensos durante o show que querem nos matar ou algo do tipo. Eu me lembro de um cara que era bem grande e musculoso. Ele pulou no palco enquanto eu encenava Errol Flynn com uma espada. Eu galantemente botei a lâmina em seu peito e ele pulou para fora do palco. Foi magnífico".

E então eles chegaram a Detroit.

Em Michigan no geral, mas em Detroit em particular, eles tiveram a sensação de estar em casa desde o momento em que chegaram. Para Alice isso veio sem supresas, afinal ele nasceu lá e passou a maior parte de seus primeiros dez anos na cidade. Mas ele havia dito isso para o *promoter* do show antes de serem apresentados no palco como um fenômeno nascido na cidade? Ele achava que não.

No dia 3 de agosto, no Mount Clemens Pop Festival, com uma lista de bandas comandada por Country Joe McDonald, John Mayall e Muddy Waters, os heróis locais MC5 e Stooges já estavam prontos para destruir um campo cheio de viciados em blues deprimidos e restos psicodélicos. Os Cooper simplesmente levaram a intenção deles mais adiante, anunciando a sua chegada na cidade, com uma mancha vibrante de visual, som e excessos. Dias depois, o Eastown Theather de Detroit levou a banda para mais perto ainda de seu coração e, quando Alice Cooper voltou à cidade em outubro de 1969, abrindo para o Who na triunfante turnê *Tommy* no Grande Riviera, a decisão de transferir a operação inteira para Detroit foi feita considerando tudo, menos as passagens de ônibus.

Antes que isso pudesse acontecer, no entanto, havia mais uma lenda para fazer parte: um lugar entre as bandas do Rock 'n' Roll Revival Festival em Toronto, dia 13 de setembro.

Destinado pela ação da equipe de filmagens do diretor DA Pennebaker e a condição quase mística do resto do dia a se tornar um dos eventos mais comentados na história inicial da banda Alice Cooper, o Rock 'n' Roll Revival Festival de Toronto tinha, como seu nome sugere, a pretensão original de ser espaço para alguns roqueiros antigos voltarem a tocar. Chuck Berry e Jerry Lee Lewis estavam agendados, com suas próprias habilidades ambíguas de atrair mais público ao adicionarem vários outros nomes importantes ao festival.

Dentre eles a promessa de John e Yoko Lennon com a Plastic Ono Band só com estrelas era o que atrairia a maior parte dos fãs para o festival, embora fosse uma promessa que seria um tanto divergente. Após um curto set de antigas músicas de rock 'n' roll, Lennon basicamente passa a bola para Yoko, que por sua vez miou e latiu por duas músicas, em estilo livre, que realmente pareciam durar para sempre. Até a banda, liderada por um Eric Clapton aparentemente confuso, não pareceu nada encantada com sua travessura.

O Doors também estava lá e, por influência deles, Gene Vincent, talvez um dos melhores de todos os originais dos anos 1950 e um homem cuja amizade com Jim Morrison é o tipo de relacionamento em que romances são baseados, uma realidade paralela em que o Hemingway de um velho roqueiro repreende o Dylan Thomas despedaçado do outro e eles se embebedam embaixo da mesa.

Mas Morrison ainda estava a todo vapor naquela época, passando o tempo na Shamrock Inn no Santa Monica Boulevard, apenas curtindo ser famoso, com sua própria decadência ainda distante, bem longe, em um futuro ainda não escrito. Então Vincent apropriou-se de ambos os papéis.

Jim Morrison resumiu o que surpreende em Vincent. "Ele estava sempre fazendo coisas estranhas, como pular para fora de carros, quebrando o corpo todo, e nunca ia ao médico. Ele bebia duas garrafas de Bourbon por dia. Eu não me lembro da vez em que o conheci, porque estava tentando ficar mais bêbado que ele. Eu estava no estúdio quando [ele] gravou 'Caravan', que é um vocal bem complicado. Do lado de fora ele estava tremendo feito vara por causa de todo o álcool em seu sistema, mas entrou, cantou a música em duas tomadas e saiu de lá completamente sóbrio."

Foi Morrison quem pediu, implorou e, finalmente, pôs Vincent na lista de bandas de Toronto. A ideia inicial era o Doors se juntar a ele no palco para o divertimento de todos. A bagunça do cronograma garantiu que isso não desse certo, mas Toronto foi triunfante de qualquer forma, e não apenas para Vincent. Foi um triunfo para sua banda de apoio também: Dennis Dunaway, Glen Buxton, Michael Bruce, Neal Smith.

Foi o sucesso da banda no Toronto Pop Festival no começo daquele verão que os empurrou para o outro festival. Smith relembra: "Estávamos começando a criar uma reputação por lá, motivo pelo qual entramos no festival. Então fomos chamados para tocar para sermos a banda de apoio de Gene também. O The Doors estava encarregado disso, mas por algum motivo eles não puderam, então nos perguntaram e nós aceitamos de cara.

Foi ótimo. Ficamos ensaiando por alguns dias no porão de alguém em Toronto, Gene estava lá e ele era um cara realmente muito legal. Ficamos bem próximos dele, e, claro, ele também era uma grande inspiração para os Beatles e os Doors. Gene foi uma das primeiras pessoas a usar calça de couro no palco e muitas pessoas o imitaram, como Elvis e Jim Morrison, obviamente, e todos os caras do Doors ficaram na lateral do palco ouvindo o show, porque eram realmente muito fãs de Gene".

De fato, no momento em que o clímax do show foi atingido com a ardente "Be Bop a Lula", metade da plateia estava em êxtase, metade estava paralisada e em silêncio e John Lennon estava no palco, com lágrimas nos olhos, abraçando seu ídolo. E os Cooper estavam perdidos na dicotomia absoluta daquela tarde. Nesse momento eram heróis em uma missão os rostos desconhecidos que levaram Gene Vincent para seu maior triunfo musical da década. Menos de uma hora antes, eles eram demônios prestes a ser crucificados.

A performance musical dos Cooper naquele dia quase não foi mencionada e, apesar da grande quantidade de álbuns semioficiais do show ao vivo em circulação, muitos desses não só ridiculamente erraram o nome da música tocada, como também acrescentaram algumas que não tinham nada a ver com Alice Cooper ou o festival: "Ain't That Just Like a Woman" e "Going to the River" foram gravadas pelo roqueiro canadense Ronnie Hawkins em 1964!

Mas os ótimos ruídos de "Fields of Regret", "Freak Out", "Nobody Likes Me" e "No Longer Umpire" são acompanhadas por um pulo surpreendente de volta à letra revisada de "Don't Blow Your Mind", enquanto uma batida instrumental longa esperava ansiosamente pela nova versão de "Lay Down and Die, Goodbye" que logo seria gravada no segundo álbum dos Cooper.

Neal Smith se lembra do palco dos shows daquela época. "Nós tínhamos máquinas de fumaça e Alice ficava rasgando travesseiros de pena, Mike Bruce tinha algumas latas de CO_2 e com isso mandava as penas em direção ao público e esse era o *grand finale* do show. Era bem explosivo", ele resume. Porém, naquela noite tudo isso ficou insignificante ao lado de outro acessório de palco: uma galinha. Bem, uma galinha e o cara que pensou ser uma boa ideia levar uma galinha viva para um festival de rock e jogá-la no palco enquanto a banda Alice Cooper estava tocando. Alice a jogou de volta. Ele pensou que ela sairia voando.

"Quer dizer, elas têm asas, né?"

Em vez disso a plateia destruiu o animal e no dia seguinte havia apenas um assunto sendo comentado pela imprensa. Que Alice havia mordido a cabeça da ave e chupado todo o seu sangue. "Depois disso", Alice diz, arrependido, "tínhamos de entrar em contato com a Humane Society em toda cidade que íamos tocar".

Quatro anos depois ele relatou a história para o *New Musical Express*: "Alguém jogou uma galinha no palco. Eu a persegui pelo palco por um tempo e dei-a a uma pessoa da primeira fileira. Agora, se mais tarde a galinha morreu, eu sinto muito. Eu não sei o que aconteceu. No dia seguinte Frank Zappa veio até mim e disse, 'Ouvi dizer que você arrancou a cabeça de uma galinha e bebeu seu sangue'. E eu disse, 'É mesmo?', mas não neguei. Eu amo boatos".

De fato, Alice mais tarde afirmou que a verdade era mais doentia que os boatos. Em 1997, ele contou a *Kerrang!*: "As primeiras dez fileiras eram todas de pessoas em cadeiras de rodas. Os paralíticos destruíram aquela galinha...".

É claro, as manchetes gritaram mais alto do que a verdade. Com Shep Gordon alegremente instigando os repórteres que vinham até seu escritório para confirmar a história, não confirmando, mas também não negando o ocorrido, o sacrifício da galinha no show de Alice foi uma das maiores histórias do ano, conhecida até por pessoas que de outra forma nunca teriam ouvido falar em Alice Cooper.

"Teve muita coisa legal acontecendo naquela noite", disse Neal Smith, "que realmente foi apagada pelo incidente da galinha. Foi apenas uma grande manchete para a imprensa e a mídia. Mas o lance com Gene Vincent foi muito legal e foi quase como um rito de passagem para nós".

Foi também a passagem da tocha. Afinal, uma década atrás, Vincent tinha sido considerado controverso, até de mau gosto, quando arrastava sua figura aleijada para o palco e não fazia questão de disfarçar o legado, uma perna manca, de um acidente quase fatal de motocicleta. Sua defesa era de que estava apenas sendo ele mesmo, e estava mesmo, pois seria muito mais desagradável para ele ter de esconder sua deficiência, como se ele tivesse algo para se envergonhar.

Alice Cooper não tinha uma deficiência para ostentar. Não fisicamente, pelo menos. Mas mentalmente? Era uma questão completamente diferente. Gene Vincent tinha um corpo distorcido. Alice Cooper tinha uma mente distorcida.

E nem era apenas o público crédulo e os jornalistas picaretas de tabloides loucos por sensacionalismo que estavam viciados na loucura toda dos Cooper. Pete Townshend, do The Who, ficou tão indignado quando ouviu a versão mais distorcida do incidente da galinha e estava tão convencido de que era verdade, que alguns anos depois ele incluiu uma referência a "bandas que matam galinhas" na música "Put the Money Down". Quando a *Rolling Stone* o entrevistou em 1982 e a conversa chegou aos artifícios usados no show, seu desprezo seria admirável se não fosse tão obviamente inadequado.

"Eu me lembro de ficar aterrorizado ao ver Alice Cooper arrancando cabeças de galinhas no palco. E não o redime o fato de eu ter quebrado algumas guitarras, sabe? Em algum lugar existe um limite. Eu não sei se foi porque estava viva ou porque era sangue de verdade. Mas o fato de ele posteriormente ter feito alguns álbuns ótimos não o redime também. Ele é doente, trágico, patético e sempre será assim. Eu vou cumprimentá-lo na rua, mas nunca tirarei meu chapéu para ele."

O fato de alguém inteligente e conhecedor do comportamento da mídia como Townshend não apenas ter acreditado na lorota, mas também ter se convencido de que presenciou o crime com seus próprios olhos é uma forte propaganda para a crescente reputação onipresente de Alice Cooper.

Porém, o incidente da galinha logo seria apenas uma das inúmeras lendas que pairavam sobre a cabeça de Alice Cooper. Logo surgiriam depoimentos, de acordo com o escritor John Grissim, sobre Alice "soltando um balão meteorológico cheio de vermes sobre a plateia e o estourando com uma arminha de chumbo. Ou então despedaçando caranguejos ou peixes e os jogando no público. Em Chicago ele aterrorizou o Kinetic Playground quando brincava com uma jiboia gigante que havia acabado de comer um coelho. Ele uma vez raspou diversos gatos (seus gatos, diz ele) da cintura para baixo, pintou-os com spray e os soltou no público. Uma vez em Vancouver, B.C., uma garota nua correu para o palco e ela logo foi incorporada ao show quando o grupo a cobriu de espuma de barbear, um saco de penas e a açoitaram com galinhas mortas".

Uma noite, Alice contou incrédulo, perguntaram a ele se era verdade que ele havia tacado fogo em um cachorro no palco. Ele não negou e, embora os cuidados das associações de proteção aos animais (sem mencionar a sensibilidade dos integrantes do grupo) garantissem que não haveria um novo incidente como o da galinha, Alice Cooper usava a reputação deles para tirar vantagem, raramente contradizendo fãs que contavam suas lendas favoritas sobre cachorros desmembrados e gatos crucificados, e botando mais lenha na fogueira ao incorporar um coelho de borracha inflamável para matar no show.

Nem sempre era sem um ato de violência gratuita. Às vezes, Alice insistia, ele impedia outros problemas também.

O Sagnisaw Festival, dia 26 de novembro de 1969, já estava beirando um motim de proporções enormes quando os Cooper entraram no palco. Pressupondo os terríveis equívocos de segurança que os Rolling Stones fariam no Altamont Speedway alguns dias depois, o *promoter* do show cedeu à insistência dos Hells Angels locais para que fossem os seguranças do evento, e já havia apanhado de um grupo de motoqueiros. Outra gangue havia acorrentado uma garota à moto e a arrastado pela multidão. Na hora em que Alice apareceu com um vestido de gala, cantando "Nobody Loves Me" com um vozinha de garota perdida, os Angels estavam querendo sangue.

E eles conseguiram. Quando o coelho apareceu no palco e a banda começou a agredir seu corpo, os motoqueiros subiram no palco para ajudá-los, batendo, chutando e gritando por sangue, enquanto os músicos se juntaram em volta para cantar "matem, matem" ao ritmo da bateria de Smith. Quando o coelho foi finalmente morto, Alice ria depois, os motoqueiros estavam tão exaustos que perderam completamente a sede por mais sangue.

Mais de 7 mil espectadores saudaram os Cooper e essa, segundo Shep Gordon, foi a noite que ele soube que Alice Cooper estava destinado ao sucesso. Porém, não importava o quanto o gosto da revista local *Creem* e o jornalista Lester Bangs defendiam os filhos do rock 'n' roll favoritos da cidade, todos admitiam que precisaria de algo como um pequeno milagre para elevar artistas de Detroit ao mesmo patamar comercial de uma banda semelhante de Nova York ou Los Angeles.

Havia uma atmosfera no rock de Detroit, um sentimento e um propósito que simplesmente não se encaixavam com os Estados Unidos em geral, e não importa o quanto o gosto por bandas como MC5 e Amboy Dukes o faziam ser conhecidos pelo país, eles nunca perderiam o título de "banda de Detroit".

Alice Cooper sabia disso e, por ora, aceitava. As apresentações não eram mais apenas um meio de se sobressair entre os famosos de fora da cidade e chamar a atenção, porque o público geralmente já tinha decidido por qual banda seria leal. Era um meio de destacar-se entre as bandas do circuito, construindo a impressão de rivalidade entre os grupos e então entrar em uma disputa no grande Ballroom para ver quem seria o melhor daquela semana.

Em termos de teatralidade, ninguém ia além dos Stooges. Comandados pelo esguio e ágil Iggy Pop e potencializados por um coquetel de raiva, adrenalina e quaisquer drogas que os vorazes Stooges conseguiam, a banda prosperou com notoriedade, violência e ação.

Longe de Detroit, os críticos bem informados olhariam com desprezo para os Stooges e os descreveriam como ingênuos, banais e brutais. Mas Pop era um *showman* de nascença e os Stooges eram uma máquina de *riffs* programada para destruir toda vez que pisasse no palco. A banda Alice Cooper percebeu isso na primeira vez que abriram para Iggy e se viram eles mesmos deixando a desejar em todos os departamentos. Mas não levaria muito tempo para alcançá-los.

"Eu não espero que as pessoas entendam nossa música agora", Alice disse à *Rolling Stone* em 1970. "Iggy Stooge está usando sua música e a teatralidade como uma totalidade também. Ninguém considera que a música por trás dele seja o suporte principal de Iggy. Eles apenas o veem no nível de sua performance no palco. Se ele não tivesse Ron Asheton e o resto dos caras o apoiando, ele não seria o mesmo." Anos depois, ele admitiu que odiava tocar depois dos Stooges. A plateia já estava cansada.

A decisão de mudar Alice Cooper para Detroit não foi tomada precipitadamente. Em sua história abrangente da cena de rock de Detroit em *Grit, Noise and Revolution*, o autor e DJ David A. Carson nota como a banda Alice Cooper infiltrou-se devagar na cena regional apenas na virada de 1969 para 1970. No entanto, ao mesmo tempo, a natureza de seus shows era um testemunho pleno da velocidade com que a cidade os aceitava.

A maior parte de Detroit e, decerto, os filhos mais lendários de Michigan cruzavam o caminho da banda em algum momento e muitos saíram com opiniões fortes sobre o que presenciaram. Dick Wagner do The Frost, que participaria do futuro da banda e do trabalho solo de Alice, conheceu o grupo em uma dessas visitas e começou uma amizade que dura até os dias de hoje. O guitarrista Ron Asheton dos Stooges, enquanto isso, se lembra de "algumas noites incríveis com Alice Cooper, esses caras realmente pensavam que conseguiam beber, o que não me surpreende considerando com quem eles andavam em Los Angeles. Mas então eles vieram para Ann Arbor e a coisa foi para um outro nível".

Musicalmente, Asheton via o começo de Alice Cooper como "uma boa banda de rock 'n' roll procurando um motivo para tocar um bom rock. Só quando eles começaram a andar com a galera de Detroit que souberam realmente o que queriam fazer, porque foi lá que finalmente viram o que era possível. Los Angeles suga sua energia toda, não importa se você é criativo, veja o que aconteceu conosco [os Stooges passaram uns meses extraordinariamente improdutivos em Los Angeles, em 1973], mas Detroit não deixa você descansar, não deixa você ficar parado, eles chegaram aqui e pegaram fogo".

"Nós nos sentíamos como dedos que cabiam na luva de Detroit", Alice concorda em *Alice Cooper, Golf Monster*. "Stooges, MC5, Amboy Dukes, Bob Seger e agora... Alice Cooper! Nós topamos."

Fazendo *check-in* em uma sucessão de hotéis, a residência deles dependia em geral de para qual estabelecimento eles deviam menos dinheiro, Alice Cooper mergulhou na cena local musical e criativamente. Com uma cena fechada com todas as bandas cientes de como ela os espremia no triturador local, Detroit reconheceu a adequação dos Cooper tão rápido quanto eles, dando boas-vindas, não como estrangeiros tentando enfiar o dedo na torta da cidade, mas como estrangeiros de categoria.

Os tempos continuaram difíceis. Inúmeras noites indo para outro hotel barato e sem nome, os músicos decidiam na moeda quem ficaria com a cama, quem ficaria com a cama dobrável e quem ficaria no chão. Problemas médicos não eram checados nem tratados até que conseguissem dinheiro o suficiente para pagar uma consulta, e os músicos ainda estavam mais propensos à automedicação com o que quer que fãs ou amigos oferecessem do que gastar uma boa quantia para conseguir uma receita médica. Não quando o dinheiro poderia ser gasto com acessórios para os shows.

O guarda-roupa da banda continuava crescendo, os figurinos para os shows ficavam mais refinados, deixando cada vez mais de lado os tecidos grosseiros dos brechós que a banda tanto usou. Alice escolheu um colete, Buxton ficou com uma camisa prateada; em um tempo em que muitos outros artistas do circuito usavam roupas informais e simples de propósito, vestindo algo nada mais extravagante do que a roupa que usariam para cortar a grama, Alice Cooper viajou de volta aos anos dourados do *glamour* e brilhos. Ele acreditava que, se você quisesse ser tratado como uma estrela, deveria aparentar ser uma.

Alice Cooper tinha gravado o segundo álbum, voltando aos estúdios com o produtor David Briggs, logo reconhecido como coarquiteto das esculturas sônicas de Neil Young e pela produção de *Easy Action*, um repertório que estava muitos anos-luz à frente do anterior, e seus fãs admitiram que poderia ter sido de uma banda totalmente diferente.

Somente "Still No Air" e "Refrigerator Heaven" (uma música que Alice revisitaria sozinho cinco anos depois em "Cold Ethyl") lembravam os padrões musicais desconexos de *Preeties For You*. Em outra parte, as músicas eram formadas e formuladas agora, ideias eram cultivadas e mantidas por algo mais do que apenas a vontade deles. Porém, ainda havia algo que estava faltando, no sentido em que Alice Cooper se livrou do passado de banda de garagem, mas sonoramente eles ainda não se desfizeram dela.

É um álbum extraordinariamente variado. "Mr and Misdemeanour" abre o show, um rock elegante misturando o rosnado que agora dominava os vocais de Alice e uma melodia cativante que parecia ter saído diretamente de *Amor Sublime Amor*, enquanto Glen Buxton mandava um solo de guitarra que era uma inspiração pura dos Doors. "Below Your Means" talvez tenha saído do álbum *Parachute* do Pretty Things, tão sedutoramente firme que ficou enrolada, e depois os Stooges foram deliciosamente invocados pelo impulso desordenado de "Return of the Spiders".

Mas o coração de *Easy Action* estava totalmente na diversidade do material e das habilidades da banda, um humor introduzido por "Shoe Salesman", uma semibalada doce e melancólica parecida com a "Arnold Layne" do Pink Floyd, enquanto dançava ao redor de uma letra provocante, maliciosa e induzida pelas drogas. "Laughing at Me" também mostra a banda em um humor introspectivo enquanto "Beautiful Flyaway" era o tipo de canção enlouquecedora que Paul McCartney talvez incluísse no *White Album* dos Beatles. Mas a música de resistência chega no fim do disco, uma releitura de sete minutos da "Lay Down and Die, Goodbye", tudo menos parecido com a versão do "45" de dois anos atrás, na medida que voltava para o território dos Stooges, no encalço do mesmo *riff* superinsistente que dois anos depois conquistaria o mundo como a "Crazy Horses" do Osmonds.

Desprovida de letra até que a música estivesse nos últimos 30 segundos, esse instrumental surpreendente se contorce e grita ao longo de muitas mudanças e alterações musicais. Mas, visto que o antigo Alice Cooper faria tal composição com a ideia de sempre deixar o público incerto, dessa vez as atmosferas se encaixavam de forma requintada. Cada passagem da performance sangrava de outras músicas em ambos os lados e misturava-se a elas, criando uma viagem pelo espaço musical que talvez tivesse um toque da influência do antigo Pink Floyd, mas tomou a influência com um objetivo bem diferente em mente. Mesmo com todas as suas negações, Floyd fez a trilha sonora de uma vida inteira enchendo a cara de ácido. O som dos Cooper parecia mais com óleo de motor injetado na veia.

Então 1969 chegava ao seu fim com Alice Cooper almejando uma nova casa, ansiosos com o lançamento do segundo LP e por um futuro que parecia repleto de possibilidades. Havia apenas uma nuvem no horizonte. Os 18 meses desde que as autoridades anunciaram a convocação por sorteio estavam quase acabando. No dia 1º de dezembro de 1969, o destino de Vince Furnier, junto com o de 850 mil outros indicados em potencial que nasceram entre primeiro de janeiro de 1944 e 31 de dezembro de 1950, seria decidido pelo sorteio de 366 cápsulas de plástico azul de um pote de vidro, cada uma numerada para representar uma data de nascimento. A ordem em que as cápsulas eram sorteadas determinaria a ordem em que os jovens seriam convocados.

A primeira cápsula saiu e o número 257 apareceu: dia 14 de setembro. Cada homem capacitado nascido naquele dia, em qualquer ano entre 1944 e 1950, teria um lugar no vagão da guerra. Eles poderiam muito bem já começar a fazer as malas.

A próxima saindo do pote, dia 24 de abril. Seguido de 30 de dezembro. E, então, fevereiro, dia 14. Vidrado no sorteio como todo o resto do país, Vince segurava o ar toda vez que a mão entrava no pote. Mas esse foi o mais próximo de seu aniversário até então: quanto mais o procedimento seguia noite adentro, mais ele relaxava. De 366 números possíveis, seu aniversário, dia 4 de fevereiro, seria o 210º a sair do pote, um número tão alto que até o observador mais pessimista reconheceria que aconteceria um atraso automático. Mas se ele precisasse de um lembrete de como o sistema era aleatório, havia aquele momento de parar o coração no começo do programa. Se ele tivesse nascido apenas 10 dias depois, no dia de São Valentim com dura ironia, ele seria considerado A1.

Dezoito meses antes, desviando de um tiro em forma de convocação, os Cooper celebraram mudando-se para Los Angeles. Dessa vez eles comemoraram saindo de lá. Em maio de 1970, no meio de outra temporada de shows incessantes, a banda oficialmente se fixou em Detroit.

Com *Easy Action* nas prateleiras, a Straight Records deu um prazo até 1º de maio de 1970 para o próximo LP, uma impossibilidade evitada apenas pelos próprios planos de Zappa de vender a operação American Straight inteira para a Warner Brothers. Não tinha a ver, ele insistia, com o fato de que o selo fizera pouco para recuperar o dinheiro investido. O próprio trabalho de Zappa havia aumentado tanto que ele simplesmente não tinha mais tempo ou energia para dar toda a atenção que o selo exigia e ele não tinha a menor intenção de tornar-se um proprietário ausente, uma das maiores reclamações, é claro, feita aos Beatles na medida em que viam o selo Apple se perder no anonimato corporativo.

Os Warners não poderiam reclamar do preço da compra. Zappa botou a Straight no mercado pela barganha de 50 mil dólares, uma quantia que foi completamente anulada considerando o dinheiro que todos os artistas do selo deviam. De acordo com as contas da Straight, os Cooper estavam com uma dívida de 100 mil dólares, ou seja, se ele eles recuperassem metade desse débito, os Warners não teriam gastado nem um centavo.

O acordo parecia justo, mas infelizmente não era. A questão dos direitos de distribuição da banda, dos quais 50% ficavam com Zappa e Cohen, foi de alguma forma omitida ou até mesmo negligenciada na confusão toda. O processo jurídico se arrastou por quatro anos e resultou em um sério desfalque nas finanças da banda Alice Cooper quando foi resolvido. No entanto, por ora, com o antigo acordo finalizado e jogado fora, Alice Cooper tinha mais seis meses para escrever e gravar o terceiro álbum deles. E eles fariam cada momento valer a pena.

Os Cooper escreveram impetuosamente, mas não estavam apenas construindo um novo LP, mas uma nova *persona* para os palcos. "Não é que tenhamos jogado os regulamentos pela janela", disse Neal Smith. "Mas nós realmente tínhamos uma nova proposta para trabalhar. Não havia ideias preconcebidas. O lance dessa banda mais do que qualquer outra coisa, é por isso que eu gosto de dissecar todos os ângulos musicais, é que não havia nada da nossa bagagem musical que não nos inspirasse. Estávamos aprimorando nossa teatralidade e queríamos um jeito de matar Alice todas as noites no palco, uma música para tocar enquanto fazíamos isso. Quando chegamos ao terceiro álbum, percebemos que a violência estava entre nós o tempo todo. Nós nunca focamos nela, mas estávamos pensando em ter uma execução no palco."

Enquanto os *roadie*s Charlie Carnel e Mike Allen estavam construindo um elaborado equipamento de palco que chamavam de Jaula de Fogo (uma caixa cheia de serpentinas de plástico que seriam incendiadas para um espetáculo dramático, porém, infelizmente, altamente perigoso e ilegal), a banda focou em trabalhar na música que faria parte desse clímax, "Black Juju".

Com nove minutos de batidas, "Black Juju" é um canto primitivo, um grito silencioso, uma canção de ninar para os mortos-vivos, um lembrete de que os corpos precisam de seu repouso, até chegar o momento de acordar e a voz que chama para a ressureição é um dos homônimos mais assustadores dos Cooper.

Foi Dennis Dunaway quem veio primeiro com a ideia de "Black Juju". "Ele não tinha o apelido de Doutor Sombrio à toa", Smith continua. "Ele foi um dos principais criadores de 'Dead Babies' também."

A princípio, "Black Juju" era apenas uma ideia e um ritmo unidos durante as turnês da banda. "Ela foi trabalhada em quartos de hotéis", Smith relembra. "Nós realmente não tínhamos um estúdio para ensaiar, nosso local de ensaios era o palco, então nós esquematizávamos em listas telefônicas nos quartos de hotéis e todos concordamos que precisava de uma percussão africana pesada e sombria. Eu queria trabalhar nessa percussão mais do que qualquer coisa que já tinha feito.

Eu era um percussionista. Aprendi o básico cedo e depois passei para orquestras, então meu conhecimento estava aberto para qualquer coisa na percussão e uma das minhas maiores influências eram tambores selvagens, nativo americano, africano, percussão crua. Eu queria que fosse uma música com uma percussão marcada e essa era o veículo perfeito. Existem muitas músicas que fazem uso dessa pegada tribal primitiva, mas para mim era como pegar Gene Krupa e o botar em surdos. Gene Krupa no Haiti."

A música seria revelada no primeiro grande festival do ano da banda no dia 13 de junho de 1970, no Cincinnati Pop Festival.

Promovido por Russ Gibb e Michael Quatro de Detroit, o festival contava com a participação de grandes nomes como Grand Funk Railroad, Traffic and Mountain. Bob Seger, Ten Years After, Mott the Hoople, Brownsville Station. Damnation of Adam Blessing e Zephyr também faziam parte do festival, mas atualmente o festival é lembrado apenas por dois dos artistas, que entre eles apresentaram duas das suas performances mais lendárias.

Primeiro Iggy Pop. Sem camiseta e de calça jeans, com luvas de lamê prateado até o punho e uma coleira de cachorro coberta de tachas, ele confundiu o time de comentaristas do show, comandado por um antigo anunciador do *Today Show* chamado Jack Lescoulie. "Desde que paramos a transmissão para [os comerciais], Iggy foi e voltou do público três vezes (...) parece que o perdemos, estamos tentando iluminá-lo agora (...) ali estão eles..."

A câmera se aproxima dele quando Iggy aceita algo que lhe é oferecido pela massa de corpos embaixo dele (o falecido Stiv Bators, vocalista do Dead Boys de Cleveland, sempre insistia ter sido o responsável por isso), ele encara a coisa por um momento e então começa a esfregar por sua pele nua. E então vem o que continua sendo um dos comentários mais surreais recebido por qualquer performance de rock. "Isso é pasta de amendoim."

Mas havia mais pela frente. Eles tocaram "Black Juju" no meio do show daquela noite, mas já era uma grande obra-prima teatral, com Alice arrancando a camisa e enrolando seus companheiros em lençóis brancos, rodando o palco enquanto eles ficavam imóveis... e então uma torta de creme voou do público e atingiu-o na cara.

As câmeras também flagraram isso, assim como filmaram a pasta de amendoim, e foi esse momento de insanidade completamente não coreografado que garantiu aos Cooper juntarem-se a Iggy na transmissão, em seguida, de 90 minutos na TV (Grand Funk, Traffic e Mountain ficaram de fora do programa), garantindo também que o apoio local, em Detroit, crescesse um pouco mais, já que tanto a filmagem como os comentários sobre ela tornaram-se o assunto número um das conversas.

O jornalista Cub Koda, cuja banda Brownsville Station também estava na lista do festival, riu. "Aquilo não foi um festival musical. Foi um festival de comida. Porque primeiro foi o Iggy e a pasta de amendoim e depois Alice com a torta de creme. Eu ainda não consigo imaginar o que a pessoa que levou a torta para o festival pensou. Ou como ela ficou intacta até o momento de jogá-la. Assim como no caso da galinha no Toronto Peace Festival, havia algo sobre Alice Cooper que estimulava as pessoas a levarem coisas estranhas para os shows."

De repente a banda Alice Cooper era quente. Mas velhas reputações são difíceis de largar, e quando a *Rolling Stone* encontrou a banda no Max em Kansas, em setembro de 1970, a lenda de que eles continuavam a banda que todos amavam odiar não ia deixá-los.

As primeiras frases da jornalista Elaine Gross captaram a antipatia que ainda rondava a banda. "'Vocês são uma merda!', gritou um garoto bêbado", e suas observações poderiam ser tiradas de qualquer um das centenas de outros shows. Assim como a resposta de Alice.

"'Sim, eu sou uma merda', respondia Alice Cooper, rindo. Alice então se agacha no palco e começa a cantar calmamente no microfone, 'merda, merda, merda'. Mas o garoto realmente odiava Alice, e, como um perfeito machão, ele gritou, 'Vocês ainda são uma merda!'. Até que, finalmente cansado da provocação, Alice acionou os seguranças, os quais levaram o arruaceiro embora."

E essa talvez seja a maior diferença. No passado, Alice Cooper tocava para públicos e aguentava o que fosse que a plateia tinha para oferecer. Agora a banda era importante o suficiente para controlar o ambiente. Mas somente enquanto os Cooper mantivessem o controle.

Porém, não importava se o show ficasse dentro dos limites do palco, o grupo ainda passava dos limites para muitos observadores, não apenas entre seu público. Seus colegas também continuavam desconfiando da banda.

No dia 25 de agosto de 1970, Alice Cooper chegou a Washington, D.C. para fazer parte de uma das odisseias de turnê mais ambiciosas daquele verão, um festival móvel chamado Medicine Ball Caravan Show.

Planejado e financiado pela Warner Brothers, o Medicine Ball Caravan Show já era inicialmente incomum porque apenas uma das bandas da lista do festival, a Stoneground, realmente tocou todos os shows de seu itinerário. As verdadeiras estrelas do evento eram os Hog Farmers, um grupo barulhento de 150 ou mais *hippies* e companhia, que viajavam ao redor do país, aparentemente organizando shows aleatórios em qualquer lugar que parassem. As bandas, que incluíam Mothers of Invention, Youngbloods, BB King (que substituiu o Grateful Dead), Doug Kershaw e Delaney & Bonnie, simplesmente apareciam e iam embora à medida que suas agendas permitiam, com o envolvimento de Alice Cooper restrito a apenas uma apresentação, na praça L'Enfant em DC, junto com Sageworth and Drums, Hot Tuna e o onipresente Stoneground.

Frank Zappa, cujo show no Pauley Pavilion no verão de 1970 foi um dos que os Hog Farmers invadiram, não tinha nada de bom para falar sobre o evento. Ele condenou "a contratação de *hippies* falsos (dez dólares por dia, dez dias, cem dólares para 'entrar nesse ônibus psicodélico e promover esse filme maneiro') e então mandar um monte deles para (...) concertos (...) para distribuir panfletos toscos". E Alice Cooper também achou o evento mais desastroso do que valia.

Os problemas começaram assim que a banda chegou no espaço e descobriu que os Hog Farmers não queriam que eles tocassem. "Eles encheram nosso saco mais do que qualquer outro", Alice Cooper contou para *Rolling Stone* algumas semanas depois. "'Nós não gostamos deles, eles são teatrais. Não queremos que eles toquem. Eles podem quebrar nossos microfones.' E nós dissemos, 'Do que vocês estão falando? A Warner Brothers nos contratou para tocar aqui'."

Eles estavam falando sobre um show em maio em São Francisco, em que Alice Cooper compartilhava o palco com Stooges e Flaming Groovies. Alembic, a companhia responsável pelo PA da Medicine

Ball, também estava trabalhando nesse dia e, de acordo com os registros da empresa, os Cooper foram responsáveis pela destruição de três microfones caríssimos.

A empresa não queria uma repetição do massacre e estava preparada para firmar sua posição da maneira mais dramática possível. A Alembic também era responsável por gravar o show para o filme de brinde e o LP que a Warner Brothers pretendia lançar. Se eles se recusassem a gravar o show, não havia nada que pudessem fazer.

No entanto, Alice Cooper não se renderia. Eles estavam programados para tocar e pretendiam fazer isso. O jornalista John Grissim, documentando a turnê para o livro *We Have Come For Your Daughters: What Went Down on the Medicine Ball Caravan*, continua: "A discussão é acalorada e pessoal, mas no fim das contas a necessidade do momento cria um impasse".

"Nós tivemos de acionar a polícia de Washigton para conseguirmos entrar", Alice disse à *Rolling Stone*. "E, então, [Hot Tuna] veio e disse às pessoas que comandavam a PA para nos deixar tocar. 'Nós curtimos a banda e eles vão usar nossos equipamentos.' Usamos os equipamentos [do Hot Tuna] e levantamos a plateia. Foi realmente incrível."

Alice Cooper subiu ao palco e, sendo fiel a suas ameaças, Bob Mathews da Alembic desligou o gravador. Mas ninguém notou nem se importou. Usando um lindo vestido e um lenço de seda, Alice começou a dança burlesca que sempre anunciava suas intenções e começou a despir-se devagar até ficar apenas com macacão feito de meia-calça, "uma bruxa malvada e esquelética vingativa, terrivelmente anêmica, diretamente do Mágico de Oz", estremeceu Grissim, mas é claro que o filme estava apenas começando.

François Reichenbach, filmando o evento para o filme em questão, estava atordoado. Grissim continua: "Enquanto Alice rodopia e seduz, François da mesma forma age em contraste inconsciente, gritando com sua equipe, apontando, gesticulando, apertando suas mãos, radiando de alegria pura. Alice começa seu ato final com um misterioso ritual hipnótico, tirando seu colar para balançar um amuleto, repetindo, 'Durmam. Todos os corpos precisam dormir', com a voz rouca de uma mulher velha enquanto a música adota o ritmo de um relógio. O palco fica completamente escuro, com apenas um foco de luz no amuleto".

"Black Juju" chegou ao seu momento no final do set e, embora a execução planejada estivesse para acontecer, era um clímax bombástico. Ainda agachado no escuro, mantendo cada olhar vidrado no palco, ele andou devagar pelo palco, para onde um único foco de luz estava escondido entre os monitores. Seus dedos tatearam em direção ao interruptor por um momento, enquanto a bateria de Neal Smith mantinha o ritmo do relógio. E então o foco de luz aumentou e, enquanto o público cambaleava para trás em choque, Alice estava gritando "acorde!" e a banda começou o *riff* que dá poder à música, um tema que reproduzia a "Sanctus" de Missa Luba, no coração de um pântano vodu.

Grissim continua: "O palco está tomado por um arco-íris de luzes brilhantes enquanto Alice pega um travesseiro grande, cheio de penas de galinha, e o joga para a multidão (...) a nuvem de penas é levada de volta pela brisa para cercar o jogador de penas de galinha, como uma leve névoa. Nesse momento o crescendo atinge um acorde tônico que Alice pontua ao apontar uma arma para os céus e lançar um foguete pirotécnico que explode em uma chuva deslumbrante sobre a praça. Isso é Alice Cooper às 21h40, esse é o show".

Capítulo 7
Amando... Até a Morte

Alice Cooper arranjou uma participação especial no novo filme de Carrie Snodgrass, *Diary of a Mad Housewife*, *flashes* de imagens da banda detonando um *cover* da "Ride With Me" do Stepenwolf, enquanto penas planavam ao redor deles. Eles pretendiam, Buxton disse, relembrar os produtores do filme, que queriam Steppenwolf desde o começo, mas os criadores do hit "Born to Be Wild" exigiram dinheiro demais. Considerando as trajetórias bem diferentes que as carreiras das bandas tomariam, Buxton simplesmente riu. "Foi por isso que no final da música passamos a tocar 'Lay Down and Die, Goodbye'. Porque nós não eramos Steppenwolf."

O filme chegaria aos cinemas bem na época em que começaram a trabalhar no próximo álbum.

Se pudessem escolher entre todas as gravadoras no país, a banda Alice Cooper não escolheria a Warner Brothers. A empresa tinha ambição, isso é verdade, partindo de uma ramificação bem-sucedida do conhecido estúdio de cinema para se tornar o trunfo dentro do novo conglomerado Kinney, um império de entretenimento, arte e estacionamentos. Mas também botava os dedos na área de musicais, que eram uma maldição para o grupo. James Taylor, o cantor-compositor e autoflagelador, era a maior estrela da Warner naquele ano e estava claro, tanto das projeções da imprensa musical como para as da gravadora, que era seu tipo de humor e melancolia que mapeava o futuro em que Warner e seus irmãos apostavam.

Alice Cooper, por outro lado, era simplesmente outro brinquedo de Frank Zappa, escolhido entre o resto do catálogo do selo Straight porque o preço estava bom demais para negar. Glen Buxton resmungou: "A Warner não tinha a menor ideia do que fazer conosco. Shep Gordon foi encontrá-los e a primeira coisa que perguntaram foi se Alice iria manter a banda, já que no momento o mercado para garotas cantando solo estava em alta. Eles pensaram que haviam encontrado a nova Melanie ou Joni Mitchell, ou algo assim".

Alice riu, como sempre fazia quando esse tipo de história acabava chegando até ele. Ele sabia que as pessoas viam o nome nos cartazes e ainda pensavam ser uma cantora de folk e sabia do choque que era quando descobriam a verdade. Shep Gordon riu também e devolveu a mesma resposta para essa última demonstração de ignorância corporativa que ele dava para todas as outras perguntas estúpidas. Ele simplesmente sorria, acenava e anotava outro nome em seu caderno mental. Um dia, Alice Cooper faria esses idiotas todos comerem suas próprias palavras. De fato, eles talvez já estivessem fazendo isso, enfiando os primeiros traços do desprezo de volta na garganta dos críticos com o mesmo amor que Alice usou ratos para alimentar a mais nova participante dos shows, uma massa sólida em forma de jiboia, chamada Kachina.

Essa nova aquisição para o arsenal visual da banda foi inspirada por um fã que apareceu nos bastidores de um show em Tampa, Flórida, com uma cobra de estimação. Alice deu um pulo quando viu a criatura, reagindo com medo instintivo ao avistar o bicho passivo e enrolado em si mesmo, mas então, ele comentou em sua autobiografia, "Eu pensei, 'Hmmm, se eu reagi dessa forma diante da cobra, outras pessoas farão o mesmo'". E, além do mais, ela se encaixa no cenário. "Se eu mostrasse um verme de cinco centímetros no palco, viraria uma píton de três metros quando a notícia chegasse nos jornais", ele brincou. "Depois que eu ouvi isso, saí e comprei uma píton." Na verdade, Kachina pertencia a Neal Smith, mas a distinção foi perdida na mídia. De agora em diante ela era a cobra de Alice.

Introduzida na perfomance durante uma versão de "Is It My Body", que ia muito além de sua versão em vinil (e que incorporava elementos que mais tarde se tornariam "Halo of Flies" também), Kachina rapidamente se tornou popular por fotografias e, mais tarde, em aparições televisionadas, que logo ficou difícil lembrar como suas primeiras aparições foram chocantes e aterrorizantes. Mas a banda e a equipe de *roadie*s lembram bem de fileiras inteiras da plateia recuando em choque e, quando as garotinhas da frente começaram a gritar, não era histeria pós-Beatles. Era medo.

Gordon comprou uma cópia do *New York Times*. Lá, logo abaixo da manchete "O andrógino Alice oferece um show excêntrico", o escritor Mike Jahn não estava apenas relembrando o show da banda no New York Town Hall, ele com certeza estava salivando ao falar sobre isso. "No palco, o vocalista de uma banda de rock, um jovem rapaz chamado Alice Cooper, despiu seu macacão prateado revelando um *collant* preto e meia-calça. Agora ele tem uma jiboia viva e está enrolando-a em seus braços..."

A *Newsweek* já havia rotulado a banda como "Dada Rock" e a escritora Lorraine Alterman era uma fã tão tagarela que já estava pensando no que aconteceria se, em alguma noite, a jiboia espremesse Alice. ("Isso seria pedir demais", respondeu o colega escritor Henry Edwards). Nesse momento, as histórias das travessuras da charmosa cobra de Alice se espalhavam ainda mais. De repente, todos queriam ver do que se tratava realmente.

O circo de Andy Warhol tornou-se um aliado da banda. Todas as vezes que os Cooper iam para Manhattan, o estúdio Factory expelia sua própria comitiva de seres andróginos altamente coloridos em direção ao clube, para verem e ser vistos, representarem e ser representados. Diziam também que essa era a noite em que o supremo bailarino de Andy Warhol, Gerard Malanga, teria subido ao palco com seu chicote junto com a banda para apimentar as coisas com Alice. Ele nunca subiu, mas o show dos Cooper detonou a pista de dança mesmo assim.

"Nós funcionamos como um espelho", afirmou Alice naquela entrevista com o *New York Times*. "As pessoas enxergam elas mesmas por meio da gente, [e] muitas vezes eles agem com violência porque não gostam do que veem." Em outros momentos, no entanto, eles simplesmente não gostavam da banda.

Certamente, Jack Richardson, o produtor canadense que conduziu o Guess Who até seu *status* de sucesso, parecia totalmente desinteressado quando Gordon lhe ofereceu a chance de produzir o próximo álbum da banda. Gordon estava em Toronto, matando o tempo enquanto esperava pelo pagamento referente ao show feito no Strawberry Fields Festival. Ele sabia o nome de Richardson, então parou no escritório do produtor, Nimbus Nine, e deixou na mesa o que ele tinha de objetos da banda, os dois álbuns e algumas fotos promocionais que deixaram Richardson horrorizado.

Richardson conhecia rock e lidava bem com ele. Mas ele era estritamente tradicional em relação a seus gostos. Criado com bandas e o pop da era pré-rock 'n' roll, ele estava trabalhando na publicidade da Coca-Cola quando abriu seu primeiro estúdio. Guess Who, a banda de onde mais tarde saíram Burton Cummings e Bachman Turner Overdrive com seus milhões de vendas nos Estados Unidos, foi ao mesmo tempo a primeira experiência no rock de Richardson e a mais duradoura. A única outra banda digna de nota com quem ele trabalhou, que no fim das contas não era nenhum pouco notável, foi a Noah, os semiotimistas da RCA.

Ele não tinha nenhum interesse em Alice Cooper. Mas, e ele disse isso mais para se livrar do visitante do que qualquer outra coisa, havia um garoto no escritório que poderia se interessar.

Um ano mais jovem que Alice, Bob Ezrin trabalhava como o faz-tudo de Richardson nos últimos dois anos. Ele não tinha uma personalidade muito cativante, mas tinha ouvido para arranjos e noções grandiosas, e Richardson basicamente o deixava encontrar seu próprio caminho, trabalhando com o material das bandas visitantes, sugerindo efeitos sonoros que pudessem ampliar suas visões e se fazendo útil sempre que possível. Agora o garoto estava em aula, estudando produção de gravações na Eastman School of Music sob a tutoria de Phil Ramone. Mas quando ele voltasse...

Ezrin disse ao *New Musical Express*: "Eu subi no escritório um dia e todos estavam histéricos. A capa de *Easy Action* estava largada por lá e nós éramos todos caras bem certinhos, sabe? Quero dizer, eu nunca curti muito rock 'n' roll. Eu havia chegado nele por meio de coisas como Simon & Garfunkel. De qualquer forma, nós botamos o disco e caímos na gargalhada. Não sabíamos se Alice era um cara ou uma garota, e isso acabou virando uma piada pelo escritório: se alguém desse alguma mancada naquela semana, [essa pessoa] seria forçada a trabalhar com Alice Cooper".

Aparentemente, Ezrin deu mancada. "Eu não estava nenhum pouco interessado. Odiava o disco, mas [Shep Gordon] tornou minha vida um inferno com sua insistência, tanto que aceitei ir vê-los apenas para me deixarem em paz. Então eu fui encontrá-los em Toronto. Eu entro no hotel deles e (...) esses cinco caras, bem, todos eram uns veados e todos eles estavam querendo algo comigo. Eu podia notar.

O empresário era um veado, os *roadie*s eram veados. Eu estava sentado lá com minha calça jeans, meu cabelo curto, tremendo por dentro, cara, e lá estava esse cara, Alice Cooper, com aquele cabelo seboso na altura dos ombros, com uma calça tão justa que eu realmente conseguia ver seu pênis pela braguilha da calça aberta nos lados. Ele falava com um leve gaguejo. Eu simplesmente não conseguia lidar com aquilo. E então eles disseram, 'nós somos demais e queremos um produtor'. Finalmente nos separamos e eu fiquei muito aliviado. Foi uma experiência terrível. Eu era um cara muito certinho antes disso tudo começar e eu apenas esqueci."

Ele logo teve um lembrete brutal. Com Gordon ainda implorando para Jack Richardson dar uma chance a eles, Ezrin foi despachado para o show da banda no Max em Kansas City para ver o que achava, não apenas de Alice Cooper, mas de algumas outras bandas que chegaram até a mesa de Richardson recentemente. "[Eu] segui as placas até o clube e de repente estava em um antro escuro de *spandex*, olhos de aranhas e unhas pintadas de preto", lembra Ezrin. Alice havia recentemente começado a usar sombra esfumada em seus olhos com um rímel no estilo aracnoide, pegando a imagem emprestada da Alvin Ailey *dance troupe*, mas ele logo deu seu toque. Afinal, existe uma diferença entre ver um palhaço pulando por de trás de um borrão de maquiagem bizarro e um *serial killer* de 1,82 metro, e se Ezrin não sabia disso quando entrou lá pela primeira vez, ele logo iria descobrir.

Ele se acomodou na mesa reservada para ele de frente para o palco e então quase pulou de lá quando a banda apareceu na escuridão total e, acompanhados de três *flashes* fortes de luz alaranjada, começaram a primeira música, "Sun Arise".

A cara de Alice estava há apenas um metro de distância de Ezrin.

Mais tarde, com a banda fora do palco e a plateia em estado de assombro catatônico, o amigo que Ezrin havia levado para o show perguntou: "Que merda foi essa?".

"Eu não sei", Ezrin respondeu lentamente. "Mas eu amei."

Ele tentou analisar seu entusiasmo. Musicalmente, ele disse, a banda era terrível. Mas pela primeira vez em sua vida como um amante da música, ele percebeu que isso não importava. Não foi a habilidade deles que o cativou. Foi a presença de palco. "Não era uma questão de 'ser bom'. Era uma questão de 'ser'. Era a integração completa do ponto de vista e da personalidade com a apresentação. As músicas, as brincadeiras, a teatralidade, tudo isso era Alice Cooper. Em um mundo de camisetas, barbas e jeans, eles eram muito inovadores e estimulantes."

De volta a Toronto, Ezrin juntou sua voz aos pedidos contínuos de Gordon. Na verdade, ele já havia prometido para a banda quando se encontraram nos bastidores que eles tinham um produtor.

No entanto, apesar de seu entusiasmo, ele também era muito precavido. Sem ter trabalhado em qualquer outra posição senão como assistente de Richardson, Ezrin tinha ideias e ambições que iam muito além do garoto careta que o grupo pensava que ele fosse. De fato, ele exigiria muitas evidências para se convencer de que os Cooper não eram uma banda de garagem qualquer com boas habilidades em lidar com cobras.

Mudando-se para Detroit, Ezrin instalou-se em um motel barato e convidou a banda para tocar para ele suas ideias para o novo álbum. Uma música do show deles ficou gravada em sua mente, uma música contagiante que ele pensou ser chamada "I'm Edgy". Na outra vez que ouviu, no ensaio, parecia um recital de órgão com um cara louco gritando por cima. Era, na verdade, "I Wish I Was Eighteen Again", que mais tarde diminuíram para "I'm Eighteen", mas isso mostra quanto tempo ela parecia durar na fita que eles tocaram para Ezrin.

Dennis Dunaway disse à *Goldmine*: "Antes de encontrarmos Bob Ezrin, tínhamos tendência a testar e forçar muitas ideias em apenas uma música e, como resultado, não havia continuidade. Ezrin foi capaz de pegar essas ideias e dizer: 'OK, esperem um momento. Vamos focar neste ponto aqui e deixar essas outras coisas de lado'. Ele era um diretor, o que foi importantíssimo para nós. Ezrin chegou em um momento em que estávamos prontos para seguir em uma direção mais aceitável e menos abstrata".

Neal Smith: "Depois que nossos dois primeiros álbuns não conseguiram nos lançar para o estrelato do rock, nós precisávamos desesperadamente de um *single* de sucesso. No verão de 1970, todos os cinco membros do Alice Cooper estavam escrevendo novas músicas em um formato muito mais comercial. Michael Bruce teve a ideia original para uma nova música celebrando a constrangedora transformação da adolescência para a vida adulta".

"As fitas eram horríveis", Ezrin lembrava. "E eu digo, horríveis! Eles diziam: 'Nós gostamos desse som. Podemos levá-lo para o estúdio?'. Eu quase vomitei."

Em vez de vomitar, ele focou no trabalho. Sua função, como ele via, era transformar o que a banda fazia no palco em algo que fosse bem-sucedido no vinil, uma arte que eles nem aperfeiçoaram nem consideravam no passado. Não só suas habilidades como arranjador eram cruciais, mas também a visão que instigou essas habilidades.

Foi Ezrin quem basicamente trancou a banda no celeiro que usavam para os ensaios, perto de Pontiac, Michigan, e os deixou lá o tempo que fosse necessário (Alice se lembra de ter sido uns sete meses, apesar de a cronologia de sua autobiografia ser notoriamente duvidosa), ensaiando sempre que não estavam na estrada e estimulando cada músico em direção ao auge pessoal que ele sentia, ou pelo menos tinha a esperança, de que eram capazes de alcançar.

Para Alice isso significava buscar uma voz distinta, que seria possível reconhecê-lo no momento em que o ouvisse, da mesma forma, ele explicou, que você sabe que é Jim Morrison quando o ouve cantar, ou Lennon ou Elvis. Nesse momento, Alice apenas cantava. Ele tinha uma voz e um estilo, mas não possuía uma identidade. Ezrin queria que as pessoas soubessem que era Alice desde o primeiro momento que ele abrisse a boca.

O mesmo valia para o resto da banda. Eles pararam de ouvir seus heróis para ver como eles tocam os instrumentos, ouvirem a si mesmos tocando. E lentamente, durante o período de detenção, isso fez a diferença. Basicamente, ele fez com que desaprendessem tudo que já conheciam para então aprenderem tudo corretamente.

Tirando "Black Juju" e "I'm Eighteen", a banda tinha apenas duas músicas prontas para o próximo álbum quando entraram no RCA Studios em Chicago. A primeira era a batida pulsante e introspectiva "Sun Arise", inspirada pela *tuckerbag* da música do artista australiano Rolf Harris. Ao vivo, tinha sido a abertura de show tradicional na maior parte do ano, mas no vinil tornou-se o encerramento, a promessa de um novo dia para espantar a escuridão, mas saída de um lugar ainda mais obscuro.

A outra era "Is It My Body", a resposta deles para a crescente apreciação que sentiam na estrada em um tempo em que muitas pessoas continuavam convencidas de que a coisa toda era apenas mais uma piada louca de Frank Zappa. Mas Ezrin não estava impressionado.

"Bob era um pianista clássico", explicou Buxton, "e isso era o que ele queria trazer para nós. Não, não só para nós. Ele queria levar isso para tudo em que ele trabalhava. O que importava é que ele era o artista, o criador, e nós éramos apenas os caras que iam permitir que ele continuasse com seus planos. Ele queria ser Phil Spector, costumava falar sobre o som de Bob Ezrin e nós sentávamos e pirávamos com esse garotinho de cabelo curto e orelhas de abano falando sobre todas as ideias que ele tinha para a banda e como seria nosso som depois que ele terminasse o trabalho, e finalmente Michael virou e disse...: 'Bob, você sabe que não somos o Procol Harum'". Michael Bruce ri dessa lembrança. "Basicamente, Bob pensava que a maior parte das músicas não era melódica o suficiente. [Então] ele começou a trabalhar em várias partes clássicas para as músicas. E eu falava para ele: '(...) Você não pode botar coisas na música que não têm a ver com a gente. Nós somos uma banda de rock ao vivo que come criancinhas. Nós somos traiçoeiros e assustadores (...)'."

"E ele estava fazendo a gente soar como 'The Long and Winding Road'", Buxton estremeceu. A faixa final do *Let It Be* dos Beatles tinha apenas seis meses quando as sessões dos Cooper começaram em setembro de 1970 e a sugestão revisionista de que a combinação de Phil Spector e os Fab Four era tudo, menos genial, ainda estava para entrar na consciência popular. Em vez disso, a mistura da habilidade de Lennon/McCartney com a arte da parede sonora de Spector ainda repercutia fora do território da genialidade do pop, criando comparações que deixariam os verdadeiros antigos mestres boquiabertos. "Eram músicas pop com instrumentais de corda", Buxton disse. "E as pessoas os tratavam como a ressurreição de Beethoven. Por isso escrevemos uma música chamada 'Second Coming'. Para ver até onde Bob Ezrin iria até finalmente entender a piada."

Ele nunca entendeu, mas Bruce admitiu que ele nem precisava. "Bob trabalhou muito bem em 'Second Coming'. Alice teve a ideia inicial baseado nesse verso que ele tinha, 'Time is getting closer, I read it on the poster' ['A hora está se aproximando, eu li em um cartaz'] e Bob então colocou o piano." Um trecho no piano muito bonito, ressoando de forma agridoce sobre a letra que parecia fazer mais perguntas tristes do que dar respostas arrogantes, mas também um trecho que alimentou uma das pequenas controvérsias de composição da qual os Cooper nunca conseguiriam escapar.

A banda estava no estúdio gravando a breve participação do piano da "The Ballad of Dwight Fry". Uma namorada da banda, uma mulher chamada Monica, estava presente para providenciar a lamúria perdida e fantasmagórica de "mamãe, aonde está o papai?" que definia o tom da música, e Ezrin estava tocando o acompanhamento no piano. Quando terminou, o técnico Brian Christian foi até ele e disse: "Isso foi realmente bonito".

"Obrigado", disse Bruce, interrompendo. "Eu escrevi isso."

"E a sala toda ficou em silêncio. Bob nunca fazia questão de contar para todo mundo que eu escrevi a parte do piano. Quer dizer, eu só tocava todas as malditas noites ao vivo."

"The Ballad of Dwight Fry" foi, e para sempre será, uma das maiores criações da banda Alice Cooper e uma das melhores performances do próprio Alice, gravada, como Bob Ezrin decidiu, com o cantor deitado no chão do estúdio, com cadeiras de metal criando uma jaula. Seus gritos "Eu tenho de sair daqui!" saíram naturalmente.

Dwight Frye era um ator vindo de Kansas que a mídia de Hollywood apelidou de "o homem com o olhar de mil watts", um ator desesperadamente bonito e absurdamente intenso, que poderia ter se tornado um ídolo das matinês se tivesse escolhido seus papéis com mais cuidado. Em vez disso, ele se tornou um ícone para todo ator aspirante de filmes de terror da época, com uma reputação definida pela atuação como Renfield no *Drácula* (1931) de Tod Browning e que só crescia toda vez que ficava na frente das câmeras.

Como Fritz no primeiro filme sobre Frankenstein, Herman, o imbecil no *The Vampire Bat* de 1933, Karl em *A Noiva de Frankenstein*, Frye era o cara que Hollywood procurava quando precisavam de um lunático convincente. E quando a banda Alice Cooper precisava de um desses, eles recorriam ao amor pelo lado B de Hollywood e exumavam Frye (escrevendo seu nome errado, Fry) para seus próprios objetivos.

Alice lembra como conheceu Frye para a *Famous Monsters*, assistindo Frankestein e lendo os créditos no final. "E então apareceu 'Dwight Frye', e eu disse 'que nome incrível! Esse é o tipo de nome sobre quem se pode escrever'. Então a música era na verdade um tributo para esse cara, esse ótimo ator que atuou como um lunático tão bem. Tinha uma revista quando eu tinha uns 10 ou 12 anos chamada *Dig* e o mascote deles, presente em todas as páginas, era Dwight Frye. Você só conseguia ver seus olhos e cabelos porque ele estava olhando para a página, ele era tipo o Alfred E. Newman deles. Eu costumava pegar minha mesada e ir até a loja comprar a revista *Dig* e a *Famous Monsters of Filmland*.

"Então, havia uma estranha e linda conexão. Ele sempre foi para mim o mais psicótico de todos os personagens de todos aqueles filmes de terror. Ele era um cara tenebroso, quer dizer, tudo que ele dizia fazia você sentir arrepios na coluna. Mesmo algumas vozes que eu uso, algumas das vozes de Alice, como em 'Steven' e 'The Awakening', foram copiadas das vozes de Dwight Frye, até aquela risada dele 'heeee-heeeee-heeee'. Eu sempre achei que era das mais assustadoras e mais dementes."

A música com o nome de Frye iria compartilhar dessas características. "The Ballad of Dwight Fry" é um épico, com um enredo de deslocamento e instabilidade que a jornalista Amy Hanson descreveu uma vez, memoravelmente, como "o vislumbre mais convincente da mente de um homem louco que o rock 'n' roll nunca antes tinha colocado em uma música".

A mais convincente no palco também, quando uma enfermeira surge dos bastidores trazendo Alice Cooper em uma camisa de força. Neal Smith: "Nós levamos nossa versão da vida de Dwight Frye quando Alice aparece no palco vestindo uma camisa de força e escapa de suas amarras no estilo houdiniano. A gravação foi auxiliada ao longo do caminho pela influência de música clássica de Ezrin e uma explosão de bomba atômica!".

"Se 'I'm Eighteen' era o lado comercial de Alice Cooper, então 'The Ballad of Dwight Fry' era o mais obscuro e teatral", Smith continua afirmando. "A maioria das bandas era influenciada por outras bandas. Mas no caso de Alice Cooper nós também éramos influenciados por antigos filmes de Hollywood, filmes de terror em particular, como o *Drácula* original de 1931, com Bela Lugosi, um de meus favoritos, com a participação do personagem comedor de insetos Renfield, uma alma perdida e discípulo do Drácula. Renfield era interpretado por Dwight Frye. Por isso o nome e a direção da nossa música."

Alice cantaria a música amarrado, debatendo-se e agitando-se descontroladamente enquanto os caras da banda zombavam e o desprezavam. Como comentário sobre a situação dos tratamentos psiquiátricos da América naquela época... "Bem, todos nós sabíamos o que acontecia naqueles lugares", disse Buxton com pesar... era cruel o suficiente. Mas, como um lembrete de como a sociedade geralmente tratava aqueles que ela considerava menos poderosos, era brutal.

Eric Carr, que depois seria o baterista do Kiss, lembra o impacto da música: "Você tem de lembrar como era a América nos anos 1970. Era uma merda, cara, nós vivíamos com medo. Em um maldito estado de pânico total. O Vietnã dividiu o país, você era a favor ou era contra e não importava se o movimento contrário fosse forte, se você fosse a favor, você tinha as armas, os tanques, os bombardeios, tudo isso estava desse lado e nós víamos o que acontecia se você saísse da linha."

No dia 4 de maio de 1970, uma unidade da Guarda Nacional mandada para a Kent State University, em Ohio, abriu fogo contra o protesto antiguerra, matando quatro estudantes e ferindo nove, no que foi a declaração mais clara e direta de que o Estado de Direito não seria perturbado por protestos pacíficos, ou qualquer outra coisa.

Carr: "Foi inacreditável. Você pode imaginar o clamor na América (...) do governo americano (...) se isso tivesse acontecido em qualquer outro país? Atirar em estudantes desarmados porque eles não concordavam com as políticas do governo? O forte acabando com o fraco, não porque era uma ameaça, mas simplesmente porque era diferente. Era para isso que Alice nos chamava a atenção. Não importava se algo fosse inofensivo, e na música Dwight Frye era completamente inofensivo. Então eles o mataram porque era diferente".

Em circunstâncias normais e pelos padrões de qualquer outra banda, "The Ballad of Dwight Fry" seria a glória coroando o novo álbum, uma peça-chave para a qual o disco inteiro passa seu tempo abrindo o caminho. No entanto, Alice Cooper tinha ideias diferentes e aqui Bob Ezrin passou para o lado deles. Pessoalmente ele continuava a duvidar das habilidades musicais da banda, mesmo depois de eles provarem ser altamente capazes de compor músicas nas quais suas próprias ambições poderiam se encaixar sem problemas. Mas até mesmo ele confessou que, quando os integrantes da banda tiravam algo majestoso da cartola, não havia ninguém que conseguisse ficar no mesmo ambiente. Esse algo foi "Black Juju".

Mantendo-se como um trabalho em andamento até que passou para o estúdio, "Black Juju" agora era a última da lista de músicas que testemunhavam o amor da banda por Pink Floyd. O padrão de percussão que vibra pela música deve muito à faixa título do segundo álbum do Floyd, *A Saucerful of Secrets*, e a parte do teclado de Michael Bruce que deu à música um ar fantasmagórico adicional tinha uma origem semelhante. "Dennis Dunaway ficou muito chateado porque minha parte instrumental parecia 'Set the Controls For the Heart of the Sun'."

Ele não se cansaria de falar sobre isso também, principalmente depois que a *Rolling Stone* percebeu essa semelhança em sua crítica sobre o LP finalizado e sugeriu que "os Cooper talvez ainda precisem dar satisfações ao Floyd no tribunal". Eles não precisaram; as bandas eram muito mais lerdas para exigir recompensas legais por empréstimos e influências naquela época. Mas ainda assim Dunaway se preocupou e, finalmente, Bruce surtou.

"Ah, Dennis, nós somos todos grandes fãs do Pink Floyd. E daí se nós fomos pegos dessa vez?"

Neal Smith desmente a história toda: "Acredite em mim, o nome de Pink Floyd nunca foi mencionado enquanto escrevíamos a música. Nós conhecíamos Pink Floyd, curtíamos, eu amava *Piper* e *Saucerful*, mas nós nunca sentamos e resolvemos imitar alguém. Em todos os anos em que estivemos juntos nunca quisemos nos parecer com alguém, quisemos ser nós mesmos.

Havia diversas músicas pelo ar e eu ainda engasgo quando ouço Pink Floyd e 'Black Juju' (...) Acho que se você dissecar qualquer música daria para encontrar algo, mas, em relação à bateria, não havia nada que soasse como aquilo. Quando eu penso naquela música lembro-me de Dennis, ele era um baixista único, e sua *vibe*, o lado obscuro, encaixava-se com 'Hallowed Be Thy Name' e 'Second Coming', uma coisa estilo culto religioso das trevas. Muitos anos depois alguém me perguntou qual era a relação entre 'Hallowed' e 'Second Coming', e eu disse que não sabia (...) e eu escrevi as duas. Nunca me dei conta de que elas tinham uma ligação. E mais, eu escrevi as letras para 'Hallowed' em cinco minutos. É uma daquelas coisas que acontecem, mas se encaixoumuito bem no álbum."

"Hallowed Be Thy Name" ainda assim ocupa um lugar muito especial no coração de Smith, como uma das poucas músicas que ele escreveu para a banda "que ficou exatamente como eu escrevi. Até o solo de guitarra! Eu cantei para Glen e ele foi tocando enquanto eu cantava. Eu na verdade tentei cantar 'Hallowed Be Thy Name' no álbum, mas não deu muito certo".

Essa música, porém, propiciaria outra lenda para a banda, quando em um show em algum lugar no sul do país, encontraram uma grande cruz branca, que por acaso estava simplesmente largada nos bastidores. É claro que Alice não resistiu e, naquela noite, enquanto a banda tocava, ele amarrou a cruz nas costas, esticou os braços para firmá-la no lugar e encenou sua própria versão da paixão. Michael Bruce riu depois de sua má sorte quando uma de suas tias, uma bem religiosa, estava presente no show.

O que a banda não poderia saber enquanto davam os últimos retoques no LP, o que ninguém poderia ter percebido enquanto continuavam a rir dos personagens teatrais da banda Alice Cooper, era que muita coisa estava prestes a mudar. Tudo que eles precisavam fazer era cortar fora cinco anos de suas próprias vidas. No dia 4 de fevereiro de 1971, Alice Cooper celebrou seu 23º aniversário. Mas de acordo com as letras que agora gritavam de todas as rádios, saídas do *single* que os Warners tiraram da sessão completa de gravações...

... ele tinha 18.

De acordo com Alice, o primeiro DJ a divulgar "I'm Eighteen" com uma certa regularidade foi um jovem do Missouri chamado Rush Limbaugh, destinado, décadas depois, a tornar-se um dos *pit bulls* mais agressivos da direita americana. No entanto, ele não ficou sozinho por muito tempo. As rádios abraçaram essa música com grande paixão, respondendo por instinto aos seus rugidos e força, vendo no volume e no rosnado da banda um antídoto para tudo que o ano de 1971 ameaçou espalhar pela cena pop, o exército de aspirantes a James Taylor e substitutos para Carole Kings marchando para capitalizar o enorme sucesso que esses artistas possuíam, a safra de esperançosos nas gravadoras, ansiando por tomar o lugar dos Beatles, agora separados, doces sem sabor das fábricas de chiclete... o primeiro vislumbre dos Osmonds e a principiante família Partridge.

Do outro lado do oceano, no Reino Unido e na Europa, Marc Bolan e T Rex iniciavam a ascensão vertiginosa pelos rankings com "Hot Love", a música (ou melhor, a performance na TV) que a história marcou como o nascimento do *glam* rock. Imagens remanescentes de "I'm Eighteen" são o argumento que ameaça estourar a bolha de Bolan." Vestido de cetim e renda, maquiagem e longos cabelos, a banda Alice Cooper não só se acomodou, como fizeram a cópia fiel de cada detalhe visual mínimo que o *glam* agora reivindicava. A diferença era que eles fizeram isso em um país que não se importava com *glam,* sem nenhuma noção do choque sexual que marcou os britânicos no começo dos anos 1970. A América gostava da violência atrelada à aparência dos Cooper, da sensação da sociedade oscilando entre o limite da decadência e degeneração, mas, acima de tudo, da destruição.

É uma divisão que sempre separou o rock 'n' roll britânico do americano. Na Europa, a imagem de um artista é construída (pelo público e pela mídia, senão pelo próprio artista) ao redor de sua capacidade de chocar sexualmente, na América é construída ao redor de tudo menos isso. Pelo menos se quiser ter sucesso. David Bowie conquistou a Inglaterra afirmando ser gay, já na América ele era um veado estranho até que largou a maquiagem, parou de falar e começou a fazer discos. Os fornecedores doces e pioneiros do *glam* britânico foram empurrados para os Estados Unidos como um combo de hard rock, e Marc Bolan conseguiu seu único sucesso nos Estados Unidos antes que a maioria do país pudesse ter uma chance de dar uma olhada em seu figurino.

E tudo isso não era porque os Estados Unidos tinham algo contra o sexo em si. Eles apenas gostavam mais de violência.

Alice Cooper parecia violento.

"Eu acho que fomos o começo do *glam* ", diz Neal Smith. "Dennis andava completamente vestido de prateado em 1968. Era uma época em que as pessoas tentavam imaginar todo o tipo de categoria para nos encaixar, mas nós definitivamente fomos os precursores do rock teatral. O The Doors tinha algumas coisas pesadas, Jimi [Hendrix] tinha algumas coisas pesadas, mas ninguém nunca reunia tudo no palco. Quando começamos não havia ninguém fazendo algo além de tocar em um palco totalmente vazio.

A iluminação (...) nós fomos os primeiros a começar a usar bastante as luzes teatrais. Antes, na maior parte das vezes, era apenas um foco de luz e qualquer outra coisa que tivesse no auditório. O Pink Floyd tomou a frente e claro que havia muitas luzes psicodélicas nos anos 1960, mas ainda não usavam luzes teatrais e era feito de uma forma bem diferente.

Nós fomos a banda precursora da teatralidade e não existem muitas provas físicas além de fotografias. Fizemos uma trilogia ao vivo. Eu sei que no álbum é 'Second Coming', 'Dwight Fry' e 'Sun Arise', mas começamos o show com 'Sun Arise', esse era o começo, houve algumas versões diferentes, mas começamos com essa e então a 'Ballad' nos levou a 'Black Juju' perto do fim, e depois disso realmente começamos a compreender como criar um show."

Em 2010, ele refletiu, "Alice falou recentemente de como ele monta um show e é exatamente da forma como a banda fazia, nós tínhamos a abertura com as luzes, então tínhamos a sessão central bem teatral e depois ficava mais pesado, e, no final, o encerramento do show seria sempre o grande número. Em vez de chegar lá como algumas bandas e pronto, arrebentar desde o começo até o fim, nós meio que íamos construindo. Tudo o que ele faz hoje em dia é quase a mesma coisa que fazíamos na época, e isso é ótimo. Foi uma fórmula que funcionou para nós. Não funciona para todo mundo, mas estávamos tentando fazer um espetáculo teatral e levar a audiência em algo como uma excursão, e acho que funcionou. 'Black Juju' foi a primeira vez que realmente funcionou para nós".

Tudo fazia sentido agora. Os experimentos anteriores com uma jaula de fogo falharam; em vez disso, a banda tinha uma cadeira elétrica de tamanho real e bem fiel à original, construída para o uso deles, e todas as noites Alice era arrastado pelo palco, acorrentado e frito. E não era para o gosto de todos.

"A publicidade para a promoção de Alice Cooper quase revirou meu estômago", confessou o autor e jornalista Albert Goldman. "As fotos mostravam uma rainha com olhos delineados de preto, rostos de cadáveres em um cabelo preto despenteado feito um ninho de rato, desmunhecando com um armazém inteiro de acessórios sinistros, desde uma jiboia até uma cadeira elétrica antiga-de-madeira-e-cintas-de--couro."

"A proposta da propaganda era a notória bajulação 'Eu não vejo nada de errado nisso' em relação ao 'teatro contemporâneo' e o rock como uma 'experiência completa', e o surpreendente fato de que todos nós temos traços masculinos e femininos. Depois de analisar toda a lenga-lenga da publicidade exagerada, eu concluí, 'Se é isso que é, quem precisa disso?'."

Mas ele foi convertido, assim como muitos foram. "Então eu vi um show e abandonei todos os meus preconceitos."

O artigo de Goldman, publicado na revista *Life* em julho de 1971, fascina porque é um dos poucos artigos da mídia tradicional dos Estados Unidos a realmente entender o que estava por trás de Alice Cooper. "No momento em que Alice esgueirou-se pelo palco em um *collant* preto com o zíper abaixado até seu umbigo eu reconheci que ele/ela/aquilo era puramente profissional. Cada movimento provocativo e floreio teatral foi cuidadosamente calculado e apresentado com precisão. Longe de ser uma aberração bizarra, Alice era um interlocutor sagaz com a pretensão de traduzir para o palco livre de veados do rock um pouco do excitamento perverso do drama e do cinema sadomasoquista afetado de Andy Warhol."

Para o resto da mídia, e portanto para o público em geral, tudo que Goldman afirma que Alice não era, eles continuavam acreditando e em muitos casos esperando que ele fosse. Eles queriam que ele retalhasse galinhas e incendiasse cachorros. Queriam que ele impalasse bebês em forquilhas e dinheiro em espadas e que ele fosse arrastado para a cadeira elétrica por dois policiais e frito diante de uma sala cheia de pessoas, todos clamando pela sede por sangue de um tribunal Tyburn Tree. Eles queriam acreditar, da mesma forma que todo ídolo incita a crença, que ele realmente era tão degenerado quanto parecia ser. E por quê? Porque é isso que significa ser um ídolo: identificar as fantasias mais profundas e obscuras da plateia e então trazê-las à vida.

A morte de Jim Morrison, encontrado sem vida em uma banheira parisiense naquele mês de julho, aumentou ainda mais o ímpeto do momento da banda. Morrison ficara inchado e desiludido nos últimos meses, uma sombra corpulenta do homem que ele uma vez foi, mas ele continuou o representante da revolução enquanto evoluía da putrefação da psicodelia. Sem ele para soletrar a dissolução em voz alta para uma audiência em busca de significado pela música e com a fama de Marc Bolan no Reino Unido ainda distante da América, o caminho estava livre para alguém novo.

O ato "cria tensões na audiência", Alice disse à revista inglesa *ZigZag*, em 1971. Ele admitiu que os acessórios do grupo eram elaborados, "mas eram perfeitamente elaborados. Eles eram, tipo, elaborados de um modo abstrato, surreal. Não havia uma razão real para a cadeira elétrica. Nenhuma razão real para as penas no final, exceto pela tensão do orgasmo. Todos podem se identificar, eles podem relaxar no final. Depois de toda a tensão, eles fazem 'Ahhhhhhhh, até que enfim!'".

Apenas uma vez o olhar de Goldman hesitou enquanto ele se aprofundava mais na psique da multidão em busca da alma do público de Alice. "O que deixa todo mundo tenso com Alice Cooper é o sacrifício que ele faz por vergonha. Confessando fantasias que a maior parte das pessoas preferiria morrer a revelar, ele vira uma válvula de escape para a culpa e repressão de todo mundo. As pessoas se projetam nele, insultam-no e o ridicularizam e alguns sem dúvida gostariam de matá-lo. Em algum nível, ele nocauteia os jovens com suas atitudes desafiadoras e a rebeldia de sua imagem. Afinal, a última rebelião do nosso tempo é a pura recusa em ser um homem."

Porém, não havia nenhuma sugestão, depois de passar pelo nome, que algum membro da banda Alice Cooper, principalmente Alice, fosse homossexual ou mesmo bissexual. Isso era a própria psique de Goldman falando e, seis meses após a publicação do artigo, David Bowie teria refletido sobre o mesmo ponto e o trazido à baila. Alice Cooper, por outro lado, deu a impressão de que pisoteariam qualquer pessoa que sugerisse tal coisa e eles tinham os piquetes da Frente de Libertação da Mulher (*Women's Lib*, como é abreviado em inglês) na parte de fora de seus shows para provar.

"Sim, eu passei pelo processo todo com isso", Alice disse à *ZigZag*. "Houve manifestações em Nova York e tudo mais (...) a Frente de Libertação odeia a gente – elas acham que letras de rock são discriminatórias em relação às mulheres." E Alice Cooper não estava a fim de repudiar essa ideia. "Eu disse que acho que as mulheres deveriam ser usadas como objetos sexuais. Eu acho que é nisso que elas são melhores. Honestamente, eu disse que não acho que isso seja um insulto porque é esse o propósito principal delas, ser um objeto sexual. Quer dizer, o que tem de errado nisso (...) elas ainda podem comandar uma corporação e ser um objeto sexual. Eu acho que a Frente de Libertação é basicamente uma combinação de sapatões excitadas, o que é legal. Eu gosto de sapatões excitadas (...) não há nada de errado nisso."

O novo palco de shows estava pronto, tudo certo para sair em turnê enquanto a Warner Brothers lançava o terceiro álbum do grupo, chamado a princípio de *Honest Alice*, mas logo reintitulado como *Love It to Death*. A controvérsia, é claro, já havia marcado sua criação, quando os Warners pegaram uma lupa para analisar a fotografia que a banda insistia em ser a capa do disco e avistaram uma minúscula protuberância saindo para fora do zíper de Alice. Claro que era apenas seu dedo, enfiado pelo buraco apenas para ver se alguém notaria e a banda não insistiu nem um pouco quando sugeriram uma revisão. As notícias da controvérsia só aumentaram a procura pelo pré-lançamento do álbum e a então capa censurada tornou-se um emblema do gosto por ultrajes da banda. Um ultraje que crescia toda vez que subiam no palco.

"I'm Eighteen" chegou ao número 21 nos Estados Unidos, *Love It to Death* ficou no 33º lugar. Nenhum deles, até agora, ateou fogo no mundo e um segundo *single* no verão, "Caught in a Dream", ficou na baixa posição de número 94. Era em shows que Alice Cooper ganhava e se alimentava de batalhões cada vez maiores de fiéis, ainda aceitando todos os shows que lhes eram oferecidos (pela quantia saudável de 1.500 dólares por noite) e então levava o público o mais longe possível. Uma jornada que Alice insistia, novamente para a *ZigZag*, acabava em um tipo de rebelião que nenhum dos protestos registrados na história do rock chegavam perto.

"['Eighteen'] funcionava porque as pessoas realmente gostavam dela, elas curtiam a ideia toda de ter 18 anos (...) as frustrações. Era algo como uma versão atualizada de 'My Generation'. Nós estávamos atraindo dez vezes mais pessoas [do que antes]. E quando todos esses jovens iam nos ver e falavam 'Uau, acho que vou chegar em casa e usar um pouco da maquiagem da minha mãe' (...) e o pai dessas pessoas era policial..." A voz dele fica embargada. A fama não era apenas, no final das contas, sobre ter fé. Era também sobre confrontar seus inimigos.

A turnê *Love It to Death* começou em Pittsburgh no final de março e continuou quase sem parar até o final de agosto, quando a banda voltou ao estúdio para gravar o próximo álbum e arrumar as malas para a turnê europeia.

Todos os lugares onde tocavam lotavam. Grupos que admiravam de longe agora abriam o show para eles: Black Oak Arkansas, Canned Heat, Steppenwolf e Spirit. Eles dividiam os shows com Black Sabbath e Led Zeppelin; eles levaram os Amboy Dukes de Detroit pela turnê para tocar em uma série de shows. Alice até começou a ficar acostumado a entrar depois de Iggy Pop no palco, depois que os Stooges foram adicionados a alguns shows no Centro Oeste. Mas a bota estava firme no pé do outro agora, como lembra o empresário dos Stooges, Danny Fields.

Ele disse ao biógrafo de Iggy, Paul Trynka: "Quando Iggy deveria estar no palco, você está tirando uma agulha do braço dele enquanto o sangue esguicha em seu rosto. Enquanto isso, Alice Cooper e sua banda estão ajustando seus cílios postiços e retocando a maquiagem no mesmo cômodo. E eu fico pensando 'esses caras do Alice Cooper não são tão bons quanto essa banda, mas eles são profissionais'. Esta era meio que a metáfora: as duas bandas estavam tocando por 1.500 dólares e uma delas estava pronta desde o começo. E a outra pronta para o chão do banheiro".

"Todas as noites quando íamos tocar, nós podíamos sentir o entusiasmo aumentando aos poucos", Glen Buxton lembra. "Havia noites em que o lugar já estava enlouquecido antes mesmo de subirmos no palco, então quando entrávamos parecia que rolava um motim. Mesmo quando estávamos abrindo para outra banda, nós sabíamos que não havia nada a temer porque dominávamos o público e os levávamos conosco. Era como se os principais estivessem abrindo para nós e eles só iam tocar depois para que os jovens pudessem ir dormir mais cedo."

O primeiro grande show a que o falecido guitarrista lendário Randy Rhoads compareceu em sua vida foi de Alice Cooper, no Long Beach Auditorium. Sua irmã Kelle Rhoads contou ao escritor Thom Hazaert: "Não consigo nem dizer o impacto que isso teve no meu irmão. Eu disse a ele: 'Nós vamos ver Alice Cooper em Long Beach'. Então fomos ele, [a amiga] Kelly Garni e eu, a mãe de Kelly Garni teve de nos levar, éramos apenas crianças. E nós chegamos lá e vimos um show da turnê *Love It to Death* de Alice Cooper e (...) depois que Alice Cooper acabou, meu irmão estava pálido, ele ficou só olhando para o palco embasbacado mesmo depois de o show ter acabado. Eu acho que naquele dia uma luz se acendeu e ele teve a ideia de que poderia fazer isso também. Foi lá que eu me lembro dele falando: 'Eu posso realmente fazer disso minha vida. Eu posso realmente fazer isso. É isso que quero fazer. Isso é tudo o que eu devo fazer'. E eu acho que foi isso que aconteceu para ele naquele dia 11 de julho de 1971".

"Eu odeio tocar no mesmo show que Alice Cooper", o Randy Califórnia do Spirit reclamou encolhendo os ombros. "Os jovens nem se importaram com a música. Eles compraram seus ingressos para verem Alice ser morto. Como qualquer outra banda poderia competir com isso?" E eles eram jovens também. Sem nunca ter mirado de propósito o que os publicitários modernos chamariam de demografia específica, logo ficou claro que o público principal de Alice Cooper estava entre 12 e 15 anos de idade. Talvez, pensou Alice, porque suas mentes eram mais abertas, talvez porque suas consciências sociais eram menos desenvolvidas ou porque adolescentes realmente curtem coisas bizarras. Eles são a maior audiência para filmes de terror também. Mas Alice estava reclamando.

"Nós fomos ao Filmore East outra noite e o público só gritava '*boogie*'", Alice suspirou para a *Rolling Stone*. "Ou blues. Quantas vezes você pode perder sua namorada? E aquelas *jams*. Todas aquelas *jam sessions* capengas. A não ser que você seja alguém como Mike Bloomfield, que realmente sabe o aspecto técnico da coisa, a maior parte das *jams* que se ouve são estereotipadas. Pessoas que curtem grupos como Ten Years After ficarão ultrapassadas em dois anos. Eles serão apenas como velhos casais casados."

Alice, por outro lado, representava o futuro.

Neal Smith: "O *timing* estava certo e isso era crucial. Eu acho que grande parte era o princípio da banda saindo da era do Vietnã. Em muitos outros momentos a música é excitante, mas acho que em momentos turbulentos ela é mais ainda. Havia tantos movimentos acontecendo: pelos direitos dos homossexuais, o movimento feminista, *black power*, Vietnã, muita coisa estava acontecendo e muita música surgindo. Eu acho que não houve um momento mais agitado do que esse".

Capítulo 8
Assassinos Fora da Escola

Shep Gordon comandava uma equipe que pressionava Alice com força e agilidade. "Como a maioria dos negócios, a música é um jogo coletivo", ele afirmaria alguns anos depois. "Jon Podell[3] é o empresário de Alice há 35 anos, colocando Alice nos lugares certos com os shows de abertura certos. Pat Kingsley, Caroline Pfeiffer e, mais tarde, Lee Solters faziam a assessoria de imprensa, que, no caso de Alice, provavelmente era o aspecto mais importante, pois estimulava sua carreira mais do que o rádio. Outro jogador importante foi Bob Ezrin, que conseguiu pegar toda aquela rebeldia e transformar em álbuns de sucesso."

No entanto, naquele momento, o papel mais importante era da Warner Brothers. "A gravadora era muito significante porque financiava muito das nossas coisas", disse Gordon. "Coisas como embrulhar *School's Out* em calcinhas. Eles não compreendiam Alice, mas acreditavam em nós e, com um pouco de insistência, nos deixavam realizar nossas ideias."

Love It to Death tinha apenas alguns meses, e a Warner já exigia mais um álbum, algo para as meias de Natal de cada criança que ia e enlouquecia nos concertos. Então, o tempo todo em que estava na estrada, a banda escrevia com voracidade. 'Halo of Flies' já fazia parte do repertório ao vivo, uma improvisação furiosa construída ao redor de

---

3. Jonny Podell é filho de Jules Podell, um conhecido administrador de um bar clandestino durante a Lei Seca, que administrou e finalmente possuiu o famoso clube Copacabana em Nova York.

um punhado de músicas incompletas do passado, mas superando tais origens nada promissoras graças a uma letra inspirada e uma performance ainda mais feroz de Neal Smith.

Centrada em um solo de bateria que ainda conjura imagens de aranhas gigantes dançando no deserto, "'Halo of Flies' era bem simples", o baterista ri. "Nós queríamos todas essas malditas pessoas que diziam por anos e anos que nós não conseguíamos tocar (...) 'do que é que você está falando?'. Então nós tínhamos todos esses pedaços das músicas que eram da época do *Pretties For You*, e na época do *Killer* elas eram ainda mais obscuras, então nós juntamos tudo em uma só e virou simplesmente uma ótima música."

Mas outras estavam se juntando a ela; rocks tensos e concisos, como "Be My Lover" e "Under My Wheels", o épico *western* "Desert Night Thing" (gravada mais tarde como "Desperado"), as que apenas completavam o álbum, mas eram pesadas, "Yeah Yeah Yeah" e "You Drive Me Nervous", e, finalmente, as duas músicas que cristalizariam a reputação da banda Alice Cooper para sempre, "Dead Babies" e "Killer".

Neal Smith lembra: "'Dead Babies' é outra colaboração bem-sucedida, escrita pelos cinco membros da banda. A ideia original para essa música veio do sr. Black Juju propriamente, nosso lado negro, Dennis. Esse talvez fosse o primeiro verdadeiro rock chocante e foi escrito para criar controvérsia. Mas preste atenção na letra. Sim, é sobre matar bebês, mas por negligência dos pais. 'Dead Babies' realmente abriu as portas para nós no aspecto teatral. No palco, um Alice fanfarrão ostenta acima de sua cabeça uma espada, que perfura um bebê loiro de brinquedo. Enquanto isso, ao seu redor estão partes de manequins femininos espalhadas pelo palco".

Dennis Dunaway disse à *Goldmine*: "Nós falávamos muito sobre ter uma música ou uma ideia embrionária. E se o embrião não se desenvolvesse, ficaria pela beira da estrada. No caso de 'Dead Babies', ela originalmente tinha um verso que não funcionava, apesar de achar que o refrão era ótimo. Eu fui bastante inflexível quanto a trazer o refrão de volta. Aconteceu que eu tinha um ritmo de baixo de uma *jam* que era uma ideia completamente diferente e um dia eu cheguei lá e propus que tentássemos fundir as duas ideias. Ninguém queria fazer isso a princípio, mas eu finalmente os convenci".

A banda ainda não tinha certeza, mas, fora do espaço de ensaio, aquele velho celeiro no subúrbio de Pontiac, um público literalmente cativo ouvia seus esforços e aplaudia a nova música com muito gosto. Uma prisão-fazenda pertencente à Oakland Prison fixou-se nas terras dos Cooper e, quando a banda tocava com as portas abertas nos dias mais quentes do ano, todo o som que faziam podia ser ouvido pelos prisioneiros trabalhadores. Eles então deixavam claro para a banda como se sentiam em relação ao som com aplausos ou silêncio. "Dead Babies" foi aplaudida de pé por todos.

    Voltando ao RCA Studios em Chicago, gravar *Killer* foi tão rápido quanto *Love It to Death* demorou. Bob Ezrin produziu de novo, e mais uma vez ele introduziu seus floreios sutis ao rugido básico da banda. Alice ri quando se lembra de Ezrin primeiro sugerindo acrescentar um oboé e um violoncelo para incrementar o baixo e, como a banda esperava, fervendo de ansiedade (e pela chance de zombarem de seus esforços, é claro), enquanto o produtor elevava o tom da fita.

    Mas funcionou, assim como Ezrin disse que funcionaria, assim como outro dos toques pessoais de Ezrin, convocando o guitarrista Rick Derringer para o estúdio para tocar duas partes de guitarra em particular, pois Glen Buxton estava tendo problemas com a namorada e simplesmente não estava aprendendo sua parte rápido o suficiente. Então Ezrin encontrou alguém que o fizesse e sorriu quando Derringer entrou no estúdio, passou 15 segundos afinando sua guitarra e tocou exatamente o som que Ezrin queria. E se os Cooper que estavam assistindo aprendessem alguma coisa sobre profissionalismo naquele dia, melhor ainda.

    E assim *Killer* se formou como uma combinação clássica de uma banda que sabia que o céu era o limite e um produtor que sonhava em voar ainda mais alto. E ainda vinha junto com a estrela de capa mais fotogênica daquele ano, com um olhar sufocador e sorriso paciente, Kachina, a jiboia.

    A mídia estava definitivamente hipnotizada. *Killer*, afirmou Lester Bangs na *Rolling Stone*, "é sem dúvida o melhor álbum de Alice Cooper até então e um dos melhores discos de rock 'n' roll lançados em 1971. Ele leva todos os elementos da abordagem de som e textura da banda a um ápice que preenche todas as promessas dos erráticos dois primeiros álbuns e vence o flerte de *Love It to Death* com *riffs* simples, curtos e 'assustadores' dos anos 1930, com o simples impacto do estrondo de seu rock animalesco (...) Essa banda é forte, vital e eles estarão por perto durante um bom tempo".

    Sozinho, Alice fez sua primeira excursão à Europa em junho de 1971, voando para Londres para três dias de coletivas com a imprensa, precedendo uma turnê mais longa no outono. Era um itinerário apertado e deu o que falar, o escritório da Warner no Reino Unido declarou que, no momento em que o avião tocou o território inglês descobriram que a senhora sentada ao lado de Alice não estava dormindo, como as pessoas estavam pensando: ela estava morta. A história era uma invenção, é claro, a primeira de muitas que chocariam a imprensa do Reino Unido pelos próximos anos, mas isso não impediu Alice de entrar na onda. Causas naturais foram as responsáveis, mas não teria sido engraçado, ele riu, se tivesse pintado uma marca de mordida no pescoço dela?

A maior parte do tempo de Alice foi passada em quartos de hotel e escritórios de gravadoras, falando com a mídia o tempo todo. Mas seu itinerário também permitiu algum tempo para passeios turísticos e compras, incluindo a visita a uma boutique em Kings Road, cujo dono e seus clientes ficariam tão conhecidos quanto Alice Cooper em alguns anos: com o novo nome "Sex", a pequena loja na Rua World's End lançaria os Sex Pistols no mundo. Porém, atualmente, a Let It Rock fornecia para a comunidade *Teddy Boy* de Londres as sobras dos roqueiros dos anos 1950 que ainda enchiam as ruas em um estilo de décadas atrás e encaravam ameaçadoramente qualquer pessoa que passasse por eles.

Malcolm McLaren, o coproprietário da loja (com a sócia e estilista Vivienne Westwood), lembra: "Todos os turistas americanos costumavam vir até a loja porque não conseguiam encontrar roupas como as nossas em casa, então Alice veio, ninguém sabia quem ele era na época, ou pelo menos não muitas pessoas, mas ele se apresentou e comprou umas calças de couro, alguns tops (...) e autografou um disco para botar na parede. Alguém o roubou alguns meses depois, mas nós sempre tínhamos Alice Cooper tocando na *jukebox* depois disso". E essa *jukebox* teria um papel importante na história dos Sex Pistols, quando Johnny Rotten fez uma audição para seus futuros colegas de banda, tocando "I'm Eighteen" de Alice Cooper.

A viagem foi um exercício bem disciplinado, que precisou primeiro que os Anglos fossem bombardeados com o imaginário com que a mídia norte-americana já estava familiarizada. Brian Blevins da revista *Cream* do Reino Unido avisou: "O público está sujeito a presenciar alguma dessas coisas ou tudo: pombas e galinhas (ainda vivas) arremessadas na plateia, seguido de uma tempestade de penas arrancadas de um travesseiro, o massacre de uma melancia por um martelo, com suco e polpa espirrando pelo chão todo, o uso de muletas, vassouras e brinquedos infláveis, máquinas de fumaça e um grande inventário de outros aparatos e artifícios e lutas físicas entre os membros do grupo.

Os músicos (...) vão usar macacões narcisistas prateados e brilhantes, vestidos, camisas de força, *collants*, ou qualquer coisa que sirva, a maior parte feito com carinho pela mãe de Cooper. Às vezes eles vão tocar algumas músicas (...)"

Agora essas músicas seriam ouvidas em um show. Apesar de o cantor estar se tratando de uma gripe forte, a estreia de Alice Cooper no Reino Unido começou finalmente em novembro, com um aquecimento tarde da noite no Mayfair Ballroom, em Birmingham, longe da vista de críticos e fora do alcance também de muitos que queriam ver a banda.

A Inglaterra estava divida quanto ao valor dos Cooper muito antes de seu avião chegar ao país. Notícias de seus shows ultrajantes haviam encorajado mais de um membro do Parlamento sedento por publicidade a sugerir que o grupo deveria ser proibido de entrar no país, enquanto Alice insiste que um banimento foi aplicado "por causa das lendas urbanas (...) 'Alice Cooper cultua os mortos e é cruel com animais'".

De fato, com fraudes que tantas gravadoras são capazes de cometer quando o assunto é despertar o interesse em um novo som trazido de fora, o banimento e muitas das citações ultrajantes não passavam de um espetáculo, mentes hiperativas nos escritórios da imprensa ligando para seus contatos preferidos no meio da música e da mídia, para passar histórias possivelmente elaboradas em uma reunião havia apenas uma hora.

Porém, se a estreia em Birmingham foi discreta, duas noites mais tarde aconteceu o batismo de fogo quando a banda Alice Cooper foi lançada para dois shows no London Rainbow, um cinema convertido em clube no lado norte de Londres, em Finsbury Park, que recebia shows de rock desde o meio dos anos 1960.

No primeiro dos shows, no dia 6 de novembro de 1971, a banda abriu para o Who como parte de um evento de três dias para reinaugurar o clube. Eles foram um acréscimo no último minuto (os roqueiros peso leve do Quiver eram quem abriria o show "oficialmente") e, apesar de uma fita da performance da banda de fato existir, não se pode afirmar que eles atraíram muita atenção. Foi no show da noite seguinte que todos os olhares se voltaram para eles, enquanto Alice Cooper comandava o show, programado para tocar antes de Roger Ruskin Spear, antigo pilar da banda Bonzo Dog Doo Dah e Arthur Brown, que não era nenhum estranho a ultrajes teatrais no rock e, em termos de histórico tempestuoso na carreira, era mais do que uma inspiração para os Cooper.

Mais lembrado pelo sucesso no topo das paradas "Fire", de 1968, Brown foi abençoado com umas das vozes mais fortes do rock, capaz de mudar em segundos de um sussurro satânico para um grito arrepiante, mas suas influências eram o soul e R&B americanos, misturados com jazz, longas improvisações e até esquetes humorísticos de quatro ou cinco minutos. "Foi o começo do som alternativo", Brown relembra. "Havia o Soft Machine, nós, o Pink Floyd, o Marc Bolan estava apenas começando, e nós éramos o tipo de banda que mandavam para lugares onde não existia um som alternativo, e nós ficávamos encarregados de cavar e moldá-lo. Às vezes as pessoas chutavam nossos equipamentos escada abaixo porque não gostavam de nossas músicas; em outras, eles aceitavam."

Eles aceitaram dentro isso da atmosfera fértil do melhor clube *underground* londrino, UFO, e foi lá que o imaginário de Brown uniu--se ao seu corpo. O baterista Drachen Theaker lembra: "Era uma performance louca, mas não no sentido musical. Nós éramos apenas um grupo de R&B, no fim das contas. O que fazia dele algo psicodélico era a habilidade de atuação de Arthur e o fato de que [o organista Vincent Crane] e eu apenas tocávamos exageradamente até a morte nos shows. Nós fazíamos um puta barulho para apenas duas pessoas!".

Duas críticas de jornal sobre o Crazy World os resumem bem. Primeiro, o jornalista Charles Fox escreveu no *New Statesman*: "(...)existe um elemento sinistro (...) que remete ao cheiro de algas e ao barulho de pás e baldes metálicos. De algum jeito Arthur Brown consegue ser tanto o malévolo Punch como a Judy psicodélica, transvestido, com uma peruca grotesca e um vestido florido".

E agora, o autor Nik Cohn: "(...) ele era uma bagunça desengonçada e magricela, completo com um cabelo preto que parecia palha, grandes olhos intensos e um nariz de elefante. E quando ele entrou no palco, usava um robe Sun God, uma máscara de ficção científica, olhos esbugalhados e seu cabelo pegava fogo".

Entenderam? Sua cabeça pegava fogo. Não seu chapéu ou até mesmo seu cabelo. Sua cabeça. E apesar de que mais tarde ficou claro que, na verdade, era seu chapéu, e ocasionalmente seu cabelo, o efeito, como Charles Fox disse, era "desconcertante, até gravemente perverso". O foco da performance do Crazy World mudou depois que Brown surgiu com "Fire". Parte horror bíblico, parte uma *bad trip*, "Fire" era a deixa para a "coroa" de Brown – primeiro um escorredor de vegetais com um castiçal preso a ele, porém mais tarde transformado em um capacete consideravelmente mais elaborado – ser destruída pelo fogo.

"Fire" foi para o topo das paradas na maior parte do mundo civilizado, estabelecendo e talvez até esteriotipando Brown como o Deus do Fogo do Inferno. Com certeza ele nunca foi capaz de repetir esse sucesso, mas a dança do fogo se tornou uma das performances mais famosas no teatro do rock. E agora aqui estava Alice Cooper, competindo por uma coroa que Brown deve ter acreditado que seria dele para sempre.

Já em 1971, a apresentação de Brown havia progredido muito além de um simples chapéu em chamas. Pego em vídeo no Glastonbury Festival no começo do ano, com sua nova banda Kingdom Come, Brown apareceu rodeado por cruzes em chamas, onde ele dançava e agitava, enquanto liberava aqueles gritos sobrenaturais do fundo da sua alma. Os clubes fechados ficavam mais preocupados com a segurança, e isso incluía o Rainbow, cuja própria história é marcada pela noite que Jimi Hendrix ateou fogo em sua guitarra no palco pela primeira vez. Então Brown concordou em diminuir um pouco o perigo e crucificou-se em troca.

Supere isso, Alice Cooper.

Nenhum problema, respondeu Alice, e o jornalista do *Melody Maker*, Michael Watts, refletiu com pesar que: "Os jovens que nunca ouviram falar de Arthur Brown e Lord Sutch e para quem Stones e Zappa são um fato da vida totalmente obsoleto (...) descobriram um novo herói na tia Alice. Espere só até seus pais e mães aprenderem um pouco mais sobre ele, até perceberem que ele mata bebês e é enforcado no palco. Espere só até que eles comecem a fazer perguntas em casa sobre esse ' artista americano indesejável'".

Alice certamente se desvencilhou das acusações de que deveria algo para Brown. "Eu o achava muito bom, mas ele não foi realmente uma influência. Ele provavelmente tem o melhor alcance vocal de todos os tempos, mas estava usando suas fantasias como eu uso as minhas. A dele era fogo, as minhas eram guilhotinas e bebês" e só depois de mais 40 anos é que ambos seriam comparados de novo, lado a lado, quando Brown foi um convidado especial do show de Halloween de Alice Cooper, em 2011, no Alexander Palace em Londres.

Duas horas depois do show que já o vira guilhotinado, Alice ficou nos bastidores enquanto Brown se preparava para sua performance, com uma pintura no rosto em uma paródia distorcida do símbolo Yin-Yang, de robe e coroa, e então se acendeu para começar a liberar aquele grito sobrenatural mais uma vez. Nessa altura, é claro, não importava quem fez o quê, primeiro ou melhor. Era rock teatral nas mãos dos dois melhores representantes. Da mesma forma que aconteceu há quatro décadas.

Mas e o Screaming Lord Sutch? Também, ele teve uma boa sacada sobre figurino e noções teatrais, e parece quase trivial, voltando quatro décadas atrás, lembrar a forma como a imprensa britânica se mobilizou para jogar o que era, na verdade, fantasias locais muito passageiras na cara de Cooper, como se ele tivesse deliberadamente sentado e passado por 10 anos de jornais sobre música inglesa, em busca de heróis do passado para insensivelmente roubar suas ideias. No entanto, isso aconteceu e o próprio Sutch não deixou de zombar de seu novo adversário.

"Eu estava usando pó branco e lápis preto ao redor dos olhos em 1959", ele disse à *Hit Parader* americana. "Alice Cooper tem uma performance legal, mas eu fazia exatamente a mesma coisa dez anos antes. A única coisa diferente é o tipo de música. Eu fiz tudo que Alice faz agora. Eu usava espadas, machados e sempre estava de maquiagem. Um dia vi uma foto em uma revista de rock que eu pensei ser uma das minhas, mas na verdade era Alice. Ele estava usando cartola e caudas, que foi o que eu usei para promover a imagem de Lord Sutch."

No entanto, entrevistado 25 anos depois, Sutch riu das tentativas de diminuir Alice Cooper, ao apontar seus próprios precedentes. "Eu peguei algo emprestado de Screaming Jay Hawkings. Ele pegou emprestado de (...) quem quer que seja. E assim vai seguindo e todo mundo pega algo de alguém e transforma em outra coisa. Sim, Alice fez muitas coisas que eu fazia, mas e daí? Ele fez muito do que eu não fiz e divertiu muitas pessoas com isso. Para ser sincero, antes eu ficava bravo quando lia sobre as pessoas o desprezando por ter roubado minhas ideias, porque me lembrava de como me sentia quando disseram as mesmas coisas sobre mim."

A outra grande diferença, é claro, era que Alice tinha um empresário brilhante e uma grande gravadora com ele, mas Sutch deve ter ficado muito chateado uma semana após o concerto no Rainbow.

"Alice Cooper teve uma performance muito comovente no Rainbow Theatre em Londres, no domingo à noite", Chris Welch do *Melody Maker* declarou em sua crítica ao show. "A performance me comoveu a ponto de querer sair daquele teatro e do mundo da música, para fora do país. Mas eu só cheguei até o bebedouro convenientemente localizado no salão, um lugar melhor para vomitar do que em cima da multidão cheia e enlouquecida." E sua opinião não era a única.

Não muito diferente do que era nos Estados Unidos, Alice Cooper dividia enquanto conquistava, separando claramente o público entre aqueles que viam o teatro chocante como um complemento bem-vindo a um show normal e aqueles que acreditavam que era a música que importava e qualquer tentativa de fazer algo além era simplesmente exagerada e berrante. O *Melody Maker* claramente estava no último grupo, pelo menos por ora. "A maior indústria americana é a rotulação, e sua cultura mais exemplar é a publicidade", zombou Welch. "Alice

Cooper é um crescendo e um final vazio embrulhado em papel de presente. Compre agora. Mas seus valores não poderão ser reembolsados."

Em outros lugares, as mentes eram menos fechadas para o caos. "Foi um dos melhores shows já vistos [no Rainbow]", ressaltou a *Internacional Times*, a hipérbole vai escurecendo apenas quando você lembra que Alice Cooper era a segunda banda a tocar no espaço desde que seu nome mudou. "A glamorosa princesa *drag* da América veio para a cidade e virou o lugar do avesso. Músicas perfeitamente estruturadas saíram de *Love It to Death*, um vigor incrível em lamê dourado e prateado, como uma cena de *De Volta ao Vale das Bonecas*.

Outras aventuras surgiram com a camisa de força e a cadeira elétrica, mantendo a plateia desnorteada. O sofrimento era tão fingido que era surreal (...) Quanto à música, não é totalmente ruim, como *showbiz* é fascinante e como lixo é absolutamente incomparável."

A visão dos clientes também era expansiva. Martin Gordon, que em alguns anos tocaria baixo na Sparks, exatamente a mesma banda que competiu com Alice Cooper para ser a mais odiada de Los Angeles, se lembra bem do show: "Eu vi Alice Cooper pela primeira vez no dia 6 de novembro de 1971 no Rainbow Theatre no Finsbury Park, Londres. Foi minha primeira experiência em rock teatral. O palco escureceu e apenas um foco de luz caiu sobre a figura viscosa de joelhos na frente do palco. Alice (porque era ele mesmo) batia ferozmente um martelo no chão e o diapasão (tak, tak, tak, tak) misturava-se com a balada anglo-saxônica amada por comedores de ovelhas ao redor do mundo: 'Sun Arise'. Alice cantou o primeiro verso sozinho sob o foco de luz. Com brilho intenso, as luzes se acenderam e a banda chegou detonando no refrão. Que momento... foi uma revelação!".

Eles eram, ele brinca, uma "gangue de bandidos que ficaram sob os holofotes do Rainbow Theatre: o baixista Dennis Dunaway, impossivelmente esquelético, e o dueto guitarrista brincalhão de Michael Bruce e Glen Buxton não são pessoas que eu gostaria de esbarrar em algum beco escuro. Ou até um beco bem iluminado, se fosse o caso. Era o *Amor Sublime Amor* na vida real".

Uma recepção calorosa como essa os esperava em outra parte do continente, enquanto Alice Cooper agendava shows na Dinamarca, Holanda, Suíça e Alemanha, onde gravaram um vídeo sensacional de "I'm Eighteen" para o *Beat Club* da TV local.

Houve uma festa repleta de estrelas em Paris, França, onde os convidados eram chamados para ir vestidos como a atriz Raquel Welch, outro símbolo, é claro, da rotulação americana no melhor estilo. Charlie

Watts, Bianca Jagger e Alain Delon estavam entre os que apareceram (sem fantasia, infelizmente), mas a estrela da noite era Omar Sharif que, de acordo com o que saiu na revista *Express*, "foi como Raquel no papel de Myra Breckinridge. Mas ele parecia mais como Groucho Marx. Muitas pessoas foram vestidas como a personagem de Raquel em *Kansas City Bomber*. Você nunca tinha visto tantas mulheres fortes andando de patins na sua vida. Eles foram caóticos".

A Raquel verdadeira, a propósito, não foi convidada.

A televisão francesa participou da brincadeira, transmitindo vídeos cativantes de "Is It My Body", "The Ballad of Dwight Fry" e "Black Juju", fornecendo aos futuros historiadores um dos únicos dois vídeos divulgados amplamente dos Cooper no auge (o outro vídeo era de algumas imagens granuladas em preto e branco, filmadas em um clube no Asbury Park no mesmo ano). A cobra e a camisa de força estavam em evidência e, não importava se o lugar fosse pouco convidativo ou se o palco fosse pequeno, Alice Cooper se comportava como se estivessem indo visitar a família real, e não um culto americano com um bom gosto para se vestir.

"Black Juju" é implacável, assustadora e escabrosa, hipnótica mesmo antes de Alice começar o hipnotismo, e se a encenação da cadeira elétrica depende mais das luzes fortes e do movimento dos ombros, ainda a ressurreição de Alice é tão intensa quanto persistente, as baquetas de Smith batendo no ritmo do relógio como plano fundo para as exigências sibilantes do cantor... "descanso, descanso, corpos precisam descansar". E então: "Acorde!".

A banda Cooper se despediu do Reino Unido com uma última apresentação no programa de rock televisionado, *Old Grey Whistle Test*, e quase 40 exatos anos depois Alice sentou com um dos apresentadores regulares do show, o DJ Bob Harris, para falar dos velhos tempos. "Vindo do Arizona, onde assistíamos *Shindig* e *Hullabaloo*, e toda semana havia uma nova banda da Inglaterra e nós, jovens ainda, pensávamos: 'Uau, nós nunca iremos para Inglaterra, uma pequena banda de bar como nós'. E finalmente nós chegamos lá e foi um acontecimento grande estarmos na televisão britânica tocando rock 'n' roll."

Eles realizaram seus próprios sonhos. Quatro décadas depois, a versão de "Under My Wheels" exibida naquela noite continua um marco na exibição do rock na televisão a ponto de estar muito próxima de ser um videoclipe da música. A outra performance foi uma "Is It My Body" insegura, enquanto um corte divertido da gravação flagra Alice conversando com a cobra contratada para a ocasião (Kachina foi deixada em casa para evitar problemas com a alfândega).

"Você daria uma ótima carteira", ele brinca com ela, antes de voltar para o camarim designado para ele do lado oposto dos camarins do resto da banda, o que era algo realmente estranho e ele finalmente perguntou o porquê. Porque, veio a resposta, era a política oficial da BBC ter camarins localizados separadamente para mulheres e homens. "Afinal, seu nome é Alice Cooper."

Londres marcou a última vez que o número teatral de *Love It to Death* seria apresentado. Um novo show foi estruturado centrado em uma forca realista, construída nos estúdios cinematográficos da Warner e seguido de alguns shows de aquecimento em Saginaw, Michigan: O primeiro dia de dezembro de 1971 viu a Academia de Música de Nova York tornar-se o cenário para o primeiro enforcamento ao vivo de Alice.

"Quando fizemos a façanha do enforcamento pela primeira vez, demorou três dias para me botar lá em cima", admitiu Alice para a *Melody Maker*. "Eles ficavam falando: 'Alice, nós realmente temos de te enforcar agora'."

Ele estava certo em ficar nervoso. Em mais de uma ocasião a forca teve problemas técnicos e em uma noite ela falhou completamente. "O que aconteceu foi que a corda rompeu-se de repente durante a parte em que era enforcado e eu caí com tudo de joelhos no chão, no fundo do palco. Foi de verdade uma queda feia. Eu realmente achei que tivesse deslocado meu pescoço e quebrado as duas pernas."

"A nova produção de Alice Cooper, *Killer*, teve sua performance inaugural aqui (...) e, como era esperado, tudo correu bem mais do que espetacular", elogiou a *Circus*. "Alice sempre foi mais famoso por sua teatralidade espalhafatosa do que, bem injustamente, por sua música. Mas, vamos combinar, qualquer banda de rock que ofereça um enforcamento realista completo, com nuvens densas saindo de demônios-da-fumaça produzidos para o show, com uma pegada de culto à morte mais pesada que da família Manson e uma simulação superpesada de um bombardeamento, não é suscetível a uma mera análise musical."

A rapidez com que a reputação de Alice Cooper passou de "pior banda de Los Angeles" para uma das bandas mais quentes do país não foi só por causa da teatralidade da banda, é claro. Com menos de três semanas dentro da turnê americana, uma gravação do show em St. Louis tornou-se um dos álbuns ilegais mais celebrados do ano, lendário o suficiente para merecer a inclusão na caixa comemorativa de 40 anos da banda, intitulada *Old School,* e ser de brinde um vislumbre registrado da pura musicalidade da experiência ao vivo. Enquanto isso, nos bastidores, Shep Gordon e seu time, que agora incluía Ashley Pandel, uma Relações Públicas bem esperta e bem conectada, trabalhavam sem parar para garantir que a banda nunca estivesse fora das manchetes, apoiados pela assessoria de imprensa da Warner, que não conseguia acreditar na própria sorte.

Muito das produções caseiras da gravadora permanecia trancado dentro de um mundo de sensibilidades, onde a manchete mais ultrajante imaginável provavelmente seria algo envolvendo a troca de cordas da guitarra do guitarrista e o quanto até James Taylor estava cansado de tanto falar da sua vida particular, que se tornou pública por causa de suas músicas. Tanto que ele finalmente surtou em uma entrevista para a *Rolling Stone* no final da década: "Eles falavam do hospital psiquiátrico, assuntos familiares, tentavam inventar alguma categoria do rock em que eu pertenceria, ou então falavam sobre meus problemas com drogas. [E] chega ao ponto, mais cedo ou mais tarde, que você começa a pensar em seus filhos: 'O que o seu pai faz da vida?'. 'Ele toca guitarra e fala sobre seus problemas com drogas.' Às vezes é constrangedor ler as besteiras que saem da nossa boca...".

Alice Cooper não tinha tais conflitos. Adotando a insistência muito repetida do ex-administrador da *Rolling Stone*, Andrew Loog Oldham, de que qualquer publicidade é boa publicidade, a banda se deliciava com a fama. Uma ideia bastava somente parecer boa para ser posta em prática e um rumor apenas precisava ser mais ultrajante do que o anterior para ser confirmado por um dos membros da banda, com um sorriso nos lábios, confiante de que isso seria uma manchete na manhã seguinte. Alice Cooper não era apenas o sonho de todo jornalista. A banda era um sonho para os jornalistas de tabloide também.

Nenhuma história era considerada tão grosseira. A senhora morrendo no avião foi uma, um público inteiro ter sido medicado por estar em choque foi outra. Em Michigan, como foi dito, eles gravaram um comercial de pastilhas para indigestão – eles brincavam com seu estômago antes de tomar o remédio. "À medida que (...) o circo seguia para a próxima cidade", Alice lembra em sua autobiografia, "havia quatro ou cinco fábulas sanguinolentas e excessivas esperando por nós (...) rumores incrivelmente criativos, e tudo que eu poderia fazer era dar de ombros e dizer 'essa é boa. Eu ainda não tinha escutado essa'."

"Chegou a um ponto", Glen Buxton refletiu, "em que nós nem precisávamos abrir a boca. Apenas deixávamos os boatos seguirem livremente e então colhíamos os benefícios. Até onde os jovens sabiam, não havia nada que nós não pudéssemos ou não conseguíssemos fazer.

Se fosse doentio, nojento, cruel e ultrajante, então um de nós deveria ter feito, e o resto com certeza ajudou".

A *Rolling Stone* presenciou o nascimento de uma dessas fábulas durante uma entrevista com Alice, quando o telefone tocou. "Era o Shep", disse o cantor sorridente depois que desligou o telefone. "Falando-me sobre uma notícia no *Charlotte News*, que dizia 'Garota adoece por causa de show de rock'. Ela teve de ser retirada do show quando viu tocarmos 'Dead Babies'. Não é legal? Então eles escreveram uma grande notícia sobre ela."

Agora essa história percorria as agências de notícias e, no dia seguinte, estaria no país todo, entulhada junto com todos os outros exageros, rumores e mentiras absurdas: como a ASPCA ainda monitorava todos os shows da banda para garantir que Alice não arrancasse fora a cabeça de nenhuma galinha; como o show em Atlanta só pôde ser feito depois que eles garantiram que não teriam forcas, cadeiras elétricas ou penas no palco; como uma garota *groupie* quebrou a coluna tentando se chupar para o divertimento da banda; como Glen Buxton atirou em um fã gay carinhoso demais e então Alice fodeu os buracos feitos pelas balas. Nada era escandaloso demais, nada era obsceno demais e quanto mais a mídia os questionava sobre seus estilos de vida degenerados, mais essa degeneração seria jogada diante dos holofotes.

"Vocês não estiveram em Virgínia por muito tempo", indaga um jornalista em Roanoke, VA.

"Não, eu não estou em Virgínia faz uma semana", respondeu Alice com cara de sério. "Ela partiu para a costa."

Ou...

"Você já estudou bruxaria?"

"Não, eu não gosto de religiões organizadas."

Muitas das histórias que a banda ouvia sobre eles mesmos seriam consagradas como lendas pelas próprias letras de música deles. A maior parte dos temas abordados no LP *Billion Dollar Babies*, 1973, baseava-se no suposto estilo de vida da banda, desde o rumor que varreu os parques britânicos de que o pai de Alice teria sido um dentista que perdeu a licença por operar sem anestesia até a crença internacional de que as *groupies* preferidas eram as mortas e, toda vez que chegavam em uma cidade nova, os *roadie*s eram mandados para os cemitérios e funerárias em busca do divertimento pós-show da noite.

Até mesmo as histórias verdadeiras acabavam virando fábulas. Uma noite, em Knoxville, Tennessee, Kachina ficou solta pelo hotel e, segundo a lenda, foi vista pela última vez descendo descarga abaixo em direção aos esgotos da cidade. Eles não conseguiram encontrá-la depois de uma busca pelo prédio e, enquanto Alice foi visto pela última vez indo até uma loja de animais onde um réptil substituto, Yvonne, foi comprado por 40 dólares, Kachina estava supostamente vagando pelas tubulações de Knoxville. Porém, ela reapareceu uma semana depois, dormindo tranquilamente no que foi a cama de seu dono, e é difícil imaginar quem ficou mais chocado com essa descoberta. O cantor Charlie Rich, que havia reservado o quarto que Alice tinha desocupado? Ou Kachina, que de repente se viu dormindo junto com um cantor country?

Kachina encontrou um novo lar com um dos empregados do hotel. Enquanto isso, Yvonne provou ser um membro tão legal quanto sua antecessora. Pelo menos quando ela começou a comer, pois por um bom tempo ela simplesmente recusava sua comida. Finalmente, um veterinário sugeriu que ela fosse alimentada à força com um rato. Ou segundo outra variação da história, com uma *groupie*.

Então, as histórias que emanavam do ônibus de turnês da banda eram muitas. Mas as fábulas realmente diminuíram quando a banda comprou sua casa, a recém-batizada mansão Alice Cooper em Greenwich, Connecticut.

Em uma pequena cidade mais conhecida pelas residências de Rita Hayworth, Nelson Rockefeller e Bette Davis, a banda ocupou a mansão de 40 cômodos que coroava o Galesi Estate, construída nos anos 1930 por um produtor da Broadway, que segundo a lenda tinha todas as paredes forradas por espelhos. O quarto na Hill Road número 17 incluía uma capela, um salão de festas, uma biblioteca e uma passagem secreta que ia até a cozinha, permitindo que os empregados passassem discretamente pela mansão, tudo espalhado pelos 14 mil metros quadrados de espaço habitável.

"É uma cópia exata de um set de filmagens de Vincent Price", brincou o jornal *Melody Maker*. "Ela incorpora o estilo único de um homem com dinheiro e uma mente tristemente doentia. Nos corredores sombrios ficam à espreita a (...) cadeira elétrica de Alice e, ao lado dela, o esqueleto de uma mesa de fliperama (...)"

A *Rolling Stone* continuou a história: "A banda mudou para a casa e estocou Skippy Crunchy [manteiga de amendoim] na cozinha, artilharias nos armários, pregaram suásticas no teto, instalaram saunas em um canto e outro (...) no meio desse vasto e arejado salão do tamanho de um ginásio, entulhado de amplificadores destruídos e lixo (...) um homem está pendurado no teto, bem acima da árvore de natal. Sua cara de gesso não diz nada".

Mas um amigo de um amigo que tem um irmão que conhece alguém que trabalha lá poderia lhe dizer muito mais...

Às vezes, Alice dava um basta em algum rumor particularmente repugnante, como um que insinuava que havia ensaios para as apresentações de Alice no palco desmembrando crianças que fugiram de casa quando apareciam na mansão, esperando conhecer o sr. Cooper, ou as treinava para desmembrarem uns aos outros. Ele contou ao *The Story of Pop*, "Nós fazemos tudo isso apenas para o público. Somos a válvula de escape deles. Não estamos fazendo apologia à violência, estamos liberando-a. Só porque eu arranco a cabeça de uma boneca, não significa que algum jovem tenha de correr e recriar a situação com uma criança de verdade".

Porém, ao mesmo tempo, ele admitiu: "Eu nunca sinto repulsa pelo comportamento da plateia. De fato, acho que é algo realmente saudável. Quando estou de joelhos arrancando a cabeça da boneca, eu imagino que as garotas, gritando pelos pedaços, gostariam secretamente de trocar de lugar comigo. Para ser bem sincero, eu acho que estou fazendo algo artístico no palco (...) algo que nunca foi feito no rock até eu chegar. Não apenas eu estou dando música a eles, mas também uma imagem para refletir".

A turnê *Killer* foi finalizada com uma grande festa e uma cerimônia de distribuição de prêmios, quando a banda recebeu o primeiro disco de ouro. Chegando à margem dos Top 20 da América, o álbum chegou a mais de meio milhão de vendas nos Estados Unidos em questão de meses. E, como sinal de como isso aconteceu rápido, os discos comemorativos ainda não estavam prontos em tempo. Em vez disso, a banda e a companhia se reuniram no escritório do executivo da Warner VP Joe Smith para ser presenteados com discos de ouro da trilha sonora de Jimi Hendrix, *Rainbow Bridge*.

Ao mesmo tempo, enquanto celebravam a conquista, os Warners estavam ficando impacientes. Em menos de um ano, Alice Cooper tinha passado de um prejuízo fiscal do selo de Frank Zappa para um dos maiores sucessos de bilheteria do país. Porém, foi o disco de ouro que representou essa conquista. "I'm Eighteen" era frequentemente descrita como um sucesso, mas nunca entrou para os Top 20, e os dois *single*s que saíram do *Killer* ficaram mais distantes ainda. "Under My Wheels" chegou ao número 59, "Be My Lover" ficou dez colocações acima. Agora, mesmo com toda a promoção no mundo, *Killer* ficou cravado no 21º lugar.

Ninguém já dizia em voz alta que Alice Cooper havia encontrado seu nível comercial e estavam condenados a ficar lá para o resto de suas vidas, um grande show que nunca conseguiu seguir para o próximo nível, mas até mesmo Neal Smith olha para trás e admite, "Nós estávamos subindo nas paradas pelo interior dos Estados Unidos. Por mais incrível que pareça, infelizmente não conseguimos vencer na Big Apple, na Costa Leste ou em Los Angeles, na Costa Oeste. Nós estávamos sendo rejeitados pelos dois maiores mercados da música na América. Os poderes que pensávamos que Alice Cooper tinha eram apenas ao acaso. O mundo da música também pensou que tínhamos um rock teatral que ofuscava nossas habilidades musicais questionáveis".

Havia, a banda toda concordou, apenas uma forma de acabar com o boicote. "Nós desesperadamente queríamos escrever um hino do rock que não só seria transmitido nos Estados Unidos, mas na Inglaterra e Europa também."

O trabalho no próximo álbum da banda foi contínuo durante a turnê de *Killer*, mas enquanto esse álbum se encaixava facilmente entre os épicos incontestáveis que devoravam quase metade do disco gravado, o novo material estava sendo mais difícil de ser finalizado, tanto para os shows ao vivo quanto para qualquer tipo de gravação em LP.

Tendo esgotado, eles pensavam, o tema de crimes sombrios e horror que era o clima dominante de *Killer*, a banda agora trabalhava no amplo tema da delinquência juvenil. No entanto, ouvidos atentos ao material que se acumulava ouviam poucas coisas em forma de *single*, muito menos com a garantia de sucesso e, menos ainda, em forma de hino. Eram, como Smith admite, "tempos de crise". E esse era o impulso que Glen Buxton estava esperando.

Alice teve uma ideia. Em uma noite, enquanto assistia a uma reprise do seriado dos anos 1940, *The Bowery Boys*, ele se surpreendeu com uma parte em particular dos diálogos em que um personagem virava para outro e dizia: "Ei, Satch, *school's out*!".

A expressão é uma gíria antiga, na verdade significa "pare de levar as coisas tão a sério. Você não está na sala de aula agora". Mas você também pode pensá-la literalmente e era nisso que Alice estava pensando. E se você realmente estivesse fora da escola?

Smith continua: "Glen criou a introdução e o *riff* de guitarra históricos e 'School's Out' nasceu. Foi uma das colaborações escritas por todos os membros da banda de maior sucesso". Alice rapidamente contou ao *Melody Maker* sobre mais um colaborador. "Nós trabalhamos com Bob [Ezrin], como Elton John com Bernie Taupin. É mais do que um lance produtor/banda. Ele é um gênio. Quando escrevemos 'School's Out', não consideramos as cordas e coisas assim. Mas Bob incluiu cordas e metais. Ele os fazia ficar apetitosos. Eles não tiraram nada da abordagem hard rock. Sabe, nós atingimos um nível agora em que as pessoas conhecem nossa música, elas sabem que é Alice Cooper e só pode ser Alice Cooper."

Olhando para o passado décadas depois, Alice descreve um espírito em comum que não apenas uniu a banda, mas a gravadora inteira. Era como se todos soubessem que a história do rock estava prestes a ser feita e todos queriam estar lá para assistir. Em 2000, ele disse ao escritor do *Live Daily*, Don Zulaica: "Quando fizemos 'School's Out', o presidente, o vice-presidente, o chefe da A&R da Warner Brothers, todo mundo estava no estúdio de gravação, às 2 horas, conversando sobre a letra, a música, a ideia. Eles estavam tão envolvidos na construção da carreira de Alice Cooper que queriam que fossem feitos 20 álbuns com eles. Isso quando uma gravadora era uma gravadora".

"E o resto, como dizem, ficou para história do rock", Smith conclui. "Nós conseguimos a divulgação nacional e internacional que queríamos (...)" e o verão de 1972 teve a música que definiria uma era, não somente nos Estados Unidos, mas agora, em todo o mundo. "School's Out" alcançou o primeiro lugar no Reino Unido, ficou em sétimo na América e a banda que preocupou a Warner Brothers uma vez por talvez nunca se livrar da pegada sombria era de repente o grupo mais famoso do planeta.

Além dos Osmonds.

"Agora não havia dúvida de que Alice Cooper era legítimo", Alice celebra em sua autobiografia. "Os caluniadores restantes finalmente foram silenciados para sempre."

"School's Out" dominou aquele verão: era a trilha sonora das férias. Assim como sabiam que seria. A primeira vez que ouviram a versão finalizada no estúdio, talvez até mesmo antes disso, eles sabiam que não havia como não terem escrito um grande sucesso... não havia como não terem criado sua própria "Satisfaction" ou "My Generation" ou qualquer uma dessas músicas tão raras na carreira de um músico, mas tão cruciais para a lenda do rock em geral, pois ela seria para sempre um hino. E em entrevistas na época do lançamento do álbum, Alice expôs suas razões pessoais para criar a música.

"O poder dos alunos é uma coisa ótima", disse ao *New Musical Express*. "Desde que tenha algum tipo de propósito construtivo. Eu tenho notado que as crianças hoje em dia são muito mais espertas do que quando eu era criança. Falando pessoalmente, eu acho que, se uma criança pode tomar conta de si mesma, então deveria ser encorajada a fazer isso. Faz dela um indivíduo (...) confere a ela mais confiança e cedo ou tarde a torna muito mais confiante em si. Acredite, eu me solidarizo totalmente com muitas crianças pelo que elas são forçadas a aguentar dentro do atual sistema educacional."

A noção de que a educação e a prisão institucionalizadas eram basicamente a mesma coisa não era nova. Mas Alice deu voz a ela. Refletindo sobre as músicas que compunham o novo álbum, ele disse à *Circus*: "'Luney Tune' e 'Public Animal No.9' são como uma combinação de estar preso na escola e estar preso na cadeia. Um verso diz: 'Ei, senhor calças azuis, aonde você está me levando' [*Hey, Mr. Blue Legs, where are you taking me*], que é o policial, e o outro diz 'Ei, sra. Cranston, aonde você está me levando [*Hey, Mrs. Cranston, where are you taking me*], que é a professora. Qual é a diferença entre estar preso na escola e preso na cadeia?".

E então havia a "Alma Mater", um hino para os dias estudantis de Buxton e, em particular, "a vez em que pegamos aquela cobra e botamos no vestido da pequena Betsy. Agora eu não acho que a sra. Axelrod ficou muito impressionada". Como o jornalista Howard Bloom disse na *Circus*, "Parece que a sra. Axelrod se ressentiu com o uso indevido de seu réptil de laboratório por Glen na Cortez High e o expulsou da aula de biologia. Mal sabia ela que um dia o cara teria uma vingança barulhenta e final (...) em forma de música!".

A banda abriu suas asas. Em sua autobiografia, Michael Bruce explica: "A banda tinha um lado meio *beatnik* ou meio jazz. Dennis costumava dizer que, se tivesse um clube, ele o chamaria de The Blue Turk. Era uma das coisas sobre as quais a gente conversava e sempre que estávamos em Nova York ficávamos em um estado de espírito *beatnik* e *underground*. A banda tinha várias facetas. Tinha a faceta psicodélica e uma hard rock, uma *beatnik*/blues e, é claro, uma cômica. 'Alma Mater', 'Slick Black Limousine', 'Public Aninal No.9' são coisas que pegamos dos Beatles, como pequenas paródias. Havia todas essas faces da banda que eu sentia ter nos possibilitado continuar e produzir muitas outras gravações e muitos outros discos".

O tema do álbum permitiu uma maior elaboração. No passado, Alice Cooper parecia estar do lado dos bandidos, do assassino, do louco e do perdedor delirante. Agora estava do lado da juventude, enquanto lutava por uma voz no mundo adulto. E deixando de lado o fato de que 'School's Out', que praticamente pregava insensivelmente aos convertidos, também se tornou a plataforma reivindicativa que o rock sempre proclamou ter.

"Dizem que nós não ligamos para política", Alice disse para Timothy Ferris da *Rolling Stone*. "E dizem que o MC5 liga. Eles fazem de tudo para libertar John Sinclair e tudo mais, e eles estão fazendo mesmo algo político. Mas nós também estamos fazendo algo político, sobre o fato de que um policial não quer ver seu filho de 16 anos chegar em casa com o olho pintado. Isso é política. Isso vai machucar um policial mais do que bater na cabeça dele com um tijolo, porque o galo vai sumir depois de um tempo, mas o policial ainda vai pensar: 'Ai, meu filho é um grande veado'. Isso entra na política neste ponto."

Naturalmente, o *single* 'School's Out' impulsionou o álbum com o mesmo nome, apesar de ter um apelo mais comercial na capa, com uma mesa escolar contendo uma calcinha feita de papel, do que na própria música. A *Rolling Stone* foi especialmente dura: "Nem tudo no *School's Out* é (...) rock. Uma boa parte é música de Broadway ou trilha sonora de filmes, o que é consistente com o alarde teatral de Alice. Mas em um álbum que claramente brinca com a mística toda do rock anos 1950, rock como protesto social, tais materiais são especialmente confusos. Sobre o evidente débito de *School's Out* com Leonard e Elmer Bernstein, sua trama, suas colagens sonoras, Alice Cooper está mais próximo do lado de Emerson, Lake & Palmer, que faz paródia do brega como arte, do que da monomania furiosa do Black Sabbath. Isso é tão ruim para os garotos no colégio quanto é para seus pais".

Principalmente depois que a Federal Trade Commission [Comissão Federal de Comércio] ficou sabendo da calcinha e, presumivelmente, depois de conduzir diversos testes, declarou que a calcinha poderia ser responsável pela ocorrência de incêndios e o álbum não poderia ser lançado dessa forma. Enquanto 10 mil cópias do álbum eram arquivadas e as calcinhas eram substituídas, ninguém nunca se prontificou a responder à dúvida de Alice, quando ele ouviu pela primeira vez a decisão da CFC e as propriedades incendiárias da calcinha-brinde. "Que tipo de pessoa", ele perguntou, "acenderia um fósforo nas partes íntimas?".

Provavelmente porque ele já sabia a resposta: o mesmo tipo de pessoa que encomendaria um canhão como parte do cenário de seu próximo show e se voluntariaria para ser atirado dele, todas as noites, no palco. O *Melody Maker* conseguiu, antecipadamente, conhecer um pouco do novo palco proposto pela banda e delirou: "Vai tomar a forma de um espetáculo da Broadway com dez bailarinos, um coreógrafo, uma orquestra, cenário luxuoso e alguns toques de *Amor Sublime Amor*. E, é claro, o canhão".

Esse deleite, infelizmente, ainda estava guardado enquanto a banda continuava a turnê durante a primavera e o verão de 1972. Um retorno ao Reino Unido estava marcado para o meio de março, mas foi cancelado porque o clube que ia recebê-los, o Rainbow, fechou de novo suas portas. Só no fim de junho um novo show pôde ser marcado e Shep Gordon decidiu fazer uma das maiores apostas de sua vida.

O mês de novembro anterior tinha visto Led Zeppelin fazer alguns shows em Londres, no Wembley Empire Pool que, desde o fim dos shows Pop Poll do *NME* dos anos 1960, que eram comandados pelos Beatles e os Rolling Stones, era muito usado para eventos esportivos *indoors* e patinação no gelo. Agora, tipos como T Rex, David Bowie e Slade seguiam a onda da banda de tirar o rock britânico dos teatros e colocá-los em arenas fechadas, tanto Empire Pool como a mais cavernosa Earls Court. Mesmo parecendo ciente dos avisos dos empresários que um show americano desconhecido nunca conseguiria entrar em um lugar como aquele ("School's Out" ainda não tinha sido lançada na época), Gordon agendou o Empire Pool em Wembley. Alice, ele estava disposto a apostar, triunfaria lá.

Foi por pouco.

Eles tinham a América sob controle. Como Shep Gordon detalha: "Uma boa parte das imagens foram calculadas para que os pais as odiassem. Isso sempre atrai as crianças. A essência de Alice e do que ele escreveu era rebelde, e meu trabalho era apresentar isso de forma chocante e concisa para que os pais ficassem indignados e falassem para seus filhos não assistirem ao Alice Cooper porque é desprezível. Isso atraiu milhões de crianças à Alice".

Até as calcinhas, substituídas por outras à prova de fogo aprovadas pelo FDA, criariam um rebuliço. Dan Reed, diretor da programação da rádio WXPN da Filadélfia, tinha apenas 11 anos quando *School's Out* foi lançado, mas, já tendo sido atraído a Alice Cooper por *Killer*, ele estava entre os primeiros na fila para comprar o novo LP quando este chegasse às lojas. Ou, pelo menos, faria sua mãe comprar. Que surpresa para a sra. Reed, então, quando entrou no quarto de seu filho alguns dias depois e encontrou Dan e alguns amigos passando alegremente a calcinha de mão em mão.

O que é isso? Ela queria saber. Para que é? Onde conseguiu? E, quando Dan disse que vieram de graça junto com o álbum, ela exigiu saber qual deles.

"Aquele que você comprou para mim", disse Dan sorrindo inocentemente.

"Mamãe surtou."

Sim, a América era de Alice. A Inglaterra, porém, era mais complicada. O jornalista Chris Charlesworth, que naquela época fazia parte da equipe do *Melody Maker*, lembra: "Uma das melhores façanhas publicitárias do rock foi elaborada pelo grande Derek Taylor. Derek, é claro, foi o assessor público dos Beatles, mas em 1972 ele era o 'administrador de projetos especiais' da Warner Brothers na Inglaterra e Alice Cooper estava entre seus maiores contratados da época. Eles iam [para a Inglaterra] e tocariam em Wembley e os ingressos estavam apenas com a metade vendidos. Grande constrangimento.

Então Derek alugou um gigantesco caminhão, tipo um de 18 rodas sem a parte das cargas, e colou um pôster igualmente gigante dos dois lados (como um *outdoor* de beira de estrada) com Alice nu, apenas com sua cobra escondendo suas partes, e mandou que dirigissem o caminhão pelas Ruas Oxford, Regent e Piccadilly o dia todo, rodando e rodando o bairro West End. E então veio o golpe certeiro: o caminhão quebrou (o motorista fez isso de propósito) bem em frente ao Piccadilly Circus, às 17 horas, bem no horário de pico. Caos. Trânsito parado em todos os lugares. Grandes congestionamentos. Policiais furiosos. As câmeras de TV chegaram ao local e o pôster de Alice estava nos telejornais. Os ingressos esgotaram. Derek é um herói".

E ele continuou a ser. Foi durante essa mesma visita que Taylor reservou o zoológico Chessington para uma festa de Alice. Os convidados chegavam de Londres e eram recepcionados nos portões pela equipe feminina da Warner, vestidas em pequenos uniformes de colegial e segurando bandejas com bebidas alcoólicas. Primeiro, os convidados eram levados para um passeio pela parte interna do zoológico por mais ou menos uma hora e, depois, levados para uma grande tenda, que também era da estrutura do zoológico Chessington, para uma performance circense.

Charlesworth continua: "Arames farpados, animais, palhaços, muitas e muitas bebidas de graça rolando o tempo todo, finalizando com uma ou duas strippers que convidavam vários convidados bêbados e/ou chapados pra juntarem-se a elas, incluindo as colegiais, até que havia por volta de 20 pessoas nuas e seminuas no ringue, colegiais só de calcinha, homens e mulheres dançando juntos, até o ponto em que uns policiais chegaram e ameaçaram prender todo mundo (principalmente Derek, que provavelmente foi quem os avisou) se não vestissem suas roupas, entrassem calmamente em seus carros e voltassem para Londres".

No dia seguinte, os jornais tinham apenas uma notícia em mente: "CHOCANTE ORGIA DE ALICE COOPER – convidados nus tumultuam festa VIP para o roqueiro escandaloso dos Estados Unidos!". É claro, Taylor fez questão de convidar muitos fotógrafos.

Muitas manchetes saíram na imprensa. O *News of the World* declarou que Alice Cooper era a "banda de rock mais estranha que já invadiu a Inglaterra". O *Sunday Telegraph* descreveu Alice como "uma mistura de Rasputin e Bela Lugosi ou Tiny Tim após tropeçar em uma beladona, ou Drácula emergindo de seu caixão muito frequentemente". E o cão de guarda da televisão, Mary Whitehouse, sem nunca perder uma oportunidade de falar quando a subversão entrava no ar, instigou sua Associação Nacional de Telespectadores e Ouvintes a reivindicar o banimento de "School's Out" antes que incitasse todas as crianças do país a se revoltarem contra a educação formal.

Apesar de tal reivindicação (ou talvez por causa dela, pois a imprensa musical poderia ser bem divergente quando quisesse), a velha guarda da mídia do Reino Unido fez o seu melhor para não ficar impressionada. Michael Watts, um redator do *Melody Maker*, que poderia ficar com pelo menos um pouco do crédito por anunciar o Roxy Music (que abriu o show em Wembley) e David Bowie, simultaneamente em ascensão na cena de 1972, repreendeu: "[Alice Cooper é] o produto vulgar de uma subcultura adolescente ofensiva, um musical de horror para uma audiência já desmamada dos filmes de terror mostrados o tempo todo na televisão americana. É besteira quando a revista *Life* afirma solenemente que Alice 'tornou-se a válvula de escape para a culpa e repressão de todo mundo'. Um filme de terror é uma experiência excitante e excitação é o que resume Alice Cooper".

Excitação e, é claro, uma dose da boa e velha controvérsia. Em agosto de 1972, um evangelista da Pensilvânia chamado Rod Gilkeson anunciou uma cruzada nacional para salvar a juventude americana da "perversão e violência" que eram abraçadas pelo "embaixador do Satã". Ele estava falando de Alice.

A juventude americana respondeu colocando "School's Out" mais alto ainda nas paradas.

Capítulo 9
Você Já Teve Gases Antes?

O canhão não ia dar certo. Mas não porque era muito perigoso. Não ia dar certo porque não estava funcionando. A ideia era Alice ser carregado como uma bala no canhão, ter um momento para que ele conseguisse sair por uma porta lateral e então o fusível seria aceso e um boneco voaria pelo palco e cairia em uma rede de segurança. Parecia bom nos ensaios.

Mas, a primeira vez que foi feito em um show, com 20 mil jovens assistindo e segurando a respiração, o boneco simplesmente ficou pendurado na boca do canhão como uma massa disforme. Finalmente o próprio Alice tirou-o do canhão e chutou o boneco para fora do palco. No outro dia, ele riu, o canhão foi vendido para os Rolling Stones. Ninguém mencionou a falha. Mas a violência e a morte foram mantidas como elementos-chave no show, com o interlúdio da "Street Fight" do novo álbum tomando proporções cinematográficas.

Não foi uma apresentação suave. Com um palco repleto de lixo, Alice foi forçado a se defender de quatro valentões saqueadores, que ele impiedosamente expulsou com seu canivete. E quando foi encenado pela primeira vez, os músicos fizeram o melhor para acertar uns socos e sair da situação sem hematomas. No entanto, logo ficou óbvio que não ia funcionar dessa forma, pois assim parecia muito falso. Então os chutes e socos ficaram cada vez mais fortes e a única concessão em relação à dor que faziam era tentar não machucar tanto Alice.

Ainda assim, ele confessou à *Sounds*: "Eu era espancado, os caras também. Quando eu caía da escada me machucava sim. Mas eu sei que era isso que os jovens queriam, eu realmente me matava pelo público. Você cospe na cara da morte, desafia a dor. Eu não gosto nem um pouco de dor. Eu preferia morrer em um acidente de carro a ficar gravemente ferido, porque isso seria um inferno, e morrer talvez não seja".

Mas ele frequentemente saía do palco com mais do que o corte ou hematoma ocasional. Uma noite, Alice conta, ele quebrou uma costela. Em outra noite, ele quebrou três e em outra ocasião duas articulações se romperam. E a única consolação era que nenhum desses ferimentos doía na hora. "Eu não sentia", ele continuava falando na matéria da *Sounds*. "Mas quando eu saía do palco, gritava 'AAAAAAIIIII, AAAAIIIII! Isso dói!'. É que você sente tanta adrenalina lá em cima que não sente dor nenhuma. Quando subo naquele palco é minha responsabilidade destruir a plateia. Você tem de encarar todo mundo e perceber que tem de ser mais poderoso que qualquer um ali. Eu assumo a responsabilidade de Alice Cooper. As pessoas estão pagando cinco dólares para ver o show e eu me mato para garantir que dê tudo certo."

Porém, algo havia mudado. O clima da apresentação mudou, a moral da história foi distorcida. Incapazes, pelo tempo disponibilizado, de trabalhar em um show completamente novo para a turnê *School's Out* e com o canhão sendo lamentavelmente deixado de lado, a banda ainda apresentava o básico da antiga performance de *Killer*, "modificado para excluir o infanticídio e incluir uma briga com facas", como aponta o *Record Mirror*. E essa foi a deixa para uma interessante reviravolta no destino.

No passado, quando Alice era levado para a forca (ou, antes disso, para a cadeira elétrica), era uma punição por algum ato hediondo e, mesmo que seu público nunca tenha deixado de adorá-lo, eram consolados pela compreensão de que o monstro estava recebendo o que merecia. Decapitar bebês merece a pena de morte.

Dessa vez, porém, o monstro era um monstro apenas porque tirava a vida de quatro pessoas. O fato de que os quatro mereciam isso e que Alice, lutando por sua vida contra uma gangue de delinquentes, era o herói da peça e não o vilão, parecia ter passado despercebido pelos coreógrafos, mas não iludiu a plateia. Noite após noite, quando Alice era arrastado para a forca e o público gritava sem parar "Enforque-o! Enforque-o!", era um dos momentos mais arrepiantes da antiga performance *Killer*... mas não dessa vez.

"A execução seguiu em uma atmosfera de crucificação", reflete o *Record Mirror*. "Não era um assassino de bebês que estavam enforcando dessa vez, era o Alice deles. Agora se ouviam poucos aplausos e gritos enquanto o levavam para a forca, e os efeitos de raio e trovões no momento em que ele caía com a corda no pescoço pareciam de uma cena daqueles filmes bíblicos de Hollywood com megaprodução. Não sei qual reação eu esperava da plateia: gritos ou aplausos ou qualquer outra coisa, mas o sentimento de uma tensão realmente pesada, na escuridão, era muito impressionante."

Tais nuances da moralidade foram, é claro, pouquíssimo debatidas enquanto o espetáculo continuava seu caminho pelos palcos do mundo ocidental. De fato, questionado sobre suas próprias intenções para o show, o olhar de Alice estava direcionado para um empreendimento que exercitava a imaginação da banda desde o tempo de *Bye Bye Birdie*, em Phoenix. Durante o verão de 1972, Alice falou incessantemente sobre *Alice At the Palace*, um musical da Broadway aparentemente agendado para estrear no Palace Theatre de Nova York em outubro.

"Minha intenção é progredir para um teatro ambientalista", disse ele ao *New Musical Express*, "onde ninguém pode sair pelo simples fato de que também fazem parte da proposta. Quanto ao show, provavelmente apresentaremos por uma semana e, dependendo da reação do público, ou o levamos para a turnê ou vendemos para alguma companhia teatral."

Ele contou ao autor de *After Dark,* Henry Edwards: "A gente percebeu que a Broadway nunca tinha visto rock de verdade. *Hair* não era rock. Nosso show vai ser uma combinação do rock 'n' roll de *Hellzapoppin'* [o espetáculo de dança de 1941 que continua como referência para coreografias de Hollywood] e *Drácula*".

A ambição não parou por aí. Em busca do diretor certo, o nome Michael Bennett surgiu, diretor vencedor do Tony Award de *Follies*, um dos maiores sucessos atuais da Broadway. "Se você vai fazer a melhor produção da Broadway", Alice riu sem modéstia, "então é melhor que contrate a melhor pessoa!". E quando perguntaram se Bennett já era fã, Alice riu novamente. "[Ele] ainda não assistiu ao show, mas ouviu muita coisa sobre nós. Acho que temos uma má reputação!"

Cinco anos mais velho que Alice, Bennett é coreógrafo das produções da Broadway desde 1966. *Promises, Promises*, em 1968, foi seu primeiro grande sucesso, *Company* e *Follies* mantiveram o nível e seu maior sucesso, *A Chorus Line*, ainda estava por vir. Mas, como Alice disse, Bennett já era considerado um dos melhores coreógrafos da época e, apesar de não ter muito a ver com rock, ele pelo menos já havia trabalhado com pop. *Promises, Promises* foi elaborado a partir de uma melodia escrita por Hal David & Burt Bacharach, criadores de algumas das músicas preferidas de Alice.

"Fui até o apartamento de Michael e falamos bastante sobre isso. Michael disse que os jovens eram alienados em relação à Broadway e os pais são alienados em relação ao rock. Teremos pais levando seus filhos e filhos levando seus pais. Vamos trancar as portas depois que o público entrar. Isso ia separar os homens dos moleques! Nós também teremos bailarinos e pessoas infiltradas na plateia. Estamos tentando conseguir muitos *vaudevillians* do tipo do Palace para participar. Não os mortos. Não queremos desenterrá-los. Mas vocês nos verão interagindo com muitas pessoas com quem normalmente não faríamos. Estamos tentando conseguir os Três Patetas."

Ele estava até pensando em contratar seu próprio motorista, depois que descobriu que o velho foi o "Cara de Camisa de Força" no *Hellzapoppin'* em 1934, e isso criou outra ambição: reunir quantos membros fosse possível do elenco original de *Hellzapoppin'*.

No entanto, ambiciosos do jeito que eram, o show era apenas um dos muitos projetos que ocupavam a mente da banda e do empresário naquele verão. Eles falavam também de um filme que mesclaria documentário, pastelão, performance e improvisação em uma massa abrangente de loucura desconexa. Imaginando basicamente uma mistura de *200 Motels* de Frank Zappa e *Head* dos Monkees, ele revelou uma cena para o jornal sedento por novidades *New Musical Express*.

"Um cara sai de uma festa em um quarto do Holiday Inn. Ele está realmente faminto, são 5 horas e o serviço de quarto está fechado. Agora, você sabe quando as pessoas deixam o resto do que comeram nas bandejas do lado de fora do quarto? Bem, esse cara vê um pedaço de bolo com apenas umas cinco mordidas; um bolo realmente delicioso. Então ele começa a comê-lo e é realmente gostoso.

De repente, a porta abre e aparece um homem velho com bolhas sangrando nos lábios, e diz 'não coma esse bolo'. E então ele cai morto. O cara corre para seu quarto e desesperadamente faz um bochecho com Listerine. Acaba bem aí e algo totalmente diferente começa."

Outras cenas aconteceriam em um consultório psiquiátrico, um cemitério, o faroeste e até um set de filmagem de Hollywood totalmente equipado, e a banda estaria de *smoking* e peruca para tocar uma boa e estranha versão de "The Lady Is a Tramp". Filmagens ao vivo de alguns shows feitos no Texas em abril de 1973 seriam usadas, caos e destruição dominariam o dia, enquanto um diretor de cinema frustrado se reuniria em um *trailer* com uma Valquíria barbada para acompanhar a banda ao redor do mundo. Eles escapam em um elefante roubado em direção aos domínios de "Halo of Flies". Resumindo, era tudo que um filme de Alice Cooper deveria ser.

E os shows continuaram surgindo, tantos e tão demorados que *Alice At the Palace* logo foi suspenso, adiado de outubro de 1972 para alguma folga indefinida do ano seguinte e então foi abandonado de vez, perdido entre a relação de estádios que mantinha a banda na estrada até setembro, possibilitando seis semanas de férias para depois voltarem à turnê, com alguns shows nos Estados Unidos e um tempo maior ao redor da Europa. E enquanto faziam os shows, o novo *single* surgia para mostrar que "School's Out" não era um golpe de sorte. Chamava-se "Elected" e, apesar dos fãs de longa data saberem que era basicamente uma releitura esperta de "Reflected", uma das músicas do primeiro álbum, para o restante do mundo e a mídia, era o trabalho mais audacioso até então.

As eleições presidenciais dos Estados Unidos estavam, literalmente, dobrando a esquina. O país estaria se mobilizando para as votações em novembro de 1972 nas quais Richard Nixon concorria à reeleição para um dos trabalhos mais poderosos do mundo. E lá estava Alice dizendo que também queria concorrer. Para o novo partido, o terceiro, o partido selvagem. E qual era sua proposta? Bem, ele sabia que o mundo estava em uma situação terrível, ele sabia que as pessoas tinham problemas. E ele não dava a mínima. Em outras palavras, o discurso escondido por trás de toda politicagem de cada partido já registrada foi apresentado abertamente, e o pior era que Alice ainda parecia mais confiável que os idiotas que acabam ficando com o emprego no final.

Alice rastreou a música até sua origem, explicou como "Reflected" foi apenas um redirecionamento da ideia que agora estavam revisitando. O ano de 1968 também era um ano de eleições, e Alice sugeriu fazer uma música chamada "I Shall Be Elected". Mas, por algum motivo, riu a revista *Circus*, "um tom político não se encaixava com os chicotes, correntes e camisolas ensanguentadas que usavam nos shows, e eles enterraram essa ideia". Agora estava de volta, acompanhado de um curta-metragem hilário da banda interagindo com macacos e dinheiro, contribuindo para a época de eleição como o vídeo eleitoral mais cativante até então.

Infelizmente, muitas pessoas não entenderam a piada. A América levava suas eleições muito a sério naquela época, vendo o papel do presidente como algo maior do que um cargo bem pago para participar do circuito de discursos ou uma sinecura no topo de uma corporação multimídia. Não importava em que lado da divisão política o observador estava, uma música que basicamente zombasse do processo todo e questionasse a fidelidade dos candidatos também não era algo que poderia ser transmitido com frequência sem dar problemas. "Elected" começou na 26ª posição nos Estados Unidos, um destino injusto para um *single* tão dinâmico, e isso também não foi uma anomalia estatística. Em termos de Top 10 de álbuns, a banda Alice Cooper nunca mais conseguiu elaborar um outro álbum à altura de "School's Out", mas eles não se importavam mais.

"Nós conseguimos uma vez, deixamos nossa marca", Glen Buxton disse dando de ombros. "Mesmo que conseguíssemos lançar uma dúzia de *single*s de sucesso, nenhum deles teria o impacto de 'School's Out', então as pessoas diriam que estávamos falhando de qualquer forma. Portanto, não nos preocupamos. Além disso, a América era basicamente o único país em que nossos *single*s não mantiveram o mesmo sucesso, porque os álbuns eram muito mais importantes."

"Elected" subiu até o quarto lugar no Reino Unido e John Lennon aderiu ao fã-clube. "[Ele] falou que 'Elected' era seu álbum preferido naquele momento", Alice disse à *Classic Rock* em 1999. "Ele contou que chegou a ouvir a música umas cem vezes, mas, no final da conversa, falou: 'Mas, claro, você sabe que Paul teria feito a música melhor que vocês!'."

E o *single* talvez fizesse mais sucesso, também, se a última visita à Inglaterra não tivesse se limitado a um show em Glasgow, onde Caroline Boucher da *Disc* afirmou que, embora "Alice ainda não seja o melhor *performer* de todos, foi o melhor show que já assisti desde o início do Led Zeppelin".

Três fileiras de cadeiras destruídas na parte da frente do Greens Playhouse comprovaram o poder do show, e Boucher compartilhou também uma opinião positiva sobre o show de abertura, uma dupla próxima dos Cooper desde o tempo com Frank Zappa e a Straight Records, os incrivelmente bem intitulados Phlorescent Leech & Eddie, também conhecidos como Mark Volman e Howard Kaylan, a antiga formação de cantores dos Turtles e mais recentemente membros dos Mothers of Invention. Porém, o mais incrível de tudo: eram uma parte integral do som de T Rex em seu grande sucesso.

A performance deles, uma combinação de humor visual áspero e uma harmonia vocal afiada, não tinha nada a ver com o dinamismo extravagante e hard rock de Alice Cooper. Mas eles prepararam o palco para a banda principal com perfeição, e qualquer pessoa que tenha ouvido a história musical recente da dupla sabia que era muito sortuda em estar na presença dos dois.

Foram as harmonias efervescentes de Flo e Eddie que superaram o som característico de Marc Bolan para levar T Rextasy aos seus picos sônicos e, pela sequência de sucessos que aconteceram entre "Ride a White Swan" em 1970 e "Solid Gold Easy Action" em 1972, Flo e Eddie poderiam proclamar com razão que "todo *single* de sucesso que ele teve é por nossa causa. Nós dizíamos isso para Marc todos os dias da semana. Nunca houve um momento em que não o lembramos de que tínhamos álbuns de sucesso antes dele e, se não tivesse chamado a gente, ele nunca teria um sucesso próprio. Nós sempre o lembrávamos disso e ele apenas ria".

Kaylan explica: "Há uma espécie de lamento intrínseco a esse tipo de vocal de apoio, que eu acredito ter vindo de nossa época com [Zappa]. Cantamos aquelas notas a vida toda. Mas havia um aspecto anasalado, de lamento, que veio de cantar essas partes com um pouco da língua encostando na bochecha. 'Hot Love', em particular, tem uma petulância fanfarrona e falsa, somos nós tentando ser garotas, com cada parte do gris-gris-gumbo-ya-ya que conseguíamos evocar. É quase uma zombaria, e deveria ser, porque são caras cantando. Parece algo como dois caras de 140 quilos vestindo tutus, desafiando você a levantar suas saias".

Tendo seu comprimisso com Zappa terminado no começo de 1972, Kaylan e Volman imediatamente começaram suas carreiras como Flo e Eddie, com os shows de Alice Cooper marcados por volta do lançamento do álbum de estreia. Porém, a presença deles, primeiro na Europa no fim de 1972 e depois como abertura dos shows de Alice durante a turnê nos Estados Unidos em 1973, marcou uma ruptura tensa no mundo de Alice Cooper, como lembra Howard Kaylan:

"Naquela época, Alice tentava se separar de sua própria banda e manter o nome apenas para si depois que seu empresário, Shep Gordon, disse: 'Você é a banda, você não precisa desses caras'. Ele meio que os abandonou e acabou nos levando para suas coletivas com a imprensa, mesmo que fôssemos apenas a banda de abertura. Ele gostava de nos ter por perto, como confidentes e parceiros."

Uma divisão se formava. Michael Bruce surtou: "Alice estava fazendo artigos e entrevistas e ele falava de tudo no mundo, menos da banda. Acho que isso estava incomodando os membros do grupo. Os empresários (...) tentavam manter Alice isolado do resto da banda e eu acho que foi isso que acabou levando Alice a sair. Ele simplesmente estava em um mundo à parte". Um mundo que o via passando mais tempo com seus amigos famosos do que já tinha passado com a banda e permitindo que eles invadissem um dos espaços mais sagrado de todos, o estúdio de gravação.

Howard Kaylan lembra noites em Londres nas quais o produtor Tony Visconti "apenas ligava o gravador e ele tinha horas e horas em fitas de nós apenas sentados pelo estúdio, mais chapados do que nunca, viajando em tudo, cantando Presley e os clássicos. Teve uma noite em que nós dois, Marc [Bolan], Alice [Cooper], Ringo [Starr], Harry Nilsson e Klaus Voorman acabamos juntos no Morgan Studios e ficamos lá a noite inteira sem fazer nada, apenas ficando loucos e cantando qualquer coisa que viesse à mente, gravando tudo. É simplesmente incrível. Nós nos divertíamos muito".

A noção de que a separação da banda Alice Cooper não só era possível, mas claramente plausível, foi crescendo de rumor em rumor enquanto 1972 abria espaço para 1973. Não era nenhum segredo que a saúde de Glen Buxton estava ficando cada vez pior, diminuindo sua contribuição e impacto imperceptivelmente, e anos depois até ele admitiria: "Eu estava me tornando o Brian Jones da banda" em uma referência ao declínio lento do chamado Golden Stone até ficar incapacitado durante seus últimos anos com a banda.

Mas havia outras preocupações: Bob Ezrin acreditava que a lealdade de Alice para com sua banda limitava sua carreira musical e a insistência crescente de Shep Gordon de que, até então, a única diferença entre promover a banda Alice Cooper e o cantor Alice Cooper era em quantas partes o dinheiro seria dividido. E, é claro, a mídia estava tão acostumada a se referir ao cantor quando discutia Alice Cooper que os músicos começaram, pela primeira vez, a se sentir ofuscados pela persona lendária de Alice Cooper. Um clima que só piorou quando Alice avançou ainda mais do que antes.

"Eu tenho a maior parte das ideias para a parte teatral", disse à revista *Teen*. "[Eu] escrevo as letras, lido com entrevistas e toda a imagem da banda, enquanto os caras se preocupam com as músicas." Mas quando ele disse que suas principais influências eram "um pouco de James Bond, um pouco de Barbarella e o resto é Burt Bacharach" e aplicou isso no dinamismo da Broadway que certamente deu um efeito tipo Fred Astaire na maior parte de *School's Out*, era fácil imaginar em quanto das músicas "o restante dos caras" realmente tinham participado.

Às vezes um jornalista tentava corrigir essas falsas concepções. Mas raramente era evidenciado que as músicas da banda eram um resultado do esforço coletivo nem que o resto da banda ainda chamava o cantor de Vince. Porque quando Alice Cooper foi às compras de natal em Nova York e a loja de departamentos Alexander ficou aberta apenas para eles, ninguém nem mencionou os presentes que Bruce, Dunaway, Smith e Buxton compraram para seus amigos e familiares. Não quando poderiam registrar as compras de Alice: um casaco de pele de fuinha, 22 bonecas de pano, dez bonecos Blue Meanie, 20 caixas de baralho e 57 trilhas sonoras originais dos antigos filmes de Humphrey Bogart e Bela Lugosi. E quando Yvonne, a cobra, enrolou-se em um tabuleiro de Banco Imobiliário, ele o comprou para ela.

Enquanto isso, as composições para o novo álbum da banda continuaram em ritmo acelerado. "Elected" já estava pronta para ser incluída, assim como a confusa "Hello Hooray", uma música composta pelo canadense Rolf Kempf já com uma versão bem-sucedida da cantora de folk Judy Collins. Estranhamente colocada na posição de um *single* no fim do ano, a nova versão da música, ferozmente vaudevilliana, ficou em sexto lugar no Reino Unido (e 35º nos Estados Unidos) apenas com a força da reputação, assim como "No More, Mr Nice Guy", um título que já havia sido visto no ano anterior, no segundo álbum de outros desajustados de Los Angeles, os Sparks.

Descobertos por um feliz acaso pelo homem responsável pela primeira mudança de nome da banda Alice Cooper, quando ainda eram Nazz, o agora cantor solo Todd Rundgren, o Sparks ainda estava longe da máquina descolada e agressiva de sucessos que invadiria as paradas do Reino Unido em 1974. De fato, se eles tivessem qualquer antecedente musical, os dois primeiros LPs de Alice Cooper chegariam perto, pois havia a mesma sensação de empenho artístico acima das habilidades musicais, a mesma sacada para um som divertido em vez de uma melodia memorável e a mesma abordagem esquerdista para qualquer coisa que remotamente fizesse menção ao mercantilismo. Rundgren produziu o álbum de lançamento homônimo; James Thaddeus Lowe, antigo membro da Electric Prune, trabalhou com *A Woofer In Tweeter's Clothing* e mais tarde admitiu que o fracasso desse álbum foi a razão de seu afastamento da indústria musical.

Poucas pessoas entendiam o que ele queria dizer. De novo, assim como foi no começo do Alice Cooper, precisaria de muitas retrospectivas e bastante reavaliação para que os dois primeiros álbuns dos Sparks sequer começassem a atrair a atenção que merecem, e, ironicamente, precisou da mesma abordagem publicitária para fazê-lo. No começo de 1973, *Pretties For You, Easy Action* foram compactados juntos como um álbum duplo, de ótimo preço, intitulado *Schooldays*. Um pouco mais de um ano depois, mais ou menos quando os sucessos começaram a surgir, os primeiros dois álbuns do Sparks foram também compactados e relançados e finalmente a última música do *Woofer* foi: "No More Mr Nice Guy".

Joseph Fleury, o secretário do fã-clube da banda e, mais tarde, empresário, lembra: "Alice Cooper originalmente nos procuraram par saber se poderiam pegar emprestada a letra de uma das músicas de Ron [compositor Mael], 'Beaver O'Lindy' (...) 'Eu sou a garota na sua mente, e o garoto na sua cama'. Nós recusamos educadamente e, quando nos demos conta, eles simplesmente pegaram o título da 'Nice Guys' sem sequer perguntar". Atualmente, poderia ter acabado em processo, porque é simplesmente assim que a indústria musical funciona. Naquela época, o vocalista Russell Mael, obviamente cansado, suspira, "Bem, pelo menos alguém descobriu essa música e conseguiu um ou dois trocados", mas ele certamente sorriu ironicamente quando percebeu que não estava sozinho nessa. A "Tapioca Tundra" dos Monkees provavelmente se viu refletida toda vez que ouviam "Alma Mater" do álbum *School's Out*.

Na verdade, nem Sparks nem Alice Cooper poderiam realmente levar o crédito por criar o verso, já que fazia parte da língua inglesa há anos; além disso, as duas "Mr Nice Guys" tinham letras completamente diferentes, pois Alice entretinha seu público com um catálogo de reclamações que recebia da sociedade careta por causa de suas atitudes. Ainda assim, era uma autoexaltação em forma de hino da mitologia do garoto malvado, e seu mergulho em uma posição comparativamente baixa, o número 10 na Inglaterra, foi ao menos mascarado por outra posição nos Top 30 da América.

O que os três *singles* tinham em comum, no entanto, era uma sensação de que, independentemente do que Alice estivesse planejando para o sexto álbum, seria algo muito distante da escuridão trabalhada de *Love It To Death* e *Killer*. Eles estavam mais espertos, mais limpos, mais afiados. Não havia mais uma sensação ameaçadora, como diversos críticos reclamaram, e nem um pouco de perigo. Era como se Alice Cooper estivesse limpando sua performance. *School's Out* já deu indícios disso com sua planejada insistência em priorizar o estilo sobre a substância. Além da eterna faixa título, apenas "My Stars" realmente entrava para o tipo de ambiente musical que *Killer* e *Love It To Death* definiram como próprio deles, as guitarras que dilaceravam, os vocais que rosnavam e a melodia tão letal quanto ambas. E o que *Billion Dollar Babies* tornou-se seria ainda mais estudado, ainda mais habilidoso.

E seria o melhor LP deles até então.

As demos de *Billion Dollar Babies* mais comumente vistas circulando, espalhadas pelo mercado negro ativo desde o fim dos anos 1970, são na verdade a mixagem quadrifônica do LP finalizado, tocado novamente com um ou mais dos quatro canais mudos. Porém, os membros da banda admitiram que o retrato que o álbum pinta não está muito longe da realidade, e o material do disco chegou ao estúdio apenas sem a visão e o brilho de Ezrin. Uma primeira versão de "Sick Things" evita tudo além de um chiado falho da guitarra e o teclado destruído, enquanto Alice entoa as letras com uma lascívia bem palpável. Os rocks sem disfarce do álbum, "Raped and Freezin'" e "Generation Landslide", arrasam ainda mais, e sua sequência mais assustadora, "I Love the Dead", no melhor estilo Rodgers & Hammerstein no inferno (uma música que Michael Bruce considerou macabra demais até para seu gosto), são todas espaços vazios e guitarras que soam como moscas voando ao redor dos olhos de cadáveres.

Enquanto trabalhavam nisso, mais novas músicas surgiam. No começo do novo ano, Alice foi considerado o melhor em três seções diferentes da enquete anual, até então de grande prestígio, entre os leitores do *New Musical Express* no Reino Unido. Eles responderam, Alice contou para o escritor Roy Carr, com a vontade de "dar algo em troca algo positivo e direto. Infelizmente não havia tempo para fazer um show na Inglaterra porque estávamos até o pescoço com a organização do novo placo para a turnê de três meses na América. Então ficamos muito bêbados uma noite e pensamos: 'Vamos mandar um disco para eles'.

Mas não queríamos mandar algo que já estivesse gravado ou com lançamento em breve. Tinha de ser algo novo e exclusivo. Nós sempre achamos que seria muito engraçado fazer algo estilo Elvis. Sabe, todo aquele *grease 'n' echo*... um verdadeiro jazz de deixar as pernas bambas e os joelhos tremendo. Bem, acontece que Dennis (Dunaway) havia escrito 'Slick Black Lomousine', que era bem esse tipo de música, mas não havia espaço no novo álbum e o novo *single* já estava pronto. Então deixamos a parte instrumental pronta na mansão e colocamos os vocais quando chegamos a Londres."

No entanto, sua insistência de que Alice Cooper se expandia era sinistra. "Eu nem sempre vou querer ser conhecido como Alice Cooper, o encantador de cobras. Eu quero expandir a ideia toda de Alice Cooper. Eu quero que seja várias outras coisas."

Para "Slick Black Limousine", ele incorporava "Alice Cooper, roqueiro meloso". Mas o novo álbum, como ele sugeria, teria ainda mais variedades disponíveis. E assim aconteceu. "Billion Dollar Babies" foi, é claro, um triunfo tanto musicalmente como em relação às letras e à promoção comercial. Liderou as paradas nos dois lados do Atlântico e posicionou Alice Cooper, ainda que brevemente, entre os artistas mais rentáveis do planeta. Porém, em relação ao desenvolvimento musical da própria banda e para botar os Cooper entre as alegorias cinematográficas de que tanto gostam, é um épico colorido hollywoodiano que ofusca seus antecessores lado B, sempre em preto e branco, somente nos quesitos de orçamento, elenco e efeitos especiais.

As músicas eram sórdidas, mas eram gratuitamente assim, um "copia e cola" dos melhores rumores que marcaram a reputação da banda no passado. Estupro de homens, necrofilia, homossexualidade, BDSM... dentistas... Tudo dentro de um álbum que poderia, e talvez devesse, ser uma rejeição tranquila de tudo que fez Alice Cooper ser um produto essencial desde o princípio. Mas, mesmo assim, foi bem-sucedido, sustentado não somente pela pura malícia em sua apresentação, tampouco apenas pela expectativa incrível criada ao seu redor, mas porque, assim como "School's Out" (o *single*, não o álbum), fracassar nunca foi uma opção.

Como sempre, Bob Ezrin encarregou-se da produção e o punhado de cínicos que ainda argumentava sobre Alice Cooper ser menos do que uma banda de garagem com algumas oportunidades sortudas poderia se satisfazer um pouco com as lendas que circulavam ao redor de sua formação, principalmente o trabalho que teriam para camuflar a desintegração do músico, que até mesmo os caluniadores da banda reconheciam como o melhor do grupo, o guitarrista Glen Buxton.

"Glen ainda [está] muito cansado", Alice desculpou-se por ele. Ele disse à *Rock Scene*: "Glen não pode mais beber e ele costumava beber duas garrafas de uísque por dia! Ele está completamente mudado agora (...) está tão tranquilo, relaxado. É bem estranho ver alguém que costumava xingar você por nove ou dez anos ficar desse jeito! Está tão educado, não é do feitio dele!".

No entanto, suas palavras gentis escondiam um sofrimento real. Buxton padecia física e emocionalmente. As bebidas e as drogas fizeram parte de seu colapso, é claro, mas havia tantos outros motivos que até seus amigos desistiram de documentá-los ou até de tentar descobrir quais eram verdadeiros e quais eram só mais um entre os rumores e "um cara que os conhece me contou...".

Houve uma noite, no começo da carreira da banda, em que sua bagagem inteira, incluindo todos os resquícios de identificação que ele já teve, foram roubados do hotel, e o choque de se encontrar, mesmo temporariamente, sem nenhuma forma de provar quem ele era transcendeu da simples calamidade que seria para a maior parte das pessoas, manifestando-se como um choque físico intenso.

Outra noite, em uma cidade sem nome e em uma turnê sem data, um criador de rumores não identificado viu Glen ser reduzido a cinzas emocionais pelas exigências de uma *groupie* especialmente perturbada.

E, em outra noite, o heterossexual bem resolvido (intolerantemente assim) que, por razões que ele nunca descobriu, atraía todos os caras gays da cidade, foi para casa com a garota mais quente dos bastidores e não disse uma palavra sobre o que aconteceu quando os encontrou no café da manhã seguinte. Então eles nunca disseram nada também e certamente nunca mencionaram que alguém havia dito que aquela garota era um cara... e ainda por cima menor de idade.

Toda banda tem esses momentos, todas têm essas experiências. Mas nem todo músico está preparado para lidar com essas coisas e, sendo os rumores verdadeiros ou não, era fato: Buxton não era daqueles que conseguiam lidar.

Sem nunca falarem publicamente sobre a bebedeira e as drogas que dominavam seu guitarrista ou o estresse que ele tanto tentava combater, mas só piorava quanto mais ele se automedicava, Alice e a banda fizeram pouco esforço para esconder as preocupações pelo futuro de Buxton, não só como músico, mas como uma alma viva. Visitas ao hospital eram recorrentes. Em sua estadia mais recente, ele teve parte do pâncreas removido.

A demissão de Buxton da banda seria um processo gradual. Ele continuaria com contribuições aleatórias tanto nas gravações como nas turnês até o fim do grupo. Mas Michael Bruce lembra o caos que rodeou a partida quixotesca de Buxton. "Alice, Neal e eu fomos até Glen e pedimos para ele sair. Ainda deixaríamos que ele viesse para os ensaios ou qualquer coisa que ele precisasse fazer. Queríamos que ele buscasse ajuda e ainda iríamos pagar a quantia que ele estava ganhando. Mas ele se recusou. Era muito teimoso. Isso causou muitos problemas e eu acho que facilitou para Alice sair. Era mais fácil para ele sair da banda toda do que seria para ele ficar e encontrar outro guitarrista."

Por ora, Buxton ainda estava segurando as pontas, pelo menos no palco, somente por causa da adrenalina combinada com qualquer coisa que estivesse passando por suas veias. Isso deu a ele o impulso necessário. Mas no estúdio sua única contribuição para as gravações finais foi o som de uma guitarra autodestrutiva em "Sick Things", e Mike Mashbir, um guitarrista de Phoenix que tocou com Bruce e Smith no começo dos anos 1960, já estava esperando nos bastidores, como guitarrista auxiliar para os shows ao vivo, pronto para tomar o lugar no palco quando fosse necessário. À medida que as sessões de *Billion Dollar Babies* continuavam, Mashbir estava sendo chamado com uma frequência cada vez maior para cobrir a parte de Buxton.

Porém, havia um problema. Mashbir conhecia o material, conhecia os músicos. Mas o que ele não conhecia era o estúdio, e as primeiras sessões na mansão foram tão caóticas e improdutivas que até Ezrin estava pronto para desistir, pronto para abandonar o trabalho até que a banda estivesse mais focada ou, melhor ainda, quando Glen Buxton voltasse.

Mas não havia tempo para isso. Em vez disso, eles decidiram que precisavam de uma mudança de cenário, mudando para o outro lado do oceano, para Londres, direto para o Morgan Studios. O grosso do álbum foi gravado lá, com Mashbir e seus dedos confiáveis em todas as músicas. No entanto, para o resto do mundo não só ele permaneceu anônimo, como sua presença foi totalmente desconsiderada. Quando "Slick Black Limousine" saiu no *New Musical Express* e os críticos se juntaram para admirar os sons de guitarra que ficaram destacados, seria o melhor momento de Mashbir, porque, é claro, foi ele quem tocou. Mas, em vez disso, ele apenas lamentou, Buxton recebeu um Golden Microphone Award e foi comparado a Eric Clapton.

O pior ainda estava por vir, enquanto elogios adicionais para o trabalho do guitarrista no álbum espalhavam-se pelo mundo.

Vários visitantes especiais estavam passando pelas portas do estúdio. O grupo de figuras que Tony Visconti registrou em uma noite voltou junto com Donovan Leitch, a cantora e compositora dos anos 1960 que emprestou alguns vocais distintos para a música "Billion Dollar Babies", o baixista da banda Family, Ric Crech, que gravou alguns sons com a banda, mas nunca participou de uma música realmente, Marc Bolan, que apareceu um dia com Flo & Eddie e jogou alguns *riffs* de guitarra na mistura, e Keith Moon que, de acordo com quem estava lá, montou sua bateria e caiu no sono.

Dennis Dunaway desmentiu a maior parte das lendas. "Eu acho que Donavan foi o único. É uma pena que não conseguimos mais pessoas. Seria ótimo se tivéssemos os vocais de apoio do Flo & Eddie, mas acho que eles não estavam lá. E Harry Nilsson tinha uma voz incrível.

Alice Cooper e cobra em Londres para a turnê *Love It to Death*, novembro de 1971. MIRRORPIX.

Retrato do artista como o jovem Vince Furnier.

Foto de Alice no anuário do colégio. SPLASH NEWS.

Alice à frente do time de corrida Cortez. SPLASH NEWS.

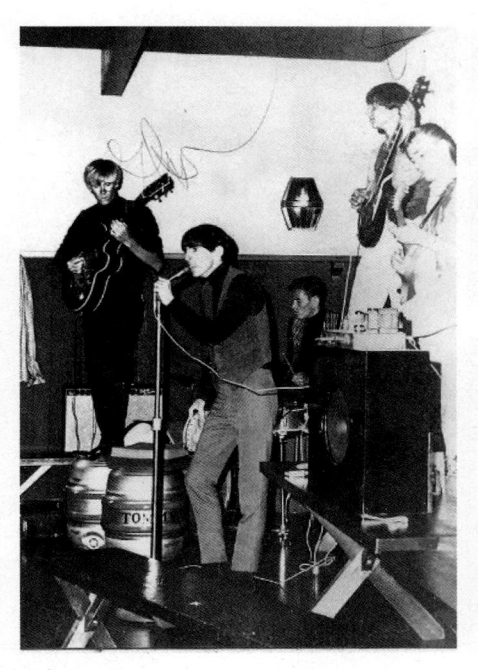

Uma foto antiga dos Spiders tocando ao vivo.

Alice em 1969 preparando-se para oferecer um pouco de *Pretties For You*. GETTY IMAGES.

Está nos olhos! MICHAEL OCHS ARCHIVES/GETTY IMAGES.

Alice Cooper em estilo totalmente *Killer*, 1971. Da esquerda para direita: Dennis Dunaway, Alice, Neal Smith, Michael Bruce e Glen Buxton. Bettmann/CORBIS.

O grupo Alice Cooper exercitando seus *Muscles of Love*. GEMS/REDFERNS.

Alice e a namorada, Cindy Lang.
TIM BOXER/GETTY IMAGES.

Alice e seus pais, Sr. e Sra. Ether Furnier.
DAILY MAIL/REX FEATURES.

Um retrato feito em estúdio de Alice Cooper nu com sua cobra. RB/REDFERNS.

Alice e a banda com o pôster de parar o trânsito em Londres, 1972. Neal Smith, Alice, Michael Bruce, Dennis Dunaway e Glen Buxton. MICHAEL PUTLAND/GETTY IMAGES.

Pronto para aplicar sua maquiagem. Terry O'Neill/Getty Images.

Alice é executado em sua primeira turnê europeia, outubro de 1971. Copenhagen, Dinamarca. Jorgen Angel/Redferns.

Alice Cooper e sua banda com Flo and Eddie em um Sex Show em Copenhagen, novembro de 1972. Jorgen Angel/Redferns.

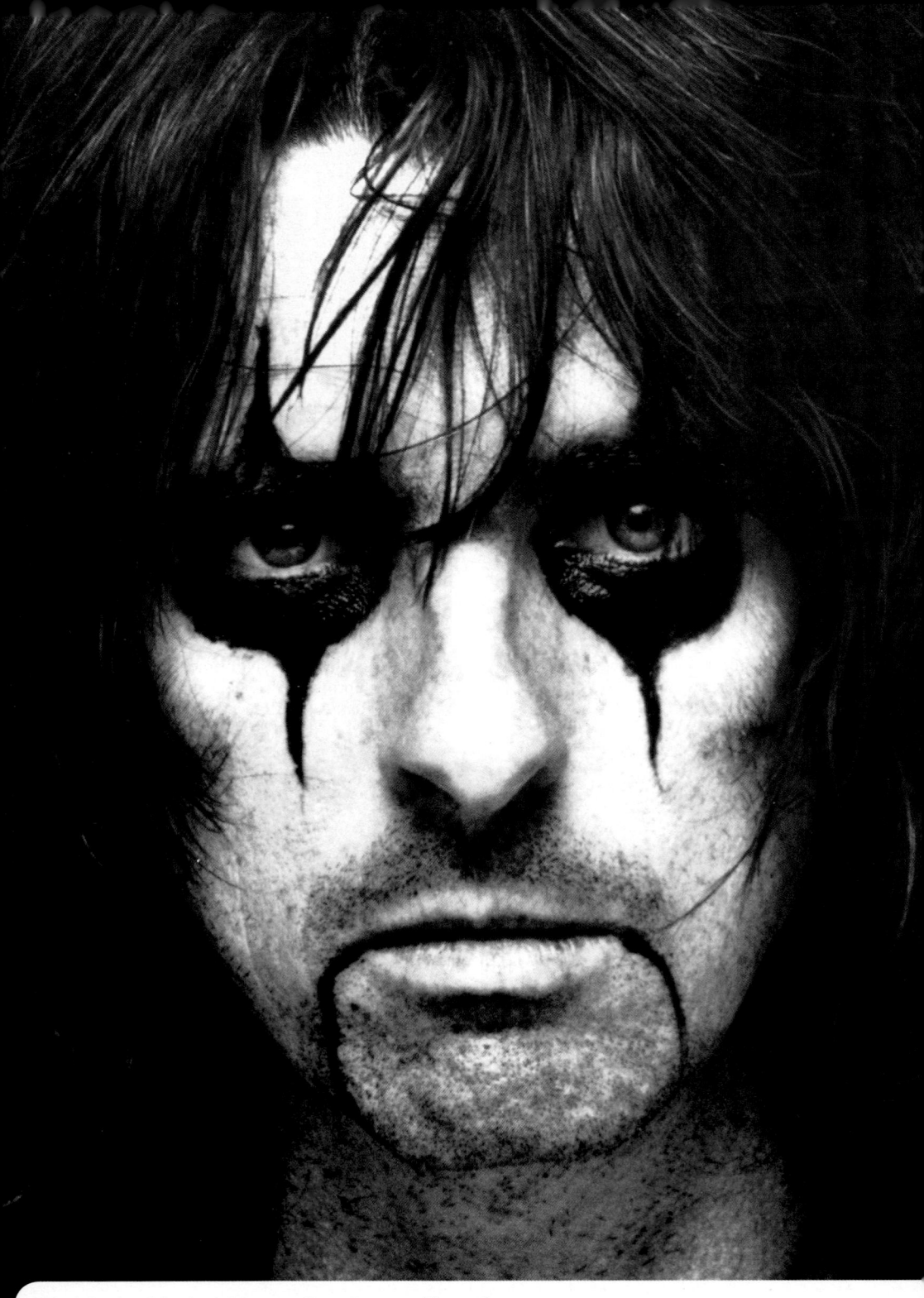

O rei dos zumbis glam. MICHAEL OCHS ARCHIVES/GETTY IMAGES.

Alice, o cavalheiro sulista, cerca de 1974. Terry O'Neill/Hulton Archive/Getty Images.

Alice com o fotógrafo David Bailey posando com a bebê Lola Pfeiffer usando maquiagem nos olhos no estilo Cooper e membros da banda com metralhadoras. Essa foi a sessão de fotos para a capa de *Billion Dolllar Babies* em 1973. TERRY O'NEILL/GETTY IMAGES.

Alice com Pamela Des Barres e Rodney Bingenheimer. MICHAEL OCHS ARCHIVES/GETTY IMAGES.

Alice e Iggy Pop no Whiskey A Go-Go em Los Angeles. JAMES FORTUNE/REX FEATURES.

Alice no palco no Los Angeles Forum. JAMES FORTUNE/REX FEATURES.

Alice com seu parceiro de bebedeiras Bernie Taupin. Cerca de 1975. FIN COSTELLO/ REDFERNS/GETTY IMAGES.

Alice no campo de golfe. REX FEATURES.

Alice e a futura esposa Sheryl no Jogo de Baseball de Celebridades no Steven Wynn Golden Nugget em Las Vegas, Nevada. BRAD ELTERMAN/BUZZFOTO/FILMMAGIC.

Os vampiros de Hollywood – Alice com Keith Moon, 1976. DAILY MIRROR.

Agarrado ao disco de ouro recebido, Alice conhece a sósia da Rainha Elizabeth II, Jeanette Charles. Da esquerda para direita estão Peter Sellers, Richard Chamberlain, Lynsey De Paul e Peter Wyngarde durante uma festa da gravadora no Reino Unido, setembro de 1975. EXPRESS NEWSPAPERS/GETTY IMAGES.

Alice demonstra suas habilidades no golfe para outro convidado, o ator Peter Falk e para o apresentador Mike Douglas no *The Mike Douglas Show*. Circa, 1977. MICHAEL LESHNOV/MICHAEL OCHS ARCHIVES/GETTY IMAGES.

Alice na turnê de 1975, *Welcome to My Nightmare*. CHRIS WALTER.

A turnê de 1978 de Alice, *School's Out For Summer*, com o guitarrista Jefferson Kewley. CHRIS WALTER.

De dentro para fora, L-R Dick, Wagner, Alice, Whitey Glan (escondido), Prakash John, Steve Hunter. CHRIS WALTER.

Alice participando do programa de televisão norte americano *Celebrity Squares*, 1975.

Alice e Cassandra Peterson durante o 26º Annual Grammy Awards, em Los Angeles. RON GALELLA, LTD./WIREIMAGE.

Alice Cooper no *Muppet Show*. DAVID DAGLEY/REX FEATURES.

Arrasando de jaqueta de couro. ROBERT KNIGHT ARCHIVE/REDFERNS.

Alice e seu taco de baseball personalizado. JOHN LIVZEY/REDFERNS.

Alice com Nicholas Parsons, o apresentador do quiz no *All New Alphabet Game*, 1987. ITV/Rex Features.

Alice de *drag*, 1991. Eugene Adebari/Rex Features.

Alice aparecendo como o pai de Freddy em *A Hora do Pesadelo: A Morte de Freddy*, 1991. SNAP/Rex Features.

Alice em show não muito tempo depois de ter parado de beber, dezembro de 2001. ANNAMARIA DISANTO/WIREIMAGE.

Alice Cooper e sua banda recebendo uma estrela na Calçada da Fama de Hollywood. Los Angeles, dezembro de 2003. PETER BROOKER/REX FEATURES.

Alice e Sheryl na Calçada da Fama. PRESS ASSOCIATION.

Alice e a filha Calico gravando *The Late Late Show With Craig Ferguson*, setembro de 2003, no estúdio de televisao CBS em Los Angeles. VINCE BUCCI/GETTY IMAGES.

O produtor Bob Ezrin é indicado para o Music Hall of Fame do Canadá por Alice Cooper durante o Jantar de Gala Juno e a cerimônia de premiação, em Edmonton, Canadá, abril de 2004. DONALD WEBER/GETTY IMAGES.

Rob Zombie e Alice Cooper durante o Spike Tv Scream Awards 2007, no Teatro Greek em Los Angeles, outubro de 2007. JEFF KRAVITZ/FILMMAGIC.

Alice e o empresário Shep Gordon comparecem ao Taste of Wailea durante o festival Maui Film 2008, no Havaí, junho de 2008. MICHAEL BUCKNER/GETTY IMAGES.

Alice e Bernie Taupin durante o quarto show beneficente anual Musicares Map Fund no Music Box, em Hollywood, maio de 2008. LESTER COHEN/WIREIMAGE.

Alice se apresenta no festival Sonisphere em Knebworth, dia 30 de julho de 2010. Photo por Samir Hussein/Getty Images.

Johnny Depp e Alice tocam juntos no 100 Club On em Londres, junho de 2011. Christie Goodwin/GettyImages.

A banda Alice Cooper chega para o terceiro Annual Revolver Golden God Awards no clube Nokia, em Los Angeles, abril de 2011. Frazer Harrison/Getty Images.

Orianthi, Alice e Tommy Henriksen no palco durante a turnê *No More Mr Nice Guy 2*, em Atlanta, Geórgia, janeiro de 2012. Admedia/Sipa/Rex Features.

Alice na turnê *No More Mister Nice Guy 2*. DAN HARR/ADMEDIA.

É uma pena que era tão incontrolável por causa da bebedeira. Não dava para concluir nada com ele por perto. Ele iria cair em cima da mesa de mixagem e desajustar toda a configuração. Mas então ia cambaleando para dentro do estúdio, sentava ao piano, e sua voz e o que ele tocava soavam incrivelmente bem. Eu dizia: 'Não acredito nesse cara. Por que ele simplesmente não fica lá para tocar e cantar pelo resto da sua vida?'"

Algumas outras *jams* realmente foram gravadas, mas havia pouco espaço para trechos da gravação e materiais extras na história para ficar empolgado. A banda já estava tão bem ajustada na época, as exigências da carreira tão meticulosamente coreografadas, que eles sabiam exatamente o que iam tocar antes de entrarem no estúdio. Ainda assim, dois artistas realmente participaram das gravações com a banda, cujas contribuições seriam preservadas no álbum final e cujas presenças iriam, de fato, mudar a dinâmica de Alice Cooper para sempre.

Steve Hunter nasceu em Decatur, Illinois, em 1948. Um prodígio musical desde criança, que começou a tocar guitarra já com 12 anos e falava mal de todos os sons de guitarra das bandas americanas que ouvia, antes de se deparar com a invasão britânica.

Hunter formou sua banda no colégio, os Weejuns, que receberam esse nome em homenagem aos sapatos preferidos. Depois dessa banda ele entrou na Light Brigade, junto com o futuro tecladista da Rufus, Ron Stockert, rondando as áreas de clubes e bares no mesmo tipo de circuito onde os Earwigs e os Spiders estavam sofrendo no sudeste e sujeitos às mesmas condições: os acordos de cinco shows por noite que nem conseguiam pagar pela cerveja que mantinha os músicos hidratados, as longas viagens para o meio do nada para fazer um show que ninguém avisou que havia sido cancelado, e por aí vai.

Porém, ele já chamava atenção, um guitarrista louco cujo domínio do *flash* levou muitos a compararem-no com o jovem Jeff Beck. Em 1971 Hunter mudou-se para Detroit para fazer parte da banda de Mitch Ryder, na época uma das bandas mais pesadas da cidade. Ryder com certeza era um artista feroz, com sucessos suficientes em seu passado para garantir um itinerário de shows saudável, e Hunter se encaixa bem no esquema, tanto no palco como no estúdio, onde conheceu o homem com quem sua carreira estaria para sempre ligada, o produtor Bob Ezrin, enquanto ampliava seus horizontes para além dos compromissos com Alice Cooper.

A banda Ryder separou-se no verão de 1972, mas Ezrin e Hunter mantiveram contato. Fazia tempo que o produtor falava em reunir o talento de alguns músicos preferidos como um tipo de banda da casa, para acompanhá-lo em produções futuras e shows e, pelos próximos três anos, esse grupo gravaria e participaria da turnê junto com Lou Reed (*Berlin* e o álbum histórico *Rock 'n' Roll Animal*) e Peter Gabriel (seu primeiro esforço, autointitulado e pós-Genesis).

No entanto, foi em uma sessão da banda Alice Cooper que Ezrin viu seu sonho se tornar realidade pela primeira vez. "Steve Hunter tocou bastante em *Billion Dollar Babies*. Ele é meu guitarrista preferido e, se você o ouvisse, não havia mais ninguém que pudesse tocar 'Generation Landslide' tão bem ou aquele solo em 'Sick Things' além de Hunter."

E nem Hunter foi o único guitarrista incluído na formação. Da última vez, cansado de ver Buxton lutar com as mudanças de acordes que criaram a "My Stars" de *School's Out*, Ezrin trouxe para o estúdio outro jovem guitarrista que ele havia considerado para seu time, o ex-guitarrista do Frost, Dick Wagner.

Wagner também ainda estava meio tonto com a perda de sua banda na época. Nascido em Detroit, Wagner liderou o Frost por três álbuns estelares, *Frost Music* e *Rock 'n' Roll Music* em 1969, e em 1970, *Through The Eyes of Love*, antes de acabarem. Wagner seguiu em frente, mudando-se para Nova York e formando a Ursa Major, que participou de alguns dias da turnê do *Killer* com Alice Cooper e cujo álbum de estreia, em 1972, foi produzido por Ezrin. Mas a banda acabou também naquele verão e Wagner seguiu o sonho do produtor. Agora ele estava tocando e compondo junto com Ezrin e, segundo o produtor, eles foram os responsáveis pelo que seria a música mais dramática de *Billion Dollar Babies*, a música final, "I Love the Dead". "Alice jogou alguns versos nela", Ezrin contou ao *New Musical Express*. "[Então] resgataram Dick."

Na época, ainda era muito cedo para que fosse possível ver qualquer presságio genuíno do futuro, que dirá da ruína final da banda Cooper, na simples justaposição do produtor, seus dois amigos e banda no mesmo estúdio. Mas as sementes da eventual destruição da banda Alice Cooper, semeadas no verão anterior pelos primeiros rumores sobre o assunto, agora estavam florescendo.

Elas eram nutridas pelo álcool. O próprio Alice estava bebendo bastante agora, raramente era visto sem uma Budweiser na mão, e seus colegas de banda se deixavam levar por outros desejos também. Glen Buxton confessou que deixou grandes períodos de seu ano mais bem-sucedido serem definidos por um ou outro excesso e todos os observadores ao redor do convívio pessoal da banda podem apontar para seus conjuntos preferidos de anedotas que revelam a imagem e os sons de uma banda que estava... não fora de controle, porque em pouquíssimas noites um show de Alice Cooper acontecia sem deixar a plateia totalmente satisfeita.

Mas, fora do palco e nos bastidores, o puro peso do dinheiro, da fama e da oportunidade que caiu sobre eles não deixava de chamar a atenção, destruir inibições e, ainda que de forma efêmera, encher todos com a crença de que tudo é possível e tudo estava ao alcance deles. Quando Neal Smith ficou noivo de uma modelo loira e escultural chamada Babette, um navio foi contratado para a festa e os convidados foram levados para um passeio em alto-mar nos arredores de Manhattan, sendo que o mar era considerado o melhor lugar para permitir comportamentos fabulosamente hedonistas sem policiamento algum. Quando o navio chegou ao porto na alvorada, cada um dos foliões de olhos exaustos recebeu uma camiseta branca costurada à mão para marcar o evento.

Por trás de tanta diversão e brincadeiras, as tensões estavam começando a consumir a banda. Todos os cinco integrantes contribuíam com músicas para o grupo, mas cada vez mais eram as contribuições de Alice que passavam primeiro por Shep Gordon e Bob Ezrin, o voto decisivo (estabelecido por ele mesmo) quando era necessário escolher o material. Em alguns aspectos era compreensível, pois, junto com o relativamente sóbrio Michael Bruce, Alice era o escritor mais prolífico da banda. Mas seria ele a voz, assim como a face da banda? Essa era a pergunta que incomodava seus colegas, além do crescente abismo entre a renda pessoal da banda: enquanto os compositores chegavam a seis dígitos por ano, o restante dos músicos continuava com o mínimo de cinco dígitos.

A própria gravação das músicas mudou. Antes a banda inteira ficava no estúdio junta, vendo e ouvindo à medida que cada parte ia se juntando. Os quatro músicos ainda faziam isso. Mas Alice já não estava com eles, preferindo gravar seus vocais sozinho, que apenas com Bob Ezrin, como se ele de alguma forma fosse superior aos seus colegas da banda. Ou então como Glen Buxton refletiu depois: "Ele pensou que teria menos distrações se não estivéssemos por perto e talvez ele estivesse certo".

Quando eles finalmente se reuniam no mesmo lugar, os projetos da banda eram tão grandiosos como costumavam ser, apenas agora eles tinham o dinheiro para realmente executá-los. Bem, pelo menos alguns deles. Planos de embalar o *Billion Dollar Babies*, incluindo notas de um dólar em cada um deles como um agradecimento aos fãs, foram desconsiderados quando os contadores da Warner Brothers disseram exatamente quanto dinheiro tal gesto iria gastar, antes mesmo de o dólar ser considerado no preço final. Em vez disso, ainda com muito gasto, mas um tanto mais racional, foram incluídas notas falsas de 1 bilhão de dólares nos álbuns, colocadas dentro da capa feita para parecer uma carteira de pele de cobra.

Billion Dollar Babies resultou em uma das embalagens para discos mais elaboradas de um ano já muito extravagante. *Aladdin Sane* de David Bowie e *Brain Salad Surgery* de Emerson, Lake & Palmer surgiram em um ano que viu a arte gráfica dos LPs atingir novos níveis de extravagância, mas ainda assim *Billion Dollar Babies* destacou-se com seus cartões de chiclete destacáveis, um clipe para dinheiro funcional e uma página interna com uma fotografia nítida de bebês rolando em notas de dólar. O brilho externo não poderia evitar a comunicação com a música dentro da capa do disco.

Mas Neal Smith confessa: "Eu ainda estou surpreso que em 1973 ficamos em primeiro lugar com *Billion Dollar Babies*. Para mim, esse foi o auge das nossas carreiras em termos de coisas que aconteciam do nada e não estávamos nem esperando".

Eles sabiam, é claro, que o álbum seria um sucesso. Eles esperavam que fosse maior que *School's Out*. Mas, em uma época em que não mais do que uma dúzia de álbuns, às vezes bem menos do que isso, eram propensos a entrar para o topo do ranking americano em um ano e com discos como os de Elton John (*Don't Shoot Me, I'm Only the Piano Player*), Led Zeppelin (*House of the Holy*) e o já eternizado *Dark Side of the Moon*, do Pink Floyd, todos presentes ou nas redondezas, quais eram as chances reais de Alice Cooper conseguir vencer as probabilidades estatísticas?

Mas em sua primeira semana pós-lançamento, no meio de março de 1973, *Billion Dollar Babies* tornou-se o álbum mais vendido da Warner Brothers, entrando na parada da *Billboard* como número 98, e na semana seguinte já estava na 18ª posição. Sete dias depois estava na décima colocação, atrás de três antigos primeiros colocados do ranking (Elton, Carly Simon e War) e o triunfo sortudo da trilha sonora de *Deliverance*. E então era uma corrida de dois cavalos, Alice brigando com Diana Ross e a trilha sonora imortal de *Lady Sings the Blues*. Mas até mesmo a supremacia inicial de Ross apenas atrasou o inevitável. No dia 21 de abril, *Billion Dollar Babies* chegou ao número um da parada americana. Um ano depois, com Shep Gordon provando ser um investidor tão sagaz quanto era um empresário, Alice estava na capa da revista *Forbes*, sendo o principal em um artigo sobre "The New Millionaires".

"Lá estava eu com a cartola, a bengala (...) aquilo foi demais", contou à *Kerrang!* em 1989. "Eu mandei emoldurar e pendurei na parede, significava muito, porque a gente realmente atingiu o coração da América. Antes disso eu apareci na *Rolling Stone* algumas vezes, na capa das maiores revistas de rock inúmeras vezes. Mas depois da *Forbes* eu entrava em um avião e eles diziam: 'Com licença, sr. Cooper, você deve ser da primeira classe' (...) e eu nunca, nunca sentei lá! Estava sempre lá no fundo, bebendo bastante. Então eles me sentavam com esses caras engravatados que me perguntavam se eu poderia autografar a *Forbes* deles (...) porque era a bíblia deles. Isso foi quando Alice realmente tinha vencido."

E o resto dos Cooper teve de se contentar com a classe econômica.

Capítulo 10
Não Consigo Achar uma Rima

A banda caiu na estrada tão habilmente coreografada quanto antes, mas prestando mais atenção nas habilidades do que na coreografia. "Nós mudamos um pouquinho toda noite", Alice disse à revista *Rock Scene*. "Na verdade, depende do que as pessoas jogam no palco. Por exemplo, se alguém joga um boné de baseball no palco, isso vai mudar todo o jeito que eu me movo." Recentemente, eles têm visto uma onda de brinquedos eróticos, vibradores e pênis de borracha aparecendo no meio da chuva noturna, "então eu ainda estou inventando coisas para fazer no palco. Eu fico empolgado com a música, realmente gosto. Quando chegarmos a Nova York, no final da nossa turnê, o show terá se desenvolvido mais ainda. Vai estar no ponto".

No entanto, nem tudo que caía no palco era bem-vindo. A violência estava ficando algo rotineiro nos shows, tanto no público quanto em sua reação, como se o desafio que Alice uma vez propôs, de tentar ser a maior, mais malvada e mais cruel máquina na cidade, fizera com que o público tentasse ser ainda maior e mais malvado. E mais cruel. Por volta do meio da turnê, Neal Smith disse uma vez que os músicos estavam pensando seriamente em usar capacetes de futebol americano durante os shows.

Os fogos de artifício tornaram-se riscos no ambiente de trabalho, incluindo muitos que chegaram perto de causar danos severos. Muitos M-80 explodiram no palco no Canadá. Outra noite, um fogo de artifício menor, mas com potencial igualmente fatal, caiu nos cabelos de Bruce, mas por sorte foi um com defeito. Em Seattle, Alice foi atingido por uma garrafa. Em Chicago, Neal Smith foi atingido por um dardo.

A logística da turnê também era um pesadelo. Com Shep Gordon declarando ser uma das turnês de maior bilheteria da história do rock, a venda de ingressos ultrapassou 800 mil e arrecadou a quantia de 4,5 milhões de dólares em 56 noites, mais ou menos 1 milhão a menos do que o Three Dog Night diz ter arrecadado em 1971, mas eles não precisavam levar em consideração os gastos com toda a extravagância. Joe Gannon, um cenógrafo e iluminador que trabalhou com Tiny Tim em Las Vegas e Neil Diamond em Nova York, produziu um cenário estilo *Hollywood Squares* que pesava oito toneladas, subia oito metros e custava 150 mil dólares.

A turnê viajou por 45 mil quilômetros apenas nos Estados Unidos, e a banda deu por volta de 70 entrevistas coletivas diante de uns 2 mil jornalistas. A banda viajava a bordo do Starship, um jato fretado com quatro motores e espaço para 48 pessoas, e o equipamento era carregado em dois caminhões capazes de suportar 40 toneladas em cada um.

Uma cadeira de dentista, uma mesa cirúrgica, 14 máquinas de bolhas de sabão (e 28 galões de água com sabão), 400 latas de sangue falso, 2.800 lâmpadas extras, 6 mil pedaços de vidro, 23 mil fogos de artifício, elevadores para a banda, manequins e estátuas, uma sucessão de acessórios e fantasias... "É definitivamente Alice Cooper estilizado como nunca antes", conta um Alice satisfeito para a *Circus* em maio. "É o teatro de Alice Cooper na sua maior intensidade."

Houve outras mudanças. Uma nova cobra, Eva Marie, foi introduzida na sibilante "Sick Things", já que Yvonne morrera em fevereiro e Alice, sentindo-se culpado, admitiu que demorou três dias para perceber, até que o cheiro o alertou. A irmã de Neal Smith, Cindy, foi recrutada como um molar dançarino (e estranhamente orgásmico), para acompanhar o Amazing Randi, estrela de *Laranja Mecânica*, em seu papel como um dentista demoníaco, durante a cirurgia aterrorizante que acompanhava a música "Unfinished Suite"; e assim as inovações aconteciam e a loucura não parava quando o show terminava.

Fixou-se um então chamado "orçamento de festas" em 31 mil dólares, e ele foi inaugurado com um almoço regado a champagne no West Village em Nova York para 48 convidados, que então foram levados de avião até a Filadélfia para um coquetel, um concerto no Spectrum de 19.500 lugares, outro coquetel (desta vez em um barco), um hotel de luxo e café da manhã regado a mais champagne. Um terço do orçamento foi detonado naquela noite.

A mudança mais sensacional, no entanto, foi em relação à morte de Alice. Ele estava matando bebês de novo, passando sua espada pelo corpo dos infelizes e então empalando bebê e espada juntos entre as pernas da mãe do fedelho. Mas quando ele ia pagar por seus crimes (entre os quais a necrofilia agora poderia ser acrescentada), a forca havia sido aposentada e substituída por uma guilhotina, novamente manejada pelo Amazing Randi.

Alice disse a Rob Mackie da revista *Sounds*: "As pessoas falaram depois do enforcamento: 'O que você pode fazer agora?' e então fizemos a guilhotina, que é uma coisa extremamente perigosa. Aquela guilhotina pesa uns 18 quilos e, se o sistema de segurança não funcionasse, tudo estaria acabado. Seria um ótimo show, mas só poderia ser feito uma vez. Eu preciso desse incentivo, saber que estou realmente fazendo algo para o público que desafia a morte".

Registradas em vídeo durante o desenvolvimento do filme existem poucas imagens mais icônicas ou indicativas da época, do que Alice sorrindo e suando com um olhar sugestivo pelo buraco da guilhotina, enquanto grunhe seu amor pelos mortos, antes de ele mesmo se juntar a eles.

Originalmente, a lâmina estava programada para parar um pouco acima do pescoço de Alice, dando tempo o suficiente para que ele saísse da guilhotina enquanto o olhar da audiência estava colado em Cindy Smith, tirando uma cabeça de boneco da cesta. Na medida em que o show era refinado, também era a margem de segurança. Logo, a lâmina parava não mais do que alguns centímetros de distância "e eu aprendi a arte do *timing*!", ele contou à *Famous Monsters*. "Se eu não saísse do caminho, aquela lâmina de 18 quilos teria facilmente quebrado meu pescoço ou cortado minha cabeça de verdade."

O problema, ele confidenciou à *Rock Scene*, era: "Uma vez que você está na guilhotina, não pode sair. Uma vez não aconteceu nada, eu quase morri... de humilhação!! Uma hora eu disse: 'HEY, me TIREM DAQUI!'. Sabe, aquela lâmina é super afiada e pesa uns 18 quilos! Se não desse certo poderia cortar minha cabeça de verdade. É muito mais perigoso do que o enforcamento, porque tudo o que poderia acontecer era, se a corda rompesse, eu ficar com uma marca da corda no pescoço". Havia uma trava na estrutura feita para impedir que a lâmina descesse até o final da estrutura.

"Mas se essa trava não funcionar... Phewwwwwwww!" Ele estremeceu. "Todo bom mágico sabe que com a guilhotina (...) existe sempre uma única vez..."

E, de acordo com o *Melody Maker*, cujo correspondente de Nova York, Michael Watts, estava entre as testemunhas da abertura na Filadélfia, a tal única vez aconteceu na segunda noite da turnê.

Tendo abandonado havia muito tempo seu desdém inicial e arrogante pelo circo todo, o *Melody Maker* inaugurou sua cobertura da turnê ao publicar um obituário falso de Alice, uma mentira hilária que declarava: "O mundo do rock está de luto pela morte de Alice Cooper, acidentalmente morto na noite anterior, quando falharam as travas de segurança da guilhotina usada nos shows.

O cantor, vestido de preto, havia acabado de esfaquear uma boneca e estava sendo levado para a guilhotina pelo burlesco carrasco, Amazing Randi (...) entoando o refrão 'I love the dead before they're cold' enquanto era posicionado na guilhotina. A audiência prendeu a respiração. Então (...) a pesada lâmina caiu inesperadamente mais rápido e a cabeça de Cooper voou um metro pra cima e caiu na cesta".

Esse era o dia 17 de março. Até o dia seguinte, aconteceu todo tipo de confusão com uma ligação de alguém de uma das outras revistas, a *Record Mirror*, pedindo confirmação de uma história que havia escutado na rádio, que Alice havia sido morto em um acidente na estrada, a caminho de um show.

Uma ligação para o escritório da Warner Brothers no Reino Unido teria esclarecido tudo, mas eles também pareciam não saber de nada e tentavam trabalhar com o que recebiam de telefonemas preocupados. A BBC, cujo monopólio das rádios britânicas na época sugere que teriam transmitido a notícia original, nega ter falado qualquer coisa do gênero, e recebia sua própria leva de telefonemas. E no *Melody Maker* as coisas estavam ainda mais caóticas à medida que a equipe foi recebendo "um ataque violento de telefonemas, mais do que o Osmondrama ou a Cassidymania geraram (...) 'Ele está morto? Está realmente morto?'. Era a pergunta tensa que todos os repórteres do *MM* tinham de responder ao atenderem o telefone. Quando era dito aos fãs sofrendo pela perda que [Alice] na verdade não estava morto e que [o obituário] era uma 'pegadinha' bem elaborada, a equipe do *MM* teve de ouvir uma boa quantidade de comentários obscenos...

Depois de dois dias diretos disso, ficou bem óbvio que uma grande parte dos leitores do *MM* engoliram a notícia pelo buraco errado."

A caixa de correio gemeu junto com o sistema telefônico.

"Você poderia, por favor, me dizer se Alice está realmente morto? Vocês afirmaram que ele estava morto. Se não for verdade, por favor, defina o sentido do artigo!", de um leitor de Cheltenham.

"Sinto muito, mas eu não compartilho do seu senso de humor. Gosta de dizer que Alice foi morto. Você percebe quantos corações partiu? Eu não poderia estar com o coração mais partido mesmo se fosse alguém da minha família!", de Julie Varley, de Wallasey, Cheshire.

E do próprio Alice: "Nossa, quem dera fosse tudo verdade! Perdi 4 mil dólares jogando *blackjack* com o Glen ontem à noite. Eu poderia ter morrido! Estou vivo? Bem, eu estou vivo e bêbado, como sempre".

Na semana seguinte, o boato tinha sido deixado de lado e outro questionamento começou sobre se Derek Taylor e seu time da Warner do Reino Unido foram cúmplices em sua perpetuação. Quando uma semana virou muitas outras semanas, porém, Alice admitiu que, se a guilhotina não o matasse, a exaustão bruta conseguiria.

"Eu comecei essa turnê com 25 anos", ele disse. "Agora estou com 43 e ainda estamos em turnê", disse à revista *Circus*. "O avião parece uma festa aérea de três meses. O fundo inteiro dele está forrado de fotos com nudez. Há pelo menos uns seis jogos de baralho acontecendo ao mesmo tempo. Todos estão gritando e ficando bêbados às 6 horas. Em Jacksonville, Flórida, tivemos dois dias de folga e realizamos um jogo de pôquer no meu quarto por 48 horas. Quando acabou, havia cadeiras destruídas, garrafas de cerveja e lençóis rasgados pelo chão todo. Seria necessário uma pá mecânica apenas para limpar o chão do quarto."

Falavam de levar o show para Las Vegas e Alice ainda sonhava com a Broadway. E ele continuava a sentir-se atraído por novas áreas de influência. Dois anos antes, por volta da época de *Killer*, o artista Salvador Dalí foi citado dizendo que gostaria de produzir uma capa para algum álbum de Alice Cooper. No lugar de uma capa, ele criou um holograma de Alice Cooper intitulado *Le Brain*, um cilindro de vidro transparente no qual flutuava uma imagem 3D da cabeça de Alice usando uma tiara.

Mas um novo inimigo também havia surgido, a face da decência pública. Alice sempre bateu de frente com as críticas dos shows e, quanto maior ele ficava, mais alta a crítica se tornava. Em novembro de 1972, a banda Alice Cooper foi contratada para a edição inaugural do programa semanal da ABC TV, *In Concert*, dividindo o espaço com Seals & Crofts (!) e atraindo reclamações antes mesmo de o programa entrar no ar.

Gravada na Universidade Hofstra no dia 21 de setembro de 1972, foi uma transmissão estupenda, iniciada por Alice vestindo uma calça cheia de *glitter*, fazendo biquinho e alisando-se durante "I'm Eighteen", arrancando sua camiseta enquanto oscilava no salto e as guitarras uivavam desvairadamente ao seu redor.

Seus colegas de banda perversos entram na encenação, perseguindo-o durante uma "Gutter Cat" corajosa e então travando uma batalha durante a brutal "Street Fight", a ação em cima do palco propositalmente provocando as objeções à medida que os corpos iam caindo, sirenes eram acionadas e de repente Alice aparecia, entrando no palco sem arrependimento e furioso, com olhos arregalados e passos inseguros, confessando os crimes do "Killer" para a câmera e nem sequer piscando quando foi levado para a forca.

Somente quando a névoa do gelo seco começa a subir e a marcha para a morte acontece, ele percebe seu destino, declarando sua inocência e lutando contra o inevitável. Mas as batidas de seu coração vão parar antes mesmo da batida do tambor e, diante de um padre vestido com um manto roxo que aguarda sua confissão, o assassino é morto. Então ele ressurge para a gritaria de "School's Out", delirante e desafiador, firme e triunfante e em êxtase com a orgia de ressurreição, bolhas de sabão e um palco em ruínas. Até a plateia da televisão, normalmente serena, estava já na ponta das cadeiras, e nos lares ao redor da América as crianças viam seus pais paralisados pelo choque, cientes de que seus maiores pesadelos se tornaram realidade.

Em todos os cantos da América, quer dizer, menos em Cincinnati, onde a estação local afiliada à ABC, WPRC-TV, recusou-se a transmitir o segmento inteiro de 30 minutos da banda no *In Concert*, transmitindo um velho episódio de *Rawhide* no lugar.

"Estávamos tão orgulhosos disso!", Alice celebrou anos depois. "É importante conseguir espaço na televisão, mais importante ainda é ser banido da televisão!"

Agora, a *Circus* anuncia, as aberrações estavam realmente brotando por todos os lados. E todos pareciam representar alguma autoridade.

"Em Shreveport, Louisiana, Alice descia alegremente pelas escadas do seu avião quando encontrou um xerife de cara amarrada que rapidamente começou a rosnar: 'Ouvi falar de ocê matando aquelas galinha, e ouvi falar de ocê botando elas entre suas perna, como se fosse sua cê sabe o quê. Se fizé qualquer coisa que eu pense que é vulgar, vou te jogá na cadeia tão rápido que suas orelha vão cair'. Naquela noite Alice ficou no palco como se estivesse congelado. Somente sua boca e suas cordas vocais moviam-se. 'Eu nem poderia tocar em um manequim', ele disse, 'ou ele ia me trancar atrás das grades. Eu estava com medo. Simplesmente com medo'. Em Memphis, a mesma coisa aconteceu de novo."

Cruzando o oceano, porém, uma ameaça ainda maior que o xerife local havia surgido, quando os planos para uma nova turnê de Alice Cooper no Reino Unido deram de frente com as formidáveis torres gêmeas de Leo Abse, um membro do Parlamento por Pontypool, a sempre-vigilante guardiã da TV, Mary Whitehouse, e sua National Viewers and Listeners Asociation [Associação Nacional de Telespectadores]. De acordo com Abse, Alice Cooper era responsável pela "exploração comercial do masoquismo" e, portanto, não era o tipo de artista que o Reino Unido deveria receber.

"Cooper está espalhando a cultura de campos de concentração", Abse disse ao jornal *Daily Mirror* durante o que teria sido uma semana de notícias tranquilas no mês de maio. "Pop é uma coisa, hinos de necrofilia são outra." Seu show "é um incitamento ao infanticídio. Ele está tentando deliberadamente envolver os jovens com o sadomasoquismo".

Mas nem Abse poderia ser acusado simplesmente de ser intolerante. Feroz em seu apoio à revogação das leis anti-homossexuais da Inglaterra em 1967, ele também tornou público o fato de que sua mulher havia contratado um homem como empregado doméstico, John Barker, que também trabalhava (sob o pseudônimo Justin Dee) como *drag queen*. Então era simplesmente uma revolta puritana.

Tampouco, ninguém sugeriu, como geralmente acontece, que Abse estava simplesmente tentando desviar a atenção do público de qualquer outro acontecimento e certamente era pura coincidência Abse começar os ataques a Alice Cooper no mesmo dia, 22 de maio, em que um de seus colegas, Lord Lambton, pedia demissão do cargo após ter sido fotografado na cama com uma prostituta. Em vez disso tudo, Abse estava simplesmente reagindo como qualquer pai atencioso reagiria, depois de suas crianças, presumidamente apavoradas, mostrarem fotos de Alice Cooper, decidindo que nenhum outro pequeno britânico seria forçado a presenciar algo tão depravado e terrível.

Era o dever do ministro do interior, Robert Carr, como declarou Abse, negar o visto de entrada de Alice Cooper no Reino Unido. Carr respondeu diplomaticamente que Alice Cooper deveria solicitar um primeiro. Nenhuma turnê de Alice Cooper havia sido marcada ou sequer discutida.

Alice nunca foi realmente banido do Reino Unido, nunca realmente teve um visto negado por medo que ele pudesse transformar uma nação de adolescentes obedientes em manipuladores de cobra matadores de bebês com um gosto por masoquismo. Apesar de fazer um ano desde que Leo Abse levara seu nome ao Parlamento, Alice descobriu que suspeitas ainda pairavam no ar.

Chegando ao aeroporto de Heathrow em março de 1974, ele disse para Chris Chrlesworth do *MM*: "Eu mostrei meu passaporte na alfândega (...) e, quando vi, estava sendo levado para um canto e mantido por uma hora enquanto as verificações eram feitas. Parece que a confusão com Leo Abse fez com que meu nome entrasse para a lista de indesejáveis. No fim das contas me deixaram entrar, mas aquele MP causou muitos problemas. Estou pensando em dedicar o próximo álbum a ele e suas filhas, que levantaram a questão em primeiro lugar".

Ele continua: "Eu nunca fui preso ou tive alguma condenação por drogas. Não sou um revolucionário que prega o comunismo e mesmo assim sou sempre colocado na lista de indesejáveis". Ele tinha até doado recentemente sua imagem e tempo para uma propaganda informativa advertindo os jovens a ficarem longe dos narcóticos. "Eu disse: 'Se eu pegar você usando drogas, vou aparecer e arrancar a cabeça do seu cachorrinho'." Nem precisa dizer que "[isso] me meteu em mais encrenca ainda".

Mas ele estava certo em protestar. Há alguns anos, Alice disse a jornalistas visitantes que ele estava mais para um *Leave It to Beaver* do que *Macbeth* do Polanski quando o assunto era sua vida pessoal, e não era nenhum segredo que na vida doméstica ele estava comprometido com a mesma namorada, a modelo Cindy Lang, desde que a conheceu na turnê *Killer*. Porém, agora ele via uma necessidade de sair do armário respeitoso, declarando-se convertido em golfe, esse esporte supercalmo no qual, apesar de inicialmente ser não mais do que uma fonte de piadas na mídia, ele estava se tornando um sinônimo do golfe tanto quanto é do rock. É um tema que domina sua própria autobiografia, a luta pela aceitação entre outros jogadores suavizada pelo fato de já ser rico e famoso, mas ainda assim importante.

Foi o golfe que ele mais tarde apontaria como algo que o ajudou a passar por momentos difíceis que estavam por vir, certamente quando ele teve de lutar contra os gêmeos demoníacos do álcool e a crise comercial no final dos anos 1970. Também poderia ser dito que foi o golfe que causou a crise, já que as crianças acostumadas a ver Alice Cooper como a personificação de todos os pesadelos já tidos, com cabeça de hidra, de repente o viam como algo totalmente diferente.

A imagem, como qualquer artista que foi bem-sucedido... realmente bem-sucedido... em criar uma persona completamente separada, vai dizer, é uma merda. Ela requer cuidados muito especiais, alimentação regular e exige levar uma vida singular. E recompensará seu dono com riquezas infindáveis.

Mas a máscara não pode cair em nenhum momento, porque até a menor das fendas na armadura deixa a luz da realidade entrar. E quanto mais notória essa realidade parece, quanto mais distante da imagem ela estiver, mais trabalhoso será para o artista manter os fãs no clima.

O golfe não era a razão para o declínio tão íngreme da banda Alice Cooper. As pessoas não se reuniram para queimar os álbuns de Alice Cooper quando viram o cantor pela primeira vez andando por um campo, com sorrisão no rosto e calça jeans, depois de uma rodada com Bob Hope, Groucho Marx ou qualquer um de seus outros novos amigos do *showbiz*.

E nem poderia culpar seus comentários inconsequentes enquanto Alice informava à *Cosmo* que a melhor coisa sobre a fama era "o pão recebido pelos discos e shows", outra afirmação que foi aparentemente feita sob medida para afundar sua antiga imagem de ser um demônio apenas pela morbidez. Diabos, eles nem se incomodaram quando a revista adolescente do Reino Unido, *Jackie*, registrou Alice relaxando em seu quarto de hotel com sua mãe e um cachorrinho de estimação, mostrando-se para o mundo como um Osmond mais velho em dia de folga. Ou quando sua mãe atravessou seus comentários sobre os tempos de colégio, virando e dizendo: "Você estudou bastante, querido. Não me lembro de você não gostando muito de lá". Ela virou para o redator: "Acho que ele diz essas coisas para fazer vocês rirem. Ele sempre gostou de fazer as pessoas rirem".

E isso ele fez. Ele brincou sobre enfrentar o boxeador George Foreman e se gabou que a banda havia gasto o valor impressionante de 32 mil dólares em cerveja no ano passado. Ele alardeou também o quanto ele bebia. "Antes eu bebia um engradado por dia, agora diminuí para três caixas de seis latas." Em outras palavras, ele era um típico garoto americano tradicional, fazendo as coisas tradicionais americanas.

"Fora dos palcos, eu sou o cara mais legal do mundo", Alice confirmou com a *Hit Parader* naquele verão. "E é tão difícil para as pessoas lidarem com isso. O que eles não percebem é que é uma coisa estilo 'O Médico e o Monstro'. Claro, quando estou atuando me torno totalmente decadente. Um animal depravado. Acho que você pode dizer que eu sou a 'nova versão de Frankenstein'. Mas, a verdade é, uma vez que saio do palco (...) Eu na verdade sou Ozzie Nelson."

Nenhum desses acontecimentos, individualmente, poderia ser responsável por ter arrancado a capa de invencibilidade que uma vez envolveu Alice Cooper, nenhuma dessas coisas fez os jovens irem em busca de novas obscenidades. Mas as pessoas pararam de acreditar no que viam no palco e também pararam de insistir que as coisas que eram ditas nas músicas eram reais.

No topo do mundo no verão de 1973, comandando a turnê mais extravagante e cara que os Estados Unidos já tinham visto, Alice Cooper atingiu um patamar e, embora Alice agora diga: "Eu estou feliz de ter[mos] conseguido chegar até este ponto", escondido nesse comentário também está o conhecimento de que eles chegaram até o ponto em que podiam. A única direção a seguir agora era para baixo e, em um mundo ideal, as maquinações nos bastidores que ainda insistiam para que Alice seguisse sozinho teriam insistido mais ainda, uma vez que a turnê havia acabado.

Em vez disso, permitiram que Alice ficasse fiel aos seus colegas, para que juntos pudessem descobrir que seus dias estavam contados. De fato, eles ainda celebravam as últimas contas dos gastos da turnê, desde o custo de nove caixas de cerveja por dia durante 96 dias até a soma final de 3,5 milhões de dólares. Mas, em julho de 1973, a *Circus* falou sobre a primeira transmissão pública das tensões que estavam destruindo a banda, quando Ashley Pandel,[4] chefe do time de marketing de Alice Cooper, declarou: "Eles vão se retirar da vida pública e apenas fazer um show por ano. No restante do tempo eles farão coisas por conta própria. Alice gostaria de ir mais fundo no cinema. Mike Bruce quer fazer um álbum solo. Dennis Dunaway gosta de arte e passará mais tempo pintando. E ninguém sabe o que Glen Buxton vai fazer. Provavelmente ele vai a algum cassino tentar ganhar uma bolada".

Levando esse comentário ao pé da letra, ele foi ameaçador o suficiente, não tão ruim a ponto de manchetes tipo "Banda Cooper acaba" que começassem a surgir, mas certamente o suficiente para fazer a Warner resmungar um pouco e, talvez, se lembrar de um contrato que exigia um segundo álbum antes do fim de 1973. Então a despedida foi cancelada. Ainda havia trabalho pela frente, disse Alice, no proposto filme de Alice Cooper e ele estava confiante o bastante para ficar anun-

---

4. Pandel logo sairia do time Cooper para formar sua própria empresa independente de relações públicas, localizada em Nova York, The Image Group, mantendo Alice como cliente; então deixou o jogo das relações públicas de vez e, com seu irmão Carl e outro sócio, abriram Ashley's, um bar, restaurante e casa noturna na Quinta Avenida com a Rua 13th, que da noite para o dia tornou-se o lugar de escolha para todos os envolvidos no mercado musical de Nova York.

ciando títulos por aí: *Hard Hearted Alice* (também uma música feita recentemente), *Muscle of Love* (finalmente cotada para o novo LP da banda) e *Pelvic Thrust*, tirada da letra de uma música de uma peça vista por Alice em Londres e pela qual ele se apaixonou, *The Rocky Horror Show*. E, quanto a tirarem 12 meses de folga, ele admitiu duvidar muito se a banda conseguiria sobreviver sequer metade desse tempo fora dos palcos. "Depois de dois meses, se nós não voltarmos para o palco, ficamos tão ansiosos que enlouqueceremos. Provavelmente alugaremos um jato e iremos para um Holiday Inn (...) pelos velhos tempos."

E, é claro, também haveria um novo álbum.

Neal Smith: "Depois do gigantesco sucesso do álbum e da turnê *Billion Dollar Babies*, voltamos à nossa mansão em Connecticut para nos recuperarmos e começarmos a pensar nas músicas para nosso próximo álbum. Depois daquela turnê, eu estava em um estado muito melancólico e comecei a compor novas músicas, uma delas era a versão original de 'Teenage Lament'".

"Nenhum de nós sabia se as músicas iam entrar para o álbum ou não", ele continuou. Por enquanto estavam apenas acumulando material. No entanto, *Muscle of Love*, o último álbum de Alice Cooper como banda, é considerado um dos LPs mais decepcionantes já lançados por uma banda reconhecidamente top. Mesmo hoje, com muito mais décadas de heróis desfalecendo e sucessos repetitivos para esfregar na cara seus próprios trabalhos toscos, *Muscle of Love* é marcado como um álbum cujo material é supremamente ordinário que até Alice Cooper falou de tudo, menos negá-lo. Ou, pelo menos, passou a responsabilidade para seus companheiros ao insistir em sua autobiografia que: "Em muitas das composições, houve momentos em que eu percebi que dizia: 'Tudo bem, se vocês quiserem realmente dessa forma'".

Do humor brutalmente delinquente que deu o título ao álbum à francamente entediante capa de papelão que alguém em algum lugar pensou que ficaria bem nas prateleiras dos discos, mas que na verdade não cabia direito nelas, causando uma grande confusão nas lojas, *Muscle of Love* era tão enfadonhamente utilitário e bem-acabado quanto as fotos de Alice longe dos palcos que surgem por todos os lados. O garoto americano completo e apreciador de cervejas era antes um monstro, mas agora ele está tranquilo.

Havia todo o tipo de motivo para o álbum ter falhado, todo o tipo de desculpa. A mais conhecida, no entanto, estava nos bastidores. Glen Buxton não estava de forma alguma envolvido na produção do álbum e nem Bob Ezrin, viajando com Lou Reed e levando com eles Steve Hunter e (na maior parte do tempo) Dick Wagner.

Jack Richardson assumiu com uma pegada mais velha e talvez sem ter feito o curso pesado para aprender como fazer um disco de Alice Cooper. Mas ele não poderia ser acusado de falta de experiência. Agora com 40 anos (ele nasceu em 1929), Richardson talvez tenha recusado a oportunidade de produzir diretamente *Love It to Death* e *Killer,* preferindo um crédito de "produtor executivo", sem muita mão na massa. Mas o sucesso do Guess Who baseou-se em suas habilidades, assim como o dos heróis do rock country Poco. Ele havia produzido bons álbuns de meio de carreira para os Gypsy e Hope e ele e Ezrin estavam criando um novo produtor, Jack Douglas. Engenheiro por profissão, Douglas já tinha trabalhado com os Cooper no *School's Out* e *Billion Dollar Babies.* Uma pequena promoção era a coisa mais natural do mundo.

Infelizmente, ele simplesmente não teria os materiais para trabalhar.

"Era um pouco diferente trabalhar com esses caras", Smith explicou. "Bob nos ajudava com os arranjos, como quando ele cortou 'I'm Eighteen' para três minutos; ele trabalhava na música e fazia os arranjos, acho que bons produtores fazem isso, eles descobrem os grandes sucessos." Richardson e Douglas, por outro lado, simplesmente gravaram o que a banda lhes entregou. E não era o suficiente.

Em diferentes momentos ao longo dos anos, Alice tentou tirar o melhor da situação. Relaxado e casual, *Muscle of Love* não precisou de todos os encantos que tinham servido de marca registrada para os sucessos dos álbuns de Alice Cooper, e, em vez disso, mergulhou no que ele descrevia como "amor do jeito americano". Em relação às letras, de fato, havia bastante coisa para a audiência adolescente ficar excitada enquanto Alice os levava pela mão por um mundo de sexualidade explícita. O erro foi ter pensado que as crianças queriam que Alice lhes ensinasse os fatos da vida, não importando se fosse provocante. Mãe e pai fazem, os irmãos e irmãs mais velhos e outras crianças atrás das arquibancadas da escola. Alice Cooper, por outro lado, estava lá para ensinar o que o resto do mundo não podia mostrar, como é a sensação de se matar, o gosto de sangue e o cheiro do medo.

Já era ruim o suficiente que ele jogasse golfe nas horas vagas. Agora ele acertava suas bolas nos discos também.

"*Muscle of Love* era um tipo de álbum mais tranquilo", disse Alice em uma tentativa de defender o álbum. "Não queríamos fazer nada de terror. Apenas pensamos em sentar e fazer o que queríamos, um álbum divertido sem nenhum tipo de conceito. Geralmente nos pressionamos para dentro de uma imagem (...) o diabólico e notório Alice Cooper. Dessa vez pensamos em relaxar e nos divertir."

Mas que tipo de diversão realmente era? A música disco estava apenas começando a trabalhar seus músculos no mercado do rock e as primeiras estrelas do rock começavam a prestar atenção. Em Londres, David Bowie estava no estúdio com os Astronettes, finalizando um álbum (apesar de que não seria lançado por mais duas décadas), já prevendo seu próprio mergulho de cabeça no *soul* no fim de 1974. Marc Bolan estava trabalhando com a namorada Gloria Jones e a vocalista de apoio Sister Pat Hall, para transformar o velho som de T Rexstacy em algo black com um toque de gospel. Muitos artistas que deviam ter pensado melhor estavam fazendo o mesmo movimento em direção ao que parecia comercialmente conveniente, mas Alice Cooper deveria ter ficado imune. Como Neal Smith diz hoje em dia: "Não consigo fazer algo disco, porque não havia nada dançante sobre nossa música".

Ele explica: "O Rolling Stones fez 'Miss You' e acho que, por terem uma base de R&B, Charlie e Bill criaram uma ótima batida, que foi 100% Stones até o fim". Alice Cooper, por outro lado, criou "Big Apple Dreamin", um tributo a um clube noturno favorito em Nova York. E até Smith admite: "Era definitivamente bem dançante. Foi o mais próximo que chegamos do disco", e por muitos anos foi por pouco.

Talvez nenhuma outra música ilustre melhor a profundidade na qual a criatividade da banda afundou do que "The Man With the Golden Gun", escrita depois dos produtores da sequência de filmes do James Bond convidarem Alice Cooper para criar uma possível música tema para o filme. Da última vez, Paul McCartney e Wings acertaram em cheio com a música tema do filme *Com 007 Viva e Deixe Morrer*, liderando o caminho para o que era amplamente apontado com uma nova era de temas de rock para o melhor e mais amado espião do mundo.

"Você não consegue simplesmente enxergar as palavras 'Albert R. Broccoli e Harry Salzman Presents...' subindo pela tela?", um Alice vestido com roupas de marinheiro rosa desafia a *Rolling Stone* enquanto a música está sendo gravada. "*Com 007 Viva e Deixe Morrer* foi o filme de maior bilheteria de [1973]. James Bond vive!"

Alice Cooper fez um bom trabalho, entregando uma performance tão inspirada quanto muitos outros temas passados dos filmes e algumas outras músicas boas também. Mas o senso de urgência e imediatismo que uma vez mantiveram Alice Cooper à frente dos outros havia acabado. Em vez de finalizar uma música em tempo hábil para a gravação e deixá-la na mesa do produtor logo pela manhã, eles não tiveram pressa, deliberaram e demoraram. E, enquanto faziam isso, a equipe de James Bond ficou cansada de esperar e aceitaram a oferta, nem um pouco assustadora, da encantadora Lulu de apenas um sucesso.

Porém, o *timing* não foi a única razão para a música falhar. Neal Smith confessa: "'The Man With the Golden Gun' é a única música, de todos os oito álbuns que fizemos, cuja melodia simplesmente não me deixou feliz. Era para rivalizar com o filme de Bond e todos os elementos estavam lá, mas não no ponto como deveriam estar. Eu estava feliz com a parte da bateria que toquei ao longo de todos os discos, além daquela música".

Era uma vez uma época em que todo membro do Alice Cooper lutava contra a mediocridade, não importa o quanto seus companheiros parecessem gritar a favor dela. É por isso que o tempo gasto ouvindo as demos que se tornaram *Love It to Death*, *Killer* e, particularmente, *School's Out* é tão esclarecedor. Você pode ouvir a tensão entre os músicos estalando, o cérebro deles zumbindo e suas mentes revirando o material, buscando todas as formas possíveis de levar uma música para o próximo nível.

A música que compunha *Muscle of Love* não aproveitou dessa progressão. Não havia como confundir as demos com as gravações no estúdio, mas há falta de finalização, em vez dos esboços crus característicos, com até mesmo as letras parecendo próximas de sua forma final. Na verdade, "Muscle of Love" foi originalmente intitulada, com um tanto mais de sutileza, "No Respect For the Sleepers", enquanto as crescentes tensões entre os membros da banda viram Neal Smith sair da escuridão e apresentar "Baby Please Don't Stop" e fazer um bom trabalho também. Mas não ajudou, pois a música foi excluída na fase demo (ele mais tarde a regravaria para seu álbum solo *Platinum Gods*) e uma das melhores músicas do período foi perdida para Alice Cooper.

Muscle of Love "é muito solto", Alice disse ao *New Musical Express*. "Era isso que eu queria, um efeito ao vivo no estúdio. Eu gosto de erros. *Billion Dollar Babies* foi muito certinho, era tão teatral que faltava coragem. Então eu fui pensar no meu álbum favorito dos Rolling Stones, *December's Children*, porque tinha erros por ele todo. *Muscle of Love* não tem erros óbvios, mas tem aquela coisa crua. De fato, até uma mancha de sujeira na capa ele tem."

Grande coisa.

"A música 'Muscle of Love' era a nova direção da banda", Smith explica. "Foi uma música muito difícil. Eu gostava de 'Hard Hearted

Alice'. Mas odiava 'Crazy Little Child'. Até mesmo quando estávamos produzindo, eu falava 'por que raios estamos fazendo isso? Não faz sentido'." Ele também desprezou a única música que realmente parecia oferecer uma luz no fim do túnel para o resto do rock suave do álbum, o lamento adolescente de "Teenage Lament 74". E é irônico que ele se sinta assim, porque foi ele quem escreveu.

"Teenage Lament 74" foi escrita, ele diz, como sucessora de "I'm Eighteen", apesar de logo ficar com uma identidade totalmente diferente. "Era muito doce. 'Teenage Lament' era minha música, eu escrevi e não gostei. Não acredito que tenha sido escolhida para um *single*. Ela mudou um pouco desde quando eu a escrevi, saiu ok, mas eu gosto da coisa obscura e macabra (...) era apenas uma coisa estranha, uma das minhas músicas que sobraram enquanto estávamos desenvolvendo o material, mas não era uma das minhas favoritas. Pessoalmente, fiquei surpreso que 'Teenage Lament' foi escolhida para ser o primeiro *single* do álbum. 'Muscle of Love' era minha primeira escolha para *single*."

Ele continua: "A banda ensaiou a música e Alice reescreveu algumas coisas, o que era seu trabalho. A música foi ficando cada vez melhor". Um retrato razoavelmente promissor da juventude descontente, de repente, foi transformado em uma festa de rock genuinamente contente. E, ainda, as falas de abertura de Alice sobre suas calças jeans de lamê dourado soam muito melhor do que a reclamação original sobre "não tem dinheiro no meu bolso da calça". Depois de três anos consecutivos de grandes sucessos, quem acreditaria nisso?

Então, até agora tudo certo. "Mas", Smith continua, "enquanto os vocais eram gravados, decidiram incluir uns vocais femininos na música. Mas não qualquer cantora, mas estrelas de primeira linha que incluíam as Pointer Sisters, Ronnie Spector e Liza Minnelli.

Olhe, eu amava nossa teatralidade, amava nossos show ultrajantes, amava minha bateria monstro e minhas roupas loucas, mas eu sou um purista e não gostava de outras pessoas cantando em nossos álbuns." Para ele, esse era o fim da música.

Mas esse lançamento seria muito apropriado. Não importa que o filme promocional de lançamento poderia facilmente ter sido relacionado a qualquer outra música do álbum, no momento em que os Cooper recuava em direção à era de ouro de Keystone Kops e bagunçavam por aí vestidos de *drags* fugitivas da cadeia, a música era um pedaço glorioso da angústia adolescente que chegava às lojas de discos do Reino Unido na mesma época em que David Bowie ("Rebel Rebel"), Marc Bolan ("Teenage Dream") e Sweet ("Teenaged Rampage") lançavam o que igualmente poderia ser a despedida iconoclasta pessoal ao movimento do *glam rock*. No verão de 1972, os mesmos artistas tocaram o chamado para a revolução adolescente. Na primavera de 1974, eles largaram os cartazes e foram para casa.

Alice concordava. Ele disse *ao New Musical Express*: "É sobre um garoto crescendo agora que não quer cabelo vermelho, *glitter* na cara ou roupas brilhantes, mas tem de se conformar porque é uma coisa social. Se eu fosse adolescente agora, eu me revoltaria e partiria para a direção oposta. Foi assim que a coisa toda do Alice começou, só que foi aceito. Esse pobre jovem está só enroscado no meio. Ele não quer parecer David Bowie ou Alice. A música mostra a volta do indivíduo". Ela era, ele insistia, sua música preferida do álbum e ele ficou inconformado quando a música "Teenage Lament 74" chegou ao 12º lugar no Reino Unido.

Mas não havia duvidas de que era uma despedida.

Sempre leal, a *Circus* descreveu *Muscle of Love* como o "último e mais chocante LP já feito" por Alice Cooper e Alice seguia essa onda explicando o conceito subjacente. "Fizemos *School's Out* como um vislumbre nostálgico dos anos 1950. Quando tive a ideia para *Billion Dollar Babies*, foi apenas uma série de músicas. Escrevi todas aquelas letras em apenas um dia e o conceito está no conteúdo da letra (...) jovens americanos de 16 anos dirigindo Rolls Royces. *Muscle of Love* está interessado em hábitos sexuais urbanos."

"A abertura sexual é muito saudável", ele continua em outro lugar. "Em dois anos não vai ser mais sexo bi, homo ou lésbico. Sexo vai ser apenas sexo e eu estou preparando os jovens para esse choque."

No entanto, infelizmente, o que prometia ser a música mais chocante já feita nunca chegou ao estúdio de gravação, a triste história de uma dona de casa solitária "que se apaixona pelo detergente da sua máquina de lavar. Seu marido está trabalhando. Ela aperta o tubo e algo branco espirra pela parte de cima e cai na máquina. É assim que Madison Avenue planejou. É sexo de verdade. Sem saber bem o que acontece, a moça se apaixona pelo tubo e dorme com ele". Talvez igualmente despercebida, essa descrição torna-se uma analogia para tudo de errado no álbum. Eles se apaixonaram por sua própria imagem exterior e esqueceram o elemento humano (ou, como uma pequena brincadeira, não humano) interno.

Certamente as críticas favoráveis seriam raras, talvez o trabalho mais cruel de todos tenha sido escrito por Kim Fowley, produtor musical e influente no meio artístico, destruindo o disco na *Phonografic*

Record, clamando pela volta imediata de Bob Ezrin e relacionando sua ausência a diversas outras questões críticas. "Quando os Coasters perderam Leiber & Stoller, eles falharam, quando os Beatles perderam Epstein, eles falharam e quando os Rolling Stones perderam Keith Richards (pense nisso), eles falharam!"

Ele reclamou da inclusão da música disco, taxou "Crazy Little Child" como "composição de Alice estilo Leon Russell com o novo Randy Newman" e martelou a "Woman Machine" como "besteirol sexista. Shep Gordon é um gênio. Bob Ezrin é um gênio. Alice Cooper é um gênio. Mas *Muscle of Love* não é (...) genial (...) O LP do Queen sobre Elektra tenta mais do que *Muscle of Love*. Compre aquele em vez deste". O mais estranho é que Fowley estaria entre os coautores com quem Alice começaria a trabalhar junto para seu próximo álbum.

A banda fez a turnê de *Muscle of Love*, mas o resultado foi pequeno e rendeu pouquíssimas manchetes. Chris Charlesworth do *Melody Maker*, o agora editor nos Estados Unidos do jornal, situado em Nova York, estava presente em parte da turnê, voando de La Guardia com Shep Gordon para Madison, Wisconsin, onde a neve cobria o chão: "Shep me deu um medalhão de Alice para usar", ele lembra. "Era uma joia grande e grosseira. A atriz Cybill Shepherd também estava acompanhando Alice, cobrindo a turnê para uma revista mais conceituada. Entrevistamos Alice juntos em um quarto de hotel e por um momento achei que ela e Alice eram um casal, mas não eram. Toda manhã, no Starship, todos nós ganhávamos um pacote de vitaminas do encarregado da viagem, Dave Lieberman."

Charlesworth também lembra que Dick Wagner estava tocando guitarra na lateral do palco. "Foi a primeira vez que presenciei um show em que havia um guitarrista escondido que a plateia desconhecia. Ninguém tentou esconder isso de mim (...) era considerado completamente normal, mas eu me lembro de ter pensado como seria ultrajante se, digamos, o Who ou Led Zeppelin tivessem um guitarrista cobrindo para Townshend ou Page (...) nunca ouvi falar disso! E a banda Alice Cooper aspirava ao mesmo nível. Lembra-me de conversar com Michael Bruce e ele parecia meio irritado com isso. Glen Buxton estava obviamente com a cabeça em um outro lugar completamente diferente."

As gravações ao vivo da turnê são na maioria fitas do tipo feitas nos fundos de um celeiro, mostram com que facilidade as músicas novas entraram para o repertório, mas apenas um punhado delas, como se a banda já tivesse aceitado a derrota, sabendo que jamais poderiam substituir as melhores já existentes, então eles nem tentaram.

Era como se o mundo tivesse acabado e as últimas pessoas a saber foram as que criaram tudo. Outras fascinações musicais surgiram e outras preocupações também. Alice fez sua estreia sem música em um filme de terror leve para a televisão, chamado *The Snoop Sisters* e, depois que foi exibido, afirmou ter recebido por volta de cinco novas propostas de roteiros por semana. Sem dúvida, isso tirou sua mente da catástrofe do momento.

Um show em Binghantom, Nova York, foi cancelado porque os pais da cidade recusaram-se a deixar Alice Cooper tocar lá. Outro, em Tampa, foi por água abaixo devido ao mau tempo inesperado. Em Toledo, uma chuva de fogos de artifício obrigou a banda a deixar o palco, enquanto sete carros cheios de policiais chegavam para conter a multidão de 8 mil pessoas agitadas. Eva Maria, a última cobra de Alice, morreu. Um projeto de turnê europeia foi cancelado.

E se Alice precisava de uma evidência maior de que o apetite do público por sangue havia sido superado e até mesmo por suas maiores criações, veio com o sucesso monstruoso do filme *O Exorcista,* um filme que algumas pessoas diziam que talvez nunca tivesse tanta popularidade se não fossem os Cooper para preparar o terreno, mas que tinha elevado a visão cinematográfica do terror para alturas até então inimagináveis. Como a jornalista Caroline Coon afirmou quando Alice chegou a Londres para uma visita promocional de três dias, em março de 1974, na mesma semana em que *O Exorcista* entrou em cartaz na cidade, "a reputação de Alice por ousar ser diabolicamente mais nojento que qualquer outra pessoa em qualquer palco legítimo do mundo levou um certo baque".

As pessoas vomitaram durante *O Exorcista* e correram para casa temendo por suas próprias vidas ou pelo menos suas almas imortais. Casos de possessão demoníaca estavam sendo relatados ou, pelo menos assim anunciados, em uma quantidade provavelmente sem comparações desde a Idade Média. Os membros da Igreja Católica aumentaram. Sem muito embasamento, os apoiadores de Alice Cooper argumentaram que eles haviam saído do mercado sangrento do terror bem em tempo, e isso provava o valor artístico deles, mas, por outro lado, os fãs da banda não queriam que eles fossem artistas ilustres. Eles queriam que Alice enfrentasse *O Exorcista* e enviasse o vômito verde e os crucifixos cheios de sangue do velho demônio bem para aquele lugar onde a luz do sol não chega.

E o que eles conseguiram em vez disso? Alice diz com toda humildade: "Nós não somos muito mais violentos que qualquer desenho animado, HQs ou os contos de Grimm, mas a diferença é que somos tridimensionais. Minha opinião é que qualquer um que leve minha performance no palco a sério é realmente meio perturbado, porque eu não estou me levando a sério. Estou atuando da mesma forma que Bela Lugosi atuou como Conde Drácula. Ele não saía por aí mordendo o pescoço das pessoas quando estava fora das filmagens. Eu só levo o horror até o ponto em que ele é divertido. Ouvi dizer que *O Exorcista* impede que as pessoas durmam depois. Eu acho que nunca horrorizei ninguém a esse ponto".

Três anos depois, tal blasfêmia teria queimado sua língua.

A desilusão bateu. Em maio de 1974, um médico legista canadense relatou o aparente suicídio de um garoto de 13 anos, encontrado enforcado em uma corda de cânhamo no armário de seu quarto. De acordo com a *Rolling Stone*, "o pai do garoto disse aos investigadores que os experimentos de seu filho com esse tipo de execução começaram quando assistiu a um *In Concert*, exibido no Canadá em março, no qual Alice realizou sua encenação demonstrativa de como-fazer-você-mesmo uma morte por enforcamento". Ainda assim, mesmo a ameaça de uma nova praga assolando o país e multidões de adolescentes acabando com suas vidas em uma onda de "Festas de Enforcamento" de Alice Cooper, não dissipou o perigo da redundância iminente.

Sim, um garoto morreu e isso é trágico. Mas não era nada comparado ao rastro de terror deixado pelo filme. O incêndio misterioso que invadiu o set. A onda de mortes, entre quatro e nove, que assolou a equipe e o elenco do filme. O vigia noturno do estúdio, o cara que controlava a máquina de gelo que congelava o clima nas cenas de exorcismo, o pai de um ator, o avô de uma atriz. O fato de que depois do filme chegar a Georgetown, subúrbio de Washington, DC, o número de mortes locais aumentou. O número de ataques cardíacos supostamente sofridos pela plateia do filme. Um raio que destruiu uma cruz de 400 anos durante a estreia italiana do filme, no Metropolitan Theatre em Roma. Alice admitiu que seu ato era uma piada. Então sua plateia foi buscar as emoções adolescentes em outro lugar, e você pode apostar sua vida que o Diabo não joga golfe.

A *Circus* publicou a notícia primeiro: "No que parece ser a jogada profissional do século, o perturbado preferido do mundo pode desistir da carreira no mundo do rock pela TV e filmes. Por quê? A resposta está em um taco e uma bola de golfe". Uma entrevista inteira foi feita, não sobre a música de Alice, mas sobre seu amor ao esporte, sua habilidade em desenvolvimento e o fato de ele não conseguir vencer com folga Norman, o segurança que o apresentou ao jogo.

"Mantendo sua mente na bola e longe de suas preocupações habituais sobre concertos, álbuns e gravações, Alice vê o campo de golfe como seu santuário. Lá é o lugar onde ele certamente não dará autógrafos. Apesar de sua pontuação ser os humildes 94 pontos, ele aspira tornar-se um jogador de golfe amador e talvez um dia aposentar-se do rock para investir na carreira profissional no golfe. Esse 'um dia' pode estar bem próximo. Afinal, os melhores momentos da estrela do rock nos últimos anos aconteceram no campo de golfe, quando ele conseguiu seu primeiro *birdie* no par três. Ele disse que foi mais excitante que seu primeiro disco de ouro."

No mês seguinte, mais uma era chegava perto do fim quando a Mansão Alice Cooper em Greenwich, Connecticut, foi destruída em um incêndio. A banda havia se mudado de lá seis meses antes e ninguém estava na propriedade quando aconteceu. Mas, ainda assim, uma vida inteira de móveis e objetos foi perdida e, com eles, as ligações mais palpáveis do próprio Alice ao passado. Quando ele e sua namorada de longa data, Cindy, terminaram, no meio desse período tumultuado, até Alice teve de admitir que estava na hora de seguir em frente.

Capítulo 11
Dando Boas-Vindas ao Pesadelo

Ele não estava realmente falando nada que já não tivesse falando antes, mas era Vince e não Alice que entregou o furo para a *Penthouse* mesmo assim; era Vince e não Alice que se distanciou do passado e era Vince e não Alice que não olhava para o futuro.

Até então, até onde o mundo sabia, Alice continuaria sendo uma celebridade. É claro que sim. Mas, a partir de agora, a linha que divide a celebridade pública do indivíduo privado não estava apenas desenhada na areia, mas pintada em faixas de neon na folha toda. Ele sempre pensou em Alice na terceira pessoa, mas agora falava sobre ele assim também.

"Alice tem uma personalidade própria. Ele não quer estar envolvido com nada estabelecido, nada tradicional. Eu jogo baseball, jogo golfe, ouço Burt Bacharach, vejo televisão e bebo cerveja. Alice não faz nada disso. A verdade mesmo é que ele não vai se envolver com ninguém além dele mesmo. Ele é muito distanciado de qualquer pessoa, e essa é sua rebeldia. Ele se recusa a ser igual a qualquer pessoa da plateia ou qualquer outra do palco.

Tentar falar sobre Alice [é difícil]. Ele é uma pessoa muito diferente. Tão individualizado que eu não consigo falar sobre ele por causa de sua completa espontaneidade. Eu, eu sou Ozzie Nelson fora dos palcos. Eu sou o tipo: 'Ei gente, querem assistir a um filme?'. Esse sou eu, porque tento tanto me distanciar de Alice. Eu nem quero conhecê-lo. Não ficamos na mesma casa!"

Talvez tivesse um tempo em que Vince Furnier e Alice Cooper tentaram dividir o mesmo corpo, na época dos primeiros indícios de sucesso com "I'm Eighteen". Mas Vince caiu fora rápido. "Eu estava me enganando. Eu vestia couro e bebia duas garrafas de uísque por dia. Essa é a verdade, juro por Deus. Eu estava em coma alcoólico, de tanto gim Seagrams na cabeça, algumas vezes fiquei em coma por uns dias. Acreditava que tinha de viver como Alice o tempo todo, até que percebi: 'Qual o propósito para isso? Talvez eles estejam matando Alice com a bebida, mas por que eu devo ir junto nessa também? Por que estou envolvido? Eu nem o conheço tão bem assim!'."

Ele nem sempre mantinha essa distância. Haveria momentos nos próximos cinco anos em que Vince realmente acreditaria que, independentemente do espírito que tomava conta de Alice, tanto uma bruxa inglesa, um motorista autodestrutivo ou apenas uma total falta de vontade, isso também tomava conta dele. Mas, enquanto ele conseguisse manter o controle, ele se distanciava, e, quando as amarras mantendo a banda unida se romperam, aquelas que uniam Vince a Alice também desapareceram.

Pois elas foram desfeitas, irreparavelmente e sem dúvida, e a única pergunta que ninguém consegue responder, nem mesmo as diretrizes da peça já desvendada, é qual situação desencadeou tudo.

Foi quando se despediram no fim da turnê *Muscle of Love* e finalmente entraram em um ano de férias, sabendo que a exigência da Warner por um novo álbum seria satisfeita por um bem mercecido *Greatest Hits*?

Foi quando Michael Bruce sentou com Shep Gordon um dia e falou sobre sua vontade de fazer um álbum solo, ignorando os avisos do empresário sobre isso poder significar o fim da banda?

Foi quando Alice resolveu fazer seu próprio álbum solo e provou o que Gordon e Ezrin diziam há tempos, que um Alice solo era tão forte quanto a versão com cinco pessoas?

Ou foi quando os cinco finalmente sentaram juntos e dividiram o império entre eles?

Todos os músicos têm suas próprias versões coerentes e vivem com esses sentimentos há tempo suficiente para ser improvável que sejam revelados; mitos sobre os acordos que foram negados e contratos burlados ou quebrados, rumores de promessas não seguidas e ideias não realizadas, de manobras pelos bastidores e manipulações de manchetes e a única coisa com que todos concordarão é que todos terão o direito de discordar. Porque não existe uma verdade para ser encontrada. Apenas uma série de eventos que enfim levaram a um fato inevitável.

Bruce não era o único cultivando ambições de carreira solo. Neal Smith também tiraria vantagem do que eles firmemente acreditavam ser um mero hiato na carreira da banda e, enquanto o *In My Own Way* de Bruce foi apenas lançado na Alemanha, o *Platinum Gods* do bateirista manteve-se fora das lojas por ora.

Alice também estava agitando, apesar de seu primeiro projeto solo passar quase despercebido.

Os compositores Steve Hammond e Dave Pierce o convidaram para participar de um musical roqueiro para o teatro, *Flash Fearless Versus The Zorg Women Parts Five & Six*, um épico de ficção científica programado para aproveitar a onda do *The Rocky Horror Show* em Londres, ao manter a referência a filmes B antigos como um tributo às novelas de rádio que prendiam a atenção de todo o mundo ocidental. De fato, nós entramos na aventura cinco, passados os primeiros cinco episódios, com o herói Flash e seu time já aprisionados pelo exército do malvado Zorg.

Grandiosamente embalado com um HQ resumindo a ação passada para as músicas, o álbum resultante era basicamente uma isca para produtores teatrais intervirem e trazerem o Flash Fearless à vida. Mas a Chrysalis Records tomou os direitos do vinil, e três meses dentro do estúdio fez com que o time, instigado pelo produtor John Alcock, fosse até o outro lado do Universo em busca de participantes.

Alcock trouxe seu cliente mais regular, John Enwistle, que chamou o colega Keith Moon. Elkie Brooks, Robin Trower, o vocalista James Dewar, Jim Dandy do Black Oak Arkansas, Maddy Prior de Steeleye Span, Justin Hayward do Moody Blues e outros ainda se juntaram ao projeto. Mas Alice era a atração principal, responsabilizando-se por duas músicas que não só abrem o álbum como também compõem o primeiro *single*, "I'm Flash" e "Trapped".

Gravado em Nova York com Bob Ezrin (que também trabalhou nas contribuições de Jim Dandy e Keith Moon), as duas músicas foram no estilo clássico de Cooper, mas isso não ajudou muito. A onda de interesse que a equipe do álbum esperava formar simplesmente não se materializou. O *single* foi um fiasco, o álbum foi só um pouco melhor e todo o negócio sumiu mesmo de vista apenas em 1981, quando *Captain Crash Versus The Zorgwomen Chapters Five & Six,* com o título um pouco modificado, estreou no pequeno teatro em Santa Monica Boulevard, Richmond. Atacado pela *Variety* ("uma suposta aventura espacial nada envolvente que tenta desesperadamente ser inteligente

(...) mas nem sequer chega perto"), fechou depois de míseros dois dias, esquecida e sem esperança. Alice quase não mencionou isso outra vez.

De fato, é perfeitamente possível que ele nem se lembre disso. Alice e Moon eram parceiros em outra proposta na mesma época, um clube informal estilo venha-beber-e-enlouquecer, que também contava com um grupo de famosos colegas músicos beberrões, tais como Ringo Starr, Harry Nilsson, Mickey Dolenz, Bernie Taupin e, às vezes, John Lennon, e que acabaram ficando conhecidos como os Vampiros de Hollywood.

"Eu sempre fui a vida da festa", Alice confessou à revista *Classic Rock* em 2011. "Se eu me sentisse bem só tomando a quantidade de álcool necessária, se eu conseguisse ficar nesse oba-oba desde a hora em que acordasse até a hora de ir dormir à noite, eu ficaria bem." Os Vampiros ("os Rat Pack com dentes", como ele brincou certa vez) ofereciam esse ar para ele e até hoje em dia, em um sótão secreto nos fundos do Rainbow Bar & Grill em Los Angeles, há um placa que honra o círculo mais prestigiado: "Esse é o covil dos Vampiros de Hollywood". "Era esperado de nós", Alice riu, "que fôssemos os últimos em pé."

Ele não bebia como alguns de seus amigos. Ele se admirava com Moon e o baterista do Led Zeppelin, John Bonham, que podiam beber 36 doses de *brandy* seguidas e ainda voltavam no dia seguinte. Como ele disse, estava contente em apenas manter a farra e nem se ligava no fato de que todo dia isso exigia um pouco mais de combustível para continuar do mesmo jeito. Era apenas uma forma de passar o tempo, de se divertir, relaxar, e, além disso, não era como se ele estivesse bêbado demais para trabalhar. De fato, uma das melhores ideias que já teve foi pensada durante o auge dos Vampiros de Hollywood, e o fato de tê-la botado em prática de forma tão brilhante quase supera outro fato que é de alguma forma menos empolgante. Ele quase morreu no processo.

Welcome to My Nightmare ficou sendo o projeto mais extravagante e caro que Alice Cooper (a banda, não o indivíduo) já tentou seguir. Cada centavo que Alice havia conseguido até agora seria investido no projeto e, quando ele falou da ideia pela primeira vez com seus colegas, sabia que pisava em território instável.

Eles escutaram, ele disse, enquanto Alice, Shep Gordon e Bob Ezrin expunham suas ambições, mas também consideraram os custos mentalmente, alinhando-se contra o que Alice insistia ser uma atitude extremamente derrotista tomando conta de suas mentes. O fracasso considerável de *Muscle of Love* diminuiu muito o entusiasmo dos músicos por extravagâncias, ele dizia, e então veio a ascensão do Kiss, uma banda que tinha pouco para oferecer em forma de competição musical, mas cujo show nos palcos, financiado pela Casablanca Records, cujos bolsos pareciam não ter fundo, supostamente consumia tanto dinheiro por show quanto os Cooper gastavam em uma turnê inteira.

Isso, é claro, era um exagero. Mas apenas em termos reais. Visualmente, o Kiss era uma concentração de chamas e levitações, de barulho e explosão, e não importava que seus discos fossem releituras estupidamente enfadonhas de qualquer *riff* antigo que os membros da banda pudessem encontrar; após um único LP, o Kiss tocava em lugares que os Cooper demoraram três ou quatro anos para entrar.

"Não podíamos acreditar que Alice queria competir com o Kiss", Glen Buxton disse. "Aquela banda tinha tanto dinheiro, era como tentar atirar em um elefante com uma arminha de pressão." Ele também não ficou impressionado com o que ouviu sobre esse novo show de Alice Cooper. "Era bem visual, mas também muito Halloween, considerando que o Kiss tinha um arsenal dessas coisas por trás deles. Bailarinos vestidos de aranhas contra uma guitarra que soltava fogos de artifício. Eu simplesmente não conseguia ver como poderia dar certo."

Alice estava menos preocupado com a então considerada competição. Ele contou ao autor Mark Brown: "Quando ouvi falar sobre o Kiss pela primeira vez, li uma coisa que dizia: 'Bem, se um Alice Cooper funciona, então quatro Alice Cooper vão funcionar também'. Essa era basicamente a ideia, botar quatro Alice Cooper juntos. E funcionou. Nós nunca realmente fizemos a mesma coisa. Eles eram muito mais piromaníacos. Alice é mais intimamente assustador, mais sombrio, mais estilo Broadway que o Kiss. Kiss é mais estilo HQ".

No entanto, o Kiss não era a questão. Eles precisavam determinar a direção futura da banda, e a versão de Alice dessa discussão foi bem direta. Duas décadas depois, ele contou ao autor John "Shooter" Harrell: "Os dois álbuns anteriores ao *Muscle of Love* foram grandes sucessos e nós todos achamos que era a hora certa de Alice mudar, mas para direções opostas.

Não tinha duvidas e pensava que, agora que a porta estava aberta, devíamos fazer isso em uma escala maior ainda, mas eles achavam que devíamos diminuir um pouco. Eles disseram isso porque éramos Alice Cooper, íamos ficar bem apenas usando jeans, botas e camisetas. Eu disse que isso era suicídio".

Porém, sua visão era um pouco menos suicida, afundando cada centavo em um projeto sem nenhuma garantia de sucesso. *Muscle of Love* minou a confiança deles, mas, além disso, a confiança também foi minada pelas muitas tentativas de levar uma produção teatral para a estrada. No mesmo verão em que Alice Cooper estava discutindo o pesadelo, David Bowie circulava pela América com o que parecia ser uma produção completa da Broadway enquanto fazia a turnê de seu álbum conceitual, *Diamond Dogs*. Os críticos em geral odiaram, sua própria banda só faltou se voltar contra ele e o público também não ficou muito impressionado. Finalmente Bowie abandonou a coisa no meio do caminho, empacotou o cenário, mandou os bailarinos para casa e guardou todos os acessórios. Em termos de considerações americanas, Alice Cooper era muito maior que David Bowie. Mas seu público era tão instável quanto o dele.

Alice estava tranquilo. "Muitas vezes já me perguntaram por que eu despedi a banda original", ele relembra para a *Classic Rock* em 1999. "Bem, eu nunca demiti a banda Alice Cooper, a verdade é que eles se demitiram. Depois que *Muscle of Love* acabou, nós nos juntamos para fazer um novo álbum, e todo mundo queria fazer seu próprio projeto. Dennis queria algo mais estilo Pink Floyd, Mike queria ser James Taylor, eu não sei o que Neal queria, mas nenhum deles queria continuar com a teatralidade... Esse foi um grande soco no estômago para mim. Quer dizer, vocês estão brincando? Eu disse que passaríamos por cima de toda essa crítica, estávamos sangrando, mas não caídos, e ainda estávamos no caminho para o topo da montanha e agora eles não queriam mais? De jeito nenhum! Para mim, estava na hora de passar para o próximo nível enquanto tínhamos a atenção de todos."

Despertando novamente todas as ambições que ele uma vez havia investido em *Alice at the Palace*, ele fez uma lista de exigências. Assim como antes, bailarinas, acessórios, fantasias, coreografias, tudo precisava estar perfeito. Mas, enquanto *Alice at the Palace* precisava apenas encontrar um lar e levar seu público até lá, *Welcome to My Nightmare* sairia e visitaria o público. "É fácil dizer que você quer fazer um show na Broadway", ele lamentou para *Rock Scene*, "mas os sindicatos (...) Deus! Como é um problema. Shep teve de ir e usar terno e gravata para falar com eles, eles pensavam que os jovens iriam e destruíram os assentos, o que talvez fizessem, eu não sei. Nós nem poderíamos usar nossos próprios funcionários de sempre, teríamos de usar só pessoas do sindicato, ficou simplesmente ridículo." Com a turnê de *Welcome To My Nightmare*, Alice poderia fazer tudo do seu jeito.

Mas essa não foi a história toda. Havia outra razão motivando Alice e Shep a apostarem tudo nesse novo projeto, uma razão da época em que a Warner comprou o catálogo da Straight de Frank Zappa e, voltando mais ainda, às negociações contratuais com Zappa e Herb Cohen.

Por três anos, a disputa em relação à publicação que primeiro surgiu na época de *Killer* ficou vagando sem rumo pelos corredores do sistema legal americano, mas finalmente se chegou a uma decisão. Entrevistado pela *Goldmine* em 1990, Michael Bruce explicou: "Como Shep tinha perdido dois terços das publicações no processo, chegando até *Billion Dollar Babies,* ele basicamente teve de começar tudo de novo". *Welcome to My Nightmare* era o ponto de início para ele.

Alice concordou, dizendo ao escritor Russell Hall: "Shep perguntou quanto dinheiro eu tinha e eu disse que ele sabia [a reposta para a pergunta] melhor do que eu. No fim das contas, eu tinha por volta de 400 mil dólares e ele tinha por volta de 400 mil dólares também, então botamos tudo isso no projeto. Nossa ideia era: 'Se funcionar, funcionou, senão começaremos tudo novamente'. Fizemos de tudo para garantir que seria ou nosso maior sucesso, ou nosso maior fracasso, até então".

O risco financeiro era enorme, mas também havia uma rede de segurança.

Neal Smith: "Havia uma brecha que tínhamos colocado em nossos contratos [com a Warner]. Quando os Beatles lançaram *A Hard Day's Night*, foi pela United Artists em vez da Capitol, e isso era porque eles tinham uma brecha dizendo que se fizessem uma trilha sonora poderiam encontrar outra gravadora para lançá-la. Então tínhamos a mesma coisa no nosso contrato. Shep incluiu isso no contrato com a Warner Brothers e queríamos usá-la pelos mesmos motivos que os Beatles. Porque conseguimos um grande adiantamento [de uma gravadora diferente] se você fizer uma trilha sonora em algum momento [ao passo que sua própria gravadora simplesmente paga a mesma quantia de sempre]".

Foi uma jogada esperta também. O filme da própria banda, guardado por muito tempo (e com novo título), *Good to See You Alice Cooper*, finalmente estava pronto para ser lançado e Smith, Dunaway, Bruce e Buxton estavam todos esperando que esse projeto acionasse a cláusula. Em vez disso, Smith lembra: "Alice usou para *Welcome to My Nightmare*. Ele usou a cláusula por conta própria para seu próprio projeto pessoal, que talvez tenha sido o primeiro passo em direção a irritar todo mundo".

Mesmo antes do início das gravações, Gordon estava negociando para que uma das emissoras de televisão americanas comprasse o pesadelo para transmissão, finalmente ficando com a ABC. (Seria transmitido dia 25 de abril de 1975.) E uma gravadora foi tão fácil de achar quanto. Nos Estados Unidos, foi a Atlantic Records que entrou com as riquezas que Gordon buscava, no Reino Unido foi a Anchor Records. Ambas estavam dispostas a pagar muito bem pela honra de ter Alice Cooper em seu selo e, enquanto a Warner (e seus companheiros cada vez mais avessos a tudo isso) rosnava aterrorizada pela deslealdade de Alice, Gordon fechava negócio. A ambição de Alice cresceu mais ainda. Uma trilha sonora precisa de um filme para fazer parte. Ele começou a trabalhar nisso também.

Em março de 1974, o time composto por Alice, Bob Ezrin, Dick Wagner e o compositor Alan Gordon (autor de "Happy Together" do Turtles, entre outros) estabeleceu-se na Bahamas para escrever e gravar uma demo do novo material, e Ezrin admitiu que o processo todo era o sonho de qualquer produtor. Ele havia sido muito aplaudido por seu trabalho no álbum *Berlin* de Lou Reed, um disco orquestrado quixotescamente tanto quanto era depressivamente dramático, com uma lenda dizendo que quando Reed pediu o som de crianças chorando, Ezrin foi para casa e disse para seus próprios filhos que a mãe deles havia morrido e então gravou seus gritos. E apesar de Ezrin e Reed negarem isso, a tendência do álbum era tal que a lenda continua como um parâmetro para o *Berlin*. *Welcome to My Nightmare* talvez não fosse capaz de criar uma lenda como essa, mas não seria menos intenso. Só que desta vez Erin buscava entretenimento e não a crueza.

Haveria momentos de sons extremamente sinistros. "Years Ago" e "Steven" assombravam com o acompanhamento parecido com um órgão a vapor e a voz de Alice distorcendo-se até ficar como a de um garoto de 11 anos. E a necrofilia de "Cold Ethyl" quebrava tudo de forma tão perigosa quanto qualquer uma das antigas barulheiras de três minutos da banda, atraindo sua própria parcela de críticas duras depois que a estimada conselheira dos Estados Unidos Ann Landers ouviu falar sobre ela.

"Era tão exagerado que tinha de ser engraçado", Alice disse à *Rue Morgue* em 2000. "Ann Landers escreveu um grande artigo sobre 'Cold Ethyl' e lá ela diz: 'Como Alice ousa escrever algo assim?'. Eu escrevi para ela de volta dizendo: 'Querida Ann, se acontecer uma enorme onda de necrofilia no próximo ano por causa dessa música, por favor, me avise. Os 99,9% restantes sabem que é apenas uma música engraçada!'"

Houve um movimento de volta ao clima de "School's Out", quando "The Department of Youth" deu uma olhada de esguelha no lugar instável de Cooper no topo da árvore do rock e reconheceu a inconsistência dos seguidores. Com um filme promocional gravado com um cenário feito de fotos e recortes de jornais, Alice era o maior roqueiro vestido em couro, o ápice do espírito do rock, o demônio eleito para garantir que as escolas ficassem em recesso. E ele sabia disso.

"Nós temos o poder", cantava o coro de crianças, e quando um Alice triunfante pergunta a eles quem lhes deu o poder, você sabe o que ele espera que respondam. O Billion Dolar Baby, é claro. Em vez disso, eles respondem "Donny Osmond", porque os jovens do lado mais distante dos mórmons também estavam no auge de suas carreiras e tudo que Alice conseguia responder era "O quê?".

E havia uma balada, "Only Women Bleed", destinada a se tornar uma das músicas mais amadas e mais regravadas mesmo sem ter muito a ver com o pesadelo ou até mesmo com o próprio Alice. O título foi tirado de um pedaço de diálogo mal ouvido na televisão, a melodia era algo com que o coautor, Wagner, estava brincando um dia. Mas nasceram para ficar juntos.

Finalizada com a Sinfonia de Toronto sob o comando experiente de Ezrin, Alice (com Wagner) não só havia escrito seu primeiro sucesso solo, como também havia conseguido um sucesso internacional. Dois anos depois, a cantora e atriz Julie Covington (a atriz do *Rocky Horror Show* original) levou "Only Women Bleed" apenas até o número 12 no Reino Unido.

Houve problemas iniciais, é claro. Apesar de já ter a natureza do pesadelo formulada, Alice admitiu que foram as músicas mais diretas que vieram primeiro, "Department of Youth" e "Only Women Bleed". Essas primeiras duas faixas foram gravadas e então voltaram para a composição. "Years Ago", a primeira das músicas temáticas mais cruciais do álbum, foi feita. Uma viagem para o Rio de Janeiro rendeu a incontrolável "Some Folks" com uma influência deliberada da "Fever" de Peggy Lee, uma visita a Paris desencavou "Cold Ethyl" ("acho que comi escargot com alho demais", Alice brincou).

Já era setembro antes de terminarem as composições e os bateristas Johnny Badanjek e Whitey Glan, os baixistas Prakash John e Tony Levin, o tecladista Josef Chirowski podiam ficar prontos para as sessões que iam da A & R e Record Plant em Nova York para o Electric Lady de Jimi Hendrix, e até o Toronto Soundstage, cada um deles liderando sua própria equipe. E Steve Hunter estava lá, é claro, reunindo-se com Wagner para contribuir com uma performance incrível bem diferente da de Alice.

Durante a recente turnê de Lou Reed, *Rock 'n' Roll Animal*, a dupla havia evoluído para um ataque duplo de guitarras sensacional, magos desafiadores cujo trabalho no álbum ao vivo resultante de Reed já estava sendo tratado com o mesmo tom que acompanhou o lendário dueto incendiário Jeff Beck/Jimmy Page do Yardbirds no fim de 1966. A diferença era que, enquanto Beck e Page raramente agiam da forma como suas reputações posteriores sugeriam e enquanto essa disposição do Yardbirds acabaria deixando um legado um pouco maior do que um disco ardente, Hunter e Wagner conseguiam a mesma coisa todas as noites. "Steve fazia muito trabalho anônimo para todo mundo", Alice confirma. "Pergunte para Steve Tyler sobre Steve Hunter e Dick Wagner e ele os chama de dupla dinâmica porque são os melhores guitarristas da América."

No começo, Alice pensou como se sentiria, entrando no estúdio sem a segurança familiar de Dennis, Neal, Glen e Mike ao seu redor, e olhando para trás ele admite: "Foi um choque. Mas, ao mesmo tempo, estava cercado por músicos incríveis: Dick, Steve e Prakash e Whitey, esses eram todos músicos muito bons e músicos de palco também, então eu compreendi imediatamente".

Phil Ramone, mentor de Bob Ezrin do Eastman, também apareceu, assim como o coroado príncipe do horror hollywoodiano, Vincent Price, cujo papel como "o curador" profetizou seu trabalho no *Thriller* de Michael Jackson em oito anos. E, em volta desse batalhão brilhante, Cooper e Ezrin trabalhavam as músicas de acordo com o conceito: uma criança lutando para acordar do pesadelo mais sombrio que pudessem criar. "A coisa toda", Alice explica, "é feita no nível de um Peter Pan".

O envolvimento de Price foi um acontecimento especial, e falando com a *Hit Parader* no ano seguinte Alice continuava tão empolgado quanto no primeiro dia em que se conheceram. "Estávamos esperando-o chegar ao estúdio e imaginando que ele chegaria todo vestido de preto, sabe? Ele entra e está usando uma camiseta havaiana e calça roxa com listras. Todo mundo perguntando: 'Esse é o Vincent Price?!'. E então ele chega e faz uma leitura dramática bem edwardiana e assusta você pra caramba. E aí você olha para ele e começa a rir, porque ele se parece com o Ronald Mcdonald. Eu realmente me dou bem com ele, somos grandes amigos."

As audições estavam em andamento para os bailarinos que iam acompanhar Alice pelas profundezas de seu pesadelo e teriam papéis específicos no desenrolar dele. Quatro vagas estavam disponíveis, duas masculinas, duas femininas, com os eventuais vencedores sendo contratados por um ano e meio, incluindo a turnê mundial, o especial na televisão, aparições nos palcos e até a possibilidade de um filme.

Por volta de 3 mil bailarinas apareceram no dia das audições femininas, incluindo uma que nem sequer sabia quem era Alice Cooper. Criada em Pasadena, Califórnia, Sheryl Goddard estudou balé até os 16 anos, quando passou para o jazz. Em 1975, ela estudava na Citrus College em Azusa, Califórnia, quando alguns amigos insistiram para que ela participasse da audição do show de Alice Cooper e ela foi mais por curiosidade do que ambição. "Eu conhecia Bach, não rock", ela disse à *Phoenix Home and Garden*, 15 anos depois. "Nunca tinha ouvido falar em Alice Cooper. Eu pensei que estava fazendo a audição para alguma cantora folk loira."

Mas a "bailarina magricela", como Alice a descreveu anos depois, conseguiu o trabalho e ela também lembra a primeira vez que tocou em seu chefe, enquanto o ensinava como alongar para uma de suas próprias sequências de dança. "Eu o machuquei. E ele me disse para nunca mais tocá-lo." Logo eles eram um casal, de tal forma que causou uma situação desagradável com a ex de Alice, Cindy Lang, que ameaçou processá-lo para receber pensão alimentícia.

Com o elenco agora completo, a atenção se voltou para o especial da televisão, gravado em um estúdio cinematográfico em Toronto, no começo do ano-novo.

Durante cinco dias, com um time completo de músicos e bailarinos adicionando despesas ao gasto de 20 mil para apenas organizar tudo para as filmagens, 11 músicas foram tocadas para as câmeras, recontando meticulosamente a história do álbum para um projeto tão revolucionário que ninguém nem sabia como nomeá-lo.

Os vídeos de rock não eram nem um interesse minoritário em 1975, não seriam vistos como um apelo comercial, até que o fim do ano trouxe a extravagância de "Bohemian Rhapsody" do Queen. Alguns artistas tinham feito vídeos no passado, Alice Cooper entre eles, mas geralmente nada além de uma forma de promover o álbum sem sair em uma turnê internacional. Mas você teria de voltar ao *Magical Mystery Tour* dos Beatles, em 1967, para encontrar um projeto com um álbum de tamanho comparável e era nesse modelo que Alice se inspirava.

Alice explicou seus planos para Martin Lang da *Record Mirror*: "A ideia era criar um pesadelo musical. E não terá só o filme e o álbum, mas nós também vamos botar algumas das cenas no show. Existe muita coisa para ser trabalhada, então vamos fazer isso do jeito mais divertido possível, e com Vincent Price junto é impossível não dar certo.

Eu vejo como uma fórmula, uma fórmula divertida. Sempre trabalhamos com o conceito todo. Então *Welcome to My Nightmare* será

(...) bem, se você realmente pensa sobre um pesadelo, ele é totalmente absurdo, uma experiência *Hellzapoppin*. Em termos de letras, o LP está em nível de pesadelo, onde oscila bastante, mas no final deixa você com a sensação de ter passado pelo pesadelo de outra pessoa, pelo pesadelo de Alice. Apresenta um novo personagem, um cara chamado Steven. Eu ainda nem o conheço direito, mas ele é assustador pra caramba. É divertido, é um tipo de show de horror divertido".

Refletindo de fora, enquanto preparava o álbum sequencial de *Welcome to My Nightmare* em 2011, Alice continua: "*Welcome to My Nightmare* foi um álbum de muita classe de um Alice bem sinistro. Foi um álbum muito rico musicalmente. Bob [Ezrin] garantiu isso. Tinha um som muito rico, não tinha o instrumental típico de rock que sempre usávamos; exceto por 'Cold Ethyl' e músicas do tipo, essas eram músicas puramente obscenas de Alice. Mas até 'Welcome', o tema, era... espere! Era quase estilo jazz, mas ainda assim funcionava e eu acho que, enquanto for Alice cantando, a plateia permite que eu vá para algumas direções estranhas".

O álbum estava completo; o especial da TV, engatilhado. Agora estava na hora do show. Mais de 250 mil dólares foram reservados para a empreitada, começando por mais uma extravagância de Joe Gannon para o cenário básico. Um ciclope gigante foi construído, primeiro para ameaçar Alice durante "Steven" e então para ter sua cabeça decepada depois. David Winters, coreógrafo de *Amor Sublime Amor*, foi contratado como produtor-diretor-coreógrafo, assim como quatro bailarinos profissionais que, como Alice insistiu rindo, foram "expulsos de Las Vegas por terem participado de atividades vulgares". Não era verdade, mas era uma ótima história.

Quanto aos custos altíssimos, ele simplesmente deu de ombros. "Eu não me importo se isso sair como algo comercial, contanto que seja entretenimento. No palco haverá coisas que os jovens nunca viram antes."

Havia quase cinco meses de ensaio para ser negociados. Os estúdios da Disney foram contratados para construir a estrutura do palco e os acessórios acompanhantes. Fitas novas de apoio precisavam ser gravadas para assegurar a reprodução fiel das músicas no palco e precisava de uma coreografia elaborada para cada noite seguir o mais próximo possível do horário. E, uma vez que tudo isso estava estabelecido, ainda havia o trabalho da turnê propriamente dita.

O itinerário era enorme. Mais de 1970 shows foram agendados na época de lançamento do álbum, uma rotina exaustiva que viu Alice varrer os Estados Unidos antes de seguir para a Europa no outono. Ele não poderia, então, ser culpado de suspirar aliviado quando ficou sabendo que a proposta de passar pela Austrália foi cancelada depois que o governo pesou seu impacto em potencial na juventude do país.

"Eu não vou permitir um degenerado, com uma forte influência sobre a juventude e os de mente fraca entrarem no país para exibir esse tipo de performance", bufou o ministro responsável, e então os tipos como o jovem Nick Cave e Jim Thirlwell, apenas dois ótimos representantes de uma juventude australiana exemplar, foram privados da oportunidade de assistir a um show que havia sido televisionado sem os menores problemas na TV americana. "O chefe da imigração australiana chamou o show de obsceno", Shep Gordon disse. "Ele disse que Alice come galinhas vivas no show (...) disse que Alice tem uma tendência a lançar vespas vivas no público (...) e que Pat Boone não deixaria sua filha assistir ao show."

Esse, aparentemente, era o principal motivo.

"Não há nada vulgar nesse show", Alice insistiu em uma entrevista em abril com o *Chicago Tribune*. "Eu acredito no poder da sugestão. Eu não faço. Eu sugiro. E nem sequer uso animais durante o show, além de mim. Não é uma tentativa de chocar alguém. É apenas entretenimento."

"É como um filme japonês de terror barato", Gordon concluiu, e essa era uma comparação excelente. As filmagens do especial de televisão foram projetadas em um telão cortado na horizontal para que Alice pudesse, de repente ou sem aviso, surgir através dele, com a entrada espertamente sincronizada com a imagem dele sendo projetada até o momento de sua aparição. A fantasia, apesar de excelente, era deliberadamente exagerada para a última fileira da plateia, os cenários eram grotescos e exagerados, as roupas de esqueleto que-brilha-no-escuro eram cômicas e cartunescas mesmo antes de os bailarinos vestirem (sobras, talvez, dos adereços de *Good to See You Again, Alice Cooper*. O próprio Alice usa uma na cena do cemitério).

Até mesmo a caixa de brinquedos de Steven diminui o garoto, mas mesmo assim umas nuances da própria apresentação, a expressão de Alice enquanto assiste aos seus brinquedos baterem na cabeça uns dos outros, por exemplo, não são realmente visíveis até que as filmagens do show *Welcome to My Nightmare*, filmadas em Londres perto do final da turnê, finalmente ficaram prontas.

Diferentemente das aranhas que saíam da "Devil's Food" e penduravam-se e dançavam durante um dos duelos de guitarra, agora patenteados, de Wagner e Hunter, o novo álbum não gastava o palco todo. Alguns sucessos antigos foram espalhados pelo show, não necessariamente para a vantagem do conceito criado para o espetáculo (era bem discordante o pequeno Steven de repente declarar ter 18 anos), mas ainda assim eficiente. Ainda assim, não havia como negar a coerência do show, nem a do conceito do pesadelo, e não importa quantas vezes Alice, ou qualquer outro artista por assim dizer, tenha tentado conceber uma performance convincente em um show semelhante, *Welcome to My Nightmare* continua o mais próximo que o rock já chegou de elaborar uma produção narrativa de grandes proporções e fantasias.

O apoio durante toda a parte americana da turnê foi dado por outra roqueira de Detroit, Suzi Quatro, enquanto tentava transferir sua fama do Reino Unido para um público americano, e ela agora olha para trás sem esconder a alegria.

"Estávamos todos no mesmo avião por 75 shows", jogando tudo, desde pôquer a blackjack, começando guerras com dardos nos quartos de hotel, "usando os colchões como escudo. Ele acabou indo para o corredor. Alice espiou para ver onde eu estava e eu o acertei bem no meio dos olhos. Ele teve que usar um curativo e também usou minha camiseta no palco por respeito". Mais tarde, quando ele descobriu que Quatro comemoraria seu aniversário de 25 anos na estrada (3 de junho), Alice esquematizou com o comitê de turnê inteiro para pousarem em San Antonio e assistirem aos Rolling Stones.

As duas bandas tremeram. "O show de Alice era muito contrastante com o meu. Eu era mais puro rock 'n' roll, ele era teatro. Mas nós trabalhávamos bem juntos e era tão bem apresentado. As bailarinas, os acessórios e uma banda muito boa. E, ainda, dois membros [Alice e Wagner] da nossa terra natal, Detroit. Era como se fosse uma semana nostálgica."

Um punhado de outros shows também viu uma banda jovem da Inglaterra se juntar ao bando, companheiros de gravadora na Atlantic Records, os Heavy Metal Kids, indicados não pelo estilo musical, mas pela criação de William Burroughs. O baterista Keith Boyce lembra: "Nós tocamos em alguns shows dos Estados Unidos com Alice e então, quando chegamos ao Reino Unido, estávamos na programação do show novamente. Foi realmente especial. Eu acho que assistimos aos shows todas as noites por semanas e nunca nos cansamos de ver. Da mesma forma, Alice assistia aos nossos shows da lateral do palco na maioria das noites. Na época, Alice já era solo e acho que ele via que éramos realmente uma banda e uma gangue tanto quanto o Alice Cooper original era. E acho que ele gostava disso".

Hoje em dia, uma turnê daquele tamanho e um álbum daquela magnitude custariam ao seu criador no mínimo uns dois anos antes de ser mandado criar o próximo LP. Na metade dos anos 1960 havia uma ética de trabalho bem diferente, com artistas sendo contratados muitas vezes para produzirem um número específico de discos dentro de um período já especificado, geralmente sendo no mínimo um ano. Alice manteve-se longe das exigências contratuais com o álbum *Greatest Hits*, mas a decisão de fazer *Welcome to My Nightmare* em uma gravadora rival, mesmo sendo parte da mesma organização que possui a Warner Brothers, não foi bem visto pelos burocratas. O pesadelo ainda estava na estrada, de fato, quando a gravadora apresentou um pesadelo próprio.

Faça um novo álbum ou processaremos você. E não foi apenas Alice que recebeu o aviso. A banda Alice Cooper inteira foi avisada também. Por quê? Porque, como Dunaway, Bruce, Buxton e Smith, a Warner via *Welcome to My Nightmare* como um projeto solo extra, depois do qual a banda se reuniria para continuar os negócios como sempre. E Alice não disse nada que significasse o contrário.

O toque, como o velho ditado diz, estava prestes a virar um empurrão.

Capítulo 12
Não Consigo Dormir, os Palhaços Vão me Devorar

Dois anos se passaram desde que o grupo Alice Cooper encontrou-se no estúdio pela última vez, mas Bruce, Dunaway e Smith não precisavam de nenhum lembrete sobre onde estavam suas forças. Todos os três compuseram constantemente nesses meses, não só acumulando material para seus álbuns solos, mas também com um novo álbum do Alice Cooper em mente. Buxton, levado por um pesadelo próprio, parecia feliz em deixar os outros fazerem todo o trabalho, apesar de que a porta ficaria sempre aberta caso ele decidisse reassumir seu papel quando se sentisse apto a contribuir.

Encontrando-se na casa de Smith em Greenwich, Connecticut, eles começaram a trabalhar nas músicas que deviam ser entregues e a criar tantas outras também. Musicalmente, todas eram ótimas, em relação às letras eram mais ou menos uns esboços, da mesma forma como sempre foram. Era o trabalho de Alice escrever, ou ao menos refinar, as letras e sob essas circunstâncias um conceito escondido seria encontrado.

Apesar do conceito que já estava em andamento ser bem forte também. Entre os maiores sucessos de Hollywood do último ano, estava *Rollerball*, um esporte futurista fantasioso, onde patinadores blindados e velozes lutavam até a morte. Uma temática que brincava ao redor dessas mesmas ideias começou a surgir, seguindo a ideia de que Alice Cooper já havia abordado duas das maiores fascinações americanas, sexo e violência, e já era tempo de investigarem a terceira, o amor arraigado do país pelos esportes.

Neal Smith: "Nós escrevemos as músicas e Alice teria de ter escrito suas próprias letras. Alice chegaria e aquele seria seu trabalho. Ele teria levado a música, reescrito as letras e tenho certeza de que elas tomariam uma direção bem diferente. Nós tínhamos boas músicas, algumas boas baladas, como 'Rock Me Slowly', que era uma ótima música, mas ela poderia ter virado 'Go to Hell', até onde eu sei".

Poderia, mas não virou. Na medida em que as sessões da banda progrediam, também ficou cada vez mais evidente que Alice não ia aparecer.

Não que ele tenha dito que ia. Dunaway disse à *Goldmine*: "Não podíamos realmente falar com Alice. Umas pessoas atendiam nossas ligações por ele e diziam que passariam a mensagem para Alice". Demorou anos, ou assim pareceu, antes que Alice os deixasse saber o que estava acontecendo. Ele estava trabalhando no novo álbum exigido também, usando os mesmos músicos e equipe que havia contratado para *Welcome to My Nightmare*. A banda... a antiga banda, o grupo com quem ele cresceu junto e sem o qual provavelmente ainda estaria correndo nas pistas de Phoenix... acabou.

Indignação, choque e descrença. Smith fala por todos os músicos quando lembra a última vez que o futuro do time foi ameaçado, em Los Angeles, 1967, por uma gravadora local, Sound Records, que insistia em assinar com a banda, mas apenas se trocassem o vocalista. "Eles foram leais a Alice. Todos foram leais. Mas, quando as coisas estavam ao contrário, decidiu continuar sozinho. Eu posso entender pensando de uma perspectiva mercantilista, mas é interessante que até hoje nossa antiga discografia ainda vende mais do que nós quatro somados. Isso remete à velha máxima do cantor e não da música, mas tudo que eu sei é que quando Jimi Hendrix saiu da Experience não era mais a mesma coisa. Eu ainda amava Jimi Hendrix, eu o achava incrível... mas não *mais* incrível."

O trabalho no novo álbum foi interrompido. De repente havia questões mais urgentes para lidar. Smith continuou: "Quando Alice disse que não ia voltar, havia todos esses problemas logísticos porque todos nós possuíamos o nome Alice Cooper e tínhamos de resolver isso".

O fantasma da ação legal surgiu, mas Smith a liquidou: "Poderia ter sido o maior processo da história do rock, mas só faria um monte de advogados ficarem ricos e criaria muito ódio entre nós e eu não queria isso porque éramos todos melhores amigos. E eu disse: 'Quer saber? Toda banda termina, até os Beatles, e toda banda tem de chegar ao fim, eu preferia fazer enquanto estávamos no topo em vez de levar tudo ao chão'. Você não pode forçar alguém a fazer um álbum que tenha alguma substância ou sentimento sem que ela queira. Ou estamos dentro 100% emocionalmente ou não estamos". Alice não estava, então um novo acordo deveria ser feito.

Alice continuaria Alice. "Parte do acordo foi que todos nós ainda possuiríamos uma parte do nome até a atualidade. Alice continuou em frente e concordamos nisso e até hoje honramos o acordo. Todos nós o encorajamos a tornar-se Alice."

As finanças foram resolvidas. Shep Gordon desde sempre guardou os lucros da banda em uma empresa, Alice Cooper, Inc. Quando a banda terminou, a empresa foi dissolvida e a grana foi distribuída entre os cinco acionistas.

E a banda olhava para o futuro também. "Nós também concordamos que escolheríamos o nome de nosso maior álbum, *Billion Dollar Babies*, e faríamos dele o nome da nossa banda." E quanto a Alice, Ezrin e companhia, partiam para uma direção, para gravar o que viria a ser *Goes to Hell*, o recém-intitulado Billion Dollar Babies ia para outro, para gravar *Battleaxe*.

A produção foi bem-sucedida e uma fita demo entrou em circulação. A Warner surpreendentemente recusou, mas isso talvez não fosse tão surpreendente. Eles também nunca tinham visto Alice Cooper como algo muito além de um cara e uma banda, e eles já tinham o cara contratado. Para que eles precisariam da banda? O Billion Dollar Babies finalmente assinou com a Polydor e, infelizmente, as coisas só pioraram a partir daí.

Com o guitarrista Mike Marconi entrando na banda durante as sessões solo de Smith e o tecladista Bob Dolin para completar o ambiente sonoro, o altamente ambicioso *Battleaxe* foi gravado com o produtor Lee Decarlo na direção, foi rapidamente visto como uma obra-prima do hard rock, tanto que só se poderia imaginar como seria magnífico se Alice tivesse contribuído com sua mágica para o conteúdo. Mas os problemas começaram cedo e não pararam mais.

O primeiro foi revelado no momento em que o disco chegou às lojas, ou, mais precisamente, no momento em que a agulha tocou no vinil. Durante a mixagem do álbum, a primeira música, "Too Young", simplesmente ficou muito exagerada. Duas sequências de sons, os "dada da boom boom", foram mixados tão alto que a agulha literalmente pulava do disco. Um quarto de milhão de cópias foram enviadas e vendidas, mas as reclamações não paravam de chegar, assim como as devoluções.

Não importava se o Billion Dollar Babies estivesse prestes a entrar na primeira turnê. O disco foi retirado de circulação enquanto uma nova mixagem foi rapidamente feita (Jack Richardson lidou com essa tarefa) e o grupo estava por conta própria.

O álbum parou de ser vendido. À espera pela outra mixagem, Smith lamenta: "Tirou toda a empolgação do lançamento oficial e as coisas ficaram empacadas. E então aconteceram tantas outras coisas que não deveriam ter acontecido e percebemos que não era mais a máquina Alice Cooper que antes tivemos. Estávamos tentando reinventar a roda e fazer o melhor com o que tínhamos, e aconteceram algumas coisas simplesmente desastrosas".

O *timing* da banda era perfeito. O Kiss estava em seu ápice comercial, na onda do *Destroyer*, produzido por Bob Ezrin. Cheap Trick estava em ascensão. A campanha Death to Disco ganhava força, o New Wave estava logo na esquina. A América queria rock de novo, e o Billion Dollar Babies tinham o show mais pesado de todos.

Smith: "Gastamos centenas de milhares de dólares na teatralidade. Esse show nos custou muito dinheiro e foi ótimo".

Seu entusiasmo continua o mesmo até hoje. "Eu tinha um sistema hidráulico embaixo da minha bateria e fiz um solo em que ficava em um ângulo de 45 graus. Eu ficava preso ao meu banco, a bateria inteira ficava presa e eu toquei o solo desse jeito. Mas então, no final do show, surgindo por baixo da minha plataforma aparecia um ringue de boxe em tamanho real, com minha bateria elevada por trás. Então Mike Bruce apareceu vestido de gladiador moderno, segurando um machado de guerra, que na verdade era uma guitarra com um grande machado preso nela, e então Mike Marconi apareceu com outro. Um era verde, outro era vermelho e eles começaram a guerrear até a morte.

Em cada um dos dois lados do ringue, havia esses termômetros de 4,5 metros de altura, marcado em milhões de dólares, e a cada golpe ele marcaria um milhão de dólares o golpe fatal, quando você derrubava seu oponente no chão, pegava o machado de guerra, que era uma gigantesca lâmina realmente afiada, parecendo saída diretamente de algum filme de terror, e Mike levantava e encaixava entre o braço e o torso de Mike Marconi, bem fincado no chão, e então o sangue jorrava por todos os lados e o termômetro subia para bilhões de dólares.

E, enquanto tudo isso acontecia, era como Emerson Lake & Palmer, Dennis no baixo, eu na bateria, Bob Dolan no teclado, e tocávamos 'Sudden Death', que era um tipo de fusão jazz-rock muito boa. Nós fizemos uma versão longa dela muito, muito incrível, então forçamos nossos limites musicais. Havia também a fumaça e a iluminação quando voltávamos para a próxima música, e Mike Bruce pegava uma garrafa de champanhe e tocávamos 'Winner', espirrávamos o champanhe todo, caía confete no palco e então tocávamos 'Billion Dollar Babies' ou 'School's Out'. Era realmente um ótimo show, mas infelizmente não conseguimos fazer mais do que quatro deles..."

Problemas com empresários. Problemas com os *promoters*. Problemas com a gravadora. E, finalmente, problemas com a turnê. Quatro shows da turnê, além de apresentações nos redutos dos Cooper no Meio Oeste, como Flint, Pontiac e Muskogee, foram interrompidos.

"E foi isso. Nós colocamos toda a energia no projeto, e uma coisa levou à outra. Precisávamos que algumas coisas acontecessem para isso continuar e algumas delas não deram certo. Talvez não devêssemos ter começado já com um show grande e extravagante, mas se não fosse assim não teria a menor graça. Era isso que definia a banda e esse era o show. Foi muita energia, e ainda era uma época muito emocional para todos nós porque ainda existia a esperança de que em algum momento a banda voltaria ao que era, e isso significava reconhecer que a volta não aconteceria. Nós tentamos muito mesmo e investíamos dinheiro sem parar até chegar ao ponto de questionar quanto mais seria preciso..."

A Billion Dollar Babies acabou, mas, se Alice achava que a fortuna sorriria mais para ele, ele também estava a caminho de uma queda brusca na realidade.

Shep Gordon defende a decisão de separar a banda: "O empresário precisa compreender a popularidade fundamental do artista e ajudá-lo a manifestar projetos para conseguir isso e possam ser financeiramente bem-sucedidos". *Welcome to My Nightmare* havia conseguido as duas coisas, feitas com tanta fanfarronice que não era de se admirar que Gordon e Alice acreditavam que a banda não fosse mais necessária.

No entanto, o que talvez eles tenham esquecido é que uma banda é mais do que um monte de caras curtindo com o vocalista e ficando com uma parcela dos lucros. A banda é também uma parte orgânica da formação do cantor, conselheiros sonoros e fontes de inspiração, uma hidra criativa cujas ideias não se baseiam apenas em necessidades atuais, mas também na experiência compartilhada.

Alice recriou isso até certo ponto ao se cercar de um novo time de músicos, e, é claro, Bob Ezrin e Shep Gordon também ajudaram a manter a sensação de continuidade. Mas, apesar de compartilharem da convivência e de muitos gostos, eles nunca serão os que estavam presentes em todas as experiências que fizeram de Alice o *performer* que é; não importa se suas observações são impressionantes, muitas vezes eram apenas sugestões. Como banda, Alice Cooper sempre fez o que quis fazer e cinco cabeças são muito mais destemidas que uma. Sozinho, Alice ainda procurava conselhos ao seu redor. Mas esse ambiente mudou completamente e o novo álbum seria finalizado à sua imagem.

Alice ainda estava na turnê *Welcome to My Nightmare* quando foi obrigado a direcionar sua atenção para um novo álbum. Possivelmente com muita ironia, Alice optou por chamá-lo de *Hell*. Era, ele explicou, projetado mais ou menos como uma sequência de *Welcome to My Nightmare*, agora com o protagonista do álbum, Steven, ouvindo uma história para dormir. Então *Hell* (ou *Alice Cooper Goes to Hell*, como seria no fim das contas) segue o herói para o submundo, onde entra em uma batalha com o Diabo para saber quem é o monstro mais legal.

A possibilidade de o inferno ser uma discoteca nunca está muito longe da realidade; de fato, é uma realidade a que Alice muitas vezes voltou, como comprova o "Disco Bloodbath Boogie" de 2011, e quando Alice percebe que está efetivamente preso no Hades, ele sempre parece saber que existe uma última chance para escapar, que seria cantar o tipo de música bonitinha que nem o Diabo ou a maior parte dos dançarinos de disco poderiam tolerar. Ele escolhe "I'm Always Chasing Rainbows", uma música imortalizada tão dolorosamente por Judy Garland e consegue escapar, apesar de saber que se arriscava com a tolerância de seus ouvintes ou com o Príncipe das Sombras.

"Nós fizemos (...) eu disse, vamos fazer do jeito que Alice imitaria Eddie Cantor", Alice ri. "Isso faz parte de Alice. Há algo naquele velho vaudevile que foi absorvido por Alice." Mas também era possível que fosse absorvido pela mente do público também? Essa era uma pergunta que apenas o tempo e a venda de discos poderiam responder.

As gravações foram apressadas. "I'm the Coolest" era para ser um dueto de Alice com o ator Henry Winkler, o "Fonz" da famosa série de TV *Happy Days*, e as negociações foram bem o suficiente para Alice abandonar as tentativas de encontrar um substituto caso Winkler desistisse. Ele acabou fazendo, declarando depois que ao aceitar esse papel ele ficaria estereotipado para sempre no papel de um cara popular piadista e descolado, algo que, presumidamente, com mais alguns anos preenchendo um papel em um dos programas televisivos mais famosos da América, não faria. Alice acabou cantando a música sozinho.

Outras arestas foram cortadas. A foto de capa de Alice com o rosto pintado de verde foi na verdade tirada da parte interna da capa de *Billion*

Dollar Babies. No passado, Alice Cooper havia sido um sinônimo de extravagância. Dessa vez, a coisa toda cheirava a corte de gastos e, enquanto ele mesmo olhava as possibilidades de capa, Alice conseguia apenas suspirar e lembrar uma noite em Las Vegas, um ano ou mais atrás. Elvis estava lá e eles foram para sua suíte, onde o Rei do Rock ofereceu ao Senhor do Mal uma arma e disse para mirar nele.

Não seria a primeira vez que se encontravam. "Eu passei a conhecê-lo e fiquei amigo dele", Alice disse à revista *Get Rhythm* em 2001. "Ele me convidou para ir à sua casa e conversamos por bastante tempo. Isso foi por volta de 1972, quando ele ainda estava muito bem, era como o Elvis que todos nós gostamos de lembrar."

No entanto, agora Alice estava menos seguro. Mas você não discute com Elvis, então ele levantou a arma e mirou... e seu mundo viraria de cabeça para baixo na medida em que um Presley carateca louco jogou-o por cima de um dos ombros e então fincou seu pé na garganta de Alice. A arma estava fora de alcance, Elvis estava rindo dele e tudo que ele conseguia pensar era: "Uau, que ótima capa de álbum isso seria".

Melhor do que essa, aliás.

A crítica da *Billboard* do *Goes to Hell* na primavera de 1976 era encorajadora. "Muito parecido no conceito geral com [*Welcome to My Nightmare*], até mesmo seguindo nas músicas hard rock e nas baladas. *Hell* é pelo menos igual a seu antecessor, com um roteiro ainda mais ambicioso. Alice segue em frente para se tornar o James Joyce do surrealismo do rock comercial."

Na vida pessoal, Alice teria argumentado que estava no topo do mundo. Um pouco mais de um ano depois de se conhecerem, ele e a bailarina Sheryl Goddard se casavam em março de 1976 em uma cerimônia ministrada pelos pais de ambos os noivos. Os dois eram ministros ordenados.

Mas o álbum e mesmo a turnê em andamento estavam condenados. De acordo com um ex-empregado, a Warner Brothers ainda não havia perdoado Alice por levar *Welcome to My Nightmare* para outra gravadora e, em uma demonstração de vingança coorporativa, silenciosamente decidiu permitir que o novo álbum afundasse ou nadasse com seus próprios méritos. Isso pode ou não ter sido verdade. Mas a campanha promocional certamente parecia menos esbanjadora que a anterior e, quando Alice organizou uma turnê para promover o álbum, duas dúzias de datas foram espalhadas entre junho e começo de setembro de 1976, longe do tipo de avalanche de shows a que ele estava acostumado. Mais evidências de circunstâncias difíceis foram reveladas quando ele falou em diminuir um pouco a teatralidade, em apresentar um show de rock mais direto e até excluir a sequência no álbum que representa o antigo excesso, a luta de boxe com o Diabo.

Houve outras tensões também, pressões que tinham menos a ver com a Warner e mais com Alice. A bebedeira que ele sempre tratou como piada, só mais um elemento na criação do garoto americano exemplar, estava pior, ninguém duvidava disso. Mas no passado não tinha afetado seu profissionalismo. Agora, isso parecia menos garantido e enquanto Suzi Quatro se lembra, rindo, dele como um "bêbado funcional", ela também reconhece: "Eu com certeza estava ciente de que ele bebia o tempo todo. Pelo menos, a parte boa era que ele não era um bêbado agressivo".

Não, ele era um depressivo, e existiu mais de um momento na turnê *Welcome to My Nightmare* que tanto a banda como a equipe achavam que Alice agia mecanicamente.

Parte disso era tédio puro com o peso enorme das coreografias, *timing* e organização que a turnê demandava e um impulso crescente de chutar esse show todo para o lado e apresentar um bom rock 'n' roll. Mas outra parte, a maior delas, era uma sensação de que a performance simplesmente atrapalhava outras buscas mais importantes. Como beber.

Sua aparência mudou junto com sua personalidade. Ele não era mais esquelético e de nariz torto, de repente estava pálido e gordinho. Mais de um observador cruel sugeriu que o motivo para cavar uma antiga foto para a capa de *Hell* era que uma atual ficaria terrível demais. Não havia bem uma proibição de fotografar o astro, mas as oportunidades para fazer isso estavam ficando escassas.

Ele parou de comer e passou a vomitar sangue. E realmente não importava se a Warner arranjava entrevistas ou não, porque ele não faria de qualquer forma. "Eu era tipo Howard Hughes", Alice disse à *Cream* em 1979. "Eu não queria ver ninguém. Só tranquei todas as portas e arranquei os telefones das paredes."

E agora ele estava sendo mandado de volta para a estrada.

Uma banda chamada Hollywood Vampire Orchestra foi formada a partir dos músicos com que Alice trabalhava regularmente e os ensaios estavam marcados para começar imediatamente. E então, no dia 10 de junho de 1976, apenas dois dias antes de começar seus ensaios com a banda (e 20 dias antes da estreia do show, em Halifax, Nova Scotia), Alice desabou.

Levado às pressas ao hospital da UCLA, ele foi mantido para observação, mas o diagnóstico era simples. Ele sofria de anemia. Duas semanas era o mínimo exigido para descanso. Dois meses seria preferível.

A turnê foi cancelada. As vendas de ingressos, que de qualquer forma não estavam sendo muito dramáticas, foram interrompidas e o dinheiro foi devolvido. E os mesmos agourentos que deram corda para os rumores sobre a relutância da Warner em promover o novo álbum agora tinham um novo osso para roer, a possibilidade de Alice estar simplesmente retaliando o amargor da gravadora. E *Goes to Hell* podia ir para o inferno.

Houve alguns momentos positivos. Tirado do álbum para ser o próximo *single* de Alice, na esperança de que suas semelhanças sonoras com "Only Women Bleed" pudessem acertar em cheio novamente, o *single* "I Never Cry" ficou em 12º lugar nos Estados Unidos. Uma performance no *Midnight Special* foi filmada e transmitida em agosto de 1976 e isso ajudou o álbum a chegar ao Top 30 da América. No mês seguinte, Alice foi o mestre de cerimônias convidado para o Rock Music Awards, onde ele fingiu um surto no meio do evento, declarando que "não conseguia mais seguir em frente", e então agarrou uma garota, aparentemente aleatória, da primeira fileira e arrancou suas roupas.

Por baixo ela usava uma fantasia de gata feita de couro e o palco surgiu atrás deles com o rugido rouco de "Go to Hell". Pensando agora, podia parecer falso e amador (mais ainda depois que U2, Live Aid, Bruce Springsteen em seu vídeo "Dancing In the Dark", reduziram as surpresas a meras coisas mundanas, assim que os anos 1980 chegaram), mas na época era um ótimo entretenimento. Na época, ainda provava que Alice continuava no topo.

Mas sem uma turnê e uma boa campanha midiática e comparado com excessos e sucessos do passado, 1976 veio e foi embora deixando Alice Cooper essencialmente correndo sem sair do lugar.

Correndo, bebendo e lamentando a perda, não de seu *status* no topo da árvore do rock americano, mas do tubarão inflável que morava em sua piscina. Um incêndio, que já havia consumido sua casa em Connecticut, começou em sua nova casa, a mansão que ele e Sheryl possuíam em Hollywood. Segundo as notícias, foi o vizinho Ringo Starr quem alertou os bombeiros, mas quando Alice voltou para casa, foi para descobrir que não havia apenas perdido uma parte dela. Alguém também tinha roubado o acessório do filme *Jaws*, dado de presente pelo diretor Steven Spielberg.

Ele precisava de ajuda. Por um momento achou que tivesse encontrado.

Aos 42 anos de idade, o dr. Eugene Landy era o psicólogo das estrelas. Seu relacionamento bem divulgado com Brian Wilson dos Beach Boys garantia isso, e quando Alice falou com ele pela primeira vez, foi pensando que, se o doutor havia sido bom o suficiente para o homem que escreveu "Good Vibrations", ele seria bom o suficiente para Alice.

Psicólogo clínico, Landy dizia se especializar em, o que ele chamava, estilos de vida disfuncionais dos ricos e famosos, as ânsias que a fama extrema e os holofotes deslumbrantes causavam a eles. "Por alguma razão eu parecia conseguir me identificar com eles", Landy disse a David Felton da *Rolling Stone*. "Eu acho que tenho uma boa reputação que diz que não sou ortodoxo pelos padrões ortodoxos, mas basicamente único para os padrões não ortodoxos."

Ele era também, por sua própria definição, "absurdamente caro", 90 dólares a hora quando isso era mais do que o dobro do custo de um psicólogo padrão, e ele não media o tempo de tratamento em horas. Em anos era mais o estilo dele. Ele admitiu à *Rolling Stone* que o tratamento de Brian Wilson exigiria pelo menos um ano.

Sua história de vida definitivamente não era convencional. Mesmo desistindo do colegial, Landy se formou na Los Angeles State College com um diploma em prática psiquiátrica em 1964, antes de conseguir um mestrado e um PhD na Universidade de Oklahoma. De volta a LA, ele publicou o primeiro dicionário oficial de gírias *hippies*, *The Underground Dictionary*, e então abriu um consultório psiquiátrico no começo dos anos 1970, usando a propaganda boca a boca e a crescente reputação para atrair as primeiras estrelas à sua órbita. O ator Richard Harris e o apresentador de TV Rod Serling estavam entre seus clientes satisfeitos, ele dizia, e agora Alice Cooper estava prestes a juntar-se a eles.

Landy não trabalhava sozinho. Seu time de sete pessoas também incluía um psiquiatra, Sol Samuels, um médico, David Gans, e uma nutricionista chamada Nancy. Todos trabalhavam juntos para lidar com os problemas do paciente. Drogas e álcool eram tiradas do alcance, a dieta era regulada e se esquematizava uma rotina de trabalho saudável, no caso de Alice (como Wilson), ao redor de composições e gravações.

Mas, enquanto Alice depositou sua confiança em Landy, os outros em seu círculo, a começar pela esposa Sheryl e pelo empresário Shep Gordon, estavam pouco impressionados, uma situação que ficava cada vez mais tensa à medida que o tratamento de Landy continuava e Alice não mostrava os menores sinais de recuperação, em vez disso oferecia pouco para sugerir que ele sequer estava ciente do tratamento. Sua vida social continuava como antes, assim como seu consumo de álcool e seu declínio.

Ele manteve esse aspecto em segredo, é claro, jogando-se em todas as oportunidades de trabalho que surgiam, como se sentisse que, quanto mais se mexesse, menos seus depreciadores perceberiam seu estado. Não haveria declínio em um silêncio encharcado de álcool para Alice. Ele pegou um papel como uma garçonete-cantora em *Sextette*, uma excêntrica comédia com Mae West e seus companheiros do Vampiros de Hollywood, Keith Moon e Ringo Starr, e também estava trabalhando em um novo álbum, uma reaproximação da Warner, é claro, mas também que concentraria suas energias, como as instruções de Landy diziam, para longe das tendências autodestrutivas que definiram sua persona nos palcos e apresentaria uma nova face para o mundo.

No papel, parecia ser sua caracterização mais sólida desde os dias de *Killer*, um investigador particular alcoólatra (é claro) e com temperamento agressivo chamado Maurice Escargot, descendente direto do tipo investigador particular Mickey Spillane, que uma vez dominou as histórias de detetive, ou o mar de farejadores cujas aventuras lado B enchiam os cinemas e fizeram parte de séries transmitidas pelo rádio nos anos 1940 e 1950.

Era uma proposta intrigante, mesmo se o conceito todo nunca fosse totalmente abraçado. *Lace and Whiskey*, como o álbum era chamado, levou o nome de um (fictício) romance de bolso fotografado em sua capa, o alardeado "mistério sobre o assassinato mais notável da década". Mas, uma vez dentro do álbum, *Lace and Whiskey* era menos sobre o detetive e mais sobre sua vida, um fanfarrão durão destinado a viver pelo álcool, em uma guinada autobiográfica que Cooper evidenciaria mais ainda com a bombástica "I Never Wrote Those Songs", distanciando-se mais ainda do antigo Alice com "My God".

"É uma ideia (...) que não tem muito a ver com música", Alice concordou com a *Circus*. "O conceito todo está na embalagem do disco, em um estilo meio *Farewell My Lovely*." E, quanto a Maurice Escargot, ele era tão real para Alice quanto Satanás e tão irreal quanto, também. "É apenas outro personagem. Você escreve a música e de repente diz 'Quem é que está fazendo essa música?'. E um personagem é sempre um tipo de fantasia na sua cabeça de qualquer forma, alguém que você quer ser um pouco. O lance com Maurice é que ele era um personagem Clouseau de verdade. E esse sempre foi alguém que eu gostaria de ser um pouco."

Trabalhando como sempre com o time Ezrin/Wagner/Hunter, sendo Ezrin e Wagner seus colaboradores em todas as músicas, *Lace and Whiskey* parecia determinado a evitar a fórmula prescrita pelos seus dois antecessores. Na verdade, *Lace and Whiskey* foi mais uma vez lançado com um *single* estilo balada, dessa vez genuinamente tocante, "You and Me", mas em qualquer outro lugar, "Ubangi Stomp", permitia que as pessoas curtissem um rock com a absoluta ausência de pudores, enquanto a animada "Road Rats", um tributo à equipe da turnê, que ajudava a garantir que tudo desse certo havia dez anos (desde que os Spiders conseguiram dinheiro o suficiente para contratar alguém que carregasse seus equipamentos), ganharia um novo estímulo quando se tornou a base para o filme *Roadie*.

Havia uma música, porém, que Alice se arrependeria de incluir para sempre, a ponto de exigir pessoalmente que fosse retirada da lista de músicas da coleção box *Life and Crimes* depois de mais de 20 anos. "'(No More) Love At Your Convenience'", ele condenou, foi "nossa tentativa de tirar um sarro do estilo disco. Aquela música era realmente uma sátira direta. Ele coloca todo mundo da discoteca em fileiras e acaba com cada um deles, como no Dia do Massacre de St. Valentine, mas eles continuam voltando dos túmulos. Não morrem e, bem no final, tem aquela guitarra chegando, a guitarra do rock passa por cima da parte disco.

Então, 'Love At Your Convenience' era uma sátira. Escrevemos como uma sátira. Infelizmente, não fomos espertos o suficiente para deixar o público saber o que ela era. Era como Kiss tocando 'I Was Made For Lovin' You', era uma música totalmente disco e, de vez em quando, eu acho legal uma banda já consagrada como Alice ou Ozzy fazer algo totalmente diferente do que geralmente faz, mas ainda fazer isso no seu próprio estilo. É o fim sangrento do movimento disco. Tem um lance todo da Broadway que entra em cena aqui, foi quase algo tirado de *Amor Sublime Amor*, quase algo de *Guys & Dolls*."

Hoje, Alice assume sem problemas que o sentimentalismo era simplesmente parte de seu DNA. "Bob [Ezrin] e eu não conseguimos fugir disso. Está lá, então eu digo, liberte-o. As sobreposições de vocais, que são tão Broadway, também fazem sentido e eu acho que é a marca registrada de Alice. E nem tento mudar isso. Eu digo: 'Pronto, deixe ser o que é'." Mas não funcionou bem no álbum, quando os ouvidos simplesmente ignoraram a sátira em suas mentes e acusaram Alice de ser deliberadamente disco, de ter se vendido, de perder o rock.

Com tanta coisa acontecendo ao redor disso, era irônico que a chave para o álbum e, na verdade, para muito da iconografia musical pessoal de Alice dependesse de uma música que nem sequer estava listada na capa original do LP.

Uma letra magnífica e uma melodia fabulosa reforçadas pela inclusão do hino americano mais empolgante, a "The Battle Hymm of the Republic"; e "King of the Silver Screen" era outro tributo aos anos dourados do estrelato hollywoodiano e, novamente, aos musicais da Broadway. Mas dessa vez elas são vistas sob a perspectiva de um pedreiro acima do peso que se veste como uma diva na privacidade do lar, enquanto tenta reunir coragem para deixar que seus colegas de trabalho saibam a verdade.

O que é algo que talvez não tenha feito fisicamente, mas ele concorda que se identifica muito. "Era algo que estava sempre ao redor. Eu nunca parei e disse: 'Devo ouvir a velhas músicas da Broadway', mas eu devo ser o único homem hétero no mundo que conhece todas as baladas antigas da Broadway. Eu ouço *A Chorus Line* e, tanto em relação à música quanto à letra, penso: 'Isso é tão bom'. E é claro que eu sei que isso soa gay, mas musicalmente tenho de admirar e existem algumas partes que eu amaria ter escrito em um estilo Alice.

Eu posso entrar nesse mundo e dissecar essas partes para extraí-las de lá, e a melhor parte é que Bob Ezrin é o outro cara hétero que conhece essas músicas e ele diria: 'Sim, podemos fazer isso, de alguma forma injetar isso aqui e fazer funcionar'. Fazemos bastante hard rock, mas de vez em quando, nosso devaneio chega até uma música que só eu faria."

"King of the Silver Screen" se encaixa perfeitamente nessa categoria. Em sua essência é uma peça cômica, sem dúvida. Refletindo um pouco mais, poderia ser um reflexo da era *glam* que agora era um artefato histórico. Porém, mais do que isso, é uma afirmação de intenções, da necessidade de um homem se livrar da camisa de força pessoal e emocional de seus iguais e a sociedade, e admitir quem ele realmente é por trás da turbulência toda. Alice estava exausto, contudo, mais do que isso, ele estava cansado de ser Alice. "The King of the Silver Screen" era sua forma de deixar suas emoções mais profundas expostas.

A velha besta não estava morta, é claro. Tire o disco de sua capa e uma folha de papel sai junto, um convite para participar do Alice Cooper Fan Club, finalizado com as palavras Participe ou Morra [*Join or Die*]. "Estou apenas perguntando", a mensagem garantiu aos leitores. "Mas é melhor me ouvir porque você pode não gostar da alternativa."

Ele começou a planejar a nova turnê, pensando em uma performance em três atos, que começaria com uma sólida explosão das antigas, seguidas de uma sequência baseada nos dois últimos álbuns e chegando ao final com o novo material. E em junho de 1977, com o dr. Landy, agora uma parte intrínseca da galera da turnê, ele botou o pé na estrada da América. Era a primeira turnê de Alice em dois anos e as vendas de ingressos estavam agitadas como deveriam estar. Mas os antigos fãs leais não foram convencidos. O nome no ingresso era Alice Cooper. Mas o show era algo totalmente diferente.

Um palco dinâmico foi montado, é claro. Com Alice denominando-se (e a turnê junto) The King of the Silver Screen, uma televisão gigantesca foi posicionada na frente da banda, enquanto uma série de acessórios era espalhada loucamente ao redor: aranhas gigantes, galos armados com metralhadoras, um vampiro e canibais. Filmes curtos e especialmente cenas cortadas eram projetadas na televisão KAKA TV, comerciais de remédios para odores das orelhas, amostras do filme de *The Family That Ate Their Dog* e *trailers* do "em breve" *Police Gynaecologist* e *Celebrity Neurosurgery,* programas de televisão fantasiosos que não seriam sem noção em uma programação do século XXI, mas pareciam ser o auge do desastre de mau gosto em 1977.

Mas o crítico Robert Palmer, da *New York Times*, assistiu ao show no Nassau Coliseum no dia 21 de julho, mais ou menos no meio da turnê, e declarou ser "um caso de um rabo abanando o cachorro. Os elementos teatrais que o sr. Cooper introduziu na arena do rock, e teatral significa a panóplia completa dos shows de Hollywood e Las Vegas, desde as luzes até a coreografia e as fantasias, engoliram sua música".

A abertura com "Under My Wheels", por Steve Hunter e Dick Wagner tão bem sintonizados, era um ótimo jeito de começar um show, e isso era inegável. Mas "possibilitou um auge que não foi mais alcançado durante o show. A marca hard rock de Detroit dos Cooper ficou em segundo plano diante de sua teatralidade artificial. Quando os sucessos mais recentes foram tocados, a banda se contentou em ficar atrás da grande televisão, tocando anonimamente. Não havia mais faíscas musicais e o show parecia morto. O sr. Cooper bem poderia fazer o show dormindo".

Alice poderia ter discutido o ponto, apontando tantos aspectos do show parecidos ou que foram além das propostas já feitas antes, e em termos de espetáculo ele estava correto.

A diferença era que no passado seus shows eram contínuos, construindo a sensação de ameaça e esplendor desde o momento em que ele pisava no palco, para o clímax que inevitavelmente o liquidaria do show.

A tensão sumiu, isso e sua, uma vez já infalível, desenvoltura. O primeiro terço foi preenchido com as favoritas dos anos 1970, a parte do meio contemplava *Welcome to My Nightmare* e *Goes to Hell*, o que significava que o novo material, o material desconhecido, ficou para o final do show, desanimando a audiência com músicas que eles não conheciam, quando deveriam estar de pé aproveitando os sucessos.

Na verdade, a finalização do show "King of the Silver Screen" era um espetáculo, o hino de batalha soando entre os fogos de artifício, pirotecnias e barulho suficiente para ensurdecer o coração mais hesitante. Mas ainda assim você não conseguia escapar à impressão de que era apenas mais uma da série de afirmações do rock estocadas, vinhetas bem ensaiadas que fluíam de um para o outro, mas que eram mais ou menos permutáveis um com o outro. Não havia drama agora, nenhum pavor ou ansiedade. Apenas uma onda de momentos inteligentes e Alice sabia disso. Ele apenas não sabia o que fazer com isso.

Transformar a concisão cristalina de "School's Out" em um show de 20 minutos para o virtuosismo da banda não era a jogada mais esperta também.

Fora da estrada no final da turnê The King of the Silver Screen, Alice sabia que não aguentaria mais. Exausto. Destruído. Mas a quem recorrer? O doutor havia caído fora. Depois de discussões demais com Shep Gordon, o empresário acabou atacando o charlatão com um bastão de beisebol, porque Landy *era* um curandeiro, uma fraude e um charlatão, que no final seria forçado a perder sua licença como psicólogo em 1989, antes que o tribunal o proibisse de ter qualquer tipo de contato com os clientes, principalmente o mais famoso deles, Brian Wilson.

Alice escapou das garras de Landy muito antes e com muito menos despesas do que o Beach Boy. Mas ele também não estava nem próximo do fim de seus problemas e a pior parte de tudo era que ele simplesmente não conseguia admitir isso para ele mesmo, o que fez da insistência de Shep Gordon sobre algumas datas marcadas em Las Vegas ainda mais irritantes. Em sua autobiografia, Alice se lembra de dizer "não" para Shep Gordon pela primeira vez no relacionamento deles. Então ele desligou o telefone.

Gordon voltou alguns minutos depois. Esse não era apenas um show qualquer, ele explicou. Essa era a mítica Oferta Impossível de

Recusar, cortesia dos caras da Máfia, que aparentemente controlavam grandes segmentos de Las Vegas. Ainda assim Cooper negou. Foi difícil, mas, é claro, o artista performático Alice sempre triunfava sobre o triste, acabado e machucado Vince. Eles deviam outro álbum para a Warner Brothers e mais uma vez havia a ameaça de um processo caso não fosse feito dentro do prazo.

Duas noites no Aladdin Hotel em Las Vegas deram à gravadora o que ela queria, um álbum ao vivo intitulado, sem muita criatividade, *The Alice Cooper Show*, que permeou rapidamente pelo repertório, com menos emoção do que seu processo de criação sugeriria.

O álbum continuou sendo uma ferida aberta mesmo uma década depois. Alice disse à *Kerrang*: "Quando fiz aquele álbum estava tão fora de mim, tão doente, eu entrava em turnês havia cinco anos direto. Estava no meu auge do alcoolismo! Depois de uma bebedeira de três dias seguidos, eu não conseguia nem me encher de mais um pouco para conseguir levantar. O show nunca sofreu com isso, mas quando tudo acabava eu saía me perguntando: 'Onde estou?'.

Eu tenho essas galinhas dançantes, metralhadoras, isso, aquilo e... ah, ah, ah, como cheguei até aqui? Era como fechar os olhos e dirigir para algum lugar, então abri-los novamente e ficar totalmente perdido".

E duas décadas depois da entrevista, ele continuava infeliz. "A banda toca muito bem", disse Alice, tristonho, refletindo sobre a união brilhante entre Steve Hunter, Dick Wagner, Prakash John, Fred Mandel e Whitey Glan. "No álbum ao vivo que fizemos em Vegas, alguns dos sons de guitarra perderam o controle, continuaram por oito horas e depois começaram a guerrear entre si. Então você ouve isso e pensa, isso é incrível."

Ele, por outro lado, estava "bem... eu acho". Depois ele disse ser incapaz de se lembrar das gravações de *Lace and Whiskey*. Dessa vez, refletindo sobre o *The Alice Cooper Show*, as lembranças eram dolorosas demais para voltar.

Capítulo 13
Uísque, Por Favor, e me Amarre

Alice demonstra seu declínio pela quantidade de dinheiro gasto em álcool, o número de memórias que deterioraram, até ficar uma névoa cinza, e o número de supostos amigos que pareciam grudar junto à sua mesa no Rainbow Bar & Grill na Sunset Boulevard e extraíam dele cada gota de glória por associação que conseguissem.

Ele mantinha seus próprios associados bem próximos dele, o grupo Vampiros de Hollywood, que compartilharam da sua fama e de seus demônios, e confiou em seu profissionalismo instintivo para manter tudo em ordem, mesmo quando cada fibra de seu ser estava se rebelando contra a disciplina.

No passado, durante uma brincadeira, ele se referiu a si mesmo como um cara Jekyll e Hyde: Alice Assassino durante a noite, Vince Furnier bem comportado durante o dia. Agora seus amigos estavam descobrindo como essa analogia era verdadeira, mas não foi a diferença entre sua persona dentro e fora dos palcos que evidenciou isso. Era o fato de que no palco ele estava no piloto automático e fora dele Vince estava acabado. E a única pessoa que não percebia isso era o próprio Alice, e ele continuava convencendo a si mesmo que sua bebedeira não era um problema, se enganando dizendo que ninguém perceberia se fosse um problema.

Ele se orgulhava de parecer normal, mesmo quando estava totalmente inconsciente; mesmo hoje, ele pode com sinceridade dizer que "você nunca conseguiria imaginar que eu estava bêbado. Os mais próximos de mim não percebiam o quanto eu estava bebendo".

"Quando eu tinha 16 e sonhava em ser uma grande estrela do rock", ele contou à *Classic Rock* em 1999, "consegui dinheiro e carros, eu nunca sonhei em ser um alcoólatra. Isso chegou de surpresa. Eu gostava de beber e curtir com os caras que estavam bebendo. Nós percorríamos longas distâncias pelas estradas e eu tomava uma ou três cervejas e mais um pouco depois do show. Logo eu estava tomando cerveja pela manhã também. Mas não me sentia como um alcoólatra. Então eu percebi que a cerveja tinha acabado e eu estava bebendo uísque de manhã e mais uísque à tarde. E mais um tanto antes do show, e mais ainda depois do show, não era mais divertido, era como um remédio.

Não mudou minha personalidade drasticamente. Se você me conhecesse na época não saberia que eu tinha um problema. Eu nunca perdi um show ou sequer um verso." Soando como o cara que Suzi Quatro acompanhou na turnê dois anos antes, ele concluiu: "Eu era o que chamavam de 'alcoólatra funcional'".

Porém, ele era realmente funcional? Ele não estava mais curtindo as performances. Não gostava mais das turnês. Escrever novas músicas era árduo, ensaiar era um saco. Nos bastidores antes do show, só de ver a fantasia que usaria em breve o fazia passar mal, e então ele recorria ao uísque novamente, acabava com a metade de uma garrafa e então ia se produzir.

E ele ainda insistia que ninguém sabia.

Mas, é claro, as pessoas sabiam sim. É difícil viver com alguém e não perceber que essa pessoa está vomitando sangue todas as manhãs depois de acordar ou que as garrafas de uísque que estavam na mesa pela manhã estavam no lixo pelo meio da tarde. Sheryl e Shep comparavam anotações todos os dias. As caixas de cerveja vazias que se acumulavam na garagem, o fato de que cada nova performance parecia menos espontânea na medida em que o piloto automático ligava cada vez mais cedo. E diariamente Alice ia alegremente se destruindo. "Você ouvia sobre os perigos da cocaína e da heroína", ele alertou à *Kerrang!* em 1982. "Mas o álcool é o assassino perfeito. É a pior droga do mundo e eu levei isso até o limite. Chegou a um ponto em que eu estava convencido de que não havia jeito de sobreviver sem uma dose."

Ele permitiu que o álcool ditasse seus amigos e definisse o tom de sua carreira também. Pode não ter dado em nada no final, reprimido pelas políticas de gravadoras, mas Alice e Steve Tyler do Aerosmith eram amigos próximos e falavam muito em gravar algo juntos. "Faz tempo que eu gostaria de trabalhar com ele", Alice disse à *Kerrang!* em 1989. "[Mas] Steve e eu estávamos tão fora da realidade que nunca conseguíamos pensar sobre isso. Chegava ao ponto de nos encontrarmos, falarmos que isso tinha de ser feito, e um ano se passava porque estávamos realmente fora da realidade.

A última vez que vi Steve, estávamos bebendo em Beverly Hills no meu Rolls. Eu tinha uma garrafa de uísque e ele tinha uma arma (...) eu não lembro o que aconteceu. Quando o vi recentemente, perguntei desse dia e ele não conseguia lembrar de nada também. O que fizemos, roubamos um mercado ou algo assim?"

Como Sheryl, Shep Gordon estava totalmente ciente do que acontecia com Alice, apesar de que para ele a situação era mais difícil, tentando equilibrar as exigências da carreira do cantor com sua preocupação pela saúde de seu melhor amigo e sendo ignorado por Alice toda vez que sugeria diminuir o ritmo um pouco. A Warner Brothers tinha um contrato que exigia ser cumprido. Havia empresários e investidores, um mais insistente que o outro. O que Gordon mais queria era dar uma pausa para Alice, mas Alice se recusava.

Porque todos o procuravam. Mesmo com as vendas dos álbuns em declínio, Alice havia transcendido do mero estrelato do rock que uma vez ele buscou para o próximo nível, tornando-se uma celebridade, um personagem cuja persona extremamente impositiva empurrou até sua música e arte para um canto e permitiu que ele vivesse em glória apenas por ser Alice Cooper.

Era um papel que poucas pessoas preciosas do meio roqueiro conquistaram. Elvis Presley, se não fosse tão recluso, certamente estaria entre eles, e o luto quase universal que recebeu sua morte em agosto de 1977 mostrou a tamanha profundidade com que o velho pélvis estava enraizado na cultura americana.

Paul McCartney e John Lennon também estavam lá, assim como Mick Jagger e Keith Richards, que até escreveram uma música sobre esse *status* recém-descoberto, a agitada "Respectable", no álbum *Some Girls* de 1978. Não eram mais os demônios que chocaram e assustaram a América, os roqueiros eram aceitos no coração do *showbiz* da sociedade. E quem estaria na porta para recebê-los, para dar boas-vindas nesse novo patamar de conquistas? Alice Cooper.

Ele era glorificado por sua reputação. Do outro lado do Atlântico, um novo movimento musical surgia e declarava Alice Cooper um dos fundadores. O punk rock pode não ter tido tempo para a teatralidade de seu ídolo, mas o clima que percorria os melhores álbuns de Alice

Cooper reuniu uma noção de drama com que os punks conseguiam se identificar sem esforços.

Johnny Rotten, vocalista do Sex Pistols, fez a audição para a banda usando a "School's Out", um dos vários *single*s de Alice Cooper amontoados na *jukebox* da loja Let It Rock de Malcolm McLaren, a mesma que Alice visitou em sua primeira ida a Londres. E quando Alice conheceu seu discípulo de dentes esverdeados: "[Johnny] me contou que, antes do Sex Pistols dar certo, ele e Sid Vicious costumavam descer até a estação de metrô londrina com um velho violino e uma guitarra e tocavam minha música, 'I Love The Dead', mesmo que não soubessem tocar nada", Alice disse ao jornal *Sunday Herald Sun*. "Eu acho que cheguei em uma época em que muitos da nova geração de roqueiros buscavam novas inspirações. Eu poderia dizer o mesmo sobre minhas primeiras influências, tagarelar por horas sobre bandas como Yardbirds, Rolling Stones, Salvador Dalí, Who e T-Rex."

Dave Vanian, cantor da Damned, tinha uma técnica vocal que era tão obviamente moldada pela "I Love the Dead" que, quando a banda gravou sua própria "Feel the Pain" em seu álbum de estreia, era difícil acreditar que você não estava ouvindo uma versão até então desconhecida do Billion Dollar Babies.

Uma banda de colegial chamada Eater expressou sua adoração por Alice Cooper em uma performance que incluía a destruição ritualística de uma cabeça de porco, comprada no açougue local antes do show.

Gaye Advert, baixista da Adverts, capta o apelo de Alice para sua geração de jovens que cresceram ouvindo Alice Cooper e agora compunham suas próprias músicas. "Ouvir Alice Cooper pela primeira vez foi muito excitante, lembro-me de comprar duas cópias de 'School's Out', uma para mim e outra como presente de aniversário para um amigo. Eles tinham o poder de chocar naquela época, mas ainda eram acessíveis o suficiente para entrar no *Top of the Pops*."

Essa era a dicotomia que os punks buscavam reproduzir, aterrorizar um lado da sociedade enquanto se infiltravam em outro, e era um lado que os Adverts, em particular, buscavam. A fábula de um transplante ocular que deu terrivelmente errado, o primeiro *single* de sucesso deles, "Gary Gilmore's Eyes", era facilmente tão macabro quanto qualquer clássico Cooper, e não só eles tocaram no *Top of the Pops*, como também se tornaram a primeira banda de punk a aparecer no velho espaço preferido de Alice Cooper, o *Old Grey Whistle Test*. O Alice Cooper de papelão com um metro de altura e chicote na mão que adornava o quarto do Gaye adolescente ficaria muito orgulhoso.

O movimento não ficou restrito ao Reino Unido. De Nova York e oriundos de Cleveland, Stiv Bators & The Dead Boys perseguiam seu próprio amor adolescente por Alice ao ficarem amigos de Glen Buxton e levarem-no ao palco do CBGBs para fazerem um som.

No geral, Alice mantinha seus admiradores a certa distância, principalmente quando o panegírico ficava tão gritante que começavam a surgir comentários sobre ele ser um protótipo de *punk rocker*. Mesmo se houvesse verdade em alguns comentários, o que ele duvidada, essa honra, ele insistia, pertencia às bandas que o inspiraram antes de tudo: Rolling Stones, Who, Them e Pretty Things. Mas o que ele assumiu, falando com a *Circus* no fim de 1977: "O que é semelhante entre mim e os punks é que a coisa toda é McLuhanismo. O valor do choque. Como eu nos velhos tempos, os *punk rockers* querem ter o comportamento mais errático e difícil para atrair sua atenção. Esses caras podem se destruir no palco, mas, quando vão para casa, ficam ouvindo Archies.

Punk é uma moda. Eu vou dizer. Mas, ao mesmo tempo, qualquer pessoa que não se divirta com isso é louca, porque modismos são legais. E é o estilo de vida americano fazer parte de modismos. Eu quero começar uma banda de punk rock chamada Anita Bryant".

Durante 1977-1978, enquanto começava seu maior pesadelo pessoal de todos os tempos, Alice parecia continuar sendo requisitado. É claro que ele retribuía o favor dando tudo de si. Ele apareceu no *The Gong Show* e participou do programa de entrevistas de Dinah Shore. Logo ele estaria no *The Muppet Show*. Ele encerrou a turnê *King of the Silver Screen* nos Estados Unidos e estava ansioso para apresentar Maurice Escargot para a Europa. Ele estava planejando um novo álbum e quando vomitava todas as manhãs (e mais tarde durante o dia também), era bem cuidadoso para limpar até a menor gotinha de sangue, para que Sheryl não suspeitasse que ele talvez não sobrevivesse para fazer qualquer uma dessas coisas.

Um belo dia, no meio de tudo isso, ela e Shep pegaram Alice e o deixaram, quase que literalmente chutando e gritando, em um sanatório, o Cornell Medical Centre em White Palms, Nova York. Na noite anterior à sua internação, ele saiu e tomou um porre incrível.

O *Arizona Republic* deu a notícia para seus velhos amigos e família: "Alice Cooper, vocalista da banda de rock que leva o mesmo nome, está no sanatório de Nova York recuperando-se de uma crise de alcoolismo, como disse uma assessora de imprensa para o jornal na segunda-feira. Barbara Pepe, a assessora dos Cooper, disse que após tentar vencer seu alcoolismo por meio de um tratamento particular e caseiro, Cooper decidiu aproveitar a pausa em sua agenda para se submeter a um programa de tratamento hospitalar. Ela disse que não informaram onde ele seria tratado".

A reabilitação para celebridades era uma coisa desconhecida na época. Por volta de 1970, o Congresso votou a "Lei da Reabilitação e do Tratamento Preventivo Compreensivo para Abuso de Álcool e Alcoolismo" [Comprehensive Alcohol Abuse and Alcoholism Prevention Treatment and Rehabilitation Act], que por sua vez estabeleceu o Instituto Nacional sobre Abuso de Álcool e Alcoolismo [National Institute on Alcohol Abuse and Alcoholism] (NIAAA). Mas, para a maior parte das pessoas, o alcoolismo era algo que afetava os velhos pobres e os mendigos, afinal a imagem popular dos vadios bêbados mendigando por alguns trocados para comprar álcool metílico era bem presente.

Só um ano depois Betty Ford, esposa do ex-presidente Gerald, reconheceria seu alcoolismo, depois que sua família organizou uma intervenção e forçou-a a encarar seus problemas, vários anos antes de ela abrir o primeiro dos muitos centros de tratamento que carregam seu nome. A ideia de que entrar em reabilitação se tornaria um motivo de orgulho (e uma ótima ferramenta de marketing) para a geração de roqueiros viciados assumidos dos anos 1990, era algo que nem o candidato mais frenético poderia imaginar.

Em 1977, a única "reabilitação" que a maior parte das pessoas ouviu falar era a persistente lenda sobre Keith Richards viajando para a Suíça todo ano para trocar seu sangue e a ideia de que qualquer pessoa, principalmente um dos rostos mais famosos da América, precisaria buscar tratamento porque gostava de um drinque era algo que até os viciados graves e alcoólatras tinham dificuldade de compreender. O alcoolismo causava menos preocupação do que um fumante assíduo poderia provocar. Até mesmo os usuários de álcool zombavam da noção de que o alcoolismo poderia ser uma doença tão real quanto o câncer ou uma gripe. Certamente não era como as drogas que atormentavam tantos colegas do meio de Alice.

Apenas para os que eram próximos do alcoólatra, que podiam ver a tormenta que o álcool causava (e que então experimentavam a tormenta eles mesmos), percebiam mesmo como o alcoolismo poderia ser incapacitante, ou melhor, eles e as equipes do pequeno número de clínicas existentes que realmente estavam equipadas para lidar com alcoólatras.

E esses equipamentos, como Alice mais tarde contou, eram primitivos, ao menos para os padrões modernos. O centro propriamente era bem equipado, uma ampla estrutura cujo campus na Bloomingdale

Road era um dos marcos mais conhecidos da cidade. Lá dentro, no entanto, Alice vivenciou em primeira mão o tipo de privação indiferente que ele havia sentido apenas em sua trajetória musical, envolvendo-se na camisa de força todas as noites para ilustrar o declínio do pobre Dwight Fry. "Eu estava em uma ala de isolamento rigorosa e fria para viciados em drogas, alcoólatras e pessoas com problemas mentais graves", ele escreveu em sua autobiografia *Golf Monster*.

Ele acordava e dormia segundo o horário da clínica, uma rotina dura que o fazia comer o café da manhã na mesma hora em que costumava dormir. Tampouco (novamente, pelos padrões atuais) havia muita sutileza psicológica ou psicanalista nos tratamentos. "Limpar" significava exatamente isso, um regime que acabava até com o cheiro de álcool e o substituía por exercício, comida e drogas o suficiente para suportar o revés inevitável. A única vantagem é que parecia ser rápido. Depois de apenas três dias de sobriedade forçada, ele percebeu que estava se sentindo bem, como não se sentia em anos. "E isso era muito importante."

Ele fez amizade com os outros pacientes, é claro. Eles eram a única coisa que ficava entre ele e o isolamento absoluto. Ninguém sabia quem ele era, ou, se sabiam, estavam muito entretidos com seus próprios problemas e realidade para se importarem. E ele também estava tão envolvido em sua luta que nem percebeu isso. Pela primeira vez em uma década ele era Vince Furnier novamente, apenas outro cara, outro perdedor, apenas outro vagabundo. E então um dia, seu terapeuta, um médico que ele batizou de dr. Bacharach porque ele se parecia muito com o lendário compositor, perguntou o quanto Alice bebia.

"No palco?"

"Sim. Quanto Alice Cooper bebe?"

Vince pensou sobre isso por um momento. "Nada. Eu nunca bebo no palco."

Ele nunca tinha pensado sobre isso antes e ele nunca teria pensado na próxima revelação do médico também. "Alice Cooper não bebe. É Vince Furnier quem bebe."

Todos esses anos, Alice se convencera de que foi o monstro que ele havia se tornado quem insistiu em se afundar na bebida. Na verdade, foi o monstro que tentou parar. O monstro era o profissional. Vince era o perdedor e era para ele esse tratamento. Depois de compreender isso, um colega dele dessa época relevou, ele compreendeu o que precisava fazer.

Vince foi hospitalizado, mas Alice ainda estava livre, pegando esses dias de folga para atuar como figurante na, ainda em produção, versão longa-metragem de *Sergeant Pepper's Lonely Hearts Club Band* dos Beatles, antes de voltar para Cornell. Duas semanas de tratamento depois, Vince foi diagnosticado como livre do álcool e lhe perguntaram se gostaria de deixar a clínica. Ele recusou a oportunidade, internando-se voluntariamente um novo tratamento. Isso demonstrava como ele estava determinado a quebrar o ciclo autodestrutivo, ele ponderou. Demonstrava o quanto ele queria ser curado. E demonstrava também como estava dedicado ao novo conceito que ele decidiu ser a estrutura do próximo álbum.

Ele já passara pela parte mais difícil de seu tratamento. Agora ele queria observar todo os outros enquanto passavam pelos tratamentos deles e interpretar suas percepções no álbum. Em 2011 ele explicou à revista *Classic Rock*: "Eu pensava nele como um diário do que acontece em um hospital psiquiátrico. Como letrista, você está sempre buscando uma inspiração. Não dá para evitar. Então eu sempre carregava papel e caneta".

Os comentários aleatórios de seus colegas internados eram anotados. O método da equipe para lidar com pacientes difíceis seria registrado. Ele andava com os criminalmente insanos e os mentalmente instáveis. Um deles, ele ouviu, tinha cortado um tio em pedaços e guardado no porta-malas do carro. Outro não falava sobre nada além de sua cachorra de estimação, Veronica, e Alice rapidamente o imortalizou na origem de uma nova música, "For Veronica's Sake".

Ele conheceu Jackknife Johnny, um veterano do Vietnã que havia se apaixonado durante a guerra e trouxe sua esposa para casa, apenas para encontrar o violento racismo que fazia tanta parte do estilo de vida americano nas pequenas cidades daquela época. E ele visitou o *Quiet Room*, a cela acolchoada onde pacientes hiperestimulados eram colocados na companhia apenas de uma dose da droga psiquiátrica Thorazine. O próprio Alice sentou naquela sala algumas vezes, mas, não porque foi forçado. "Era apenas um lugar calmo para compor."

Alice só deixou Cornell em novembro de 1977, limpo e querendo se manter desse jeito, ficando sempre por perto de uma das únicas pessoas que ele sabia que também tinha superado problemas com o álcool, seu velho amigo dos Vampiros de Hollywood, Bernie Taupin.

Taupin era, e continua, um dos letristas mais inspirados e inspiradores do rock. Junto com Elton John, Taupin era o letrista inglês que conseguiu vender a América para a América, ao reunir suas próprias obsessões cinematográficas da cultura e encaixando-as nas incríveis melodias de Elton John. De fato, talvez as pessoas simplesmente supusessem que Taupin era americano e ficavam surpresos quando descobriam que ele nasceu em nenhum lugar mais romântico que Flatters Farmhouse, uma fazenda isolada no sul de Lincolnshire, Inglaterra. Depois de largar a escola aos 15 anos para trabalhar na sala de impressão do jornal local, *The Lincolnshire Standard*, os objetivos de Taupin apontavam originalmente para uma carreira de jornalista. Mas ele também escrevia poesias que sonhava ver transformadas em música, uma ambição que ele também descobriu quando conheceu Elton John, um compositor nato notável com pouca habilidade como letrista.

Em 1967, Taupin respondeu a um anúncio de Ray Williams no jornal *New Musical Express*, um encarregado de A & R da Liberty Records. O anúncio apenas convocava talentos, e Taupin e John (ou Reginald Dwight, como era originalmente) estavam entre os candidatos. Williams apresentou um para o outro e então começou uma parceria que, ao longo da próxima década, seria responsável por boa parte dos sucessos mais memoráveis e melhores vendas de álbuns da época. Em 1977, no entanto, a parceria parecia já teria se esgotado. Três álbuns consecutivos, *Caribou*, *Rock of the Westies* e o extenso álbum duplo *Blue Moves* quase não davam para sentir o fogo que uma vez marcou as colaborações da dupla e a distância aumentou geograficamente também.

Elton ainda vivia na Inglaterra, recusando-se a sair do país em que nasceu apenas para evitar os impostos que até então eram cobrados de seu salário. Taupin, porém, vivia em Los Angeles. Foi lá que ele encontrou Alice pela primeira vez e entrou de forma tão animada no espírito dos Vampiros de Hollywood que logo se juntou a Keith Moon como mais um inglês bêbado na América.

Ele disse ao autor Philip Norma: "Eu costumava acordar na minha casa em North Doheny Drive, no melhor estilo casa vazia de estrela do rock, e a primeira coisa que eu fazia era me esticar até a geladeira ao lado da minha cama. Pegava uma cerveja, esvaziava metade e preenchia com vodka. Eu bebia isso todas as manhãs antes de levantar. Quando saía para qualquer lugar de limusine, levava um galão de suco de laranja com vodka. As pessoas estavam começando a dizer: 'Ei, você tem um problema'. Mas eu não acreditava neles. Eu dizia: 'Não, eu estou apenas me divertindo'".

Ele e Alice estavam logo curtindo juntos com regularidade, não apenas em bares e clubes, mas também em shows. Em uma noite, de acordo com Alice, eles foram ver Frank Sinatra e ficaram surpresos quando um dos funcionários do velho Olhos Azuis foi até eles e disse: "O sr. Sinatra gostaria de vê-los em seu camarim".

Abismados, eles o seguiram. A oferta, Alice brincava depois, não parecia ser possível de recusar facilmente, então eles esperaram nervosos até ser chamados para ficarem na presença do Grande Cara, ambos revirando em suas mentes todos os possíveis destinos que os aguardavam por alguma desfeita acidental às supostas conexões de Sinatra com a Máfia.

Em vez disso, receberam boas-vindas calorosas e agradecimentos também. Sinatra estava querendo cantar uma música de Alice ("You and Me" do *Goes to Hell*") e uma de Taupin no show daquela noite e queria agradecê-los por terem escrito as músicas. "Então dissemos a ele que era uma grande honra ouvi-lo cantar nossas músicas", Alice concluiu, "e ele disse: 'Tudo bem, vocês continuam escrevendo e eu continuo cantando!' Ah!".

Em outra ocasião, a dupla leu e se apaixonou pelo livro *Interview With the Vampire*, publicação recente da autora Anne Rice, reinventando o mito do vampiro. A ideia os atingiu ao mesmo tempo: eles deviam se tornar produtores de cinema e esse iria ser o primeiro projeto. Estavam até pensando no elenco enquanto faziam as contas de quanto dinheiro ofereceriam pelos direitos. Peter O'Toole, eles decidiram, seria o perfeito Lestat e 500 mil dólares seria o suficiente para comprar os direitos para o filme.

Era tarde demais. Alguém já havia comprado os direitos por um pouco mais da metade dessa quantia.

Mas esse era o relacionamento que Alice e Taupin tinham, "sempre um instigando a criatividade do outro", como conta Dee Murray, baixista da banda de Elton John durante a época de maior sucesso. "Sempre que os via juntos, estavam confabulando sobre alguma coisa, então não foi uma surpresa quando começaram a escrever juntos. Eles provavelmente deveriam ter feito isso anos antes."

Taupin entrou em seu próprio tipo de reabilitação, pouco depois que Alice foi internado em Cornell, alugando uma casa em Acapulco e limpando-se lá. Então ligou para Alice e propôs fazer um álbum sobre suas experiências compartilhadas, uma saga cautelosa sobre o demônio do álcool.

Alice concordou e juntos embarcaram em uma das sessões de escrita mais gratificantes de que Alice já havia participado, que tomaria proporções ainda maiores no mês de setembro, após a morte por overdose do amigo Keith Moon. Se o indestrutível e irreprimível Keith Moon poderia ser apagado, que esperança o restante tinha?

Não importava se os dois eram antes de tudo letristas. Alice puxava uma letra de seu caderno e Taupin rapidamente respondia e era assim que trabalhavam, jogando ideias e noções um para o outro e fazendo com um enorme nível de produtividade que "no final, conseguimos montar um álbum muito bom".

Eles ainda estavam escrevendo quando Alice se viu novamente nas manchetes, como um dos participantes do muito aguardado filme do *Sergeant Pepper*. Produzido por Robert Stigwood, cujo último filme, *Os Embalos de Sábado à Noite*, tinha sido um sucesso tão grande, *Sergeant Pepper* ameaçava ser maior ainda. Como *Flash Fearless* no passado, convocou uma gama de diferentes cantores e artistas. Diferentemente de *Flash Fearless*, absorvia as superestrelas da época. Alice era apenas um em uma galáxia tremeluzindo brilho.

Peter Frampton ainda estava na onda do sucesso gigantesco do disco *Frampton Comes Alice*. Bee Gees eram trilhas sonoras muito bem-sucedidas, tanto do filme *Os Embalos de Sábado à Noite* como da cena disco em geral. Na mesma época em que o filme foi lançado, os irmãos Gibb estavam prestes a entrar em uma jornada, sem precedentes, de cinco meses no topo das paradas dos Estados Unidos, como *performers*, compositores, ou apenas pela influência inegável em não menos que seis *single*s diferentes. Aerosmith era uma das bandas mais quentes do país, assim como Earth Wind and Fire, mas na cena R & B. Os melhores comediantes de dois continentes participaram, assim como George Martin, o homem que produziu o álbum original. Embora o papel de Alice fosse curto, também era importante. Ele interpretava Father Sun, um demônio maquiavélico que se dedicava a fazer lavagem cerebral nos jovens e transformá-los no que era chamado de Future Villain Band (interpretados com um desembaraço elegante pelo Aerosmith). O papel também deu a oportunidade de cantar uma música dos Beatles pela primeira vez desde a época dos Spiders e ele lançou um tom absolutamente sinistro sobre a, até então, encantadora "Because".

Era difícil imaginar o filme falhar em algum aspecto.

Mas falhou, e Peter Frampton fala pela maior parte dos interessados quando lamenta: "Eu assisti ao filme [e] toda vez que eu lanço um novo disco, Robert Stigwood o transmite pela televisão em algum lugar. 'Você quer tentar lançar um novo álbum? Espere um momento enquanto nós transmitimos isso. Vamos destruir vocês de novo'.

Estou ouvindo que agora esse filme é quase *cult* e não é nem perto de tão ruim como fizeram parecer ser na época. É que (...) você tinha Bee Gees, e o filme *Os Embalos de Sábado à Noite* voava nas paradas na época em que estávamos produzindo o filme, tinha eu, que também estava no topo das paradas, tínhamos a capa da *Time*, *Newsweek* e todo mundo dizendo: 'Ah, esse vai ser um filme de sucesso absoluto', e foi inútil! Era um pedaço de merda, era horrível. A única coisa que o diretor tinha feito antes era *Car Wash* e eu não acho que ele já tinha ouvido falar dos Beatles!

Nós estávamos no meio de um lago sem remos, com certeza. Eu sempre disse que não era tão ruim assim, Steve McQueen fez *A Bolha Assassina* e isso não o prejudicou. Mas, eu já fiz muitos álbuns; alguns foram ruins e as pessoas sempre os colocam junto com os bons discos. Eu fiz apenas um filme e as pessoas vão para cima, e com razão, porque eu também não gostei. Eu acho que levei o baque por todo mundo. Ninguém menciona o filme para os Bee Gees!".

Ou para Alice Cooper. Bem, não com muita frequência, pelo menos.

Em 1999, ele explicou à revista *Wall of Sound*: "Sabe quando você é chamado para interpretar Beatles, e George Martin vai produzir, o que você pode dizer? 'E eu posso bater na galera do Bee Gees no filme?' Era perfeito. Quando fiquei sabendo qual era a ideia toda, que o Aerosmith participaria e Steve Martin também, eu disse: 'Como não fazer?'. Bem, essas pessoas eram o suficiente para eu participar. Ninguém sabia que ia ser um desastre como foi".

Por ora, Alice estava feliz em apenas fechar os olhos e imaginar que o filme não aconteceu. Fazendo reservas no estúdio Cherokee em Hollywood, ele e Bernie Taupin estavam reunindo a banda que daria frutos aos esforços de composição dos dois. Os músicos mais próximos, com quem eles trabalharam com maior sucesso no passado: Taupin chamou Dee Murray, e outro veterano da banda de Elton, o guitarrista Davey Johnstone. O cantor Kiki Dee, outro parceiro de Elton, entrou também. Alice chamou Dick Wagner e estendeu os convites para Steve Lukather da Toto, Rick Nielsen da Cheap Trick e seus antigos amigos, Flo & Eddie. Outro grupo de músicos foi reunido pelo produtor David Foster.

Para Flo & Eddie, a oferta para a reunião veio como uma surpresa. Mas não tão grande quanto o choque que sentiriam uma vez chegassem propriamente ao estúdio.

Alice em 1978 estava um tanto diferente do homem que eles conheceram no passado, muito menos agressivo e bem menos confiante.

No estúdio, ele construiu uma tenda feita de suportes de microfone e tecidos para abafar o som, e ficava lá enquanto todo o resto estava sendo gravado. "Então", Howard Kaylan lembra, "quando chegou a hora de ele sair da tenda contra sua vontade e ficar dois ou três minutos fora para poder passar sua parte dos vocais, ele não ficou muito feliz. Então Shep e as pessoas envolvidas com a produção sabiam do que éramos capazes dentro do estúdio e, como Alice gostava de nos ter por perto, nos chamaram para entrar.

Primeiro, fazíamos nossas partes de base, depois cantávamos junto com Alice para guiá-lo pela música, ajudando-o a atingir notas que de outra forma não conseguiria. E então, eles tiravam nossas vozes da mixagem final, deixando apenas a voz de Alice. É claro, isso significava que tínhamos de aprender a música toda, mas não nos importávamos, pois era Alice, era nosso amigo e isso fez com que o álbum ficasse bom. Agora ele está de volta do outro lado, tenho certeza de que olha para esses álbuns com asco. Mas, para mim, era apenas ajudar um amigo."

Dee Murray também se lembra das sessões como pesadas. "Bernie era a força motivadora. Alice tinha parado de beber, os dois tinham, mas ele ainda estava fraco. Não era o velho Alice, ele simplesmente não tinha mais confiança, nem mesmo quando cantava."

Essas dificuldades diminuíram com o progresso das gravações e todos os envolvidos são inflexíveis em afirmar que o álbum finalizado soava muito melhor do que imaginavam. Mas a própria reabilitação posterior realizada por Alice das músicas e personagens desse álbum, o mais doloroso de todos já feitos, talvez evidenciasse a profundidade emocional que ele deveria atingir para criar o álbum *From the Inside*. Compreensivelmente ciente de que o álbum seria uma mudança sólida de direção, Alice preparou-se para seu lançamento com uma turnê elaborada, com uma precisão quase insensível, para lembrar as pessoas exatamente quem ele era. A turnê do verão de 1978 de *School's Out* estava sem grandes sucessos para ser lançados, reafirmando mais ou menos a infelicidade, em termos de músicos e material, da turnê do ano anterior, *King of the Silver Screen*, mas tocando qualquer música que o público não recebesse imediatamente com um rugido. Então, Alice saiu com o show planejado ao redor do novo álbum só em fevereiro de 1979, quando o destino do disco já havia sido determinado.

From the Inside foi lançado pouco antes do Natal de 1978 e logo foi considerado dúbio. Sua capa, retratando o macabro Alice das antigas, tinha pouca relação com o conteúdo, considerando que o produtor Foster guiou os procedimentos por uma tendência mais agradável e direcionada às rádios, um *brainstorm* comercial em uma época em que as paradas americanas eram dominadas pelos corpos sem alma de Lukather do Toto, Foreigner, Journey, Styx e muitos outros, mas uma traição de tudo que Alice havia representado nos tempos em que era considerado um antídoto para a baboseira que geralmente enchia as ondas de rádio.

Em relação às letras, o álbum era tão forte quanto deveria ser, mas, se seu estilo confessional foi ficando cansativo com o tempo, então era problema do ouvinte, não das músicas. Lampejos sonoros que mais pareciam um Queen meio excêntrico espalharam a ambição do álbum por campos onde Alice geralmente não andava, ao mesmo tempo que os medos de exaltações do tipo Elton John foram confinados à breve música permeada pelo piano "In the Quiet Room" e "Jackknife Johnny", e mesmo nessas partes havia uma pitada de ameaça. Dois anos depois, "Lead a Normal Life", de Peter Gabriel, pareceria dar continuidade sem o menor esforço a "In the Quiet Room", a ponto de elas quase parecerem gêmeas.

No entanto, em outros casos, "Millie and Billie" era um dueto cansativo da antiga vocalista de Eric Clapton, Marcy Levy, mas muitas das músicas mais pesadas do álbum ("Serious", "For Veronica's Sake") eram simplesmente *riffs* de rock manjados que soavam mais como os trabalhos recentes do Sweet do que qualquer outra coisa.

A *Billboard* parecia impressionada, apesar de todas essas questões. "O conceito desse álbum (...) relatando a estadia imposta pelo próprio Cooper em um centro de reabilitação (...) é sem dúvida alguma seu trabalho mais ambicioso até agora. O assunto não é fácil, no entanto Cooper (...) elaborou um disco de rock autobiográfico comovente e muitas vezes emocional, com letras mais impactantes do que em qualquer outro disco que já tenha feito."

De fato, o primeiro *single* do álbum, a balada "How You Gonna See Me Now", com certeza entra para a lista de músicas mais expostas que qualquer cantor já tenha confessado, uma dedicatória à esposa Sheryl que questiona como ela reagiria, ou até como se relacionaria, ao homem de repente sóbrio com quem ela se encontrava casada. Em três anos de casados, Alice pensava se ela alguma vez já o tinha visto completamente sóbrio. Em termos de catarse, e, talvez, de extermínio dos demônios pessoais, *From the Inside* poderia ser considerado um sucesso. Mas não era um disco muito bem visto comercialmente.

"How You Gonna See Me Now" teve espaço nas rádios, mas muito pouco a mais do que isso; *From the Inside* quase não alterou a parada.

Mas o velho guerreiro não estava desencorajado. Com uma banda que viu Davey Johnstone entrar no lugar de Dick Wagner ao lado do sempre presente Steve Hunter, com o amigo Ezrin e os iniciantes Prakash John e Whitey Glan, a turnê Madhouse Rock de três meses logo foi considerada a mais extravagante desde *Welcome to My Nightmare*, um sucesso que só foi ampliado quando o show em San Diego, no dia 9 de abril, foi filmado para o lançamento do vídeo caseiro *Strange Case of Alice Cooper*.

A coreografia de Sheryl Cooper era incrível e a aparência dos bailarinos fantasiados de garrafas de bebida e poodles rosas dançantes levou perfeitamente ao que continua sendo uma das cenas de morte teatrais mais comoventes de Alice Cooper até então, a tentativa de suicídio no Quiet Room. E ele estava lutando contra seu próprio destino também.

"Estou de volta ao rock agora", disse à *Cream*. "Consegui recuperar meu desejo. Essas bandas novas como o Kiss são ótimas, mas o que eles conseguem fazer para um bis? Eu vou acabar com todos eles, expulsá-los do palco. Espero que os jovens pensem que Kiss é o melhor dos shows atuais. Dessa forma, quando virem meu show, vamos parecer muito melhores. Eu posso fazer acontecer. Vão pensar que mandei implantar quatro novos pulmões. Sabe, é um público completamente diferente. Estou tocando para jovens que nunca viram Alice Cooper antes. Mal posso esperar para chocá-los."

Por todos os seus fracassos musicais, então, *From the Inside* era um álbum triunfante e o show ao vivo também. O balanço neofunk com o qual a música de abertura, "From the Inside", pega fogo, tem um começo eletrizante muito antes de a música começar propriamente, e, aprendendo com os erros cometidos na turnê de 1977, dessa vez as novas músicas foram todas encaixadas no começo do show. Mas, embora o restante do repertório seguisse uma sequência de sucessos, estava cheio de surpresas próprias, como a forma fácil com que "Go to Hell" misturava-se com "It's Hot Tonight" foi um destaque igualado por poucas performances de Alice, e fechar o repertório principal com "How You Gonna See Me Now" era um ato de ousadia que ele nunca mais teve.

Nos bastidores, no entanto, Alice, ou Vince, não foi tão longe quanto pensava. Tomando um gole de vinho automaticamente, enquanto jantava com Sheryl uma noite, ele teve uma recaída para o alcoolismo tão pesada que os próximos três anos praticamente não foram registrados em sua memória atual e os três álbuns que ele produziu nessa época foram igualmente esquecidos.

Isso se chama autodefesa.

Três álbuns se despedaçaram e meio que queimaram durante os anos que passaram desde *Welcome to My Nightmare*, quatro se contarem o disco ao vivo e, embora Alice estivesse longe de ser o primeiro ou o único ídolo dos anos 1970 abandonado à própria sorte à medida que a década ia passando, as alturas das quais ele havia caído e a velocidade com que as quedas aconteceram eram alarmantes. Mas como frear isso era a questão. Para Alice, o álcool ajudou a suavizar o impacto diário de mais um ano fora das paradas. Para seus amigos e parceiros, era uma situação mais difícil ainda.

"A primeira vez que ficamos sabendo de um novo álbum foi quando recebemos uma ligação dizendo para voltarmos a Cherokee para uma reunião com Roy Thomas Baker", Dee Murray lembra depois de uma década. "E eu acho que foi Roy quem nos informou exatamente o que isso seria, isto é, menos que um álbum e mais uma missão de resgate." No fim das contas, Murray não apareceria no álbum, pois decidiu voltar a viver na Inglaterra. Mas suas impressões não estavam muito longe da verdade.

Mais conhecido na época como o produtor do Queen durante o auge, porém mais recentemente trabalhando com uma proposta renovada como o homem responsável pelo álbum de lançamento dos agitados do Cars de Boston, Roy Thomas Baker era uma escolha intrigante para produzir Alice Cooper, e não necessariamente uma escolha bem-sucedida. Ele e Alice eram amigos desde que se conheceram na festa de aniversário de Berni Taupin havia três anos, mas ele estava pouco ciente de que havia sido seu histórico, em vez da compatibilidade musical, que garantiu o trabalho. No entanto, para ele o sucesso ou o fracasso de *Flush the Fashion* como obra artística era secundário, considerando seus objetivos humanitários.

Na mesma época em que Baker entrou no estúdio com Alice, ele também estava produzindo para Hilly Michaels, um velho membro do Sparks, dos antigos colegas de batalha de Alice Cooper, mas que agora era o maquinário por trás da banda homônima de Ian Hunter e Mick Ronson. Michaels estava arriscando-se no começo do que seria uma carreira solo muito bem-sucedida e, mesmo não se lembrando de todas as conversas sobre os muitos projetos de Baker, uma coisa estava clara.

"Roy estava tentando salvar a vida e a carreira toda de Alice. Ele ouviu que Alice estava saindo em farras semanais, gastando pelo menos

5 mil dólares por vez. Fechado em um casulo, Alice estava se matando aos poucos, Roy tentou ajudá-lo de todas as formas que pôde, mas no fim das contas havia uma ideia no ar, 'salve Alice, salve Alice'. Roy parecia ter visto um fantasma da primeira vez que voltou de uma reunião com Alice. Ele estava a ponto de cair, desistir (...) muito, muito doente."

Desde então se costuma descrever *Flush the Fashion*, gravado no Cherokee Studios em 1980, como a réplica de Alice à onda crescente de bandas movidas a teclado e sintetizadores, que ganhavam reconhecimento ao redor da proposta New Wave, sendo os Cars apenas um dos representantes. Participando das gravações no estúdio também, estava o recentemente bem-sucedido Gary Numam, um *expert* inglês dos sintetizadores, cujos ritmos despojados e bases frias pareciam, por alguns momentos, propor uma direção completamente nova para o rock explorar. De fato, é pouco provável que Alice tenha sequer considerado na época, apesar de que fazia um tempo que reconhecia uma certa bajulação.

"Eu acho que quando trabalhei com Roy, fomos para uma direção muito louca porque ele fez Cars e Queen, e nós estávamos sentados lá dizendo: 'Eu não tenho problema em fazer um álbum New Wave, contanto que tenha a atitude Alice e tenha dentes'. Eu meio que gostava de fazer músicas como 'Leather Boots', porque eram musiquinhas estranhas, [porque] eu acho que, enquanto Alice estiver cantando, ainda serão músicas de Alice." As coisas ficaram fora de controle em relação à crescente percepção de que Alice provavelmente não reconheceria uma música de Alice mesmo que fosse transplantada em seu cérebro.

Flush the Fashion apareceu como um álbum desesperado. "Roy, Alice e a gravadora estavam todos de dedos cruzados, torcendo para que Roy conseguisse produzir um sucesso avassalador (...) botar Alice sob os holofotes novamente", disse Hilly Michaels. Mas nem a principal produção do álbum, "Clones (We're All)", introduzida ao processo por Davey Johnstone, um amigo do compositor David Carron, nem a inclusão mais bem-sucedida, uma pauleira nervosa chamada "Talk Talk" da Music Machine, eram originais de Cooper, mas essas eram as faixas mais fortes no disco que rapidamente provou ter apenas uma dimensão, um álbum que tenta mascarar suas deficiências atrás da produção e não conseguiu isso praticamente todas as vezes. Alice Cooper era muitas coisas, mas não era o novo Gary Numan.

O fracasso de "Clones", em particular, magoou Baker. O mais potente número Numanesco entre os conteúdos futurísticos do álbum, combinado com um vídeo que deixava a influência ainda mais gritante, Michaels lembra: "Roy não estava muito animado com o *single*, a voz de Alice estava muito imprecisa e a música saiu muito abaixo da qualidade para um disco de Alice Cooper/Roy Thomas Baker. Mas Roy parecia perturbado por não conseguir usar sua varinha mágica em Alice e lhe conceder o *single* de sucesso de que ele tão desesperadamente precisava".

De fato, havia várias outras opções de *singles* no disco, começando com a melodramática *sturm-und-drang* de "Pain" e a grande tempestade de guitarras em "Grim Facts", enquanto o produtor Baker fazia seu melhor para esconder as deficiências do álbum. "Alice é inteligente, astuto e muito legal e nós decidimos montar esse álbum", ele explicou. "Ele me disse: 'Esse álbum é tão seu quanto meu, então mãos à obra'. E assim eu fiz."

Porém, apesar de ter sido um esforço colaborativo, não era um encontro de iguais.

Alice raramente estava presente. Como sempre, ele pegava seus melhores títulos dos jornais e havia de fato algo excentricamente de viés da *National Enquirer* sobre as músicas, como o metal pesado de "Nuclear Infected", o soco eletrônico de "Aspirin Damage" e o estilo Stones, meio "Start Me Up", de "Dance Yourself to Death". Infelizmente, a inspiração não foi o suficiente em muitos dos casos, como Howard Kaylan, chamado mais uma vez para o estúdio, rapidamente percebeu.

"Os anos 1980 embaçaram porque, muitas vezes, os artistas nem ficavam nos estúdios, eram os produtores que faziam o trabalho todo (...) ou o artista entrou tanto na lógica coorporativa que muito da sua personalidade ficou para trás. Antes, se você ia ter alguém no estúdio para cantar os vocais de apoio, você ia querer conhecer a pessoa, ia querer incluí-la como parte do álbum, criaria laços um pouco familiares.

Mas, atualmente, não há mais absorção de nada, poderia muito bem ter sido um comercial da Pepsi. E se a personalidade da coisa toda e o valor de entretenimento da criação se foram, então o único motivo para fazer tudo isso é o pequeno cheque que se recebe por fazer esse tipo de coisa ou a satisfação de dizer, 'eu estou naquele álbum'."

Roy Thomas concorda. "[Alice] disse que não se importava com as questões pertinentes ao estúdio e que era meu trabalho apenas dizer a ele quando inserir os vocais. Então eu o chamava quando precisasse, ele aparecia e cantava e então ia embora novamente. E era tudo que víamos dele. Sua atitude no geral era de que estava me pagando muito dinheiro. Então por que ele precisava estar lá o tempo todo?"

Porque era seu disco? Aparentemente não. De acordo com Baker, Alice nunca ouviu o LP finalizado completamente até a divulgação para a imprensa, algumas semanas antes do lançamento em abril.

No evento, Jeffrey Morgan, da *Creem*, encontrou muito para amar em um álbum que, segundo ele, "grudaria no topo do seu crânio como uma teia gosmenta de chiclete". A capa que deu o pontapé inicial "era um trabalho brilhante oriundo da escola de design 'quem-se-importa--com-essa-merda' (...) gravado na fúria e com um prego enferrujado pelo próprio velho Salvadork A. C.". "Clones", o primeiro *single*, "vai além da réplica de Gary Numan ao adicionar um pouco de humor temperado com uma pitada de masculinidade (...) 'Leather Boots' soa como Warriors epilépticos drogados (...) 'Pain' contém os melhores versos de Alice desde 'Second Coming' [e] quando ele rosna 'Eu sou a sensação quente quando o condenado frita', ele soa exatamente como você gostaria que ele soasse. É 1980. Você sabe onde seus heróis estão?".

Era uma pergunta que Alice, como um desses heróis, precisava desesperadamente responder.

Capítulo 14
Forças Especiais

Por um momento no começo dos anos 1970 tudo parecia indicar que a Blues Image estava destinada a chegar ao topo. Não eram mais a banda da casa na Thee Experience em Los Angeles, onde seu vocalista curtia com o grupo desconhecido Alice Cooper. Um álbum de estreia decepcionante foi seguido por um grande sucesso único. "Ride Captain Ride" foi escrita em apenas 15 minutos, o guitarrista Mike Pinera admite rindo, no entanto ela chegou até o quarto lugar na parada da *Billboard* e número um em diversos mercados regionais. Simples assim, tornou-se um dos sucessos definidores daquele ano e a Blues Image foi lançada para o sucesso.

Em vez disso...

"Em retrospecto, nós provavelmente ainda estaríamos juntos se tivéssemos dito 'não' para os empresários que nos faziam ficar em turnê sem parar, os caras que tinham família poderiam ter tempo para passar com eles e eu também poderia ter tido mais tempo para escrever novas músicas. Nós chegávamos em casa depois de meses em turnê e os empresários nos mandavam diretamente para os estúdios de gravação, para que pudessem agilizar e já lançar o novo disco. As músicas novas que eu escrevia foram gravadas com pressa e, antes que percebêssemos, estávamos na estrada de novo.

Nossa música sofreu muito pelo fato de os empresários acreditarem que uma banda de rock tinha uma vida útil de dois anos, então eles nos drenariam até a última gota válida." Desnorteados e machucados pela exposição repentina às verdadeiras exigências da indústria musical, e com a tensão e fadiga contribuindo para o desentendimento da banda, Pinera saiu. Seus colegas continuaram por um tempo, então o Blues Image não terminou exatamente. Mas a musa principal havia ido embora e agora eram seus colegas da banda Iron Butterfly, um dos astros sólidos dos anos anteriores, que recebiam Pinera no verão de 1970.

Uma década depois, Pinera ainda era muito procurado. Sua carreira desde então o levou por uma sucessão de novas bandas: Ramatan, com o ex-baterista da Jimi Hendrix Experience, Mitch Mitchell, a nova formação da New Cactus com Tim Bogert e Carmine Appice na fase após o impactante Vanilla Fudge, um passo para trás em direção ao seu próprio passado terminológico com o Thee Image, a primeira banda americana a ser contratada pelo selo Manticore da ELP e agora uma carreira solo com o selo Capricorn. Um álbum, *Isla*, já havia sido lançado e posto nas prateleiras, e agora Pinera estava se preparando para o próximo, *Forever*. "E foi nessa época que Alice me ligou e me chamou para fazer parte da sua banda.

Ele me ligou e disse: 'Vamos fazer uma banda, eu quero formar um novo grupo'. Eu nunca vou esquecer isso, ele disse: 'Eu não sei se você sabe, mas eu na verdade me dei muito bem desde a última vez que você me viu...'.

Bom, parecia legal, exceto por uma coisa. *Forever* acabara de ser lançado, eu não poderia deixar de promovê-lo. Fazia parte do meu contrato eu sair e trabalhar o álbum, então eu disse: 'Alice, se pudermos esquematizar as turnês, para quando você precisar e quando eu precisar cair na estrada, nós com certeza podemos fazer funcionar'. E ele disse: 'Eu tenho uma ideia ainda melhor. Por que você não abre os shows com sua banda e então volta e toca comigo?'. E foi isso que aconteceu. Eu fazia meu show, promovia meu álbum e voltava aos palcos com Alice." Alice até pensou em um apelido para seu novo guitarrista. "Ele me chamava de 'Mr. Rogers do rock'."

Uma turnê de três meses seguiu em frente, mas Pinera não estava intimidado. Ele foi acompanhado na banda Cooper de cara nova por Duane Hitchings, seu colega desde a época da New Cactus e um músico crucial para a turnê *Forever* também. Ele explica: "Não estávamos no álbum *Flush the Fashion*, mas aprender as músicas foi fácil, elas eram fáceis de tocar, como a 'Clones', por exemplo, e nos divertíamos bastante. Era uma boa banda, todos lá eram amigos...".

Os músicos tinham toda a liberdade que pudessem desejar. "Tínhamos livre-arbítrio total. Alice dizia: 'Toquem como quiserem essas coisas. Mantenham a integridade do arranjo do verso e do refrão quando eu estiver cantando, mas quando for a vez do seu solo não pense que deve tocar o que está no disco, você pode tocar o que quiser'. Então, sabendo do que os fãs gostavam, como eles apreciam certas partes de diferentes solos, alguns trechos você tem de tocar, as linhas características, então era isso que eu fazia. Na 'School's Out' e 'I'm Eighteen' eu fazia a técnica da curvatura dupla das cordas e então partia para o que eu queria."

A turnê começou em El Paso no dia 4 de junho de 1980 com Alice com uma mentalidade bem militarista. Pouco depois do início da turnê, ele ouviu dizer que a Casa Branca se preparava para vender um conjunto de uniformes usados pelos guardas de segurança presidenciais. A ideia de fantasiar sua banda com algo parecido foi algo que o perseguiu mesmo depois que os uniformes foram doados para a banda de marcha da Califórnia, uma ideia que grudou em sua mente durante a turnê toda e no final daria muito sabor ao seu próximo LP.

Por enquanto, ele se contentava em atormentar Mike Pinera. "Alice gostava de improvisar e ser bastante espontâneo. Uma noite, enquanto tocávamos 'Billion Dollar Babies', alguém deu a ele uns furadores de gelo ou ele os encontrou em algum lugar. Ele tinha três ou quatro em uma mão e mais três na outra, então uma noite, enquanto eu fazia meu solo, ele fala para mim, 'Eu quero ver você dançar, Mike', falou bem no microfone. E eu disse 'Tá', e comecei a pular e ele falou: 'Não, eu quero ver você realmente dançar'. E ele começa a jogar com força e rápido os furadores de gelo na direção dos meus pés. Graças a Deus eu estava em boa forma, comecei a dançar mais rápido e, quando ele acabou, lá estavam todos eles grudados no chão do palco. E ele gostou tanto que começou a fazer isso todas as noites."

No entanto, Pinera não continuaria sendo o alvo de Alice por muito tempo. "Isso se tornou a nova coreografia para 'Billion Dollar Babies', então uma noite eu disse, 'vou pregar uma pequena peça nele', então fui a uma loja de truques e comprei uma faca falsa, daquelas que a lâmina de borracha entra para dentro do cabo quando é pressionada contra o corpo, e comprei sangue falso. Eu tinha o sangue na minha mão e a faca também, então quando ele começou a jogar os furadores de gelo, eu disse: 'É o melhor que você pode fazer?'.

Alice olhou para mim desconfiado. Ele ficou tipo: 'Opa, o que está acontecendo? Isso não faz parte do show', então eu repeti: 'É isso o melhor que você pode fazer?'. Então eu mostrei a faca e comecei a me esfaquear na cabeça, no pescoço e na garganta, com todo o sangue saindo para todos os lados, as pessoas na primeira fileira realmente ficaram impressionadas e Alice ficou pasmo. Simplesmente ficou olhando, boquiaberto, não sabia o que fazer. Ele me disse depois que foi a primeira vez em sua carreira em que saiu do personagem em cima do palco."

Pinera estava certo de que não havia presenciado nenhum abuso de álcool, e isso considerando Alice ter posteriormente admitido que esse período inteiro de sua vida foi passado de garrafa em garrafa. "Álcool (...) não. Eu nunca vi. E Valerie, minha esposa, fazia sua maquiagem antes dos shows e também não viu nada de álcool. Ele deve ter sido um mágico brilhante porque estávamos no mesmo ônibus de turnê o verão inteiro, viajando juntos, e ele ficava no quarto dos fundos, na sala do chefe, mas a porta estava sempre aberta. Ele nunca trancava e qualquer pessoa podia ir lá, sentar e conversar (...) eu nunca vi nada do tipo."

O diretor da turnê, Damien Bragdon, também insistia que Alice mantinha-se sóbrio, mesmo depois que o show da banda no festival Canadian Rock em Toronto, no dia 19 de agosto, foi cancelado por causa da "saúde frágil" do cantor. Uma afirmação que logo abriu espaço para uma gama de rumores em relação ao velho alcoolismo de Alice. Sua recaída não era pública, ainda não. Mas uma estrela caindo na tentação do álcool novamente sempre será uma ótima notícia para alguns segmentos da mídia, e Bragdon lutou para desmenti-los. O cantor sofria de bronquite asmática, ele explicou, e perdeu dois voos de Nova York para Toronto enquanto se esforçava para uma rápida recuperação.

Mas quando ele finalmente chegou, "estava com uma cara péssima e ardia de febre. Eu não colocaria um ser humano nessas condições no palco. Ele estava tão doente que mal conseguia ficar em pé".

Um médico foi chamado para o Holiday Inn no centro, onde a banda toda estava, e confirmou a doença de Alice. E Bragdon poderia apenas reforçar: "Absolutamente não há drogas, bebidas ou heroína envolvidos. Ele é apenas um homem bem doente".

De volta ao espaço do show, no entanto, a notícia de cancelamento divulgada apenas uma hora antes do início do show não foi bem aceita. O *Toronto Star* noticiou: "Milhares de fãs do rock indignados tentaram destruir o Grandstand ontem à noite. Eles jogaram garrafas, correntes e outros objetos em 268 policiais durante um surto de 30 minutos que custará 175 mil dólares para reparar (...) arrancaram fora 200 assentos soldados a estruturas de metal e aparafusados no concreto. Lançaram pedaços de cadeira de metal para o palco. Eles não machucaram ninguém, mas arruinaram um sistema de PA e uma bateria bem cara. Eles arrancaram catracas de metal, quebraram as janelas das bilheterias e do restaurante Grandstand e danificaram diversos carros na parte de fora do estádio". Doze fãs, cinco policiais e um segurança do local ficaram feridos, 31 fãs foram presos e o dia seguinte do festival foi cancelado para que pudessem reparar os danos.

Fora das estradas em outubro de 1980, a banda se encontrou no novo ano para começar a trabalhar no próximo álbum de Alice. *Special Forces* foi concebido ao redor dos sonhos uniformizados do cantor para o próximo ano. Guerrilha chique, ele determinou, era o visual que ele queria que a banda adotasse e era o som que ele exigia também.

Mike Pinera explica: "Alice ouvia aqui uma rádio local chamada KROQ, eles estavam tocando bastante punk progressivo, speed punk, rap heavy metal, completamente diferente de qualquer outra estação. Ele dizia para os caras da banda: 'Esse é o tipo de coisa que eu quero que escrevam, de ponta, atual, diferente, o tipo de coisa nunca ouvida antes'. E foi isso que ele me disse: 'Mike, eu quero fazer isso, mas quero fazer melhor. Quando todo mundo é normal eu sou estranho, quando todo mundo é estranho eu sou mais ainda'.

Então eu disse: 'Tá', e comecei a escrever coisas tipo 'Vicious Rumours' e outros, em ritmos bem diferentes, um tipo de guitarra punk realmente nervosa e então o álbum começou a se manifestar."

Emergia uma pegada alternativa de Los Angeles enquanto Alice fuçava seu armário e desenterrava seus velhos álbuns dos Doors e Love. Por um tempo, um novo conceito se apresentava, uma história virtual do rock de Los Angeles, desde a ascensão da garagem no meio dos anos 1960, dando a volta completa até o barulho punk dos anos 1980. Pinera: "Alice realmente gostava de Arthur Lee e adorava os caras dessa época e havia muitas músicas daquele tempo que pensávamos em usar. Então, ele mudou de ideia e disse que não queria fazer tantos *covers* assim. Mas ele definitivamente queria fazer a 'Seven and Seven Is' do Love".

A chave para a direção final do álbum foi uma música com a contribuição de Duane Hitchings, a confusão agressiva de "Who Do You Think We Are", na onda dos cutelos de Francis Ford Coppola e rasgando os inimigos com uma guitarra tão afiada quanto um canivete. Porém, outro elemento ressoou. Alice explicou: "O Alice antigo era uma vítima e muito disso tinha a ver com o álcool. Eu era sempre o garoto choramingando, o mundo estava contra Alice, ele era um excluído, um homem realmente peculiar, e essa era minha atitude também". Mas, no momento do *Special Forces*, ele tinha "uma atitude completamente diferente. Alice não era mais um garotinho choramingando, agora ele era um vilão arrogante e havia se transformado em um louco por controle e eu gostava disso, era muito importante para mim".

O *Special Forces* continuou. No estúdio havia uma reunião de boas-vindas aguardando Pinera enquanto ele entrava para cumprimentar pela primeira vez, depois de muito tempo, o produtor Richard Podolor, um veterano cujo histórico de músicas inclui sucessos para Steppenwolf, Iron Butterfly, Three Dog Night e a antiga banda de Mike Pinera, o Blues Image. Foi Podolor, o guitarrista ri, que passava as sessões de gravação inteiras do segundo álbum dizendo: "Faça mais comercial".

"Bem, chegamos ao fim das gravações, tínhamos apenas mais um dia de estúdio e o produtor me chamou no canto, olhou para mim e com pesar me disse: 'Eu tenho de ser honesto aqui, vocês não conseguiram fazer um *single* de sucesso ou qualquer coisa que tenha potencial, e esse é o último dia para gravar. Eu não sei se conseguem fazer um milagre, mas vocês acham que existe alguma coisa que possam tocar que tenha esse potencial ?'. E eu disse: 'Ah, sim, acho que me lembro de alguma coisa', então eu fui e contei para o resto da banda o que ele havia me dito e o tecladista, Skip, disse que tinha uma ideia de um pequeno refrão em mente que era, 'Ride captain ride upon your mystery ship be amazed at your friend you have here on your trip, [Navegue, capitão, navegue em seu navio misterioso, fique maravilhado com os amigos que você tem na sua viagem], nada mais além disso.

Mas esse pequeno verso me inspirou, então eu fui para uma sala vazia, tranquei-me lá, limpei minha mente, meditei um pouco e de repente letra e melodia começaram a fluir, tudo ao mesmo tempo. Saí correndo em direção ao piano, escrevi o resto da música, fui até o produtor e disse: 'Ok, você tem de ouvir essa aqui!'.

Skip e eu começamos a tocar 'Ride Captain Ride' e ele disse: 'Oh, meu Deus, é isso, essa é a música que eu estava esperando'. Foi escrita em 15 minutos. Nós a finalizamos naquele mesmo dia."

Uma sensação de invenção semelhante pairava sobre as sessões de *Special Forces.* Invenção e intensidade que finalmente resultaram em um álbum situado, sem a menor dificuldade, entre a energia do punk rock e as tradições do hard rock, de brilho metálico, mas antagonista também. Um novo álbum para uma era.

"Prettiest Cop on the Block" misturava guitarras que soavam como sirenes e ritmos de fuga de prisão com uma letra que flertava com o mesmo tipo de desafio andrógino que dava sabor a "The King of the Silver Screen". "Don't Talk Old to Me" tinha padrões de bateria discordantes e um vocal que brincava com o robótico, e quando "You Want It, You Got It" ressaltou-se entre palmas e ronronadas, deixou você com a sensação de ter andando três quarteirões com todas as prostitutas da avenida farejando o ar.

Mas era um Alice clássico também. "Skeletons In the Closet" caminhava pelo som do tilintar dos acordes de Duane Hitchings e poderia ter sido tirada do *Welcome to My Nightmare*, enquanto as interruptas guitarras de "You Look Good In Rags" apenas atualizavam uma melodia que parecia tão velha quanto "Love It to Death". "You're a Movie" era uma petulância em voz alta, uma interação com chamados e respostas animadas, encenada por um ator canastrão anglófilo engomado, e, ausente do álbum, mas uma referência para o restante da gravação, a intitulada imortalmente "Look at You Over There, Ripping the Sawdust From My Teddy Bear" pegou os melhores instintos de balada dos últimos três ou quatro LPs e os transformou em uma letra completamente diferente para "Go to Hell".

No entanto, na estrada, foi difícil de vender. Pinera: "Nós subíamos no palco e sempre que tocávamos os sucessos tudo ia bem, e, o minuto em que passávamos para essas músicas obscuras do *Special Forces*, todas as pessoas se entreolhavam e diziam: 'Hein? O que é isso?'. Mas Alice não se importava. Ele estava se divertindo".

E divertindo-se pela primeira vez, aparentemente, em um bom tempo.

Apenas duas das novas dez músicas do álbum entraram para a lista dos shows: "Who Do Yoy Think We Are" do Hitchings, que havia, de qualquer forma, sido trabalhada para a turnê seguinte, e a rebelde "Seven and Seven Is", adicionada ao repertório quando a turnê chegou à Europa em 1982. Lá, foi acompanhada pela firme "Generation Landslide" do velho *Billion Dollar Babies*, regravada ao vivo nos estúdios para ser incluída no *Special Forces* e de repente parecendo estranhamente presciente na medida em que os anos 1980 refletiam a explosão punk, patrimônio deles desde sempre.

Então, as antigas podiam ser pesadas demais, mas foi uma turnê memorável. A fumaça enchia o palco enquanto um par de figuras camufladas surgiam, iluminando a plateia com lanternas como tropas em uma missão de reconhecimento na madrugada. Carros, prédios e corpos destruídos poluíam o ambiente, holofotes acesos como de grandes caminhões nas últimas; até mesmo os amplificadores pareciam ter saído de um cataclismo urbano. Os holofotes percorriam o palco e então caíam sobre Apocalipse Alice, sombrio e vestido em couro, um chicote em uma mão, seu cabelo preso tão firmemente que parecia que havia cortado tudo. Uma selva urbana futurista apresentava-se, musical e visualmente, estridente e furiosa, o som de uma banda de rock bem ensaiada abrindo-se completamente e aterrorizando o inimigo com o rock 'n' roll.

"Special Forces é a atual banda de Alice e são uma equipe peculiar de vilões", disse à *Kerrang!*. "Todos usavam vestimentas de combate, adequadas o suficiente, afinal obviamente são mercenários da música, os melhores roqueiros, mais durões e afinados que o dinheiro pode comprar."

Em forma, como ele parecia estar todas as noites, Alice estava imperdível. Sua maquiagem de palco passara por uma revisão completa. Não mais algo saindo de um filme de terror, agora ele era o horror propriamente dito, uma escultura feita de fígado de galinha disfarçada como uma pobre e velha prostituta, uma maquiagem toda borrada, seu cabelo preso para trás e todo mal penteado, seu rímel todo borrado. Não havia beleza, elegância ou classe. O homem que uma vez ficou pendurado por uma corda no pescoço agora parecia um homem no fim da linha. E ele atuou com perfeição, até trazendo uma muleta para "I'm Eighteen" para enfatizar que ele não tinha mais essa idade, antes que sua jiboia indispensável serpenteasse em uma reverência. Mais tarde, "Billion Dollar Babies" o pegou beijando uma cabeça de boneca arrancada do corpo, enquanto "School's Out" o botou em uma sala de aula, com alunos zumbis e tudo.

Pinera lembra: "Nós fomos ao programa de TV do Tom Snyder, tocamos muito bem e então deu o intervalo e Tom disse: ' Bem, quando voltarmos vamos conversar com Alice Cooper'. Nós sabíamos como era o show, como tudo funcionava e dissemos: 'Cuidado, esse cara vai tentar constranger você ou falar algo estúpido', e Alice disse: 'Pode deixar, pode deixar'. Então ele vai até lá e senta, ainda recuperando o fôlego, suando, com a tinta derretendo de seu rosto, e Tom chega e diz: 'Então, Alice, é verdade que você mata galinhas no palco?'. Essa era a primeira pergunta, e Alice olha seriamente para ele e responde, 'Ah, não, não, não. Esse é o coronel Sanders. O coronel Sanders mata galinhas'".

A maior parte de 1982 foi passada na estrada, mas o clímax da turnê continua sendo a parte lembrada com mais carinho. Pinera: "Chegamos à França em dezembro, eles queriam que fizéssemos um especial de uma hora para a TV francesa. Foi tão engraçada a forma como aconteceu, porque o governo francês deixou à nossa disposição um diretor e uma equipe de emissora de TV e Alice disse: 'Bom, eu vou arranjar as coisas, as cenas e partes que faremos', e era tão surreal que o diretor disse: 'Sabe de uma coisa? Por que você não vai em frente e produz tudo? Você mantém a equipe e eu saio fora'. No fim das contas, Alice era o produtor e o diretor, com um pouco da minha ajuda, e, nossa, que viagem!".

O time, ele explica, "tinha a França inteira à disposição e essa equipe de produção toda e Alice inventava umas coisas realmente surreais. Um ferro-velho, uma estação de metrô abandonada, em que todos os vagões eram grafitados, Alice simplesmente encontrava esses lugares", e as gravações iriam começar.

A banda vestida totalmente de guerrilheiros urbanos chiques, fazendo poses ameaçadoras e caras e bocas, Alice em sua própria versão da militarização mutante no território dominado por zumbis, a apresentação de uma hora mergulhou fundo até *Love It to Death* em busca de material, a trilha sonora era uma mistura frágil das gravações originais com *overdubs* tardios, sempre aproveitando ao máximo o espaço ao redor.

"Under My Wheels" em um ferro-velho, "Seven and Seven Is" em um vagão de metrô vandalizado, com golpes de arte marcial, uns "boom bam bam" para dar ênfase, "Prettiest Cop on the Block" em um rua deserta à meia-noite e "Cold Ethyl", é claro, em um frigorífico, Alice e seu par, uma boneca esfarrapada, esfregando-se entre as carcaças abertas, antes de mudar para a ardente "Only Women Bleed", que talvez ele tenha levado o título da música muito literalmente.

"Mas a parte mais pesada da situação toda", Pinera ri, "foi quando Alice veio, sentou ao meu lado e disse: 'Ouça, me diga se gosta dessa ideia. Nós vamos tocar a música 'Go to Hell' e vestir a banda de freiras, botar a maquiagem preta ao redor dos olhos e eu vou me vestir com roupa de couro e meu chicote e então vamos para as escadas da Catedral Notre Dame à noite, durante a lua cheia. Eu quero levar uma máquina de fumaça e uma luz estroboscópica'. Ficaríamos nas escadas e tocaríamos 'Go to Hell'.

Eu disse: 'Eu amo a ideia, mas não sei se as pessoas entrando e saindo da igreja vão gostar', e ele disse: 'Bem, eu vou me preocupar com isso quando for necessário'. Então lá estávamos nós, lua cheia, máquina de fumaça, fazendo uns passos sincronizados, com uma aparência muito sinistra, e então o padre aparece e diz: 'Olha, eu sei que dei permissão para fazer isso, mas gostaria de saber o que exatamente vocês estão cantando. Quais os versos para essa música?'.

E Alice disse: 'Padre, eu estou dizendo as mesmas coisas que você diz no sermão de todo domingo. Eu estou dizendo que, se você é malvado, trata as pessoas mal, talvez vá para o inferno'. E então ele disse: 'Ok, bom. Continuem'."

Na verdade, a filmagen finalizada utilizou aquela localização solene e evocativa muito menos do que era possível. Mas, ainda assim, "Go to Hell" surgiu como mais um triunfo em um especial de televisão repleto de coisas do tipo, ao mesmo tempo em que a turnê europeia tornou-se o tipo de vitória que Alice não apreciava havia mais de meia década.

Com o país tendo sido privado da presença de Alice por tantos anos, as datas no Reino Unido provaram-se especialmente bem-sucedidas e tão bem aprovadas que Alice premiou seu público britânico com um novo *single*, apropriadamente intitulado "For Britain Only". Rolavam boatos sobre ele estar prestes a entrar em algum estúdio e regravar "School's Out" com Adam Ant, o último dos heróis do pop, que surgiu com um gosto pelo antigo Alice em seu repertório (Ant faz uma breve imitação do Alice clássico dos anos 1970, bem no final de seu vídeo "Stand and Deliver") e novas datas britânicas pareciam ser marcadas todos os dias, à medida que os shows já marcados esgotavam.

Porém, apesar de todo o sucesso e do fato de que Alice Cooper ainda estava se vendendo para qualquer lugar que ele visse pela frente, 1981 e 1982 continuam sendo os anos mais incompreendidos e, na maior parte do tempo, muito mal documentados da carreira inteira de Alice, pelo menos em termos de interesse da mídia.

De certa forma é compreensível. Uma nova década trouxe novas preocupações. O futuro sintetizado sobre o qual Alice brincou no *Flush the Fashion* estava chegando agora, junto com a nova onda de nuances musicais, formando a dieta básica da novata rede de vídeos, a MTV. Os heróis atuais eram tipos como Duran Duran e Culture Club, Joan Jett e Tommy Tutone.

Mas o mar de mudanças não era tão vasto assim para exterminar a velha guarda. Em 1982, David Bowie estava a menos de um ano do lançamento de seu álbum mais vendido de sua carreira até então, *Let's Dance*. Michael Jackson, cuja carreira em produção de grandes sucessos tinha dois anos a mais que a de Alice, ainda estava no topo. Bruce Springsteen ainda construía monstros, enquanto *The River* passou um mês em primeiro lugar, Bob Dylan ainda estava nas manchetes, enquanto fazia a turnê gospel Born Again. Até mesmo o Kiss, cuja remoção da maquiagem no ano anterior apenas provou que eram ainda mais grotescos sem a maquiagem do que com ela... até Kiss ainda vendia discos.

Então por que Alice não conseguia?

Pensando bem, ele assumiu um pouco da culpa para si. "Passamos por algumas mudanças no começo da década de 1980, partimos para direções diferentes e eu acho que isso confundiu as pessoas. Fizemos o especial *Special Forces* e foi sem a maquiagem, bem, sem a maquiagem mais pesada e sem um grande número de adereços, mas ainda era em relação à música."

Mas havia outras razões além dessas. Cinco anos depois do desastre do *Welcome to My Nightmare*, quando ele irritou sua gravadora ao passar a trilha sonora para uma segunda gravadora, ele fez de novo. Mike Pinera explica: "Alice produziu e financiou o filme *Roadie*, e a Warner Brothers automaticamente supôs que ele daria os direitos de distribuição para eles. Mas ele não fez isso, deu para outra empresa, e a Warner literalmente chegou nele e disse: 'Se não tivermos isso, vamos parar com todo o tipo de promoção e impediremos que todos os seus álbuns tenham qualquer tipo de exposição'. Alice disse: 'Bem, me ataquem com seu melhor golpe', e de fato fizeram.

Muitos dos manda-chuvas da Warner disseram: 'Certo, vamos colocá-lo na lista negra', e com certeza não houve coperação da parte da gravadora de forma alguma".

Special Forces chegou à posição 125 na América. Seria o primeiro álbum de Alice a não conseguir entrar no Top 60 (pelo menos) desde *Pretties For You* em 1969. Apenas o álbum ao vivo para fazer volume de cinco anos atrás vendeu menos cópias que *Special Forces* e o pânico atingiu o escritório de Shep Gordon como um tsunami. Sim, eles podiam manter Alice na estrada para sempre e garantir seus salários assim. Mas, ao mesmo tempo que a Warner se recusava a promover o cantor, continuava a exigir novos produtos.

Era como se a indústria fonográfica finalmente tivesse ficado cansada da reclamação dos artistas sobre como as gravadoras não faziam nada por eles e resolveram mostrar como seria se isso realmente fosse verdade. O *Special Forces* indiscutivelmente subiu mais na parada do que na época logo após o *momentum* deixado para trás pelo *Flush the Fashion*, que, mesmo com todas as falhas, pelo menos chegou até a posição 44. Agora era a oportunidade de ver o que aconteceria se um novo álbum viesse depois de um fracasso.

Pinera diz suspirando: "No momento em que chegamos da turnê *Special Forces*, o empresário nos disse: 'Vocês precisam voltar para o estúdio, precisamos botar outro álbum em circulação, precisamos de espaço nas rádios'. Apenas a comoção toda do *showbiz*. Nós nem tivemos tempo para sair da turnê, somente nos encontramos sentados lá, Alice com um caderno em branco e o restante de nós sem nenhuma ideia do que fazer. E foi assim que começou".

Da última vez, ele lembra, o álbum nasceu por vontade própria. "Alice gostava de ter tempo para escrever. Ele tirava muitas das suas ideias de anúncios e artigos de jornais, do tipo 'garoto nascido com cabeça alienígena' do *Enquirer*. É daí que ele tira a maior parte de suas ideias e, quanto à música, ele confiava à banda o trabalho de trazer mudanças nas músicas, acordes e climas. Nós ensaiávamos bastante na minha casa, em Hollywood Hills, onde eu tinha um estúdio e ele aparecia junto com diferentes pessoas da banda e nós tentávamos criar algo. Então, quando gravamos *Special Forces*, nós já estávamos ensaiados, e quando entramos no estúdio todos os arranjos estavam bem pontuados.

Considerando que, para este novo álbum, muito daquelas coisas estavam sendo escritas e completadas no estúdio, isso não é nada bom porque você sente a pressão o tempo todo, uma quantidade absurda de dinheiro por hora, e eu continuava dizendo: 'Cara, eu queria ter mais tempo para preparar e ensaiar o material todo'.

Mas apenas fizemos o melhor possível e acho que tudo isso foi uma tática da Warner para dar bandeira vermelha para o *Special Forces*, não deixando o álbum ser promovido."

Encorajados pela produtividade das gravações do *Special Forces*, a banda pretendia a princípio voltar a trabalhar com Richard Podolar. Ele e a banda, no entanto, ficariam esperando um bom tempo por inspiração semelhante atingi-los novamente. "Pensando bem, eu não acho que Richard era o produtor certo para esse trabalho", Pinera reconhece. "Eu acho que a administração tomou essa decisão previsivelmente porque Alice precisava de um *single* de sucesso e Richard era conhecido por encontrar *single*s e produzi-los com sucesso. Mas seu forte era sair e encontrar músicas de outros compositores, como 'Born to Be Wild' e 'Joy to the World'. Ele estava tentando produzir como se fosse uma sessão de pop, e, cara, como ele ficou surpreso.

Alice se trancava em uma sala porque queria trabalhar em suas letras e não queria ser distraído, Richard não tinha acesso a ele até que ele saísse e dissesse: 'Ok, essas são as letras para a nova música' e nós íamos lá gravá-la."

O resultado final era inevitável. "Começamos a ensaiar o álbum lá", diz Pinera, "mas fomos gravar em outro estúdio, com Alice e Erik [baixista Scott] produzindo". Infelizmente, até mesmo seus melhores esforços não eram o suficiente. Scott e o guitarrista John Nitzinger eram os parceiros de escrita preferidos de Alice, mas nenhuma de suas melodias tiraram o melhor de sua caneta, ou ninguém se importava com o que iria surgir.

As ideias pareciam meio formadas, senão meio cruas. "I Better Be Good", "Zorro's Ascent" e "No Baloney Homosapiens", todas pareciam inacabadas da mesma forma, estranhamente, como os recentes álbuns do velho companheiro de luta de Detroit, Iggy Pop, pareciam inacabados; e, infelizmente, ninguém nunca escreveu uma boa música intitulada "I Like Girls", apesar de muitos (Sparks e, novamente, Iggy Pop entre muitos) tentarem. "I'm Alive" intrigava com um subtítulo realmente inventivo, "That Was the Day My Dead Pet Returned to Save My Life", porém mais uma vez a música simplesmente não atingiu suas expectativas. Quando a melhor música original era "Make That Money (Scrooge's Song)", com coautoria de Dick Wagner que arrumou a "Black Widow" com eficiência, e a melhor melodia era o tema elaborado por Lalo Schifrin para o filme *Os Donos do Amanhã*, estava claro que o álbum passava por um sufoco.

O pior estava por vir. Abençoado com um título peculiar e no estilo de Zappa (sombras do *Weasel Ripped My Flesh*), *Zipper Catches Skin* estava completo e todos aguardavam ansiosamente, para não dizer tremendo de medo, pela ligação para entrarem em turnê. A exaustão ainda dominava suas vidas, mas, como Warren Zevon gostava de dizer, eles poderiam dormir quando estivessem mortos. Por ora, eles tinham um disco para promover.

Não tinham?

Não, não tinham.

Pinera: "Nós não sabíamos que não haveria turnê. Tudo simplesmente se resumiu à total exaustão e dava para entender, eu sei que estava exausto, muitos dos caras da banda também estavam e eu poderia apenas imaginar como Alice se sentia, porque ele estava sempre fazendo entrevistas, trabalhando em outras coisas e voando até a Casa Branca para jogar golfe. Como todos estávamos exaustos, não me surpreendeu quando disseram: 'Gente, nós não vamos entrar em turnê agora'".

O mais chocante estava no resto da frase: "De fato, nós vamos entrar em um ciclo de espera, então, se existe alguma coisa que queiram fazer para ganhar dinheiro, vocês deveriam fazer. Então eu meio que senti que era o fim, e Alice não era um cara de muitas palavras, ele apenas veio e disse: 'Ok, espero vê-los em breve, ao longo da estrada'. Foi isso".

A noção predominante de que Alice estava fora de sincronia tanto com sua freguesia quanto com a cena musical em geral foi confirmada pelo destino de *Zipper Catches Skin*. Não apenas não existiu uma turnê de lançamento, como não houve nenhuma participação nas paradas. Alice era, em termos comerciais, algo do passado.

A Warner Brothers exigiu um último álbum de Alice por contrato. *Dada* levou a um reencontro com Bob Ezrin no estúdio pela primeira vez desde *Lace and Whiskey* e a adoção total da "nova tecnologia" tão falada na forma de um computador CMJ Fairlight. Mas de novo não havia turnê, nem apetite para uma. Encarando o retorno ao som de *Pretties For You* e um conjunto de dez músicas que tinha pouca semelhança com qualquer coisa que Alice poderia ter forjado no palco de modo convincente, *Dada* foi ignorado, sendo ouvido apenas por seus fãs mais ardorosos.

O que é triste, porque, uma vez que as expectativas são deixadas do lado de fora, *Dada* fica em uma encruzilhada de estilos que Alice não visitava havia mais de uma década, desde o momento em que a banda ficou bem equilibrada entre *Easy Action* e *Love It to Death* ou talvez entre *Killer* e *School's Out*. "I Love America" até parece uma citação de *Billion Dollar Babies*.

A música de abertura é nada menos do que uma visita ao psiquiatra, feita como um estrondo eletrônico estranho com o choro sem fim de uma boneca falante. Se "Enough's Enough" é uma descendente direta dos últimos dois álbuns, a volta de Ezrin lhe garante uma moldura épica que simplesmente tem o gosto de um Cooper clássico.

A misteriosamente intitulada "Formerly Lee Warmer" pega emprestada a melodia de "Holiday" dos Bee Gees, mas é, de qualquer forma, um exame labiríntico da insanidade, enquanto a batida BDSM de "Scarlet and Sheba" é pura grandiosidade, tão cinematográfica em sua composição que, quando o vocal de Alice finalmente aparece, tudo tem de ser aumentado apenas para que seja compreensível.

"Fresh Blood" não é tão evocativa quanto seu título, apesar de carregar uma das letras mais pitorescas de Alice, "we're like a couplet out of 'Desolation Row' [nós somos como um par de versos da 'Desolation Row']", e o protagonista *serial killer* da música era, é claro, alguém para quem ele voltaria muitas vezes no futuro. E então tem a "Pass the Gun Around", que é quase dylanesca em seu retrato sobre as últimas chances de um perdedor e pode muito bem ter sido a música pessoal mais eletrizante do álbum mais marcante de todos.

Mas não importa como *Dada* ficou interessante, apenas uma coisa era clara. A vida de Alice estava desmoronando e agora, com o contrato da Warner terminado e sua carreira aparentemente no fundo do poço, todos concordavam que era hora de parar.

"Esses dois álbuns são coisas meio vanguardistas", Alice refletiu para a *Kerrang!* uma década depois de *Zipper Catches Skin* e *Dada*. "Era uma época em que eu estava fazendo exatamente o que queria." Em outras ocasiões, no entanto, ele ficou mais apreensivo. "Eu fiz seis álbuns que ninguém nem ouviu falar. Isso começou a me matar."

O fato de que *Dada* em particular pode ser classificado junto com qualquer um dos álbuns comumente considerados seus maiores sucessos não servia de consolo.

Ele tinha apenas uma fonte de conforto. Sua família. Sua filha Calico nasceu em Beverly Hills na época de *Special Forces*, em 1981, e não importa o que mais incomodasse Alice, ela e Sheryl estavam sempre lá. Até o dia em que não estavam.

No dia 30 de setembro de 1983, com sua vida destruída e virada do avesso pelo alcoolismo de seu marido, Sheryl saiu da casa deles, levando consigo a filha de 2 anos, Calico, e voltou para a casa dos pais em Oak Park, Illinois. Seis semanas depois, no dia 15 de novembro, ela entrou com o processo de divórcio, pedindo 5 mil dólares por mês para manutenção conjugal temporária e 2.240 dólares por mês, temporariamente, como pensão alimentícia para a filha. Uma declaração listava suas despesas mensais de 1.200 dólares para empregada, 1.300 dólares para alimentação e mantimentos, 1.200 dólares para reparos automobilísticos, manutenção e combustível, mil dólares para entretenimento, 400 dólares para vestimentas dela e de sua filha e 400 dólares para a conta do salão de beleza. Ela também exigiu custódia temporária de Calico. O casamento, a petição dizia, estava irremediavelmente acabado sem nenhuma chance de reconciliação.

Agora Alice estava de volta às manchetes. Quando ele e a namorada Cindy terminaram em 1975 e um processo feio de pensão parecia ser iminente, o advogado Marvin Mitchelson estimou o patrimônio do cantor em 10 milhões de dólares. Talvez os poderes aquisitivos de Alice tenham diminuído desde então, mas ele era um investidor astuto. Seu patrimônio deveria ser muitas vezes essa quantia, e advogados e jornalistas de tabloide igualmente lambiam os lábios só de pensar no resultado da adjudicação no tribunal.

Havia apenas uma nuvem no horizonte dos abutres. O fato de que Alice e Sheryl na verdade não queriam o divórcio. Não mesmo. Tudo que bastava para que isso fosse embora eram algumas palavras que Sheryl queria ouvir de Alice e, dessa vez, realmente levá-las a sério. Ele precisava prometer que ia parar de beber e dessa vez ele precisava dizer isso ele mesmo, e não esperar até que alguém segurasse seu braço.

Ele falou. Estavam no tribunal, esperando os pareceres e a finalização da dissolução do casamento, quando Alice finalmente prometeu parar de beber, sem incitações, estímulos e sem seu braço tendo de ser torcido nas costas.

Ele foi fiel à sua palavra também, apesar de que não tinha apenas Sheryl e Calico ao seu lado.

Ao longo de sua carreira, Alice firmemente evitava qualquer atitude no palco que ele sabia que iria constranger seu pai ou a igreja dele; também falava frequentemente de sua crença de que sua versão de entretenimento era, no fim das contas, tão inofensiva quanto a de qualquer ator ou artista performático. Era uma questão de orgulho familiar para ele, é claro, mas também vinha de convicções mais profundas, impressas nele quando criança e para sempre soando no fundo de sua mente.

Ele ria, por exemplo, quando os agitadores evangélicos Dan e Steve Peters começaram a publicar a *Truth About Rock Ministry* [Verdade Sobre o Ministério do Rock] em 1979, dedicada a alertar os americanos responsáveis sobre os males incorporados na música preferida de seus filhos, enquanto arrecadavam apoio para sua mensagem pelo mesmo meio televisivo onde Alice já tinha sido divulgado e enquanto eles publicavam a lista de roqueiros mais propensos a queimar no inferno.

Lá estavam Kiss, cujo nome agora era proclamado como uma sigla para Kids In Satan's Service [*Crianças a Serviço de Satã*]. Ozzy Osbourne também, é claro, e Mick Jagger. Qualquer homem que cantasse sobre ter simpatia pelo Diabo tinha de ser ruim. E lá estava Alice, que não teria discutido com a sugestão de Peter de que "suas letras e músicas sinistras são feitas exclusivamente para criar uma atmosfera assustadora".

Era risível, tão ridículo quanto a velha insistência de que, se você tocar certos álbuns ao contrário, mensagens subliminares o tentariam e o levariam ao suicídio ou para os braços de Lúcifer. Mas essa crença ainda era recorrente nos anos 1980, e a missão de Peter também logo encontrou solo fértil, percorrendo o coração da América, apelando para um grande grupo em crescimento de supostos cristãos que baseiam sua fé não nos dogmas tolerantes da própria religião, mas em suas intolerâncias por qualquer vida ou estilo de vida que não se encaixasse em sua própria visão estreita do que é correto. O rock não se encaixava e então o Ministério de Peter nasceu, ironicamente na mesma época em que um de seus alvos, Bob Dylan, anunciou sua própria conversão ao Cristianismo.

Logo os irmãos foram vistos queimando discos em público, inspirados pelas destruições bíblicas de diversos livros sobre o oculto em Éfeso, como é recontado no capítulo 19 de Atos dos Apóstolos. A mídia deu ouvido a eles, e os irmãos logo eram um fenômeno nacional. Na primeira grande entrevista na televisão eles confrontaram o presidente da Elektra Records sobre os males que seus artistas distribuíam para seus seguidores perdidos; já em 1983, estavam frente a frente com Gene Simmons e publicando livros que são, de fato, obras-primas de pesquisas malfeitas, apontando praticamente todos os tópicos do rock como mais um passo em direção à condenação. Alice, "[um] monstro obsceno do rock [que] canta um hino de necrofilia", "relação sexual com uma pessoa morta", como eles solicitamente explicam, era um alvo natural.

Outros pregadores adotaram a bandeira de batalha de Peter. Um ativista anti-rock ainda mais veemente, Jacob Aranza de Louisiana, declarou publicamente: "[o] tom sexual e diabólico que Alice usa não dificulta muito acreditar que ele vai para o inferno, levando muitos [de seus fãs] junto com ele". E foi aí que Alice estabeleceu o limite. Apesar de achar que não era problema de ninguém além dele mesmo, Alice era um cristão tão fervoroso quanto qualquer um de seus inimigos entusiastas e provavelmente mais honesto sobre sua compreensão do que essa fé pressagiava também. "Eu comecei a pensar sobre o Cristianismo", ele disse ao escritor Danny Scott em 2011, mais ou menos na mesma época em que ficou sóbrio.

"Os médicos me disseram que, se eu tivesse ficado bêbado por mais uma semana, teria me juntado ao cara lá embaixo. Quando você chega tão perto da morte, você volta buscando algo além das limusines e mansões. Eu acho que não é muito surpreendente que eu tenha buscado o Cristianismo. Meu pai era um pastor."

Alice não prega e não pratica o proselitismo. Ele não impregna suas letras com imaginários religiosos nem preenche sua arte com símbolos e ícones. De fato, a única vez em que ele realmente menciona sua fé é quando sente a necessidade de se defender de outro assassino idiota de roqueiros, acusando-o de satanismo ou desvirtuador de crianças. Para um homem de suas crenças e fé, esse é um dos insultos mais cruéis de todos.

"Você pode me chamar de sem talento ou chato", ele disse. "Ok, eu posso viver com isso. Mas, se me chamar de satânico, está pisando no que eu realmente acredito.

Eu passei muito tempo das minhas letras alertando sobre o satanismo, porque não acredito no conceito de Satã, eu acredito no ser Satã. Eu acredito no ser Deus. E eu acho que estamos no meio disso. Estamos sendo puxados para esse lado e para o outro (...) Satã oferece tudo que queremos, Deus oferece tudo que precisamos. Então, quando as pessoas começam a brincar com o *666*, com as cruzes de ponta-cabeça e toda a blasfêmia, eu estou em um momento da minha vida que posso dizer, 'tome cuidado, você está convidando algo para entrar e você não sabe com quem está lidando'.

Então eu faço letras do tipo: 'Tenha cuidado'. Ele está lá, ele está bem ali e vai direto para sua jugular e não parece, mas no final ele quer possuir você. E isso é bem terrível, isso é o terror real, se você pensar bem. Se você acredita em um Satã verdadeiro, então acredita em um personagem real que vai tentar destruir sua eternidade. O que é mais terrível do que isso?"

Capítulo 15
O Dia em que Meu Animal de Estimação Morto Voltou

Enquanto Vince recebia a cura e chutava longe a bebida dessa vez, Alice dormia.

Às vezes vazava um boato sobre um novo projeto. Ao lado da grande presença de Grace Jones, ele coapresentou o Grammy em fevereiro de 1984 e nem sequer piscou quando *The Nightmare*, seu último vídeo de show lançado, foi passado para o comitê julgador.

Ele passou um tempo com o guitarrista Joe Perry, trabalhando na direção do que seria um novo álbum na época. Ele disse à *Metal Hammer*: "Quando estávamos [ambos] a ponto de desistir das drogas e do álcool, tivemos sintomas ruins de abstinência e isso ficou refletido em nossas tentativas de criar música juntos. Ainda estávamos tremendo e nossos joelhos ficavam instáveis o tempo todo. Era impossível tocar música ou qualquer coisa assim. Não conseguiríamos escrever uma música sequer para salvar nossas vidas, e no final eu tive de dizer para o Joe, 'Vamos lá cara, esqueça isso. Nós simplesmente não conseguimos'".

De fato, o par estava com seis músicas nesse processo quando Alice foi chamado na Espanha em março para fazer o personagem principal em um filme, *Monster Dog*. Quando voltou novamente para os Estados Unidos, três meses depois, Perry havia se reconciliado com seus antigos colegas da banda Areosmith e estava empolgado com um novo projeto. Seu trabalho com Alice ficou paralisado, mas não foi completamente desperdiçado. Duas das músicas em que tinham trabalhado juntos iriam aparecer na trilha sonora de *Monster Dog*.

Destinado a ir direto para vídeo, *Monster Dog* era simplesmente a história de um homem, um astro do rock, transformado em nada mais, nada menos do que um cachorro monstruoso. Ele estava fissurado para assistir aos filmes de horror de Dario Argento quando lhe ofereceram o papel e isso, combinado com três meses na Espanha, fez com que a coisa toda ficasse irresistível. E ele nem estava iludido sobre o tipo de filme que seria. Tinha crescido assistindo a filmes lado B e sabia que *Monster Dog* nem chegava a essa categoria. Nem me importo, Alice deu de ombros, "Eu amo filmes C".

Isso foi finalizado e agora ele falava sobre um novo projeto. *The Magnificent Seven of Rock 'n' Roll*, uma coleção de vídeos organizada sem muitos critérios, permitiria que Alice pudesse exibir com orgulho seu material ao lado de meia dúzia de outros artistas não especificados, bandas de metal escolhidas a dedo que cresceram ouvindo Alice Cooper. Ele faria o papel de Yul Brynner.

Hanoi Rocks, o super grupo finlandês brilhante liderado pela beleza platinada de Mike Monroe, entrou no projeto e Monroe, em Londres naquele verão, foi efusivo. "É uma fantasia completa, o Velho Oeste encontra Alice, *Westworld* encontra Freddie Kruger. Nós vamos trabalhar com ele em uma série de músicas e vai arrasar com tudo." O colega Andy McCoy já estava produzindo o material com Alice, e Monroe era direto: "Você acha que ouviu Hanoi Rocks no passado? Você nem sabe o que é que está ouvindo".

O Mötley Crüe foi recrutado e, com a banda, a ajuda financeira de Elektra Records. O Def Leppard estava envolvido, assim como o Twisted Sister. E então o desastre caiu sobre eles. Até o começo de dezembro de 1984, por volta de 20 músicas já haviam sido escritas e estavam prontas para ser gravadas. E então Vince Neil do Mötley Crüe e o baterista do Hanoi Rocks, Razzle, decidiram passar em uma loja de bebidas para regar a festa de meio de turnê que estavam planejando. Bêbado, Neil perdeu o controle do veículo e Razzle perdeu sua vida.

O Mötley Crüe ficou perdido, assim como o Hanoi Rocks. A Elektra Records tirou seu investimento do projeto de Alice e o destino ainda tinha planos para *The Magnificent Seven of Rock 'n' Roll*. Apenas três semanas após o acidente de Neil, no Ano-Novo de 1984, o baterista do Def Leppard, Rick Allen, se envolveu em um acidente na estrada inglesa. Ele perdeu um braço e Alice perdeu completamente o apetite pelo projeto que já começou mal.

Sete meses de trabalho e planejamento foram jogados fora, assim como o acordo com a Warner Brothers, uma ruptura anunciada para o mundo por um comunicado à imprensa, laconicamente escrito, que dizia simplesmente: "Ele cumpriu com as exigências contratuais para com a empresa e está agora negociando um novo acordo, que deve ser anunciado dentro das próximas semanas".

Mas as próximas semanas logo viraram alguns anos. Nesse momento ele estava mais interessado em Vince.

O jornalista Bob Greene, um dos repórteres que havia seguido a turnê de *Billion Dollar Babies* uma década antes e que ficou mais próximo de Alice no processo do que qualquer outro, encontrou-o pouco depois que os Furnier unidos novamente se mudaram para Chicago em 1984.

Sheryl já estava grávida do segundo filho. No mês de junho seguinte, a filha Calico ganharia um irmão, chamado Damien por causa do nome do meio de seu pai e também porque esse nome especificamente tinha apenas uma conotação no meio dos anos 1980, o herói demoníaco de uma série de filmes, *A Profecia*. Que nome melhor do que esse para o filho de Alice Cooper?

Mas Alice, como o artigo de Greene para a *Esquire* foi adequadamente intitulado, não vivia mais lá.

"Nós vivíamos em Beverly Hills, mas decidimos que não é um bom ambiente para criar filhos. Los Angeles é uma loucura, com as drogas e a vida corrida. Existem muitas tentações negativas. Eu apenas não conseguia arriscar a criar meus filhos com esse tipo de atmosfera." Agora estavam mais próximos dos pais de Sheryl, levando a vida de um casal suburbano. Às vezes ele mostrava um de seus antigos vídeos para a Calico de 3 anos de idade para que ela soubesse o que seu pai fez da vida. Mas ela também sabia que o papai a levava para a escola dominical toda semana e estava em casa durante a semana toda.

Por ora, pelo menos. Mas a inquietação nunca estava muito distante, principalmente agora que ele não tinha o álcool para apaziguar o tédio da inatividade.

"Alice tirou três anos de férias no começo dos anos 1980", o cantor explicou para o escritor John Burnes, "porque parecia uma boa ideia na época. Mas, depois de um tempo, eu descobri que estava me aposentando cedo demais. Eu estava olhando uma revista um dia, vendo quais bandas eram quentes na época, e todas faziam o estilo Alice. Eles estavam imitando a performance que fiz por tanto tempo." E isso, ele disse, era todo o incentivo de que precisava.

Ele já havia acostumado a ver elementos de seus shows escolhidos e filtrados por outros artistas. A ascensão do Kiss era prova suficiente disso. No entanto, em 1984, uma geração inteira surgiu, que não apenas havia crescido imitando Alice no espelho do quarto, da mesma forma que ele cresceu imitando Elvis, mas ainda faziam isso agora.

O Twisted Sister, por exemplo.

Sim, Dee Snider era um ótimo *showman* a seu próprio modo, como Alice nunca foi. E, sim, sua banda ultra-*glam* nova-iorquina começou uma algazarra profana que pelo menos se igualava ao Cooper clássico em termos de danos em decibéis. Era por isso que ele havia recrutado a banda para o projeto Magnificent Seven.

Mas existe uma linha tênue entre inspiração e imitação e, apesar de o Twisted Sister andar por essa linha com uma delicadeza deslumbrante, a mídia não hesitava em tentar empurrá-los para fora dela.

Então, ambos os lados do espelho, Twisted Sister de um e Alice do outro lado, decidiram acabar com a besteira toda de uma vez. Uma nova música do Twisted Sister, o hino "Be Chrool to Your Scuel" foi comparada a "School's Out" antes mesmo de sair do ensaio. Não seria legal ter Alice Cooper como convidado, dando sua aprovação às travessuras de sua prole ao mesmo tempo em que faria o mundo lembrar o que fez Alice tão incrível a princípio?

Brian Setzer do Stray Cats, Billy Joel, Uptown Horns e Clarence Clemons entraram para as gravações também. Em um época de Live Aid e Band Aid e tantos famosos cantando juntos, "Be Chrool to Your Scuel" não era simplesmente uma boa música de rock, era também um lembrete de que o rock tinha uma importância muito além da arrecadação de fundos para desastres africanos. Para algumas pessoas, pelo menos, ainda representava rebeldia, e talvez a convocação de contribuintes pela banda Twisted Sister fosse menos bem vista (e certamente menos estilosa) do que seria a de Bob Geldof. Mas ainda assim era uma convocação.

"Be Chrool to Your Scuel" não seria um sucesso. De fato, a MTV deu uma olhada no vídeo que acompanhava a música e considerou a escalação de um elenco de zumbis decadentes, o canibalismo casual e uma irônica quase decapitação ao estilo cooperesco, como "violentos demais" para ser exibidos. Presumidamente, os mortos-vivos só poderiam ser exibidos se estivessem dançando em um vídeo de Michael Jackson, e o Twisted Sister ficou horrorizado com a decisão.

Mas Alice festejou a censura. "Eu achei ótimo. Pensei: se o único vídeo que já fiz acabou sendo banido, então devo ter feito algo certo. Eu meio que gostei dessa ideia."

Afinal de contas, "Be Chrool to Your Scuel" tinha outro propósito, além de apenas pagar o débito do Twisted Sister com o velho mestre do ultraje. Permitiu que Alice fizesse o pronunciamento que Vince Furnier e todos os seus problemas da vida real o impediram de fazer por todo esse tempo. Ele estava de volta e mais indecente do que nunca.

Ele precisava ser.

O começo dos anos 1980 foram os anos dourados para os filmes de terror sangrentos. É claro, eles já existiam muito antes dessa época e obviamente outros filmes melhores já foram feitos desde então. Mas, se qualquer gênero que permaneceu basicamente o mesmo desde a primeira formulação pode afirmar ter tido um período dourado, esse seria a meia década entre o primeiro *Halloween* de John Carpenter e a estreia de *A Hora do Pesadelo* em 1984, que basicamente quebrou todos os tabus dos filmes sangrentos que o lado tradicional de Hollywood considerava sagrados.

Eles não ficaram mais confinados aos espaços externos de filmes lado B que enchiam o saco dos grandes estúdios, não foram mais mandados para circuitos da meia-noite onde eram exibidos apenas para os insones, depravados e mendigos. Os filmes que dominavam os cinemas dos anos 1980 eram grandes negócios e, se foi Alice quem fez esse primeiro paralelo, ou outra pessoa de sua equipe, as profecias que ele fazia desde o começo dos anos 1970 estavam finalmente provando ser verdadeiras.

"Fazíamos o enforcamento quando nos lançamos pela primeira vez", disse à *Music Express*. "Era feito como a moralidade manda. Alice sempre tinha de pagar pelo que tinha feito no palco, então ele voltava com a mensagem de que 'tudo está bem, isso não aconteceu realmente'. Então eu assisti a *Halloween* e o personagem Michael Myers, assim como Jason, não poderia ser morto. Eu pensei: 'Isso é meio familiar'. Existe uma aura rock 'n' roll nesses caras. As pessoas olhavam para eles da mesma forma que olhavam para Alice.

Eles eram vilões, mas de alguma forma heróis também, porque suas vítimas eram personagens tão desprezíveis quanto as crianças da escola que você odiava. Eu acho que teve muita influência no *Laranja Mecânica*. Seu nome era Alex, ele tinha maquiagem em um dos olhos e uma jiboia em seu armário. Eu continuava: 'Espere um pouco! Onde eu já vi isso antes?'."

Alice Cooper sempre insistia que ele fazia a trilha sonora do que a América realmente queria. E nesse momento, parecia que a América queria sangue. Ou, como ele fala: "Colocando música em *A Hora do*

Pesadelo". Sim, realmente incomodava ter de pensar dessa forma, quando era muito mais exato dizer que muitos desses filmes estavam simplesmente adicionando o visual para *Love It to Death*. Mas a simbiose foi identificada e tudo que Alice precisava agora era botar sua música onde sua fala estava. E criar um show para acompanhar.

"Meus três anos de folga não foram um desperdício", disse à *Kerrang!* em 1986. Ele se concentrou em pesquisa, devorando as prateleiras de terror da locadora de filmes local, levando três filmes por vez e devolvendo na manhã seguinte para alugar mais três. Ele nem se incomodava com o fato de grande parte dos filmes ser pura baboseira, que os efeitos especiais podem ter melhorado desde as criaturas criadas nos anos 1950, mas os diálogo, roteiros e atuações não. Era, ele insistia quando alguém perguntava, pesquisa de trabalho. "Nos últimos três anos, eu na verdade adquiri mais conhecimento sobre o que Alice deveria fazer no palco.

Estou convencido de que existe uma ligação entre a popularidade dos filmes de terror e do heavy metal. O truque é conseguir se safar com encenações de terror. É muito difícil produzir algo como *A Noite dos Mortos-Vivos*. Se eu cortar a cabeça de alguém, só consigo passar bem a mensagem no palco se for um monstro de quatro metros com uma cabeça de um metro de diâmetro! Esse é o único problema que estou enfrentando durante o planejamento disso (...) apenas exige algumas coisas técnicas para que funcione."

Mas ele também sabia que a tecnologia visual melhorou consideravelmente em uma década desde que ele investigou isso pela última vez, na época do planejamento de palco para *Welcome to My Nightmare*. E, mesmo que o público tenha ficado, com certeza, mais sofisticado ao longo dessa década, por outro lado eles ficaram mais suscetíveis também, mais dispostos a suspender a credulidade e a crença à medida que as linhas de batalha determinadas por tipos como Truth Against Rock [Verdade Contra o Rock] endureciam, não na forma de uma batalha teológica para a qual Peters estava preparado, mas uma simples guerra de vontades e a força inesperada e incontrolável da mentalidade puramente sanguinolenta.

Bob Ezrin ria. Na época em que ele foi abordado pela primeira vez para produzir o Kiss, não foi a música que o atraiu, nem mesmo sua popularidade. Foi uma conversa que ele teve com uma garota do colegial. "Kiss? Cara, eles são demais. A galera da escola adora a banda. O único problema é que os álbuns são muito ruins. Mas nós compramos mesmo assim, só porque são bonitos."

Esse era o segredo do Kiss. Musicalmente eram um pouco melhores do que qualquer outra banda de heavy metal estúpida, cantando sobre sexo, sexo e mais sexo e festejar a noite toda. Nada de especial nisso. Mas visualmente eles estavam no topo... Estavam *Over the Tops*. E isso lembra a chave para um ótimo rock 'n' roll. Não era o suficiente apenas fazer um show. Você precisava fazer um show inesquecível e incluir nele tudo que conseguisse encontrar.

A jogada mais óbvia para Alice, todos concordavam, era ele ser relançado com algo que todos reconheceriam. Uma década havia passado desde o original *Welcome to My Nightmare* e, em termos estritamente comerciais, ele ainda não havia seguido a mesma linha. Nenhum, nem mesmo todos os discos que ele lançaria desde então, teria sequer uma fração do impacto de *Welcome to My Nightmare*, e, sim, havia diversas circunstâncias extenuantes. Mas o fato era... bem, ele já tinha falado. Ele faria seis álbuns que ninguém nunca ouviu falar e isso mostrava como as coisas ficaram ruins, porque na verdade eram sete e você apenas pode imaginar qual deles até mesmo Alice esqueceu: *Goes to Hell, Lace and Whisky, From the Inside, Flush the Fashion, Special Forces, Zipper Catches Skin...* ou *Dada*? Pobre *Dada*, mal-amado e nunca ouvido.

Se Alice Cooper voltasse, então precisava ser de um modo grandioso. Maior do que era nos anos 1970 e do que a reputação que ele havia desenvolvido na época. Maior do que os filmes que agora exibiam nas telas o mundo sombrio e cruel que antes era apenas de Alice, maior do que todos os Alices que assombravam o mundo que ele deixou para trás.

Ele começou a fazer umas ligações. Dick Wagner, seu coautor de tantos momentos do passado, voltou a bordo. Assim como Joe Perry, ainda fresco do álbum de reencontro com o Aerosmith, *Done With Mirrors*. Alice cavocou seu armário e desenterrou todos os antigos acessórios que fizeram do *Nightmare* original tão encantador, e quando falava de seus planos para o futuro iminente, ele esperava poder começar seu retorno pela Inglaterra.

No entanto, a chave para sua ressureição musical seria uma pessoa que nenhum de seus admiradores ouviu falar, um brutamontes que parecia ser mais músculo do que homem cuja guitarra era customizada em forma de metralhadora M60 e parecia conseguir devorar o Rambo no café da manhã. Seu nome era Kane Roberts e, quando a *Kerrang!* perguntou qual era a onda dele, Roberts nem pensou duas vezes antes de responder: "Eu apenas me tornei uma versão em carne e osso do que eu sinto que é o rock 'n' roll. Sou algo como um acorde potente!".

Roberts tocava em uma banda chamada Criminal Justice quando conheceu Alice, mas não foi a banda que chamou a atenção do cantor logo de cara. Bob Ezrin havia falado sobre a proeza de Roberts e ele queria ver pessoalmente, simplesmente entrando em um clube bem no meio de uma briga onde Roberts era a estrela do show. "Logo que vi aquilo", ele disse ao jornalista Jon Sutherland, "falei: 'Eu não me importo se esse cara pode tocar, é ele que eu quero'. Mas ele sabia tocar".

Dias depois, Roberts e Alice escreviam a primeira música juntos, apropriadamente chamada "Step On You". E quanto mais tempo eles passavam juntos, mais músicas passavam a criar. De não fazer nada além de sonhar meses antes, Alice agora tinha dois álbuns inteiros em gestação, a revisão de *Nightmare* e o renascimento de Roberts antes desempregado, e a única dúvida era, com qual dos dois ele seguiria em frente?

As gravações em Nova York, no mês de janeiro, com Roberts, o baixista Kip Winger e o produtor Beau Hill resolveram o tal dilema. Hill era mais conhecido por seu trabalho com Ratt, uma banda de metal com uma imagem tão absurda que era fácil esquecer que eles até produziam discos e faziam shows. Você poderia demonstrar sua devoção simplesmente colecionando todos os produtos deles. E isso de alguma forma parecia apropriado para um ato que exigiria uma imagem que devorasse tudo em seu caminho.

Com um novo contrato com a MCA, Alice começou a focar no novo LP. Seu título seria *Constrictor* e, se alguém duvidasse do comprometimento de Alice com o novo híbrido musical/filme de horror, a última participação na saga *Sexta-Feira 13 VI: Jason Vive* resolvia o dilema. O primeiro *single* do novo álbum, "He's Back (The Man Behind the Mask)", foi também a música tema para o filme.

As gravações não foram tão tranquilas. Enquanto Alice e Roberts logo se deram bem com Michael Wagener, em seu papel de assistente de Beau Hill, este, por sua vez, não era muito flexível. "Tudo que ele fazia ou queria fazer era o completo oposto do que eu queria", Alice reclamaria mais tarde para a *Metal Hammer*. "Ele é um desses caras que vai querer fazer de cada faixa da fita um som grande e gordo. [Mas] esse tipo de produção realmente estraga como a banda realmente soa, dá uma falsa impressão."

Foi Hill, também, quem insistiu no som da bateria de Simmons que hoje fixa o *Constrictor* firmemente no meio dos anos 1980, um som tão visionário em 1986 que hoje parece terrivelmente antiquado. Mas o álbum estava completo, um encouraçado carregado com *riffs* dramaticamente altos, e Alice não falaria nada sobre isso na época. Por ora, era suficiente simplesmente aproveitar toda a atenção que estava recebendo. A "Teenage Frankenstein", famosa música cantável, foi o segundo *single*. *Constrictor* arranhou o Top 60 dos Estados Unidos, a primeira entrada nas paradas desde *Flush the Fashion*. E o velho tema de *Welcome to My Nightmare* foi revisitado no fim das contas em uma turnê apropriadamente chamada de The Nightmare Returns.

Alice sabia que a turnê era, pelo menos em parte, uma viagem nostálgica sem constrangimentos por ser assim. "Esse show de agora tem de conseguir cativar todo mundo de volta para o lance Alice Cooper", admitiu para a *Kerrang!* naquele outono. "É por isso que precisa se apoiar tanto nas músicas. Tem de ser como um curso de reciclagem."

Ele falou do retorno da guilhotina, ela mesma tão icônica quanto qualquer uma das músicas do show, e estava inflexível. "Antes de seguir em frente para o próximo projeto, eu quero que todos entendam a ideia básica por trás de Alice Cooper, principalmente os jovens que ainda não viram, porque então terão um ponto de referência. O objetivo é fazer um show definitivo! Parece que todo mundo chegou perto disso, Ozzy Osbourne e todas essas pessoas, mas ninguém produziu o show definitivo (...) mas é assim que o novo show de Alice Cooper será."

Mas havia uma noção de existência atemporal para o conceito em desenvolvimento, uma sensação de expectativa que crescia entre a plateia combinada com uma sensação do familiar. Alice Cooper, ele ponderou, era como os velhos filmes de King Kong e Drácula, não importava quantas vezes você assistia ou quantos anos se passaram desde a última vez, os mesmos arrepios e emoções estariam lá, e cada vez você perceberia algo diferente. "Esse show é como Nightmare 2", disse entusiasmado, usando verdadeiros jargões de filme de terror. "Esse show é muito mais grotesco. Estamos usando muito mais sangue desta vez. Não teremos bailarinos ou distrações do tipo. A banda é toda de caras de rua."

Ele admitiu, é claro, que a ideia de voltar para estrada o deixava nervoso. O show de abertura do The Nightmare Returns, em Santa Bárbara no fim de outubro de 1986, seria seu primeiro show completo desde a final da turnê do Special Forces no começo de 1982, e ele estava bem ciente de que muito havia mudado desde então.

Mas mudou para melhor, como ele acreditava. Quando fez a turnê, em 1982, as paradas ainda estavam cheias da segunda leva da invasão britânica que atingiu a costa americana no nascimento da explosão dos sintetizadores, os denominados Novos Românticos, Duran Duran, Soft Cell e Culture Club.

Agora todos eles haviam sido deixados de lado e os heróis de 1986 eram feitos de um tecido muito mais rústico: Ratt de Beau Hills, Guns'N Roses, uma banda de LA que havia saído pouco dos limites da cidade, mas já tinha sido adotada pela gravadora Geffen e eram a aposta de todos para o topo do próximo ano, Mötley Crüe, recuperando-se do terrível acidente para descobrir que a má fama os tornara mais populares ainda, uma banda britânica chamada Cult, um Aerosmith renascido, os pesados Megadeth e Metallica e o trio inglês Motörhead. E o que eles tinham em comum?

Eram todos fãs de Alice Cooper e espalhavam sua influência por tudo que faziam. Agora era hora do professor mostrar a eles alguns truques novos.

Depois de dois meses de ensaio, vieram as primeiras datas. O tempo foi gasto aperfeiçoando o lado musical do show e trabalhando nos efeitos especiais também. Eles traçaram planos de filmar a estreia do novo show em Detroit para o que seria o vídeo de *Nightmare Returns*. E, entre todas essas preparações, Vince trabalhava em seus próprios efeitos também, como ele se tornaria Alice Copper de novo.

De volta à máquina de vídeo. "Kane Roberts e eu (...) tudo o que fizemos era assistir a todos os filmes de terror existentes", ele riu na entrevista da *Rue Morgue*. "E nosso show era tão sanguinolento que as primeiras duas fileiras da plateia estavam literalmente encharcadas. Mas eu acho que as pessoas entenderam a ideia toda. Era como *Evil Dead*. Sabe como o começo do *Evil Dead* era assustador? Então era tão sanguinolento que ficou até engraçado. Você não conseguia acreditar que poderia haver mais sangue e então os canos rompem e o sangue cobre tudo."

Ele estava certo, cobria mesmo. A turnê, embora quase não abrisse novas janelas no mundo de fantasia de Alice, ainda assim o redefinia como um *performer* ao mesmo tempo que o confirmava, mais uma vez, como o nome certo para ser usufruído pelos jovens metaleiros e roqueiros pesados à medida que estabeleciam suas próprias credenciais, e, novamente, como a besta sem nome que poderia ser invocada por qualquer organização insana em busca de novas histórias para si mesma. De acordo com Alice, um dentre três shows eram visitados por manifestações de um ou outro grupo, alguns deles tão radicais e malucos que era difícil acreditar que não foram formados justamente e apenas para esse propósito. "Mães Contra Luteranos Contra Alice", ele zombou. "Coisas do tipo."

Em nenhum lugar, no entanto, sua volta à forma do rei dos bichos-papões seria tão bem celebrada quanto no Reino Unido, onde, durante a turnê do ano seguinte, do álbum *Raise Your Fist and Yell,* Alice se encontraria batendo mais uma vez de frente com os poderes do governo inglês. Apesar de a história começar, obviamente, em casa.

O nascimento do novo álbum foi complicado, as primeiras gravações com o Beau Hill foram descartadas quando ficou claro que o produtor e a banda simplesmente nunca concordariam em relação ao som. O assistente de Hill, Michael Wagener, foi jogado no comando, com um trabalho simples: criar um som que fosse, pelo menos, tão agressivo quanto as letras que ele ouvia. Ele foi bem-sucedido, mas em nenhuma outra a fornalha que queimava embaixo do álbum era tão nítida quanto em "Freedom", uma música dedicada à última gangue de censuras exageradas a atuar na indústria fonográfica americana, a Parents' Music Resource Centre ou PMRC.

A PMRC representava um dos surtos periódicos de indignação pela justiça que assolava a cena rock 'n' roll americana desde que o programa de televisão *Ed Sullivan Show*, em 1956, mostrou Elvis apenas da cintura para cima, por medo de que os movimentos pélvicos dele transformassem uma nação de jovens impressionáveis em maníacos sexuais. Ela apenas se diferenciava desses guardiões da moralidade do passado em termos de métodos de abordagem do seu inimigo.

O grupo foi fundado em maio de 1985, quando três mulheres, Pam Howar, Susan Baker e Mary Elizabeth "Tipper" Gore, coincidentemente se depararam com as letras das músicas que seus filhos, amigos e, no caso de Howar, seus instrutores de aeróbica escutavam. Letras rudes, chocantes e com palavrões.

"Nós nos reunimos", a sra. Gore explicou, "e dissemos: 'Essas coisas estão acontecendo conosco em nossas casas'". Elas escreveram uma carta para muitos amigos e associados, em nome de grupos de mulheres indignadas ao redor do mundo. A diferença era que essas mulheres tinham amigos e associados muito poderosos. Gore era mulher do senador do Tennessee (e futuro vice-presidente) Al Gore, Baker era casada com o secretário da tesouraria do governo do presidente Reagan, James Baker e Howar era esposa do dono de uma grande construtora de Washington.

"Alguns grupos de rock", elas criticavam, "praticam rituais satânicos (...) outros cantam sobre matar bebês". E outros recomendavam "rebelião aberta contra a autoridade (...) dos pais". A PMRC cresceu a partir daí.

Pressionando a Recording Industry Association of America [Associação Americana da Indústria Fonográfica], a RIAA, principal organização que representava as principais gravadoras da nação, a PMRC exigia que todos os álbuns que pudessem ser considerados "condenáveis" fossem rapidamente classificados de acordo com a ofensa. Um "X" indicaria conteúdo sexual explícito ou violento, um "O" condenava materiais ocultistas, um "DIA" alertava sobre músicas glorificando drogas e álcool, e assim por diante, até que Frank Zappa, um dos críticos mais ativos da PMRC, perguntou se "o próximo grupo" incluiria "um J grande e amarelo em materiais escritos ou tocados por judeus".

A confiança do grupo cresceu com a aparente disposição de muitos membros da RIAA a seguir em frente com uma versão modificada dessas exigências, e, fazendo campanha agora para que essa vitória inicial se tornasse um padrão da indústria, o PMRC, ainda predominantemente feminino, levou sua batalha para o quintal dos seus membros, os espaços governamentais onde muitos de seus maridos trabalhavam. No meio de setembro de 1985, o Comitê do Senado sobre Comércio, Ciência e Transporte reuniu-se para considerar os pedidos do PMRC e considerar principalmente a insistência de que os pais tenham o direito arbitrário em relação à música que seus filhos escutam e deveriam ter alguns meios de inspecionar pessoalmente o disco antes de comprá-lo.

Isso nunca foi criticado, nem mesmo pelos oponentes da PMRC. Os álbuns, cassetes e CDs são únicos na mídia de massa por ser raramente oferecidos para venda sem o lacre. Há muitos anos as lojas de disco deixaram de oferecer aos seus clientes o luxo de cabines de som para testarem as compras em potencial. "Então por que não reinstalá-las?", perguntou o vocalista do Twisted Sister, Dee Snider, quando foi convocado para aparecer diante do comitê. Mas, é claro, poucos pais teriam a paciência ou a vontade de ouvir um álbum inteiro em busca de alguma referência a fazer sexo anal com o Demônio dopado de heroína. Era o trabalho da gravadora informar sobre essas coisas.

Apesar de o comitê do Senado não possuir nenhum poder legislativo, em novembro, 20 gravadoras membros da RIAA concordaram em imprimir avisos nas capas para alertar os consumidores sobre assuntos potencialmente controversos. Uma, a A&M, voltou atrás em sua decisão pouco tempo depois. O restante, no entanto, manteve-se humildemente na linha.

Durante o primeiro ano da existência da PMRC, o alvo principal do grupo era o heavy metal e seus oponentes mais vociferadores também. A maioria concordava, e a posteridade comprova, que a avaliação rude de Alice sobre o PMRC estava correta. "Ahhh, é um monte de baboseira", ele grunhiu para a *Metal Hammer* em 1987. "A organização toda é uma piada. Assim como Gore. Ele tem tanta chance de se tornar presidente quanto o Pato Donald tem... ou Alice Cooper!"

Na época, porém, no calor da fornalha da PMRC, o movimento era uma ameaça e precisava sim ser rechaçado. Alice respondeu com "Freedom", um de seus melhores hinos desde "School's Out".

Ele explicou para a revista *Faces*: "Quando começamos a escrever, eu disse: 'Alguém devia apontar uma espingarda no peito da PMRC'. Não ser sutil, vamos dar uma boa dose de Alice nessa coisa. Porque há algo muito antiamericano nesse PMRC. Começa com a premissa de que todo jovem pelo país é tão estúpido que nem sabe o que está ouvindo, que todo jovem que compra um disco é idiota demais para entender uma sátira, humor ou terror. É isso que essas pessoas não estão entendendo. Não que eu seja contra a PMRC. A PMRC por algum motivo é um dos males mais necessários que já vi na minha vida.

Eles realmente devolveram o teor fora da lei para o rock, o que eu acho saudável. Posso apenas criticar sua filosofia, não o fato de que o grupo existe. Eu meio que gosto deles. Eles são a protuberância embaixo da sela que o mantém em movimento". E, estimulado por essa protuberância, ele jogou mais munição na direção das Esposas de Washigton, declarando que as performances de "Freedom" no palco, ao lado de outro novo número, "Prince of Darkness" (o tema para o último filme de John Carpenter), daria para os Gore todo o horror que eles pudessem aguentar, e então mais um pouco.

"[Eles são] o real teatro da turnê. As músicas são ideais para o palco e são totalmente sobre assassinos insanos. Será um tipo de show conceitual que eu gostaria de transformar em vídeo, com garantia de proibição pela MTV! Os efeitos são realmente sanguinolentos!"

Apesar desses destaques, a verdadeira chave do álbum e das controvérsias que estavam prestes a explodir ao redor dele era o "tipo de sequência autobiográfica" das músicas que faziam parte do segundo lado do vinil original. Em uma época em que os filmes e a televisão também eram analisados minuciosamente como causas de comportamentos antissociais, Alice criou o cenário perfeito do juízo final para ambos os lados do argumento, um fã de filmes de terror que passa tanto tempo vendo filmes sangrentos que é finalmente incitado a viver esses filmes, sem nunca diferenciar a realidade da ficção. Ele está realmente matando todas essas mulheres? Ou está assistindo outra pessoa matá-las?

Ele é o assassino, apesar de ser seletivo. Ele apenas mata mulheres chamadas Gail. "E no final, quando ele matou essa garota da música 'Gail', ele pensa em seus ossos embaixo da terra e como os insetos estão dentro da sua caixa torácica e o cachorro desenterrando os ossos. Pensa em como o cachorro ainda se lembra de Gail. E ele vê um vestido de casamento e está sujo de sangue, com manchas por toda parte, mas ele não vê manchas de sangue, ele vê rosas! Esse cara é um romântico, sabe? Ele é tão louco, ele olha para o sangue e tudo que exerga são rosas. 'Roses on White Lace' é um lance todo sobre ele não saber que é sangue de verdade. Para ele, ele pintou essas belas rosas nesse vestido branco. Então ele é realmente insano.

Eu não sei realmente como vamos fazer isso, estávamos trabalhando nisso agora. Mas eu posso imaginar coisas ótimas com o vestido todo manchado (...) e todas as criaturas Gail, elas podem aparecer no palco em momentos diferentes, podem continuar brotando! Tudo o que temos de fazer é treinar um cachorro..."

Então, mesmo pelos padrões antigos, a última turnê passou para uma esfera completamente nova do realismo, uma consequência óbvia da disponibilidade de acessórios de melhor qualidade. A velha intenção ainda estava lá e isso não havia mudado. Mas o sangue parecia mais verdadeiro, os manequins pareciam mais humanos e, se os bebês mortos não gritavam quando eram espetados, quem vai dizer que não era porque a banda estava tocando muito alto?

"O novo palco é ainda mais horrível do que eu pensei que seria", Alice disse para a revista *Metal Edge*. "Estamos tocando 'Dead Babies' de novo, temos uma grande aranha viúva-negra, estamos pegando as velhas coisas clássicas e atualizando-as."

A guilhotina foi substituída pela forca, mas a confiança tanto em *Raise Your Fist and Yell* quanto na energia em cima do palco de Alice viu cinco músicas do novo álbum inseridas no novo show, um "rock 'n' roll no nível visceral" que ele escreveu com Roberts enquanto faziam a turnê de *Constrictor* e então gravaram com a mesma banda uma vez que a turnê havia acabado.

Ele não escondeu que as músicas eram básicas. "Vamos admitir, política e religião são um tédio. São assuntos mortos. A maior parte das pessoas não se importa realmente com elas. As únicas coisas que importam para elas são morte, sexo e dinheiro. Então escrevemos músicas basicamente sobre esses assuntos." Você não vai, ele riu, encontrar nenhum comentário sociopolíticos no novo álbum.

Então os comentários sociopolítico vieram ao seu encontro no momento em que a turnê tocou no solo inglês.

Dessa vez, foi um membro do partido dos trabalhadores que ergueu os punhos e gritou. David Blunkett, o membro do Parlamento por Sheffield, compareceu a uma das performances e pediu na hora o cancelamento do restante da turnê.

"Estou horrorizado com esse comportamento. Vai além dos limites do entretenimento", afirmou Blunkett, o moralmente incorruptível. De fato, o show de Alice Cooper era "uma indicação da sociedade doente para a qual rumamos e algo drástico deveria ser feito para proteger os jovens de pagar por esse tipo de obscenidade".

A imprensa detalhou o tipo de ato que indignava o homem de família responsável. Um ato de enforcamento. O desmembramento de um bebê. "Uma mãe é cortada ao meio e uma linda garota tem sua garganta cortada. [E] no clímax da perfomance de uma hora e meia, os jovens fãs das primeiras fileiras são encharcados por litros de sangue teatral."

No entanto, o que Blunkett viu exatamente?

Muito pouco. Ele é cego.

Quatro anos depois, um Alice ainda surpreso exclamava: "Dois caras (...) foram ver um dos shows da nossa turnê The Nightmare Returns de 1988. E acredite ou não, e eu juro por Deus, um desses dois caras era cego, então o outro ficava descrevendo o que acontecia durante o show. E o outro era completamente surdo. Sem brincadeira!".

Alice talvez tenha sentido uma satisfação cruel alguns anos depois quando Blunkett, depois de ascender mais nos cargos da política britânica, foi então ele mesmo convocado a uma inspeção semelhante, uma vez que sua vida particular, no fim das contas, era tão controversa quanto a persona pública de Alice. Por ora, no entanto, ele continuava atônito enquanto a controvérsia se espalhava.

Alice disse à *Metal Hammer*: "O resultado veio em forma de alguns comunicados loucos à imprensa na Inglaterra que um político alemão mais tarde desenterrou. Ele me impediu de despedaçar um ursinho de pelúcia no palco. Eu acho que, considerando todas as coisas que aconteciam [na Alemanha] em relação aos ataques a refugiados políticos e *skinheads*, meu ursinho de pelúcia seria o menor dos problemas...". E mais tarde, "é difícil para um americano imaginar qualquer coisa como muito violenta para a Alemanha".

Mesmo com todo o entusiasmo e a empolgação que rodeava os últimos dois álbuns, no entanto, a inquietação não ficou para trás. Os dois álbuns, como Alice declarou, eram básicos, com um metal pesado com *riffs* do tamanho de dinossauros tropeçando pelo caminho. Porém, não importando que Alice tenha aceito com satisfação o papel de padrinho da cena metaleira dos anos 1980, ele também sabia que era um dos músicos com menos probabilidade de receber tal honra.

Em nenhum momento anterior de sua carreira, nem mesmo nos tempos de hard rock do *Killer*, Alice poderia ser considerado até mesmo periférico à cena heavy metal. Esse era o espaço de Black Sabbath e Led Zeppelin, Blue Öyster Cult e Blue Cheer e todos esses outros grupos que o velho grupo Cooper apreciava mandando ver no palco. Não importa o quanto ele estava grato pelo louvor agora, Alice sabia que seu flerte com o estilo musical era, na melhor das circunstâncias, uma relação passageira, e, na pior, uma ajuda, uma carona de volta para a popularidade em massa. E agora estava na hora de sair do carro.

Kane Roberts tinha uma carreira solo agora e estava na hora de persegui-la mesmo. Kip Winger também estava lançando uma nova banda, um conjunto homônimo que logo estaria voando alto nas paradas com seu tipo de metal melódico peculiar, e foi muito triste (mas propício, porque faziam um som sem muita valentia) quando *Kerrang!* rotulou o grupo como "a banda mais franguinha dos anos 1980" e lembrando as pessoas de que "a única pessoa que usava uma camiseta do Winger (...) é o Stuart (...) do *Beavis and Butt-head*!". Nenhum desses músicos realmente romperia ligações com Alice, mas agora tinham suas próprias músicas para se preocupar e Alice estava em busca de novos companheiros para a banda.

Brevemente, Alice se reuniu de novo com Bob Ezrin e Dick Wagner para finalizar um novo *single*, "I Got a Line On You". Mas nos bastidores era o presente musical e não o glorioso passado que estimulava seus conselheiros e isso só poderia significar uma coisa: estava na hora de mudar de gravadora.

Alice e Sheryl estavam de férias no Havaí no final da turnê Raise Your Fist, quando um pedido intrigante chegou até ele. Foi feito por Bob Pfeifer, um cara da departamento de A&R da Epic Records, dizia basicamente: "Se você um dia decidir que precisa trocar de gravadora, me ligue".

Alice ergueu as sobrancelhas. Ele estava, de fato, cansado da MCA. Era grato pelo que fizeram para encorajar seu retorno, mas também ciente de que o selo era uma força na cena musical em declínio, à medida que a era dos conglomerados de multinacionais expandia-se cada vez mais e as velhas e tradicionais empresas eram tanto apagadas como absorvidas. E ainda mais prejudicial para Alice era o fato de que, apesar de a MCA ainda possuir algumas áreas de forte valor comercial, o hard rock não estava entre eles. Isso era referência em outras gravadoras, como a Geffen, com o manejamento hábil da novela dos Guns'N Roses, a Mercury, o lar de Bon Jovi e a Atlantic, onde a banda de Kip Winger, chamada Winger, estava naquele momento começando o sucesso. E um épico.

Enquanto Shep Gordon trabalhava para forçar um rompimento amigável com a MCA (uma conquista da qual ele ainda se orgulha com razão), Alice questionou o que a Epic poderia oferecer e ficou surpreso com a resposta. "O custo que for necessário", foi dito. "Nunca se preocupe. Sempre faça o que você acha que deve ser feito. Não se preocupe, nós pagaremos! A única coisa que você deve fazer em troca é trazer até nós as músicas, um álbum finalizado!" Ele poderia, como disseram, ter qualquer coisa que quisesse. E qualquer pessoa.

Alice deu de ombros. Qualquer pessoa?, ele perguntou.

Qualquer pessoa, a Epic respondeu.

Então está certo. Quero o Desmond Child.

Em 1988, Desmond Child era um dos maiores compositores da época. De fato, ele desfrutava desse papel desde a última década, desde que fez seu álbum de estreia na equipe do Kiss, ao coescrever o caminho da banda para a ruína disco "I Was Made For Loving You". Desde então, ele tem trabalhado ao lado de alguns dos nomes mais quentes do rock americano. Bon Jovi tinha de agradecer a Child pelo primeiro *single* a chegar ao topo dos rankings, "You Give Love a Bad Name" (ele também coescreveu "Living On a Prayer" e "Bad Medicine"), e quando Aerosmith lançou seu retorno em 1987, Child participou de "Dude (Looks Like a Lady)".

"O cara é um maldito gênio", o vocalista do Aerosmith, Steve Tyler, exclamou. "Na primeira vez em que nos encontramos escrevemos 'Angel' em uma hora e 45 minutos. Eu não estou brincando."

Mais recentemente, Child estava trabalhando com Joan Jett no momento em que ela saía de dois anos de inércia comercial e "I Hate Myself For Loving You" tornou-se um dos discos com o maior número de cópias vendidas da cantora.

Então o que Child poderia oferecer a Alice?

Que tal um *single* de sucesso para começar?

"A forma como julgo um disco", Alice disse à revista *Rawm*, "é a seguinte: quando estou dirigindo meu Corvette, se eu ouço algo que me faz aumentar o volume do rádio, para mim isso é um ótimo álbum. 'Beds Are Burning' de Midnight Oil; 'Dude (Looks Like a Lady)' de Aerosmith, e todos os *single*s do Bon Jovi foram ótimos. 'You Give Love a Bad Name' foi incrível. 'Heaven's On Fire' do Kiss, 'I Hate Myself For Loving You' de Joan Jett. Oito entre dez discos que eu me peguei aumentando o volume foram coescritos por Desmond Child. Então eu disse: 'Eu tenho de entrar em contato com esse cara porque ele está escrevendo o tipo de música que eu gostaria de ouvir Alice cantar nas rádios'".

Quarenta músicas foram separadas para o álbum. Algumas eram coescritas por Kane Roberts. Joan Jett contribuiu com "House of Fire". "Trash" foi um presente de dois conhecidos de Child e encaixou-se tão bem na caixa de baladas que não só se tornou o título para o novo projeto, como o inspirou a chamar um cantor para acompanhá-lo: Steven Tyler, do Aerosmith.

Jon Bon Jovi e Richie Sambora ofereceram algumas composições novas e Child simplesmente era uma máquina da escrita. Ele nem sequer se importava se todas elas se parecessem muito ou se você poderia ouvir as 40 músicas e, depois das duas ou três primeiras, realmente ter problemas em diferenciá-las. A produção de Child fazia com que parecessem uma grande coisa, uma ostentação de grandiosidade, e, além disso, um sucesso é um sucesso, certo?

A Epic Records, que agora contratou Alice, certamente pensava assim. Mesmo antes do término do novo álbum, os rumores sobre sua produção repleta de astros foram se espalhando. Como foi gravado em Woodstock e mixado em Los Angeles, os músicos convidados incluíam Kip Winger, Kane Roberts, Jon Bon Jovi, Richie Sambora, Steve Tyler, Joe Perry, Joey Kramer, Tom Hamilton, Steve Lukather e Guy Mann-Dude. A qualidade das músicas era tão forte que Alice conseguiu espaço para apenas uma das três músicas que Jon Bon Jovi escreveu para ele. Ah, e mais uma coisa do onipresente porta-voz da diretoria: "Alice escolheu as músicas somente porque são boas. A orientação é menos sangue e mais sucessos!".

Muitas orelhas saíram de perto nesse momento. Mas, estranhamente, um número muito maior passou a prestar atenção.

Capítulo 16
Não me Venha com Esse Papo-Furado

"Nós entregamos para a empresa exatamente o que eles queriam, eles conseguiram o que esperavam. Nós gravamos três ou quatro *single*s em potencial e ainda assim não precisamos nos vender. Os *single*s não são nada fracos, são todas músicas de que me orgulho muito, elas são clássicos de Alice Cooper de verdade!"

Assim falou Alice enquanto fazia uma retrospectiva de 1989-1990, os anos em que o relógio voltou para o tempo em que ele dominava as paradas americanas. Mas ele também admitia: "Eu não sou idiota. Sei exatamente o que preciso fazer para que minha música seja [mais] transmitida nas rádios do que eu consegui durante a época do *Constrictor* e *Raise Your Fist*... Então eu escrevi as músicas de acordo com isso".

Quatro *single*s saíram de *Trash*, começando com "Poison" no verão de 1989, destinado a ser não só seu maior sucesso na América em 18 anos, mas o maior sucesso de todos. Como "School's Out", chegou ao número sete, enquanto os fãs britânicos mandaram a música mais para cima, até o segundo lugar, onde apenas as então megamonstruosidades de Jive Bunny e Black Box poderiam impedi-la de igualar a maior sensação no Reino Unido.

Um único lançamento no Reino Unido de "Bed of Nails" chegou ao Top 40; o *single* americano com "House of Fire" e "Only My Heart Talkin'' também entrou nas paradas, e, embora as posições que alcançaram (56 e 89) poderiam ser vistas como desapontantes, esse era o papo tradicional, não a realidade do mercado de *single*s sempre fragmentado do final dos anos 1980. As rádios estavam se subdividindo em uma sucessão de formatos e cada uma tinha sua própria parada. Com as audiências que Alice esperava se sair bem, as paradas de hard rock e metal e nas estações em que sua música estava sendo divulgada, as duas eram sucessos sólidos, enquanto a ascenção de *Trash* era estupenda, seu maior álbum desde *Welcome to My Nightmare*.

As opiniões contrárias não ficaram em silêncio, é claro. Child tinha acabado de produzir o retorno de Joan Jett no ano anterior e mais de um ouvinte apontou que, em termos sonoros, os dois álbuns eram tão complementares que uma versão de "I Hate Myself for Loving You" por Alice Cooper não estaria mais fora do lugar no *Trash* do que uma versão de "Poison" por Jett daria uma sensação estranha em *Up Your Alley*. E embora Alice estivesse mais do que feliz de desencanar de sua marca registrada sangrenta, fazia isso sem nenhuma convicção.

Ele disse ao jornalista Edgar Klüsener: "Haverá algumas cenas de horror clássicas acrescentadas ao show. No entanto, elas não vão dominar o palco. E por que deveriam? Depois de dois álbuns e duas turnês, tudo começa a ficar um pouco chato e evolui para um estereótipo, tanto para mim como para o público".

Ou: "Eu realmente queria fazer duas turnês mundiais completas que fossem totalmente sanguinolentas, e isso foi divertido. Agora muita gente tem me perguntado: 'Você vai fazer isso de novo?', e eu respondo que não, não vamos, porque eu não vou me transformar no Slayer! Por que eu deveria continuar plagiando a mim mesmo?", ele perguntou. "Alice Cooper ainda possui muitas outras ideias para ser forçado a depender de clichês como esses."

As ideias são de Alice? Ou era de um grupo firme de consultores que iam desde Desmond Child, passando pelos executivos da Epic, até os funcionários que não podiam acreditar na sorte que tinham? Na mesma entrevista, Alice diz que o novo álbum "mergulha nos assuntos relacionados ao sexo muito mais do que antes". E, em algum lugar nos fundos de uma estante de discos empoeirada, algumas centenas de milhares de cópias quase nunca ouvidas de *Muscle of Love* apuraram seus ouvidos e ficaram atentas.

Alice continuou com um papo convincente. "*Trash* é a palavra que eu uso para tudo que me excita. *Trash* é a garota com um corpo incrível que passa por mim na Sunset Boulevard, *Trash* é a sensação fantástica que sinto atrás do volante de um carro em alta velocidade voando por uma estrada, *Trash* é sensacional e impressionante, *Trash* é o melhor título possível para o álbum e eu acho que esse LP é o melhor que Alice Cooper já gravou em anos."

Ele sentia, insistiu, "que o álbum é realmente o Alice 'anos 1990'. Pessoas me dizem que gostam das coisas estranhas, tipo *Zipper Catches Skin* e *Dada*, mas a maior parte dos pedidos são para *Love It to Death*. As pessoas querem ouvir esse tipo de rock, então eu quis capturar isso e passá-lo para os anos 1990. Quando Desmond e eu estávamos escrevendo, ouvíamos *Love It to Death* e o LP *Greatest Hits*. Não porque eu queria voltar a isso. Apenas para encontrar aquela atmosfera e combiná--la com a época atual".

Além do mais, não importava com quanto cinismo os antigos fãs e jornalistas referiam-se a *Trash* e seu sucesso. Não importava se eles o consideravam prejudicado por ser mais comercial e quantas vezes outro crítico descrente comparava, com razão, "Bed of Nails" a "You Give Love a Bad Name" do Bon Jovi, ele servia a um propósito que, para Alice, poderia muito bem ser o mais crucial até então. Ele há muito tempo estava ficando cansado de ver todos os bebês Alice engatinhando pelo ambiente, todos eles pegando mais um pedaço da velha máquina e deixando que os levassem para a glória. E ele há muito tempo parou de reclamar disso.

Ele sabia seu valor, conhecia seu mérito, sempre soube qual era a resposta. Um artista não tem sucesso garantido porque ele sempre gostou disso e, apesar de um disco poder ser um sucesso somente porque o anterior foi, esse ciclo sempre vai se esgotar no fim. Para sustentar o sucesso, o artista tem de sustentar sua ânsia pelo sucesso. Alice talvez tenha esquecido isso ao longo dos anos, de tão envolvido em sua própria noção do culto a Alice Cooper, que não percebeu como as filiações de fora do culto diminuíam rápido. Desmond Child lembrou Alice disso.

"Quando eu conheço novas bandas que me falam: 'Eu amo seu trabalho, eu tenho tudo que você já fez, você é a razão para eu estar aqui', é ótimo. Mas aí eu falo para eles se prepararem, porque estou na competição novamente. Sabe... se você acha que eu te mostrei tudo, espere até você ver um pouco mais fundo na minha manga!"

"Eu não quero ser Chuck Berry", disse à *Sounds*. "Eu o amo como artista, mas não quero ser esse tipo de figura antiga e glorificada. Eu quero estar à frente de todas as inovações enquanto ainda estiver atuando no meio. Alice deve sempre estar presente. E, a não ser que eu os mate todas as noites, não vou conseguir fazer isso. Eu nunca tive reações medíocres. Se eu tivesse, então eu pararia. Chacoalho fisicamente as pessoas se for necessário, elas vão reagir a mim!"

Ele realmente estava falando sério. Porém, apesar de *Trash* não ser considerado uma falsa inovação, ele marcou a última vez que Alice Cooper, como tantos de sua geração, poderia ser considerado um competidor genuíno no meio comercial, à medida que os anos 1990 e o surgimento de tecnologias e novos modelos de negócios dessa década começavam a descartar muito da indústria tradicional.

Foi um processo gradual cujo decreto é cheio de tantas exceções que era difícil compreender a criação de regras que cedo ou tarde sufocariam a única coisa que sempre assegurou a saúde do rock 'n' roll: seu *status* como o último grande intruso da arte.

Afinal de contas, o surgimento do PMRC havia atualizado essas linhas de guerra apenas há cinco anos. Mas, quando a história olha para trás e percebe como o tempo ativo de vida da organização foi curto, não foi porque as forças opostas varreram a sra. Gore e seus aliados de volta para as trincheiras. Foi porque a oposição cedeu. Os adesivos com avisos aos pais eram um fato da vida agora e muitas outras exigências da censura também foram realizadas quando acionistas e contadores começaram a desenvolver as políticas internas da gravadora e as próprias gravadoras transformaram-se em apenas mais uma faceta de um conglomerado multimídia.

A criação e, mais importante, a promoção das músicas sofreu proporcionalmente às mudanças. Mas havia outros fatores também, pelo menos por ora. A busca pela homogeneidade absoluta do rock ainda tinha mais um drama para superar.

Alice fez *Hey Stoopid* em 1991, logo depois de *Trash*. Era seu 19º álbum gravado em estúdio, produzido por Peter Collins, conhecido por Queensrÿche e Gary Moore, e novamente repleto de colaboradores. Em termos de sintonia com as rádios e reconhecimento na mídia, deveria ser tão grande quanto seu antecessor. Em vez disso, foi destruído pelo mesmo *timing* ruim que destruiu tantas esperanças de outros artistas na época, independentemente da idade ou popularidade. *Hey Stoopid* foi lançado em junho e caminhava devagar em direção às paradas durante todo o verão. Então setembro trouxe *Nevermind* do Nirvana e todo o resto parecia ter tido suas vendas congeladas.

Hey Stoopid era agora o último suspiro da turma do metal *glam*. Slash, o guitarrista de cartola do Guns 'N Roses, Nikki Sixx e Mick Mars do Mötley Crüe, o compositor Jack Ponti, o guitarrista Steve Vai, lendas vivas como Ozzy Osbourne, Rob Halford e Joe Satriani, todos empilhados no estúdio enquanto trocavam Bearsville, New York por Los Angeles. Mais uma vez, a fórmula era tão brilhante quanto seus criadores. A primeira, "Hey Stoopid", um hino antisuicídio de um homem acusado de ter encorajado mais do que uma boa quantidade dessa tragédia, tornou-se outro grande *single* de sucesso e o restante do álbum era uma adição tão engenhosa e refinada para o catálogo quanto qualquer pessoa poderia ter esperado... qualquer fã desse som, em qualquer momento.

Mas o metal *glam* já estava em decadência há um tempo, tendo ficado visivelmente em perigo desde o começo da nova década. Ao aderir às mesmas categorias musicais de seu antecessor, *Hey Stoopid* aderiu aos mesmos desejos de morte que poderiam prejudicar novos lançamentos pelo resto do bando. Tudo o que o Nirvana fez naquele momento foi dar a um público entendiado algo novo para empolgar, da mesma forma que os punks revitalizaram o final dos anos 1970 e Alice reinventou o começo da mesma década.

Mas havia algo consumidor-de-tudo sobre o sucesso do Nirvana e sobre as bandas grunge que se matavam ao seguir seus passos. Algo tão vasto e sem precedentes que a própria indústria não sabia como lidar. As lições aprendidas com o punk rock, ao qual os historiadores da música sempre dão crédito por ter mudado a cara da indústria nos anos 1970, não se aplicavam aqui. Sim, o Nirvana enquadrava a si mesmo como não pertencentes, e sim, havia aspectos do circo em voga que eram menos do que apetitosos sob uma perspectiva comercial.

No passado, no entanto, os excessos da indústria fonográfica eram policiados pela imprensa musical, com os tabloides e a mídia do entretenimento realmente sujando seus pés na bacia do rock apenas quando um artista havia ascendido verdadeiramente ao *status* genuíno de superestrela de Vegas, Hollywood e do horário nobre da TV.

Agora, a esposa do Kurt Cobain estava na capa de *Vanity Fair* e esse era apenas o mais ilustrativo dos muitos exemplos de cooptação do velho espírito jovem pelo *mainstream*. O rock passou por inúmeras crises no passado, de sua própria autoria e de pessoas de fora também. E ainda havia dançado ao redor da respeitabilidade por décadas.

Alice teve um papel nisso tudo, com suas fofocas de superestrela, aparições regulares no programa de TV *Celebrity Squares* e convites para jogos de golfe. Mas ele havia sido apenas um monstro e sempre haveria outros para entrar em seu lugar, os *bad boys* do rock cujas únicas tensões com os tabloides seriam uma manchete desaprovativa sobre o último flagra com drogas, prisão ou a evacuação pública de substâncias corpóreas indesejáveis.

Agora, era como se toda "luta contra drogas" dos artistas (ou bebida, sexo, ou qualquer um dos diversos vícios e aflições que pareciam ter uma base médica ou psicológica) era tão aberta ao debate na imprensa de alta circulação quanto foi uma vez pelos corredores indecentes dos rumores do rock, e aqueles artistas que conseguiram encontrar algum tipo de cura e atravessaram o outro lado passaram a ser os dispostos ou então detentores ideais da virtude para quem todos os que querem se recuperar devem rezar.

Os *bad boys* eram bons. E, uma vez desarmada a bomba-relógio da vergonha pública, eles estão salvos.

Eles não eram mais estrelas do rock, eram celebridades.

Eles não eram mais perigosos, eram tesouros nacionais.

E eles não competiam, eles eram veteranos.

Alice lembra a primeira vez que ouviu "Smells Like Teen Spirit" para a revista *Metal Hammer*. "Era diferente de todo o resto. É simplesmente uma explosão. É aquela que você aumenta o volume quando ouve. Era simplesmente além de tudo (...) não era *grunge*, era um grande e irregular ritmo de guitarra. É implacável do começo ao fim. Muito legal. Lembra-me do rock bem do começo dos anos 1970."

No entanto, também apontava para um futuro musical do qual ele sabia que não poderia fazer parte, um fato que muitos de seus contemporâneos cedo ou tarde compreenderiam, mas que poucos usaram para sua vantagem tão rápido quanto Alice.

A família vivia em Phoenix agora, em uma casa no Paradise Valley que Alice havia comprado como um investimento em 1973. Completamente remodelada nos primeiros anos depois da chegada deles, em 1985, foi a base na qual ele se percebeu como uma verdadeira celebridade nos círculos locais.

Ele falava sem muita preocupação sobre entrar na política local, mas quando um problema político real atingiu um fã de longa data na forma da perda iminente de sua casa, Alice organizou um evento beneficente para arrecadação de fundos para vencer as forças do despejo.

O nascimento de sua terceira criança e segunda menina em janeiro de 1993 foi celebrado pela imprensa local de Phoenix, e três décadas depois que Vince Furnier fora ameaçado de expulsão do sistema educacional local pelo crime de não cortar o cabelo, seu filho Damien estava se preparando para entrar no sistema.

E Phoenix, a cidade que ele sempre chamara de lar com mais paixão do que qualquer outro lugar em que morou, foi onde ele se aposentou enquanto ainda pensava como abordaria esse último desafio, não só de seu retorno comercial, mas do cenário musical que era tudo o que ele conhecia.

Mudando o próprio cenário musical.

Hey Stoopid foi o último álbum que a estrela do rock Alice Cooper faria. Daí em diante, ele simplesmente seria Alice Cooper e não dava a mínima para como seria a descrição do trabalho. Porque ele mudaria o tempo todo.

Alice nunca havia montado uma turnê convencional, mesmo na época em que ele participava do mesmo circuito de milhares de outras bandas, todas convencidas de que estavam a apenas um *single* de sucesso de distância para alcançar o anel de ouro. No entanto, agora ele estava disposto a dar mais um passo em frente. "O show de Alice é um evento, não apenas um show de rock", ele vangloriou para a *Hot Metal*. "É tipo 'Alice está chegando em quatro meses!', e o Natal também! Eu quero que as pessoas fiquem ansiosas com o fato de que estamos chegando na cidade, nada do tipo 'Quem vamos ver essa semana? Bom, vamos lá ver Alice...'; eu quero que eles falem, 'Uau, Alice está aqui! Cara, o que será que vai acontecer nesse novo show?!'."

Ele conseguiu o papel do padrasto do Freddie Kruger no sexto filme da sequência *A Hora do Pesadelo, A Morte de Freddy: O Pesadelo Final*, e ninguém sequer piscou. Estrelas pop atuando como atores de cinema nunca eram uma combinação boa, mas essas regras não diziam respeito a Alice. Como ele vem dizendo desde o começo, ele era uma estrela do cinema desde o início, que simplesmente acabou fazendo outra coisa além dos filmes.

Wayne's World – Quanto Mais Idiota Melhor, o longa metragem adaptado do que havia sido um quadro levemente divertido do programa *Saturday Night Live*, apareceu com uma convocação e Alice entrou nessa também, apresentando uma versão feroz de "Feed My Frankenstein" para a ocasião e então fazendo pose enquanto os principais personagens do filme, Wayne e Garth, ajoelham-se diante dele dizendo "Nós não merecemos! Nós não merecemos!". Pelos próximos anos, Alice ria, ele ouvia isso em todos os lugares aonde ia, embora fosse uma melhora, ele disse, em relação ao que ele teve de aguentar antes disso. "[Meu] último álbum foi intitulado *Hey Stoopid*. Então por um ano inteiro eu tive de ouvir: 'Hey, stupid!' Isso é bem melhor."

Por um ano, também, ele estava olhando novamente para *Welcome to My Nightmare* e a possibilidade de criar uma sequência. Parecia impossível acreditar que 20 anos se passaram desde que ele formou as primeiras ideias que se tornariam o disco, mas esse era o aniversário que estava chegando e, assim como 1974 o viu sendo cercado pelos melhores e mais relevantes músicos que encontrou, duas décadas depois ele esquematizaria o mesmo sonho.

Soundgarden era uma das muitas bandas que ascenderam na onda do Nirvana, apesar de que, como Cobain e companhia, eles estavam na cena da cidade natal Seattle já alguns anos antes de o resto da América notá-los.

Eles não eram necessariamente a banda mais inspiradora do bando grunge. A instrospecção confusa era a carta mais óbvia, jogada por cima de uma melodia ainda mais turva que, mesmo na época do som digital, parecia ter sido sugada inteira das margens do estreito de Puget. Uma jornalista musical eminente se lembra de ter assistido a um antigo vídeo do Soundgarden na MTV, algumas semanas antes de ela e sua família se mudarem para a cidade. "Eu quase cancelei a mudança na hora."

Desde aquela época, o Soundgarden provara-se hábil na confusão das expectativas. Eles estavam ligados à onda grunge por circunstâncias geográficas, mas, quando a *Kerrang!* foi procurar o "futuro do metal" em 1992, o Soundgarden foi capa da revista. Quando a *Spin* buscou a "banda de metal para quem odeia metal", eles escolheram o Soundgarden. E quando a *Almost Live*, a alternativa de Seattle muitíssimo mais engraçada do que o *Saturday Night Live*, queria alguém para representar a comunidade de *headbanguers* no esquete semirregular da "lista tosca", eles também escolheram o Soundgarden. Então por que Alice não deveria?

Depois de o vocalista do Soundgarden Chris Cornell viajar para Phoenix, ele e Alice escreveram duas músicas; "Unholy War" e "Stolen Prayer" estavam programadas para um álbum que Alice pretendia gravar em Los Angeles. Outras bandas de Seattle, Alice In Chains e Screaming Trees, foram chamadas para as gravações, enquanto Alice trabalhava no que estava destinado a ser, pelo menos, um álbum com som contemporâneo. Mas ele não tinha essa intenção.

"Vamos admitir, Alice Cooper não pode representar os jovens grunge de 15 anos de idade", disse à revista *HM*. "Caras como Steve Tyler, Ozzy e eu não temos nenhuma comunicação com eles. A violência se tornou muito mais aceitável, e todo mundo está ficando muito rigoroso." E era esse rigor e a falta de esperança que grudaram no movimento como as nuvens carregadas assombram o horizonte de Seattle que ele queria investigar. O resultado seria um dos álbuns mais evocativos de sua carreira... mesmo se suas promessas fossem levemente repreendidas pelos noticiários do Reino Unido, que descreveram o álbum como "seu primeiro disco conceitual desde *Dada*".

The Last Temptation, Alice explicou, "é meu primeiro álbum conceitual em um bom tempo, porque dessa vez eu criei uma boa história". Ele disse à *Metal Hammer*: "Eu não faço um conceito sem um começo e um fim, um herói e um vilão e uma situação crível. Esse não seria nem um álbum e nem um filme. O tema básico é tentação. Todos nós sentimos tentação todos os dias".

Ele explicou a história: a chegada de um misterioso *performer* a uma pequena cidade do Meio Oeste americano, dono de um teatro de estranha aparência onde a maior parte das crianças da cidade tinha medo de entrar. Finalmente uma entra... Steven, o herói um pouco mais velho da produção original de *Welcome to My Nightmare*. Porém, dessa vez Steven não está preso em um sonho.

Dentro do teatro, o *performer* mostra a ele um conjunto de coisas maravilhosas e uma série de artistas, cada um deles representado por uma música diferente do álbum. E o público aos poucos se dá conta do que está realmente sendo exibido no teatro. A morte.

The Last Temptation se afasta do *Welcome to My Nightmare* em sua apresentação geral, mas os dois ao mesmo tempo, ironicamente, são memórias voltando à tona de um conceito mais antigo relacionado a Alice. Enquanto as cortinas de *Flash Ferless* caem diante dos olhos dos fãs de Alice, vendidos separadamente, mas intrínsecos à história, três HQs representavam a história do álbum. "Eu queria que as pessoas realmente enxergassem o que eu tinha em mente, e, sem dez vídeos caros ou um filme de verdade, essa era a melhor forma. Você precisa ver o tentador, O *Showman*. Ele é igual ao velho Alice, esperto, tagarela, legal e engraçado."

O mediador em forma de HQ naturalmente entrou no projeto. Quando criança, Alice amava *Contos da Cripta*. Quando adolescente, ele lia os HQs de super-heróis, as revistas do Homem-Aranha e do Quarteto Fantástico que começaram a então intitulada Era Marvel. Agora, adulto, ele lia HQs com temáticas adultas, o trabalho de Alan Moore, Neil Gaiman, e a recém-lançada linha de títulos pela já prodigiosa Editora Vertigo. As HQs indagavam, como as novas músicas estavam indagando, o que havia acontecido com todos os velhos monstros? Quem ou o que eles eram agora?

"Os monstros não são as coisas que moram embaixo da sua cama na sua imaginação", ele explicou para a revista *Faces*. "A realidade é muito mais assustadora do que qualquer fantasia. Os monstros são as agulhas, a heroína, a briga entre as gangues, as armas, a maior parte das coisas que estão bem na sua frente todos os dias, especialmente para a geração X." A visão geral, ele sugere, combinava o conto sobre pecadores demoníacos de Ray Bradbury, *Something Wicked This Way Comes*, com nada menos que as tentações de Cristo, uma paleta vasta que exigia talentos vastos para percebê-la.

Fascinante mesmo foi a escolha dos colaboradores de Alice. No estúdio ele trabalhava com os mais recentes grandes tipos, como Jack Blades e Tommy Shaw, Don Fleming, Andy Wallace e a dupla Duane Baron/John Purdell. Ele escreveu o HQ com Neil Gaiman, o inglês criador de algumas das fantasias mais inspiradas dos anos 1990, e o artista Michael Zulli.

Nascido na Inglaterra, mas agora vivendo em Minneapolis, a especialidade de Gaiman era a exploração de terrores infantis, geralmente tirados de sua própria infância em Londres, como o pânico vago criado pelo show de fantoches Punch & Judy, a saga das Bruxas de Lancanshire, o velho enrugado que uma vez desfilou pelas ruas da metrópole em sua capa de chuva, segurando um aviso que dizia, "menos paixão de menos proteína". As obsessões infantis com uma certa marca de doce, um HQ ou programa de TV que iam além do domínio habitual de situações constrangidas "eu estava lá" para formar critérios nostálgicos com os quais se aterra a eletricidade da fantasia. Para permitir que a realidade tenha uma percepção do que acontece quando tudo estiver virando uma loucura.

Agora, a HQ *Sandman* de Gaiman já era uma leitura compulsória para um exército de fãs de histórias adultas. Em desenvolvimento estava também o primeiro do que, desde então, seria uma das sequências mais cativantes de romances dos tempos atuais.

Apesar de ter sido Bob Pfeifer quem iniciou o contato com Gaiman, Alice explicou seu primeiro encontro com o escritor no livro *Hanging Out With the Dream King*, uma coleção de conversas com Gaiman e seus colaboradores. Seu filho Damien era um colecionador assíduo dos produtos do *Star Wars* e "toda vez que você estava, tanto em uma loja de HQs como em uma convenção de ficção científica, eu ficava vendo o nome de Neil por todos os lados. Eu finalmente comprei alguns dos HQs e foi quando Bob Pfeifer chegou e disse: 'Eu conheço um cara chamado Neil Gaiman' e eu disse: 'Ah sim, eu sei quem ele é'".

"Neil fez um trabalho espetacular", Alice continuou à *Metal Hammer*. "Ele preencheu todos os buracos do meu roteiro. Eu levei até ele assim que tinha as ideias básicas no papel e ele ajudou muito com as músicas propriamente ditas por preencher essas lacunas antes que eu começasse a escrevê-las."

O próprio Gaiman era um fã de longa data, o que provavelmente não deveria surpreender ninguém, dado a natureza de seus próprios talentos impressionantes. "Eu gostava de Alice Cooper", ele escreveu na introdução da edição de colecionador do HQ. "Eu gostava de 'School's Out', 'Billion Dollar Babies' e 'Teenage Lament 74'. Eu achava que *Welcome to My Nightmare* era um dos melhores álbuns de rock. Pensava que *Trash* era um álbum de retorno bem impressionante." Enquanto falava pela primeira vez com Bob Pfeifer por telefone, ele admitiu: "Minha cabeça nadava entre cobras, espadas, cartolas e olhos com maquiagem preta".

Ele lembra: "Nós sentamos no quarto de hotel e eu ouvi a fita com as primeiras músicas que ele havia escrito e vi Alice e seus colaboradores escreverem mais três músicas enquanto fiquei sentado na cama, às vezes fazendo sugestões para as letras e títulos das músicas".

Não era o primeiro contato de Alice com a imortalidade do HQ. O ano de 1979 viu Stan Lee, da Marvel, produzir uma edição Alice em sua série Marvel Premiere e fazer a pergunta pertinente aos leitores: "Alice deveria ganhar sua própria revista da Marvel? Deveríamos mandá-lo voando pelo universo da Marvel?". A resposta, presumivelmente, era não ou pelo menos tão indecisa que nenhuma série foi criada. Mas a Marvel Premiere número 50 ganhou a aprovação total do cantor, mesmo quando usada como outra arma para alfinetar seus então arquirrivais, a banda Kiss. Eles também tinham uma revista em quadrinhos e pediram para que uma gota de sangue de cada membro da banda fosse misturada à tinta da impressão. Alice foi além. Ele também pediu para o que o sangue do Kiss fosse usado, mas que as gráficas não se limitassem a usar apenas uma gota.

Com Marvel sendo a editora responsável novamente, o *merchandising* editorial era quase ausente, embora tenha ido o marketing sofreu com uma boa quantidade de soluços enquanto tinha esperança de conseguir introduzir uma terceira margem, um jogo de computador de realidade virtual, que acabou sendo abandonado quando ficou claro que simplesmente não era possível ser completado. O álbum já estava quatro meses atrasado enquanto os designers trabalhavam para conseguir fazer o jogo funcionar. Finalmente, todos tiveram de admitir a derrota.

Porém, a parafernália nunca passou disso. *The Last Temptation*, antes de mais nada, era um álbum de rock, que tocou em alguns dos sons mais primais que Alice já havia usado. Uma faixa, "Lost In America", ele até descreveu como "um esqueleto de Stooges", apesar de também ter sido comparada à "Summertime Blues" de Eddie Cochran, com seu catálogo cíclico de deficiências juvenis: "I got no girl cos I got no car, I got no car cos I got no job, I got no job cos I got no car... [eu não tenho uma garota porque eu não tenho um carro, eu não tenho um carro porque eu não tenho um emprego, eu não tenho um emprego porque eu não tenho um carro...]".

No entanto, cave mais fundo e a teologia aparece. A crença de que, por causa do mundo roqueiro ter se tornado niilista, na medida em que buscava demônios mais sombrios e profundos para dançar, com o objetivo de manter os contadores sorrindo, o país perdeu o contato com a sua alma. Palavras como redenção e tentação, que partiram da educação bíblica de Alice, estavam agora perdidas no vernáculo comum. Isso ou ter sido completamente arrebatadas por religiosos da ala conservadora, cujo único propósito na vida parecia ser marcar com crenças religiosas os olhos e corações de qualquer pessoa que não seguisse a crença deles na intolerância justa.

"É muito difícil para Alice fazer o tipo rock chocante hoje em dia, porque eu não posso competir com a CNN", Alice disse ao *Toronto Star*. "A CNN é muito mais chocante que qualquer coisa que Alice faça. Eu não acho que ninguém consiga chocar mais. Eu não acho que a Madonna indo no David Letterman e falando palavrão é tão chocante assim. E daí? Todo mundo usa essas palavras todos os dias de qualquer forma."

Para ele, os maiores choques eram as coisas que a mídia agora parecia aceitar como perigos simples do dia a dia: armas, drogas, AIDS e violência. Não era coincidência que, enquanto o álbum ficava pronto, Alice seria testemunha de um tiroteio em um restaurante de Los Angeles, sentado em sua mesa comendo, quando 15 balas voaram pelo salão ("Eles poderiam ter me matado e sequer sabiam quem eu era"), nem que a própria indústria fonográfica ficou chocada quando Kurt Cobain do Nirvana cometeu suicídio em abril de 1994, pouco depois da finalização de *The Last Temptation*. Eventos como esses, embora ele nunca tenha feito referências explícitas na música, moldaram o curso das composições mesmo assim e a direção da história também.

Mesmo quando tentava evitar o circo, Alice percebeu, tinha um jeito de sempre chegar até ele.

Não haveria uma turnê para *The Last Temptation*, apenas uma rotina sem fim de aparições promocionais e uma como convidado especial. Em fevereiro de 1994, ele apareceu junto com Roger Daltrey no Carnegie Hall no espetáculo *Celebration: The Music of Pete Townshend and the Who*, apresentando "I'm a Boy", uma escolha sarcástica dada a velha confusão de gênero que ele uma vez provocou. Ele foi convidado a apresentar um programa de rádio por uma semana para a Z-Rock, o Alice's Attic, gravou uma cena do tipo pisque-e-você-perde como figurante no filme *Maverick* e se juntou a Neil Gaiman em uma sessão de autógrafos na livraria de ficção científica de Londres, Forbidden Planet.

Ele voltou para a estrada só em setembro de 1995, quando embarcou na viagem da turnê do festival Monster of Rock, passando pela América do Sul com Ozzy Osbourne, Megadeth e Faith No More. No entanto, as coisas continuavam a mudar ao seu redor. A constante "crise" de que a indústria musical tanto reclamava que estava surgindo durante os anos 1990 agora estava com força total. É claro, não era nada comparada aos ainda maiores desastres sofridos quando o *download* começasse a fazer parte do cotidiano, mas corte de custos e moderação eram as ordens do dia, quando um declínio gradual das vendas de CDs em geral começou a ser percebido.

A Epic Records não era uma exceção. O outono de 1994 viu os contadores começarem um corte no catálogo da gravadora, retirando qualquer banda menos evidente (Arcade, Infectious Grooves e Suicidal Tendencies sentiram a lâmina do corte), mas peixes grandes como Alice também foram liberados de seus contratos. Eles fizeram uma despedida com uma compilação com um título errado, *Classicks*.

Segundo os boatos, a Hollywood Records, uma gravadora relativamente nova no mercado, mas mesmo assim agregando grandes exemplos dos catálogos de rock clássico, seria sua próxima escolha. Bob Pfeifer, o homem que contratou Alice para a Epic em primeiro lugar, era o presidente da empresa e nunca se duvidou de sua lealdade. Ainda assim, o rumor dizia que o ato dependeria totalmente de uma condição: que Alice reagrupasse a velha banda Alice Cooper para a ocasião.

Dennis Dunaway e Neal Smith disseram que já estavam dentro do projeto. Michael Bruce estava considerando a oferta e Dick Wagner concordou em entrar no lugar de Glen Buxton, cujos problemas de saúde tornavam sua participação improvável. Mas não se deve acreditar em boatos e esse foi morrendo enquanto Alice simplesmente continuava vivendo no esquema celebridade andando por aí. Ele foi apresentador no Grammy de 1995, participou da série de TV *Something Wilder* de Gene Wilder... outro ano de atividades frenéticas poderia simplesmente ser registrado como uma lista enumerada e o renascimento musical de *The Last Temptation* corria o risco de se perder no meio das críticas negativas vindas dos shows da América do Sul.

Steffan Chirazi da *Kerrang!* foi ao show em São Paulo e deu de ombros: "Alice Cooper estava, francamente, entediante. Sem ser muito insensível, as performances no palco deram a impressão de ser ultrapassadas, as músicas não inspiraram e a calça de plástico rosa de Alice era assustadora pra caralho (...) muito mais do que o choro da boneca inflável e a velha coreografia digna de *Amor Sublime Amor*. Uma vez já divertidíssimo, agora Cooper simplesmente mostra que a fama o deixou um tanto confortável demais".

Suas incertezas marcaram seu primeiro álbum na Hollywood. Fazendo a demo em Phoenix com o guitarrista Stef Burns e o bateirista Jimmy DeGrasso, ainda fresco dos shows da América do Sul, *Spirit Rebellious* era o título do álbum que Alice começou a escrever em 1996, um esforço conceitual que ele resumiu como "um lance de guerra entre gangues, em três níveis diferentes: no social, no espiritual e com um pouco de romance também". E ele abraçou seu novo papel na indústria fonográfica explicando: "Eu quero fazer álbuns de Alice Cooper como os livros de Stephen King, não apenas uma coleção de músicas. Deveria realmente dizer algo".

"Eu na verdade tenho letras de música para dois álbuns completos", ele disse à *Metal Edge*. "Eu apenas ainda não coloquei a melodia nelas". O outro álbum, *Alice's Deadly Seven*, foi fruto de uma parceria com o compositor Alan Menken, da Disney. "É divertido trabalhar nisso, porque esse cara senta no piano e tudo que ele toca é um sucesso. E tudo que falta é que Alice pegue a música e distorça um pouco. Eu escrevi todas as letras. Peguei luxúria, preguiça e tudo mais e escrevi músicas sobre tudo isso e realmente ficou muito legal. Será um álbum rock 'n' roll com essas sete pequenas histórias diferentes todas ligadas por um cara narrando o conto todo. Poderia ser um álbum, uma peça da Broadway, um desenho animado, um filme. É bastante visual e está cheio de possíveis sucessos. Quando se tem isso, é possível ir para qualquer direção."

Porém, nenhum dos projetos sairia do papel.

Era hora de reagrupar. Alice não voltaria aos estúdios por pelo menos seis longos anos. Em vez disso, deixou que sua antiga discografia e fama mantivessem seu nome vivo. Ele reagiu ao lançamento de *Classicks* pela Epic mandando de volta o disco *Greatest Hits Live, A Fistful of Alice*, gravado no México e positivamente carregado de convidados famosos como Slash (Guns 'N Roses), Sammy Hagar (ex-Van Halen Mark II) e Rob Zombie (White Zombie) no palco.

Ele recusou a chance de sair em turnê com o Kiss, um show duplo que os fãs das duas bandas insistiam que seria a oportunidade única de definir quem era o melhor de uma vez por todas. Em vez disso, ele saiu em turnê com os Scorpions, alternando-se entre abertura e show principal cada noite, e deixando os alemães comendo sua poeira, mesmo depois de Alice deixar sua teatralidade toda de lado. "Eu conheço [os Scorpions] desde sempre. Eu disse que faria a turnê se eles não tocassem a música com o assobio ['Winds of Change']. Toda vez que ouço essa música eu quero ir até lá e reconstruir o muro de Berlim", brinca.

Em vez disso, ele se contentou com a destruição noturna com os caras todos os dias, cortesia de 12 músicas que explodiam na mão dos velhos mestres. Sua banda parecia mais anônima do que em qualquer uma das outras formações, mas ainda assim Reb Beach (ex-Kip Winger do *Winger*) e Ryan Roxie, os guitarristas, o tecladista Paul Taylor, o baterista da Y&T, Jimmy Degrasso e o baixista da nova formação do Rainbow, Greg Smith, não poderiam dar errado com um repertório repleto de uma história gloriosa.

Entre essas atividades, ele se jogou também em uma série de colaborações, escolhendo seus discípulos a dedo e atento às habilidades de cada um para chamar a atenção e quem sabe deixar um pouco de suas reputações com ele.

Como, por exemplo, o Insane Clown Posse, uma banda que estava na cena desde o começo dos anos 1990, com um estilo próprio de rap metal carregadíssimo, e originária de uma pegadinha de longa duração, de acordo com eles, de um encontro casual com o sinistro Carnival Spirit.

Como Alice duas décadas antes, o Insane Clown Posse sabia como provocar os locais e, depois de três álbuns, sua reputação se espalhou o suficiente para a Hollywood Records aparecer com um contrato. Apoiados por uma campanha publicitária de 1 milhão de dólares, o Insane Clown Posse finalizou *The Great Milenko* com Alice, um convidado de uma das músicas e, no dia do lançamento, a Hollywood, propriedade da Disney, cancelou a estreia. Má fama instantânea, é claro, seguido de problemas instantâneos. A Island tomou à frente e lançou o álbum, e o Insane Clown Posse finalmente foi lançado para os grandes palcos, ao menos por um breve período.

No entanto, é triste, mas é verdade, que poucas estrelas do rock conseguem ver sua prole musical atingir a maturidade. Uma cópia é sempre uma cópia, é claro, mas mesmo as melhores reproduções raramente duram mais que o necessário, porque o original está sempre por perto. David Bowie já enterrou mais pequenos Ziggies surtados do que o tempo passado por Ziggy nesse planeta, Lou Reed e Iggy Pop provavelmente podem ajustar seus relógios pelos funerais de seu imitadores e sósias e Alice perdeu a conta de com quantas bandas diferentes ele foi comparado. "Liguem-me daqui a uns 20 anos", talvez ele tenha respondido. "Veremos se ainda serão comparáveis."

Rob Zombie era diferente. Outro discípulo, outro entusiasta do terror, outro nome para as legiões da decência arrancarem do púlpito. Zombie poderia ser só mais uma maravilha de nove dias, ascendendo no começo dos anos 1990 com o que a imprensa musical chamou de Revolução Industrial e então afundando novamente no momento em que ficou claro que vocais duros e guturais jogados por cima de um maquinário histérico jamais desbancariam a melodia do topo dos rankings. No entanto, diferente de muitos artistas que caíram com a limpeza do mercado, Zombie nunca tinha apostado tudo em uma ficha só. Pelo contrário, junto com a reputação de sua banda, o White Zombie, ele cultivava uma persona que, superficialmente, devia muito a Alice, mas que também era capaz de se manter sozinho, talvez um Frankenstein para o Drácula de Alice, construído no imaginário visual que ele tirou da mesma fonte de filmes de terror básicos com que Alice já se identificava fazia tempo.

Zombie reconhecia essa influência com alegria. O primeiro disco que teve foi *School's Out*, disse ele, e Alice devolveu o elogio quando descreveu Zombie, em 1997, como o único artista que parecia se divertir com sua imagem. Porque isso, no fim das contas, era o que realmente significava ser um *performer*. Divertir-se e levar o público para o circo junto com você.

Ele disse à revista *Pulse*, "[Rob é]... o único cara que realmente está se divertindo. As outras pessoas parecem apenas almas torturadas no palco e você fala, sabe, 'Gente! Escutem-me! A imagem é pesada e tudo mais, mas vocês não precisam ser realmente assim!'. Esses caras estão tentando viver suas vidas como suas imagens dizem ser e eu digo (...) a ideia por trás do rock é a alegria. É uma música prazerosa. Não é deprimente.

Sabe, a diferença entre um show do Alice Cooper e esses shows dos quais você está falando, não vou citar nenhum especificamente, é que eu sempre deixo a plateia estimulada. Eu os deixo inspirados em vez de (...) eles vão embora dizendo: 'Uau, eu tenho confete no cabelo e Alice estava de terno branco, ele acabou de tocar 'School's Out' e balões estão caindo do teto'. E então eles lembram e falam: 'Uau, ele faz um lance com o carrinho de bebê, faz aquilo e sua cabeça é cortada fora. Que ótima noite!'. Eles sempre saíam com grandes sorrisos na cara. E agora eu sei que muitas pessoas saem dos show falando: 'Uau, minha vida acabou'."

Era inevitável que Alice e Zombie se conhecessem um dia e era inevitável que ficassem amigos. Em 2011, foi Zombie quem indicou a banda Alice Cooper para o Hall da Fama do Rock 'n' Roll, enquanto nos anos anteriores Alice e Zombie colaboraram em uma variedade de projetos musicais e turnês.

"Nós dois temos uma simpatia pelo absurdo", Alice explicou para a *Metal Edge*. "Nós dois gostamos de filmes de terror, mas apenas os ruins, os bem idiotas. Não gostamos dos filmes bons. Existe um algo em comum no que fazemos, vemos a comédia no terror e achamos que é um passeio no parque e não deveria ser levado mais a sério do que isso, uma boa comédia.

"Quando trabalhamos juntos é muito fácil, existe um respeito mútuo. Ele faz algo completamente diferente do que eu faço, criando uma parede de sons e escrevendo as letras em cima disso. Eu tento fazer uma música mais convencional, e enquanto meus movimentos aparecem no roteiro da história, os deles aparecem com o som; o lance todo de Rob é construído dependendo de qual é a batida da música. Eu gosto dele, porque ele está em sua própria piada. Isso é algo que aterroriza as pessoas. Ele sabe que temos uma certa popularidade por um período certo de tempo. Ele sempre tira um sarro dele mesmo, da banda, do que escreve, tem a atitude mais saudável do mundo e ama o que faz. Quando você fala com ele, é tão hulmide. Eu gosto disso."

A princípio, o par fez apenas uma música juntos, "Hands of Death (Burn, Baby, Burn)" para o álbum *Songs In the Key Of X*, lançado com a série *Arquivo X*. Porém, eles logo estavam escrevendo para o novo álbum de Alice. Se um dia fosse finalizado.

Mas havia um artista com quem Alice não se dava muito bem. Falando em 1996, ele basicamente previu seu próprio ressurgimento quando profetizou a chegada de uma nova estrela do metal, "meio ator de cinema e forrado de músicas boas". Ele refletia sobre suas bandas favoritas, como Soul Asylum, Collective Soul, White Zombie, Nine Inch Nails e Soundgarden, mas também reconhecia "que não havia ninguém na cena que fosse realmente chocante". No passado, "nós eramos inovadores, a praga do rock 'n' roll. Éramos assustadores nos anos 1970 porque era uma época bem inocente. Agora eu não sou nem de longe tão chocante como a CNN".

Alice sonhava com o rock recebendo um novo Messias. Em vez disso, recebeu Marilyn Manson. "Hmmm. Onde foi que eu vi isso antes? Marilyn Manson. Até mesmo os nomes são bem parecidos: Alice Cooper, Marilyn Manson", Cooper disse ao escritor Mark Brown. "Eu não concordo com o lance satânico todo, essa coisa 'Antichrist Superstar'. Eu sei que é para irritar as pessoas, mas sem dúvida não quero que as pessoas me associem a isso. Alice sempre foi mais divertido que isso. A religião era pessoal demais e política era muito chata. Nossos três alvos eram sexo, morte e dinheiro."

A *Kerrang!* cavou mais fundo, mas Alice continuou discreto. "Marilyn Manson e eu temos um acordo, eu não falo sobre ele e ele não fala sobre mim!" E então ele continuou falando sobre ele. "Eu estava lendo um artigo sobre Marilyn outro dia. Ele desmentia vários rumores, o que eu compreendo totalmente. Eu estava lendo todas as coisas que ele supostamente fez e sabe de uma coisa? Ele está vivendo minha vida.

Noventa por cento do que você ouve sobre Marylin Manson não é verdade. Noventa por cento do que se ouvia sobre Alice Cooper não era verdade. Eu fui chamado de tudo, desde uma bruxa até um vampiro. Tem algo sexy sobre ser um vampiro", ele sorri, "mas o oculto? Alice Cooper se interessava pelo oculto tanto quanto um porco espinho!"

O que fez sua próxima controvérsia ainda mais irônica, quando Alice foi responsável por deixar Pat Boone em apuros com a direita cristã. Boone havia recentemente arquitetado uma volta musical ao criar um álbum de metal, apropriadamente chamado *In a Metal Mood: No More Mr. Nice Guy*. O antídoto para os arruaceiros do rock 'n' roll dos anos 1950, Boone se responsabilizou por gravar versões mixadas de alguns dos maiores sucessos antigos do rock, suavizando-os para o mercado *mainstream* e, é claro, distribuindo os lucros para os verdadeiros criadores do rock. Um representante tranquilo, distinto e totalmente americano de tudo que é bom, sagrado e como a torta de maçã das mães em relação ao Tio Sam, Boone também tinha seguidores em massa assistindo-o na televisão cristã. Seu programa semanal, *Gospel America*, era uma das estrelas mais brilhantes da Trinity Broadcast Network, não só nacionalmente, mas também ao redor do mundo. E muitos de seus telespectadores leais ligariam a TV para ver seu ídolo no American Music Awards, dia 27 de janeiro de 1997.

Minutos depois, a mesa telefônica da Trinity acendeu como uma cadeira elétrica.

Foi o apresentador Dick Clark quem teve essa ideia de Boone aparecer frente às câmeras vestido de roqueiro hardcore, sem camisa e lotado de tatuagens temporárias, couro e transparências, colar de garanhão e braceletes enquanto Alice aparecia com cabelo curto e suéter, calças sensíveis e sapatos de camurça brancos.

Infelizmente, segundo Boone, "ele deve olhado para os sapatos de camurça e ficou enojado. Ele desistiu no último segundo. Eu entrei no palco vestido como um roqueiro do heavy metal e esperava com total certeza de que ele estaria vestido de Pat Boone. Em vez disso, ele estava vestido como, bem, como Alice Cooper!".

Os telespectadores fiéis de Boone surtaram, bombardeando a mesa telefônica da TBN com tantas reclamações que, por incrível que pareça, *Gospel America* foi cancelado. Boone, no entanto, recusava-se a pedir desculpas. "Foi tudo feito como uma piada. E quanto ao meu álbum, pulou várias posições nas paradas. É a primeira vez em 30 anos que eu estou nas paradas! Eu sempre fui um dos maiores caretas de todos. Agora de repente algumas pessoas veem uma foto minha e acham que pareço um ex-membro do Kiss. Eu percebi que agora estou sendo julgado como eu costumava julgar esses roqueiros. Mas Deus ama os roqueiros também!"

Naquele outono, Ele teve mais um para amar. No dia 19 de outubro de 1997, o guitarrista Glen Buxton morreu de pneumonia em sua casa em Clarion, Iowa, onde morava desde 1990.

Assim como Alice, um cristão renascido, Buxton vivia tão longe de seu passado quanto podia, como um fazendeiro cujo lugar na história do rock era conhecido apenas por seus amigos e família. Não só seus anos com Alice, mas também um bando de outros trabalhos musicais que fez por curtos períodos de tempo, Shrapnel, a banda de Nova York que brincava com as últimas ondas da cena punk do final dos anos 1970, era a lembrança com mais carinho. Virgin, uma banda *cover* de Phoenix, cujo show misturava sucessos antigos de Alice com a pegada mais recente dos anos 1980, com menos.

Os obituários falaram da última vez em que ele e Alice conviveram, depois do show de Alice em St. Paul, Minnesota, em agosto. Depois disso a dupla passou uma hora conversando e, no começo de outubro, Buxton se reuniu com Michael Bruce e o baterista Neal Smith para uma série de shows para autógrafos e apresentações em Houston. (Dennis Dunaway estava doente e não pôde participar.) Foi lá que Buxton mencionou que estava sofrendo com uma dor no peito e Smith se juntou ao grande grupo de amigos e parentes que pediram que ele visitasse um médico para examinar isso melhor. O que Buxton finalmente fez. Mas já era tarde demais.

Alice fez seu próprio tributo.

"Eu cresci com Glen, comecei a banda com ele. Era um dos meus melhores amigos. Acho que dei risada com ele mais do que com qualquer outra pessoa. Ele era um guitarrista subestimado e influente, um rebelde genuíno do rock. Onde quer que ele esteja agora, eu tenho certeza de que tem uma guitarra, um cigarro e um canivete por perto."

E foi a morte de Buxton, provavelmente mais do que qualquer outra consideração, que finalmente reuniu Alice com o restante da antiga banda. Foi uma reunião que começou pelo telefone e, apesar de nunca ter se tornado um retorno total às glórias passadas, em algum lugar entre esses extremos, encontraria um lugar confortável para viver.

Capítulo 17
Doces para Diabéticos

Agora um pilar da comunidade, Alice abriu seu próprio bar esportivo em Phoenix. Coopertown, ele insistia, estava destinado a tornar-se o "Taj Mahal dos bares esportivos". É claro que o nome dele apenas estava sobre a porta, como muitos outros estabelecimentos patriocinados por celebridades ao redor da América. No BB King's em Nova York, por exemplo, o artista tinha um envolvimento mínimo com as burocracias diárias do bar e um investimento mínimo também. No caso de Alice, foram 5 mil dólares e uma foto dele em papelão de tamanho real que dava boas-vindas aos clientes na porta.

Ele também se apresentou lá, abrindo as portas no dia 19 de dezembro de 1998 e chamando Neal Smith e Michael Bruce até a cidade, parecendo como se todos houvessem acabado de chegar da rua, arrasando com uma versão solta e engraçada de "No More Mr. Nice Guy", a primeira vez que tocavam juntos em 24 anos, o que era bem perceptível. "Ensaio na sua casa amanhã de noite", Alice lançou para Bruce enquanto entravam em uma "Muscle of Love" meio desconexa. Então, com tempo para mais uma, "Is It My Body" pareceu surpreender Alice tanto quanto a plateia, mas os sorrisos de seus velhos companheiros levaram qualquer preocupação embora. A coisa toda acabou em quase dez minutos.

Então não era exatamente seu clube, mas os triunfos (e, infelizmente, as tribulações) do bar sobrariam para Alice, apenas mais um tijolo na parede de cidadania sólida que ele e Sheryl estavam construindo em Phoenix.

Às vezes parecia que o par estava mais ativo na comunidade local do que Alice já foi em cima do palco. Eles escreveram e produziram o Hopi Variety Show anual para a escola local e supervisionavam, também, a Solid Rock Foundation, uma organização beneficente que ele criou em 1995 para ajudar financeiramente as organizações e ministérios cristãos que trabalhavam com os jovens.

Os Torneios de Golfe para Celebridades Alice Cooper também eram um evento da cidade e era tão possível ouvi-lo conversar sobre sua coleção preciosa de relógios vintage quanto sobre suas ambições musicais. Especializado nas incríveis criações estilo ficção científica que adornavam os pulsos na moda durante os anos 1950, Alice estava ansioso para entrar em turnê muito mais pela chance de poder visitar liquidações de garagem e lojas de quinquilharias, em busca de novos tesouros, do que pelas buscas mais tradicionais de uma turnê.

Em 2002, ele comandou outro evento que logo seria anual, o Christmas Pudding, dominando o Celebrity Theater (apoiadores de longa data do Solid Rock Foundation) e criando um show beneficente de grandes proporções no dia 13 de dezembro. Peter Frampton, o comediante John O'Hurley, Sam Moore e Nils Lofgren, todos entraram para a lista de artistas, e Alice entusiasmou-se: "É uma mistura de coisas, como um pudim de natal, então é por isso que estamos chamando de pudim. E nós realmente vamos ter pudim! [O dono do restaurante] Mark Tarbell fará um pudim para 2.500 pessoas. Esse é o nosso primeiro", ele disse na época. "Mas eu acho que esse tipo de coisa vai crescer a cada ano, ficando cada vez maior e melhor."

Assim como ele.

Por três ou quatro anos, rolavam boatos sobre uma iminente caixa de Alice Cooper, uma besta espaçosa cuja briga por sua existência logo se tornou uma lenda por méritos próprios, enquanto as diferentes gravadoras que possuíam álbuns de Alice levantavam objeções e obstáculos no caminho da compilação, quando todas elas juravam apoiar o projeto. No entanto, só no fim de 1999 eles finalmente honraram suas palavras e *The Life and Crimes of Alice Cooper* estava finalmente pronto.

Era uma alegria de ver uma caixa com quatro discos que fazia jus a seu título, não apenas por reunir os sucessos e batidas que todos esperavam, mas também por mergulhar fundo em busca das estranhas tentativas e surpresas que estavam enterradas nos lados B ou ainda mais embaixo. Mixagens únicas dos discos clássicos, nunca mais ouvidas desde o dia no estúdio, voltavam à vida. As duas versões de *Flash Fearless* foram gloriosamente ressuscitadas, junto com as antigas gravações pré-Alice que ninguém além do colecionador mais fanático poderia ficar desesperado para conseguir. Teve até espaço para a pérola da época do *Special Forces*, "Look At You Over There, Ripping The Sawdust From My Teddy Bear", omitida do álbum original porque não combinava com o restante das músicas, mas revelada agora como uma das visões realizadas mais bonitas de Alice nos anos 1980.

Disco por disco, a jornada dos Spiders até Rob Zombie foi realizada com mais choques e surpresas que até mesmo o fã mais esperançoso não poderia imaginar. Mas talvez o mais importante tenha sido a forma como os diversos atrasos no final trabalharam a favor da caixa. Alice foi a trilha sonora para as últimas três décadas do século XX, de forma tão única e surpreendente quanto qualquer outro artista de sua geração. Que melhor hora para lançar a caixa do que nos últimos meses do último ano do século?

E que melhor hora poderia existir para seguir o sucesso da caixa do que as primeiras semanas do século XXI? Com o comunicado de que *Brutal Planet* estava pronto para lançamento, uma volta merecida ao rock terror na sua cara, gravado com a visão de um futuro apocalíptico moldado, de fato, pela brutalidade do mundo moderno: o crescimento constante da extrema direita política, com sua própria desconsideração violenta pela vida e liberdade, o surgimento no setor civil americano do terrorismo importado e doméstico, a expansão dos bancos em corporações gigantescas com uma garra vasculhando a vida de todos, ganância, ódio, tragédia e morte.

"Havia algumas músicas que eu simplesmente não queria escrever", ele disse ao *Live Daily* na primavera de 2000. "Mas eu não poderia deixar algumas dessas coisas passarem sem nunca ter escrito nada sobre elas. Elas fazem parte da nossa sociedade e para mim, são parte do Planeta Brutal."

Assim como muitas outras coisas; com uma sagacidade que espantava até mesmo os apoiadores mais leais de Alice, quando o show de *Brutal Planet* botou o pé na estrada, a cantora pop Britney Spears (perfeitamente descrita pela filha de Alice, Calico) seria executada todas as noites por perpetuar com "tudo que minha audiência odeia, o amansamento do rock 'n' roll (...) a doçura de tudo isso".

Outrora supervisor do Black Sabbath, Bob Marlette produziu, Bob Ezrin foi contratado como produtor executivo e, mesmo antes do início das gravações, as intenções de Alice eram claras, enquanto reunia Marcus Blake e Jim Wilson, baixista e guitarrista da Rollins Band, para trabalharem com ele nas demos.

Blake lembra: "Foi Bob Ezrin quem nos apresentou. A princípio ele ia trabalhar com Billy Idol e nos chamou para isso e então um dia ele ligou e disse que o projeto estava cancelado, mas tinha outra pessoa que gostaria que conhecêssemos".

Encontrando-se no estúdio caseiro de Marlett, o par passava pelas músicas enquanto Alice ficava no sofá com um caderno no colo, rabiscando letras que muitas vezes eram seus trabalhos finais. "Era incrível vê-lo escrever", Blake diz entusiasmado, "porque o que ele estava formando ali era geralmente a letra final da música". A dupla também acabou escrevendo junto com ele, quando um pedaço de uma música que fizeram no estúdio foi escolhida e transformada na imortal "Can't Sleep, Clowns Will Eat Me", um título que Alice ouviu uma noite no seriado de TV *The Simpsons* e estava esperando para usar desde então. "Eu via como uma coisa que soava um pouco como Kinksy", Blake diz sobre o *riff* leviatã que potencializa a música, "e Alice viu isso logo de cara".

Blake e Wilson não seriam chamados novamente para as sessões de gravação propriamente, por causa de seus compromissos com Rollins. Em vez deles, Alice e Ezrin reuniram uma nova equipe, o antigo baterista do Kiss, Eric Singer, e os guitarristas Ryan Roxie, China e Phil X, todos enfurnados juntos por quatro meses, finalizando as faixas básicas no A&M Studios em Los Angeles antes de mandá-las para o estúdio caseiro digital de Marlett.

O resultado final, Alice celebrava, era "o álbum mais pesado que eu já fiz. É barulhento, forte, *grande*! Sonoramente é um monstro. É um mundo absolutamente sem Deus, um lugar que é simplesmente terrível e desolado. Eu quero dar um susto [nas pessoas]. Não será como eu costumava fazer nos anos 1970, porque o público é à prova de choque. É impossível chocar o público hoje em dia. A não ser que você suba no palco, corte seu braço fora e o coma, você não vai realmente chocar o público". Mas *Brutal Planet* poderia chegar perto.

E nem ele esperava que todos entendessem. "A primeira crítica que li sobre *Brutal Planet* o chamava de 'um trágico desperdício de plástico'. Eu tenho de rir porque há 30 anos a maior parte da imprensa dizia, 'eles vão durar no máximo três minutos', e aqui estamos nós, 24 álbuns depois, ainda ativos."

Alice nunca ficou tão próximo assim do que poderia ser descrito como uma análise social pública, nunca almejou nada mais do que ele chamava de incoerência política. Até "Elected", o *single* que uma vez foi deixado de lado por medo de que pudesse influenciar injustamente uma eleição, não oferecia nenhuma solução ou sugestões para os males de seus ouvintes. E nem *Brutal Planet* fazia isso.

"[Alice] não pertence à política", Alice explicou para *Braveradio Plus*. "Ele não pertence a nenhum evento social." Mas *Brutal Planet* exigia sua existência, com músicas forçando-se consciência adentro não necessariamente de uma forma para Alice condenar seus temas, mas para fazer com que outras pessoas pensassem sobre eles. Porque isso, Alice acreditava, era o que faltava nesse novo mundo em que se encontrava. Pessoas agindo sem pensar.

"Em uma música como 'Blow Me a Kiss' eu falo sobre assassinatos sem sentido. Não é como se eu pudesse compreender qualquer tipo de assassinato, mas se alguém sai por aí dizendo: 'Eu vou matar 20 médicos que praticam o aborto' ou algo assim, então ele tem um propósito. Pessoas que simplesmente entram em escolas e dizem: 'Eu vou matar você porque é negro, gay, porque está com medo, porque eu vi você na aula de biologia', essa música foi difícil de escrever porque não existe rima ou razão para esses tipos de assassinatos. Você não pode deixar isso passar batido."

Seus próprios hábitos musicais mudaram com seu método de escrita. Bandas como Rage Against the Machine, Limp Bizkit e Korn eram os poderes musicais que abasteciam sua imaginação e então havia a perspectiva sólida de Bob Ezrin sobre como a visão geral deveria ser. Foi seu estilo melódico inato que viu "Can't Sleep, Clowns Will Eat Me" fora do álbum final, ela simplesmente não era brutal o suficiente (a música apareceria como faixa bônus na edição japonesa). Em seu lugar entrou a artilharia mais pesada que Ezrin conseguiu tirar dos músicos. Todos ainda lembram como ele simplesmente interrompia os procedimentos e dizia para os músicos diretamente: "Esses acordes estão muito suaves, esse tom é muito bonzinho. Não é *Brutal Planet*". Então, com todos devidamente disciplinados, o clima aumentava um ou quatro graus e a próxima tomada explodiria com toda a fúria que ele exigia.

Era hora de sair em turnê com o palco mais extravagante que Alice havia pensado em alguns anos. Com a guilhotina voltando, o cenário foi criado por uma organização chamada Distortions, que já havia elaborado um show deles mesmos, em Denver, construído ao redor do conceito de *Brutal Planet*.

"[O cenário] era uma passarela, mas tinha a melhor casa assombrada na passarela que eu já vi na minha vida", Alice delirou para a *Rue Morgue*. "Você entrava, as portas fechavam, você estava pisando em uma grade de ferro e era como estar em Nostromo do *Alien*. O chão começava a tremer, o aquecedor para as luzes estava ligado, todos os seus sentidos eram atacados nos primeiros cinco segundos e você realmente queria sair dali, e esse era o começo do passeio! Eles também tinham corpos que pareciam ter levado uma bomba atômica, corpos derretidos em latões de lixo tóxico. Então quando decidimos montar *Brutal Planet* como um show, fomos direto a eles e dissemos: 'Ok, queremos que o palco seja como a casa mal-assombrada'."

Porém, *Brutal Planet*, tanto o álbum como o show, era apenas o primeiro estágio da reinvenção de Alice no século XXI. Os palcos tinham acabado de ser limpos dessa turnê e ele já estava novamente no estúdio, afinando mais ainda o foco do último álbum e levando seus ouvintes mais fundo, em uma viagem a *Dragontown*.

Dragontown, ele explicou, era "a pior cidade de *Brutal Planet*" e com Bob Ezrin de volta à posição de produtor, as visões ampliadas de *Brutal Planet* seriam ainda mais grandiosas. Ele disse à *Get Rhythm*: "Quando eu terminei de trabalhar no *Brutal Planet*, estava realmente satisfeito com o resultado, mas pensei bem e percebi que a história não tinha acabado. Eu poderia pensar em pelo menos dez ou 11 coisas que gostaria de dizer para finalizar tudo, então quando comecei a escrever o outro álbum meio que acabou se tornando a segunda parte". A própria Dragontown era "como a capital [de *Brutal Planet*]. É muito mais profundo e todo o show de *Dragontown* terá um aspecto totalmente diferente, vai terminar a história".

O álbum também povoaria suas ruas com alguns personagens surpreendentes. Ele reviveu a enfermeira Rozetta do *From the Inside*, renomeando-a como Sister Sara, mas não alterando muito sua personalidade, e criou alguns novos demônios a partir de arquétipos que a sociedade de massa havia há tempos aceitado, o Triggerman do começo, o Fantasy Man surreal e o Sentinel agourento.

Ele também brincava com a mitologia do rock e o culto ao sentimentalismo construído ao redor da queda trágica do rock. "Eu estava cansado de ouvir coisas como, 'ele morreu e foi para o céu do rock'. Eu falava, 'eu acho que não'." John Lennon foi para o céu do rock? Ele perguntava: Elvis? Janis Joplin? Jimi Hendrix? Seus próprios amigos falecidos, Jim Morrison e Keith Moon?

Ele achava que não. E então, um Elvis fanfarrão e dissoluto entra no palco para a barulhenta *rockabilly* "Disgraceland", uma música que pegou a velha "Slick Black Limousine" e a transformou em um réquiem de tabloide para a morte de Presley. Morrison pronuncia-se lentamente pela sordidez urbana da música título e há um ritmo distinto dos Beatles em "It's Too Late". "Eu fiz minhas próprias imitações de cada um deles", Alice sorri, apesar de que as duas últimas não eram imitações rapidamente reconhecidas.

Mesmo mantendo as guitarras estilo broca de dentista e o vocal muito além do furioso de seu antecessor, *Dragontown* também era capaz de surpreender. "Every Woman Has a Name" era uma balada linda, no topo junto com qualquer uma das músicas românticas consagradas do repertório de Alice (mesmo realmente não sendo o tipo de música romântica que você gostaria que dedicassem a você), enquanto "Sister Sara" empurrava seus instintos metálicos com um vocal zombador tirado diretamente dos Beastie Boys. E para quem sentia falta do *Special Forces*, o encerramento "I Am the Sentinel" abre seu manifesto insano com uma lembrança lírica de "Model Citizen".

O palco do show também amarrava tudo mais firme ainda. Em sua cabeça, Alice imaginou Cleveland "depois de ser atingida por três ou quatro bombas atômicas. Não há moralidade ou tecnologia, apenas guerreiros das estradas". No palco, ele ficou com a fantasia de algum tipo bizarro de guerreiro híbrido, metade samurai, metade motoqueiro. O cenário era permeado de ruínas e destruição. E se os paralelos entre essa visão e o pesadelo que se passou em Nova York, apenas algumas semanas antes do lançamento em novembro de 2011, era doloroso para o público contemplar, isso não o tornava menos real. O horror do Onze de Setembro não teve influência na decadência de *Dragontown*. Mas, talvez, na mente do público, *Dragontown* era um lembrete daquele terrível dia.

A visão de Alice Cooper sobre o cenário mantinha-se cautelosa. Ele não celebrava a brutalidade de *Brutal Planet*, ele a condenava e, enquanto os anos da década seguinte passavam, Alice falava cada vez mais sem rodeios sobre sua luta contra sua própria reputação como um poder do mal.

"Eu quero que as pessoas se preocupem com suas almas", disse à *Metal Edge* em 2002. "E não de uma forma superficial, não de um jeito [cantando]: Ó Demônio, mostrando os dois dedos para cima. Sabe, essa porcaria toda do black metal. Eu realmente quero que eles fiquem muito nervosos em relação a isso, em um nível do *Exorcista*. Ela aponta para uma questão sobre a qual você não pode simplesmente dizer: 'Bem, isso não existe', porque você não sabe. Eu acredito. Eu acredito que vai haver um Dia do Julgamento Final. Eu acho que um bom jeito de assustar o público é mostrando isso para eles. Se eu estiver errado, estou errado. Mas, e se eu estiver certo?"

Esses pensamentos reverberavam enquanto Alice considerava seu próximo passo, uma rápida terceira parte conclusiva para a trilogia *Brutal Planet*. Ela não aconteceu. Outros acontecimentos, em outros cantos do rock alternativo, mandaram suas ideias voando para outra direção completamente diferente e, quando um novo álbum de Alice foi realmente lançado, era o começo de uma nova era por vir, criada como uma tentativa de aliviar uma antiga.

The Eyes of Alice Cooper, ele admitiu, foi construído em volta de sua própria empolgação no momento em que ligou o rádio e ouviu uma nova onda do que considerava ser bandas de garagem em ascensão, como The Hives, The White Stripes, The Vines, The Strokes e The Yeah Yeah Yeahs, entre outros. Era um rock despido, exposto, puro e ele admitia que, por comparação com suas emoções primitivas, seus últimos discos soavam carregados. Três grandes álbuns conceituais, três viagens ao apocalipse, três questões, análises queixosas sobre o que realmente move o mundo moderno. Era hora, ele decidiu, de deixar tudo isso para trás e apenas fazer um bom e velho disco de rock novamente. O que significava fazer um bom e velho disco do Alice Cooper.

Para as fotos promocionais e da capa do álbum, Alice voltou à maquiagem aracnídea nos olhos que uma vez foi sua marca registrada e no estúdio ele ensinou sua banda sobre como fazer um álbum de rock, no estilo 1971. "Era uma ideia que a única forma de dar certo consistia em agir como a banda antiga", disse ao *Boston Herald*. "A forma como a gente fazia era assim, escrevíamos uma música, ensaiávamos por oito horas, parávamos para o jantar e depois gravávamos. E então a banda falava: 'Bem, eu quero voltar e consertar aquelas duas notas ali', e eu dizia: 'Não, você não pode'. 'Por quê?' 'Bem, porque as guitarras já vazaram para os microfones da bateria e está nas faixas. Você não pode simplesmente ir lá e tirar isso. É muito difícil fazer isso. Você pode adicionar mais, mas não é possível voltar e mexer na faixa básica'. O que significa que o baixo, bateria, guitarra, tudo já está lá."

A coisa toda era sempre muito direta para Alice, mas é claro que sua reputação o precedia. Produtores e mais produtores, empolgados por ser contactados em nome de Alice Cooper, começaram a planejar o que poderiam fazer com ele. Um estilo meio Ezrin de ser com a linguagem bombástica e a artilharia, porque é isso que Alice mais gosta, não é?

Não dessa vez. Alice queria entrar e sair do estúdio tão rápido quanto um relâmpago. Duas semanas seria tempo demais e ele talvez já estivesse ficando desesperado antes de encontrar um produtor que finalmente compreendesse o que ele queria. Andrew "Mudrock" Murdoch havia trabalhado com tipos como Godsmack e Linkin Park, ele compreendia o valor do choque curto e afiado e bastava ouvir o material uma vez para saber do que precisava.

"Você deveria gravar isso ao vivo no estúdio", ele disse e Alice apenas sorriu. "É exatamente isso que vamos fazer..."

A turnê acompanhante, propriamente intitulada *Bare Bones*, seguiu uma receita semelhante e, mantendo seus padrões agora estabelecidos de sempre gravar álbuns em pares, Alice foi direto da turnê para os estúdios, para finalizar *Dirty Diamonds*, um lembrete bem lapidado do corte reto de seu antecessor que estava destinado a se tornar seu maior sucesso desta década na América ao mesmo tempo que *Nights With Alice Cooper*, um programa de rádio via satélite, transmitido pela primeira vez no dia 26 de janeiro de 2004, tornou-se uma das histórias de maior sucesso dessas transmissões.

De fato, em uma época na qual a maior parte dos artistas da idade de Alice fazia só um pouco mais do que algumas brincadeiras musicais, Alice continuava seguindo em frente, com apresentações, conceitos e, por que não, poder comercial. Realmente, um DVD da turnê de Dirty Diamonds, *Alice Cooper: Live At Montreux 2005*, continua como o registro de um show de Alice tão poderoso quanto qualquer material antigo favorito de seu catálogo.

O drama não muda, mesmo quando as músicas mudam. Em turnê no ano de 2007, o show foi aberto com a raramente tocada "It's Hot Tonight", enquanto duas silhuetas de Alice guerreavam por de trás das cortinas do palco e uma banda de musos com uma aparência ridiculamente jovem fazia caras e bocas na presença da lenda.

Alice se mantinha como sempre foi, impossivelmente magricelo, com movimentos bem afiados, girando e levantando sua bengala para os céus, tão esguio e ágil como artistas com metade de sua idade gostariam de ser e ainda mais perigoso que os sonhos pelos quais ele dançava em sua juventude, quando as músicas do show estavam elas mesmas de calças curtas, e "No More Mr. Nice Guy" era menos uma afirmação de intenção e mais uma afirmação de fatos.

A ideia, passando como um rolo compressor em sua mente, era de que os garotos da banda provavelmente nem tinham nascido quando "Under My Wheels" foi escrito e gravado. E então outra, de que o monograma AC pintado nos equipamentos do baterista parecem muito com o símbolo anarquista que Alice uma vez fora acusado de propagar. Faltando um ano para seu aniversário de 60 anos, ele canta sobre ter

18 como se ainda tivesse 21, e quando ele faz uma serenata para seu próprio corpo em "Is It My Body" (entenderam?), você até poderia perdoar o fato de que o novo material não tinha nem metade do atrativo que o material antigo tinha e as piadas não são mais tão engraçadas também ("Woman of Mass Distraction" de fato), porque ele bota tanta energia e convicção no projeto quanto já fez antes.

Mas "Lost in America" era o puro rock suado de Detroit, assim como ele sempre falou que fosse, assim como "Be My Lover" sempre foi, e depois de meia hora de show você percebe que os únicos efeitos especiais da noite consistem em dois caras com uma maca e você está completamente cativado mesmo assim. É como a música diz: você ainda tem um longo caminho pela frente e, quando a escuridão envolve o palco para um solo de guitarra espanhol, um gato sem ouvidos poderia dizer que algo dramático está finalmente chegando, a bravata sem morte de "Desperado", ainda o melhor do faroeste transposto para a música, não importa o quanto os Eagles tentassem desbancar isso em sua trajetória.

Ele exercita seu "Muscle of Love" e veste um "Halo of Flies", e se alguém um dia perguntar o que tem de tão especial em *Killer*, o fato de o álbum quase inteiro ser tocado em todo show que ele faz deveria responder à pergunta. Para ser justo, nenhuma banda nova realmente acertou tão em cheio quanto os originais conseguiam e nenhum baterista conseguiu capturar o solo de Neal Smith em toda a sua glória, onde os momentos de silêncio em que ele não toca fazem tanto a parte solo quanto as batidas tocadas. Mas com o estroboscópio girando e o olho de sua mente ainda vendo imagens que a preenchiam quando era jovem, nada disso importa.

Estamos no momento final agora, a névoa sufocando o palco enquanto somos recebidos no pesadelo e um conjunto de pesadelos do próprio Alice emerge das laterais para atacá-lo e pertubá-lo. "Cold Ethyl" é reaquecida, mulheres sangram e uma bailarina loira apanha sumariamente pelo palco todo e, mesmo depois de todos esses anos, terá o rock criado uma letra mais certa para um pesadelo que a promessa sussurrada, na "Steven", de botar moedas sobre seus olhos e desejar que você desapareça?

Ele traz um carrinho de bebê para "Dead Babies", um carrinho velho infestado de ratos e destruído pelas traças, e faz uma serenata de seu conteúdo com um careta e um grunhido... conteúdo esse que é evocado na lâmina da faca, erguida para a aprovação do público, e então o assassino insano é preso com uma camisa de força, e uma voz suplica ecoando no ambiente: "Mamãe, aonde o papai foi?".

Alice canta "The Ballad of Dwight Fry" de joelhos, devastado, e você quase sente pena dele. Mas então você lembra que sim, esse é Alice, o que significa que ele tem pelo menos mais um truque em sua manga toda branca, não importando se ele parece convincente quando promete devolver os brinquedos da garotinha. E agora ele está de pé, prometendo sua escapatória, raivoso e espumando, ele de repente é Harry Houdini, rasgando a camisa de força enquanto seus responsáveis saem em busca dele.

Capturado novamente e mais uma vez amarrado, ele é levado ao seu destino, uma forca cuja sombra enquadra a bateria. Enforcado pelo pescoço mais uma vez, ele é levado embora, enquanto a banda celebra sua execução tocando felizes e com força "I Love the Dead" e o público junta as mãos sobre a cabeça para gritar o refrão junto com eles.

Poderia ter acabado ali, o show poderia ter terminado e iríamos embora felizes. Mas de cartola e smoking, o monstro renasce e "School's Out" é cantada junto em uníssono também. "Billion Dollar Babies" ainda é magnífica, "Poison" é um monstro das alturas e, quando você acha que ele não tem mais sucessos, a coisa toda acaba com "Elected" e tudo que Alice cantava antes ainda é verdade nessa noite. Os jovens ainda precisam de um salvador, não precisam de uma farsa. Alice Cooper para presidente!

Ou não. Ele ainda não concorreu a nenhum cargo político, mas os anos seguintes podem ser lidos como uma apresentação de PowerPoint mesmo assim, uma sequência de manchetes marcando cada nova honra, cada prêmio, cada novo lançamento. Ou eles podem ser vistos como as produções firmes ou em processo de firmação, de um artista que não sofre nenhum dos males do arrependimento que aflige seus colegas, sem precisar voltar ao passado o tempo todo para validar seu presente.

Capítulo 18
Redenção para o Coop

Enquanto o século XXI avançava, a indústria do rock também foi obrigada a se reinventar frente à nova tecnologia e à percepção de que as coisas nunca mais seriam as mesmas. No começo dos anos 1970, quando Alice Cooper ficou conhecido popularmente, os negócios musicais entravam em um período de crescimento nunca antes visto e assim foi seguindo adiante, abrangendo o punk, o new wave e todos os outros estilos, até que os pequenos e prateados CDs tornaram-se a cereja no topo do bolo, a tecnologia que permitia à indústria vender seus produtos de novo, a um preço mais elevado, para aqueles que já compraram uma vez. Então veio o golpe: a tecnologia renovou-se em forma de *download* digital e fez dos discos algo redundante.

Alice teve sorte. Ele era de uma geração de roqueiros que provaram da era dourada, apesar de ver a venda de seus trabalhos mais recentes caindo drasticamente, da mesma forma que muitos de seus companheiros de época. Mas ele era um guerreiro, um dos melhores do ramo, e, portanto, estava em uma posição perfeita para tirar vantagem do que estava ficando conhecido como Rock de Herança, um mundo onde todos eram uma "lenda", onde caixas de luxo atualizadas com músicas nunca lançadas, repaginadas como "raridades", eram a norma e onde grandes turnês eram promovidas na base da ameaça nunca dita, mas implícita, como diria a música dos Stones: "Essa pode ser a última chance".

Alice era festejado por redatores de revistas que nem existiam quando "School's Out" chegou nas paradas pela primeira vez e que não sabiam nada sobre como Alice Cooper era, na verdade, o nome de um grupo que ele uma vez comandou. Ele era um ícone genuíno e, por causa de sua teatralidade, único. Sua maquiagem escondia as cicatrizes da idade e sua sobriedade se encaixava bem com a tendência prevalecente entre os vários roqueiros sobreviventes que tiveram um gosto pelos excessos em seus dias de glória: Elton & Bernie, Ringo, Clapton, Townshend, até Ronnie Wood (apesar do júri ainda estar decidindo se ele continua limpo), estão todos tão sóbrios quanto os juízes e provavelmente mais sábios também.

O profissionalismo de Alice o manteve em uma boa posição quando as turnês se tornaram a principal fonte de renda de roqueiros de seu nível. Ele não desapontava. Seus shows eram extravagantes, avaliados com termos entusiasmados pelos jornais sérios e pelas novas revistas de rock mensais feitas para os fãs maduros do rock. Seus pecados, do jeito que eram, pareciam ter sido esquecidos ou pelo menos perdoados com o passar do tempo. Não mais os políticos que queriam fazer parte das manchetes desciam ao nível de Leo Abse e sua laia e exigiam a cabeça de Alice em uma bandeja. Ele nunca se arrependeu, é claro, não era o estilo de Alice, mas a redenção chegou junto com o reconhecimento de que ele não passava de um vilão de pantomima, fabulosamente perverso pelo bem do show, mas bem inofensivo e, na verdade, bem charmoso quando a pintura facial era removida.

No entanto, diferente de muitos, ele não simplesmente descansou de suas glórias e 2008 trouxe outro conceito, outro *serial killer* (ou outro aracnoide) no formato de *Along Came a Spider,* que surgiu com uma mistura já conhecida dos estilos do metal alternativo. Mas, ainda assim, o álbum e a turnê *Theatre of Death* (desta vez com quatro execuções diferentes e um dos chapéus mais legais da carreira toda de Alice, revelado para a "Go to Hell") foram tão vitais e valiosos em seu tempo e lugar quanto qualquer coisa que Alice tenha feito desde *Welcome to My Nightmare*, e a única razão para essa divisão é que seu trabalho anterior, é claro, era o resultado do esforço de cinco homens e não apenas a visão de um.

Pórem, esse trabalho mais antigo não foi esquecido e nem seus criadores. Em dezembro de 2006, os quatro membros sobreviventes da banda Alice Cooper original se reuniram para tocar meia dúzia das antigas clássicas no Christmas Pudding. "Nós basicamente tocamos os maiores sucessos", Neal Smith diz sobre o show. "No More Mr. Nice Guy", "I'm Eighteen", "School's Out", "Billion Dollar Babies", "Is It My Body" e "Under My Wheels" saíram rasgando pelos monitores e, apesar de todos estarem mais velhos e mais grisalhos, ninguém nunca os acusaria de ser lerdos.

No início, eles pretendiam tocar apenas duas ou três músicas juntos. Em vez disso, Alice disse contente: "Acabamos tocando por mais de uma hora e foi exatamente como nos velhos tempos. Eu sabia propriamente onde Dennis estaria, sabia qual seria a pegada de Neal e como Mike lidaria com tudo. A única coisa de que eu sentia falta era a guitarra insana de Glen (...) mas eu tenho certeza de que ele estava lá tocando em espírito, se não mais pessoalmente".

Não teria nenhuma reunião em grande escala, ele insistia. "A pior coisa que eu poderia fazer seria Alice andar para trás."

Isso era verdade, mas a olhada ocasional pelo retrovisor era admissível. Neal Smith: "Nós nos reunimos novamente para uma grande sessão de autógrafos na Monster Mania Con, no aniversário oficial da banda. No dia 15 de março, aniversário de Michael Bruce, foi o primeiro show que fizemos com o nome Alice Cooper". E, depois disso, as coisas realmente começaram a pegar um bom ritmo.

Uma nova caixa Alice Cooper foi elaborada, um pacote de luxo com um disco e um brinde intitulado *Old School*, que incluía raridades, versões ao vivo (a gravação ilegal em St. Louis em 1971 foi fielmente trabalhada e incluída) e material nunca lançado. Alice depois admitiu que não teve coragem de ouvir a caixa toda: "Porque eu tenho medo de ouvir as fitas dos ensaios da época do colegial". Mas no fim das contas seria um presente divino para os fãs ou pelo menos para aqueles que já não haviam colecionado grande parte do seu conteúdo ilegalmente.

E sonhos maiores ainda estavam no horizonte.

No meio de 2010, planos para um novo álbum intitulado *The Night Shift* para o qual ele já tinha dez músicas preparadas foram abandonados, dando preferência a um projeto sobre o qual algumas pessoas talvez já estivessem cansadas de ouvir, mas outros estavam ansiosos para ver há 35 anos, que estava prestes a ser revisitado. Finalmente, estava na hora de Alice ter outro pesadelo.

Mesmo na fase de planejamentos, o entusiasmo de Alice era contagiante. "Esse é realmente focado na composição das letras. Se as músicas não estivessem fluindo do jeito que estavam, não teria sido possível. Mas elas estavam dando muito certo, então eu sabia que tínhamos algo em mãos. A música não mudou desde 1970. Eu ouço bandas como Foo Fighters, ótimos caras, ótima energia e eles estão tocando o hard rock do começo dos anos 1970. A mesma coisa com Jack White. É rock de garagem de Detroit e não há nada novo sob o sol. É a atitude, a personalidade e as letras que se transformam no que quer que seja. E é isso que faz o pesadelo funcionar...

Já fazia 35 anos desde o *Nightmare* oficial e eu não queria apenas fazer 12 músicas novas, não há nada de especial nisso. Então eu disse: 'Por que não fazemos algo importante e algo que fazemos muito bem? Vamos fazer outro conceitual. Vamos fazer outro pesadelo'. Vamos dar um novo pesadelo a Alice. Quem disse que ele só tem direito a um pesadelo? Vamos dar um novo a ele!".

O álbum original não foi considerado sagrado. Temas e melodias de 1975 foram repaginadas e remodeladas em novos materiais, até que a abertura "I Am Made of You" e o encerramento "Underture" tornaram-se finais de livros históricos, assim como de musicais. Seria, ele contou em uma entrevista coletiva com a imprensa francesa, "mais sanguinolento e mais bem finalizado que o primeiro. Soa como os tempos antigos" e, se alguém duvidasse disso, a notícia de que ele estava de volta ao estúdio com Dennis Dunaway, Neal Smith e Michael Bruce acabava com a incerteza.

Alice explica: "[Bob e eu] escrevemos a primeira música, então escrevemos a música disco, porque decidimos que o pesadelo de Alice seria disco, então vamos escrever uma boa música disco, fazer tudo acabar em um banho de sangue". Era uma velha ideia, é claro, tanto *Goes to Hell* e *Lace and Whiskey* passaram pela mesma coisa. Mas "Disco Bloodbath Boogie" era aquela que ele esperava escrever, uma composição sanguinária totalmente sem culpa para a batida mais agitada da década.

Alice continua: "Então escrevemos mais duas ou três músicas, 'Caffeine' foi uma delas, e então o que eu decidi foi: 'Bob, por que não incluímos a banda original, Neil, Dennis e Mike, para tocarem no álbum? Por que não escrevemos junto com eles?'".

Ele elabora: "Neal tinha uma música com uma pequena parte que era o sentido da música toda e eu disse: 'Vamos incluir Neal e reescrever essa música toda'. O mesmo com Mike em 'Runaway Train' e o mesmo com Dennis em 'When Hell Comes Home'. Essa é a banda original tocando ao vivo no estúdio e realmente me lembra de algo que deveria estar em *Love It to Death* ou *Killer*".

Ainda mais empolgante, ele admite, era perceber que a banda sabia exatamente o que ele queria. "Era uma daquelas vezes em que você não precisava ir lá e dizer: 'Certo, gente, vamos fazer um som Alice dos anos 1970'. Eu não precisava dizer isso. Eles começaram a tocar, Bob e eu ouvimos a coisa toda e no final eu disse: 'Isso é exatamente o que eu estou procurando'. No fim da música, eu não precisei falar para fazer aquele grande final onde tudo desmorona, pois esse era simplesmente o jeito que acabariam uma música e era muito gostoso escutar isso."

Welcome to My Nightmare ficou pronto sem esforços, tanto conceitual como musicalmente. "A coisa toda é bem diversa, vai para muitas direções da mesma forma que acontece em um pesadelo, e eu acho que fizemos isso. Quando tínhamos alguma coisa indo em uma certa direção nós não tentávamos mudar. Deixávamos ter vida própria. A primeira vez que ouvimos 'Bite Your Face Off', eu pensei: 'Uau, nós realmente conseguimos aquele som dos Rolling Stones de 1964, então vamos manter isso, continuar nessa onda'. Isso faz parte da experiência de Alice, é assim que aprendemos a tocar, ouvindo Rolling Stones, então vamos fazer dessa uma música no melhor estilo Rolling Stones de 1964."

"Ghouls Gone Wild" poderia ter saído gritando da trilha sonora dos Ramones para o filme *Rock 'n' Roll High School* e Alice mergulhou em sua própria herança também com "Disco Bloodbath Boogie", criando o tipo de batida que *Goes to Hell* teria adorado para viajar, enquanto Alice grunhia como Heat Miser, o mais encantador dos *vaudevillians* entre os clássicos anti-heróis das animações americanas. "What Baby Wants" até soa como algo que poderia ter saído de *Trash*!

Alice: "'The Last Man' soa como uma música de um beberrão de um velho cabaré, então eu disse: vamos manter desse jeito. Eu não quero colocar uma estaca quadrada em um buraco redondo, então vamos deixar tudo encaixar onde quer e depois começamos a ligar tudo com pequenas passagens do primeiro álbum, pedaços de 'Steven' e 'Awakening' e coisas assim, e isso juntará tudo".

Assim foi com a notícia, no dia 15 de dezembro de 2010, que Alice Cooper seria indicado para o Hall da Fama do Rock 'n' Roll. E não apenas Alice Cooper, o homem. Mas Alice Cooper, a banda. Os originais e os melhores.

O bom senso dá de ombros e diz: "O que mais você esperava? É claro que é a banda, não poderia ser diferente". Mas, como Neal disse quando ouviu a notícia pela primeira vez, bom senso e Hall da Fama nem sempre andaram de mãos dadas.

"É a banda original e não algum de nós por conta própria e isso é outra coisa que me deixa empolgado. Porque poderia ter sido Alice sozinho e a esta altura ele com certeza merece uma indicação só para ele. Mas vamos por ordem e eu acho que é a coisa certa a ser feita. É certo que eles voltem para o conceito original do artista (...) como Iggy & The Stooges (...) Mas na época havia Patti Smith, que foi indicada sozinha, sem a banda, e por causa disso eu nunca tinha certeza do que aconteceria até que chegasse o momento."

E depois? "Bem, vamos tocar no dia da posse e estamos pensando em fazer alguns shows depois também. É tudo ainda uma conversa neste momento e estamos falando sobre isso nos últimos dez anos, mas talvez esse seja o empurrão de que estávamos precisando. Nós todos ainda temos nossas carreiras solo, mas tenho certeza de que em algumas das principais cidades os fãs poderão ir e assistir à banda original tocar junta novamente."

Essa profecia ainda estava para ser realizada. Mas no meio-tempo aconteceu uma noite inesquecível quando Alice Cooper subiu no palco principal novamente: o cantor resplandecente com uma camiseta ensanguentada e uma jiboia albina, seus companheiros ainda como algo que acabou de sair de *Amor Sublime Amor* e o som deles era um fogo furioso que não só voltou no tempo, mas os manteve no passado.

Rob Zombie os apresentou, lembrando a noite hipotética no Cheetah Club, quando Frank Zappa contratou a banda na hora, "e eles seguiram para tornarem-se a banda de rock mais destruidora de todos os tempos, a gangue de *drag queens* mais sanguinolenta (...) no bom sentido. [E] tudo que queriam eram Ferraris, canivetes e loiras. Antes de Alice Cooper não havia shows de rock. Alice Cooper inventou o show de rock".

Ele se lembra de uma fotografia que o impressionou quando era pequeno, Alice debruçado em um bar usando uma jaqueta que dizia "Remember the Coop". Quarenta anos depois, nós "com toda a maldita certeza nos lembramos do Coop". E é apenas quando o telão passou um monte de filmagens ao vivo que você percebe o quanto a indústria musical americana tentou esquecê-lo, porque os melhores clipes eram todos europeus: "I'm Eighteen" no *Beat Club* na Alemanha, "Under My Wheels" no *Old Grey Whistle Test*, "School's Out" no *Top of the Pops*.

"A banda mais nojenta e aterrorizadora de pais de todos os tempos", disse Zombie com brilho nos olhos, e lá estavam eles, Alice, Dennis, Neal e Mike... agradecendo Shep Gordon, lembrando Glen Buxton e nos levando 40 anos de volta no tempo, ao *single* que balançou pelas rádios em março de 1971, a ainda grande, estrondosa e, acima de tudo, ainda ressoante "I'm Eighteen".

Zombie e um coro de crianças realçadas com comésticos uniram-se a eles para 'School's Out', mas o ponto já tinha sido feito. Os músicos estavam mais velhos, mais encorpados, mais grisalhos. Mas se qualquer banda representasse, de verdade, tudo o que significava ser jovem, barulhento, nervoso e rebelde e ainda representa essas qualidades atualmente (porque elas são sim qualidades, não importa se a hipoteca é cara ou se seus netos são barulhentos), então lá eles estavam.

Porque isso, mais do que qualquer coisa, é o que Alice sempre quis, e Alice Cooper sempre assumiu que seria verdade. Sim, houve passos errados, sim, houve noites ruins e encontrões estranhos e álbuns que não foram exatamente bem-sucedidos.

Mas em uma noite boa, que é a maior parte delas, quando tudo se encaixa perfeitamente, a passagem do tempo não significa nada.

Alice: "Quando você está de frente para o público e começa uma daquelas [velhas] músicas, eu sempre digo para a banda quando estamos fazendo isso: nós não vamos fazer uma nova versão dessas músicas. Eu odiaria ver os Rolling Stones fazendo uma versão reggae de 'Brown Sugar'. Eu quero escutar a música como está na gravação, então é assim que fazemos, nós absolutamente fazemos como está no disco e, quando você tem o público gritando por mais e ouvem as primeiras notas e enlouquecem, é impossível cansar disso. Você simplesmente não consegue.

Ensaiar é chato e eu realmente tenho dificuldades com isso. Mas para estar de frente ao público, você simplesmente não pode estar cansado da música".

Tantos shows, tantas ótimas noites. No palco do Rainbow em Londres em novembro de 1971. Os reis de Los Angeles em 1973 e sozinhos na mesma cidade em 1975. Las Vegas em 1977, Filadélfia em 1978. Manchester e Glasgow em 1982 e Manchester novamente em 1986. Pittsburgh em 1990. O Christmas Pudding em 2006. Alexandra Palace no Halloween de 2011. Existe uma estante de DVDs de uma vida inteira de shows e outra só de performances ao vivo, desde a época em que um gravador de rolo era considerado portátil. E se você ligar seu computador e entrar no mundo virtual do Second Life, encontrará um tributo a Alice Cooper lá. Alice é enforcado pelo pescoço até a não morte dele também.

Escolha seu próprio veneno porque a lista poderia continuar infinitamente. Mas uma coisa continua a mesma. Em uma noite onde tudo se encaixa, parece impossível imaginar que o tempo tenha passado desde a primeira vez que você parou, sentou ou correu para se esconder atrás do sofá quando um ser de nariz torto, olhos negros, cabelos bagunçados, meio homem e meio Muppet surge de uma cova de um de seus piores pesadelos para lhe dizer o que aconteceu com sua escola.

Ela está... "em recesso".

DISCOGRAFIA

Singles

LANÇAMENTOS PRÉ-ALICE

THE SPIDERS
Why Don't You Love Me/Hitch Hike
Mascot 112 (USA), 1965

THE SPIDERS
Don't Blow Your Mind/No Price Tag
Santa Cruz SCR 10.003 (USA), 1966

THE NAZZ
Wonder Who's Loving Her Now/ Lay Down and Die, Goodbye
Very 001 (USA), 1967

THE SPIDERS
Why Don't You Love Me/Hitch Hike/ Don't Blow Your Mind/ Why Don't You Love Me
Sundazed SEP 141 (USA), 1998

Discografia de *singles* do Reino Unido

Se não for avisado do contrário, a discografia apenas considera os lançamentos no Reino Unido.

Reflected/Living
Straight ST 101 (USA), março de 1969

Shoe Salesman/Return of the Spiders
Warner Bros. 7398 (promocional nos Estados Unidos), 1970

I'm Eighteen/Is It My Body
Straight STR S 7209, agosto de 1971

Under My Wheels/Desperado
Warner Bros K 16127, novembro de 1971

Be My Lover/You Drive Me Nervous
Warner Bros K 16154, março de 1972

School's Out/Gutter Cat
Warner Bros K 16188, junho de 1972

Elected/Luney Tune
Warner Bros K 16214, setembro de 1972

Hello Hurray/Generation Landslide
Warner Bros K 16248, fevereiro de 1973

Slick Black Limousine/Unfinished Sweet (Trecho)/Elected (Trecho)/No More Mister Nice Guy (Extract)/Billion Dollar Babies (Trecho)/I Love the Dead (Trecho)
Lyntone LYN 2585 (flexidisc), fevereiro de 1973

No More Mister Nice Guy/Raped and Freezin'
Warner Bros K 16262, abril de 1973

School's Out/No More Mister Nice Guy/Elected/Billion Dollar Babies
Warner Bros. K 16409, 1974

Teenage Lament '74/Hard Hearted Alice
Warner Bros K 16345, janeiro de 1974

Departament of Youth/Cold Ethyl
Anchor ANC 1012, fevereiro de 1975

Only Women Bleed/Devil's Food
Anchor ANC 1018, junho de 1975

Welcome to My Nightmare/Black Widow
Anchor ANC 1025, novembro de 1975

Welcome to My Nightmare/ Departament of Youth/ Black Widow/ Only Women Bleed
Anchor ANE 7001 (30 cm), 1976

I Never Cry/Go to Hell
Warner Bros. K 16792, julho de 1976

School's Out/Elected
Warner Bros. K 16287, novembro de 1976

Love at Your Convenience/You and Me
Warner Bros. K 16914, março de 1977 (retirado)

(No More) Love at Your Convenience/It's Hot Tonight
Warner Bros. K 16935, abril de 1977

You and Me/My God
Warner Bros. K 16984, julho de 1977

How You Gonna See Me Now/No Tricks
Warner Bros. K 17270, novembro de 1978

Clones (We're All)/Model Citizen
Warner Bros. K 17598, maio de 1980

(No More) Love At Your Convenience/Generation Landslide
Warner Bros. K 17914, fevereiro de 1982

Seven and Seven Is (Live)/Generation Landslide '81
Warner Bros. K 17924, fevereiro de 1982

For Britain Only/Under My Wheels (Live)
Warner Bros. K 17949, maio de 1982

For Britain Only/Under My Wheels (Live)
Warner Bros. K 17940M (30 cm), maio de 1982

I Am the Future (remix)/ Zorro's Ascent
Warner Bros. K 15004, março de 1983

School's Out/Elected
Old Gold OG 9519, setembro de 1985

He's Back (The Man Behind the Mask)/Billion Dollar Babies
MCA MCA 1090, outubro de 1986

Teenage Frankenstein/School's Out (Live)
MCA MCA 1113, abril de 1987

Freedom/Time to Kill
MCA MCA 1241, março de 1988

Poison/Trash
Epic 655061 7, julho de 1989

Bed of Nails/I'm Your Gun
Epic ALICE 3, setembro de 1989

Bed of Nails/I'm Your Gun
Epic ALICEB 3 (vinil azul), setembro de 1989

Bed of Nails/I'm Your Gun
Epic ALICEG 3 (vinil verde), setembro de 1989

Bed of Nails/I'm Your Gun
Epic ALICER 3 (vinil vermelho), setembro de 1989

House of Fire/This Maniac's In Love With You
Epic ALICE 4, dezembro de 1989

House of Fire/This Maniac's In Love With You
Epic ALICEP 4 (*Picture disc* moldado), dezembro de 1989

Hey Stoopid/Wind Up Toy
Epic 656 983 7, junho de 1991

Love's a Loaded Gun/Fire
Epic 657438 7, setembro de 1991

Feed My Frankenstein/Burning Our Bed
Epic 658092 7, junho de 1992

Lost In America/Hey Stoopid (Live)/Billion Dollar Babies (live)/
No More Mister Nice Guy (B2)
Epic 660347-6 (30 cm), maio de 1994

It's Me/Bad Place Alone/Poison(live)/Sick Things (live)
Epic 660563-6 (30 cm), julho de 1994

LPs do Reino Unido

(exceto quando mencionado)

Alice Coooper no The Whisky A Go Go
No Longer Umpire (live)/Today Mueller (live)/Ten Minutes Before The Worm (live)/ Levity Ball (live)/Nobody Likes Me (live)/BB on Mars (live)/Sing Low, Sweet Cheerio (live)/Changing Arranging (live)
Straight R2 70369, 1969 (1992-USA)

The Toronto Rock 'n' Roll Festival 1969
No Longer Umpire (live)/Lay Down and Die, Goodbye (live)/ Don't Blow Your Mind (live)/Nobody Likes Me (live)/Fields of Regret (live)
(Apenas performances de Alice Cooper)
Accord SN 7162, 1982 (USA)

Pretties For You
Titanic Overture/Ten Minutes Before the Worm/Sing Low Sweet Cheerio/Today Mueller/Living/Fields of Regret/No Longer Empire/ Levity Ball (live)/B.B. On Mars/Reflected/Apple Bush/Earwigs To Eternity/Changing Arranging
Straight STS 1051, 1969

Easy Action
Mr. and Misdemeanor/Shoe Salesman/Still No Air/Below Your Means/Return of the Spiders/Laughing At Me/Refrigerator Heaven/ Beautiful Flyaway/Lay Down and Die, Goodbye
Straight STS 1061, 1970

Love It To Death
Caught In a Dream/I'm Eighteen/Long Way to Go/Black Juju/Is It My Body/Hallowed Be My Name/Second Coming/Ballad of Dwight Fry/Sun Arise
Straight 1065, 1971

Killer
Under My Wheels/Be My Lover/Halo of Flies/Desperado/You Drive Me Nervous/Yeah, Yeah, Yeah/Dead Babies/Killer
Warner Bros K56005, 1972

School's Out
School's Out/Luney Tune/Gutter Cat Vs. The Jets/Street Fight/ Blue Turk/My Stars/Public Animal No.9/Alma Mater/Grande Finale
Warner Bros. K56007, 1972

Billion Dollar Babies
Hello Hooray/Raped and Freezin'/Elected/Billion Dollar Babies/ Unfinished Sweet/No More Mister Nice Guy/Generation Landslide/ Sick Things Mary Ann/I Love the Dead
Warner Bros K56013, 1973
(Um lançamento em 2001 de *Billion Dollar Babies*, remasterizado em 2001, continha os seguintes bônus ao vivo e faixas extras: Hello Hooray/Billion Dollar Babies/Elected/I'm Eighteen/Raped and Freezin'/No More Mr Nice Guy/My Stars/Unfinished Sweet/Sick Things/Dead Babies/I Love the Dead/Coal Black Model T (extra)/Son of Billion Dollar Babies (extra)/Slick Black Limousine (extra)

School Days – The Early Recordings
Titanic Overture/Ten Minutes Before the Worm/Sing Low Sweet Cheerio/Today Mueller/Living/Fields of Regret/No Longer Empire/ Levity Ball (live)/B.B on Mars/Reflected/Apple Bush/Earwigs to Eternity/Changing Arranging/Mr. and Misdemeanor/Shoe Salesman/Steel No Air/Below Your Means/Return of the Spiders/Laughing at Me/ Refrigerator Heaven/Beautiful Flyaway/Lay Down And Die, Goodbye
Warner Bros. K66021, 1973

Muscle of Love
Big Apple Dreamin' (Hippo)/Never Been Sold Before/Hard Hearted Alice/Crazy Little Child/Working Up a Sweat/Muscle of Love/ Man With a Golden Gun/Teenage Lament 174/Woman Machine
Warner Bros. K56018, 1973

Alice Cooper's Greatest Hits
I'm Eighteen/Is It My Body/Desperado/Under My Wheels/Be My Lover/School's Out/Hello Hooray/Elected/No More Mister Nice Guy/ Billion Dollar Babies/Teenage Lament '74/Muscle of Love
Warner Bros K56043, 1974 (Essas faixas foram um pouco remixadas)

Welcome to My Nightmare
Welcome to My Nightmare/Devil's Food/The Black Widow/ Some Folks/Only Women Bleed/Department of Youth/Cold Ethyl/ Years Ago/Steven/The Awakening/Escape

Anchor L2011, 1975
(Um lançamento em 2002 de *Welcome to My Nightmare* remasterizado continha as seguintes versões alternativas como faixas bônus: Devil's Food/Cold Ethyl/The Awakening)

Alice Cooper Goes to Hell
Go to Hell/You Gotta Dance/I'm the Coolest/Didn't We Meet/I Never Cry/Give the Kid a Break/ Guilty/Wake Me Gently/Wish You Were Here/I'm Always Chasing Rainbows/Going Home
Warner Bros. K 56171, 1976

Lace and Whiskey
It's Hot Tonight/Lace and Whiskey/Road Rats/Damned If You Do/You And Me/King of the Silver Screen/Ubangi Stomp/ (No more) Love At Your Convenience/I Never Wrote Those Songs/My God
(Warner Bros. K56365, 1977)

The Alice Cooper Show
Under My Wheels/ I'm Eighteen/Only Women Bleed/Sick Things/ Is It My Body/I Never Cry/Billion Dollar Babies/Devil's Food – The Black Widow/You and Me/I Love the Dead – Go To Hell – Wish You Were Here/School's Out
Warner Bros. K56439, 1977 (Gravado ao vivo)

From the Inside
From the Inside/Wish I Were Born In Beverly Hills/The Quiet Room/Nurse Rozetta/Millie and Billie/Serious/How You Gonna See Me Now/For Veronica's Sake/Jackknife Johnny/Inmates (We're all Crazy)
Warner Bros. K56577, 1978

Flush the Fashion
Talk Talk/Clones (We're All)/Pain/Leather Boots/Aspirin Damage/ Nuclear Infected/Grim Facts/Model Citizen/Dance Yourself to Death/ Headlines
Warner Bros. K56805, 1980

Special Forces
Who Do You Think We Are/Seven and Seven Is/Prettiest Cop On the Block/Don't Talk Old to Me/Generation Landslide '81/Skeletons In the Closet/You Want It, You Got It/You Look Good In Rags/You're a Movie/Vicious Rumours/Look At You Over There, Ripping the Sawdust From My Teddybear (faixa bônus do CD)
K56927, 1981

Zipper Catches Skin
Zorro's Ascent/Make That Money (Scrooge's Song)/I Am the Future/ No Baloney Homosapiens (For Steve And E.T)/Adaptable (Anything For You)/I Like Girls/Remarkably Insincere/Tag, You're It/I Better Be Good/I'm Alive (That Was The Day My Dead Pet Returned to Save My Life)
Warner Bros. K57021, 1982

Dada
Dada/Enough's Enough/Former Lee Warmer/No Man's Land/Dyslexia/Scarlet and Sheba/I Love America/Fresh Blood/Pass the Gun Around
Warner Bros. 923969, 1983

Constructor
Teenage Frankenstein/Give It Up/Thrill My Gorilla/Life and Death of the Party/Simple Disobedience/The Worlds Needs Guts/Trick Bag/Crawlin'/Great American Success Story/He's Back (The Man Behind the Mask)
MCA MCF 3341, 1986

Raise Your Fist and Yell
Freedom/Lock Me Up/ Give the Radio Back/Step On You/Not That Kind of Love/Prince of Darkness/Time to Kill/Chop, Chop, Chop/Gail/Roses On White Lace
MCA MCF 3392, 1987

Trash
Poison/Spark In the Dark/House of Fire/Why Trust You/Only My Heart Talkin'/Bed of Nails/This Maniac's In Love With You/Trash/Hell Is Living Without You/I'm Your Gun
Epic 465130, 1989

Hey Stoopid
Hey Stoopid/Love's a Loaded Gun/Snakebite/Burning Our Bed/Dangerous Tonight/Might As Well Be On Mars/Feed My Frankenstein/Hurricane Years/Little By Little/Die For You/Dirty Dreams/Wind Up Toy
Epic 656983-7, 1991

The Last Temptation
Sideshow/Nothing's Free/Lost In America/Bad Place Alone/ You're My Sunshine/Stolen Prayer/Unholy War/Lullaby/It's Me/ Cleansed By Fire Temptation/Epic 476594-2, 1994

Classicks
Poison/Hey Stoopid/Feed My Frankenstein/Love's a Loaded Gun/ Stolen Prayer/House of Fire/It's Me/Under My Wheels/Billion Dollar Babies/I'm Eighteen/No More Mr. Nice Guy/Only Women Bleed/ School's Out/Lost In America/Fire

Epic 480845 (Faixas 8-13 gravadas ao vivo em Birmingham NEC, Inglaterra, dezembro de 1989)

A Fistful of Alice
School's Out/Under My Wheels/I'm Eighteen/Desperado/Lost In America/Teenage Lament '74/I Never Cry/Poison/No More Mr. Nice Guy/Welcome to My Nightmare/Only Women Bleed/Feed My Frankenstein/Elected/Is Anyone Home

EMI CTM 331, 1997 (todas as faixas ao vivo)

The Life and Crimes of Alice Cooper
Disco Um: Don't Blow Your Mind – The Spiders (1996)/Hitch Hike – The Spiders (1965)/Why Don't You Love Me – The Spiders (1965)/Lay Down and Die, Goodbye – (versão original) The Nazz (1967)/Nobody Likes Me (versão demo – 1968)/Levity Ball (versão de estúdio – 1968)/ Reflected (*Pretties For You* – 1969)/Mr. and Misdemeanor (*Easy Action* – 1970)/Refrigerator Heaven (*Easy Action* – 1970)/Caught In a Dream (*Love It To Death* – 1971)/I'm Eighteen (*Love It To Death* – 1971)/Is It My Body (*Love It To Death* – 1971)/Ballad of Dwight Fry (*Love It to Death* – 1971)/Under My Wheels (*Killer* – 1971)/Be My Lover (*Killer* – 1971)/Desperado (*Killer* – 1971)/Dead Babies (*Killer* – 1971)/Killer (*Killer* – 1971)/Call It Evil (demo – 1971)/Gutter Cat Vs. The Jets (*School's Out* – 1972)/ School's Out (*School's Out* – 1972)

Disco Dois: Hello Hooray (*Billion Dollar Babies* – 1973)/Elected (*Billion Dollar Babies* – 1973)/Billion Dollar Babies (*Billion Dollar Babies* – 1973)/No More Mr. Nice Guy (*Billion Dollar Babies* – 1973)/I Love the Dead (*Billion Dollar Babies* – 1973)/Slick Black Limousine (disco flex do *New Musical Express* 1973)/Respect For the Sleepers (demo – 1973)/Muscle of Love (*Muscle of Love* – 1973)/Teenage Lament '74 (*Muscle of Love* – 1973)/Working Up a Sweat (*Muscle of Love* – 1973)/Man With the Golden Gun (*Muscle of Love* – 1973)/I'm

Flash (*Flash Fearless Versus The Zorg Women* – 1975)/Space Pirates (*Flash Fearless Versus The Zorg Women* – 1975)/Welcome to My Nightmare (*Welcome to My Nightmare* – 1975)/Only Women Bleed (versão *single*)/Cold Ethyl (*Welcome to My Nightmare* – 1975)/Department of Youth (*Welcome to My Nightmare* – 1975)/Escape (*Welcome to My Nightmare* – 1975)/I Never Cry (*Alice Cooper Goes to Hell* – 1976)/Go to Hell (*Alice Cooper Goes to Hell* – 1976)

Disco Três: It's Hot Tonight (*Lace and Whiskey* – 1977)/You and Me (*Lace and Whiskey* – 1977)/I Miss You (*Battle Axe* – 1977)/No Time For Tears (*Sextette extra* – 1977)/Because – With the Bee Gees (Sgt. Pepper's Lonely Hearts Club Band – 1978)/From the Inside (*From the Inside* – 1978)/How You Gonna See Me Now (*From the Inside* – 1978)/Serious (*From the Inside* – 1978)/No Tricks (lado B do Single – 1978)/Road Rats (*Roadie* – 1980)/Clones (We're All) (*Flush the Fashion* – 1980)/Pain (*Flush the Fashion* – 1980)/Who Do You Think We Are (*Special Forces* – 1980)/Look At You Over There, Ripping the Sawdust From My Teddybear (Extra– 1980)/For Britain Only (único *single* do Reino Unido – 1982)/I Am the Future (*Zipper Catches Skin* – 1982)/Tag, You're It (*Zipper Catches Skin* – 1982)/Former Lee Warmer (*Dada* – 1983)/I Love America (*Dada* – 1983)/Indentity Crisis (*Monster Dog* – 1984) See Me In the Mirror (*Monster Dog* – 1984)/Hard Rock Summer (*Friday the 13th* – 1986)

Disco Quatro: He's Back (The Man Behind the Mask) (demo com música de *Trick Bag* – 1986)/ He's Back(The Man Behind the Mask) (*Constrictor* – 1986)/Teenage Frankenstein (*Constrictor* – 1986)/Freedom (*Raise Your Fist and Yell* – 1987)/Prince of Darkness (*Raise Your Fist and Yell* – 1987)/Under My Wheels (*The Decline of Western Civilization* – 1988)/I Got a Line On You (*Iron Eagle II* – 1988)/Poison (Trash – 1989)/Trash (*Trash* – 1989)/Only My Heart Talking (*Trash* – 1989)/Hey Stoopid (*Hey Stoopid* – 1991)/Feed My Frankenstein (*Hey Stoopid* – 1991)/Fire (lado B do *single*)/Lost In America (*The Last Temptation* – 1994)/It's Me (*The Last Temptation* – 1994)/Hands of Death (com Rob Zombie, remix da faixa do seriado *Arquivo X* – 1996)/Is Anyone Home (*Fistful Of Alice* – 1997)/Stolen Prayer (*The Last Temptation* – 1994)

Rhino R2 75580, 1999.

Brutal Planet

Brutal Planet/Wicked Young Man/Sanctuary/Blow Me a Kiss/Eat Some More/Pick Up the Bones/Pessic-Mystic/Gimee/It's the Little

Things/Take It Like a Woman/Cold Machines/ It's the Little Things/ Wicked Young Man/Poison/My Generation/Total Rock Rockumentary (faixa bônus de um programa de rádio)

Eagle CDE 115, 2000 (As faixas 11-15 são faixas bônus da edição do álbum da turnê)

Brutally Live
Brutal Planet/Gimme/Go to Hell/Blow Me a Kiss/I'm Eighteen/ Fedd My Frankenstein/Wicked Young Man/No More Mr Nice Guy/It's Hot Tonight/Caught In a Dream/It's the Little Things/Poison/Take It Like a Woman/Only Women Bleed/You Drive Me Nervous/Under My Wheels/School's Out/Billion Dollar Babies/My Generation/Elected

Eagle DVD + CD, 2000 (Gravado ao vivo)

Dragontown
Triggerman/Deeper/Dragontown/Sex, Death and Money/Fantasy Man/Somewhere In the Jungle/Disgraceland/Sister Sara/Every Moman Has a Name/I Just Wanna Be God/It's Much Too Late/The Sentinel/ Can't Sleep, Clowns Will Eat Me/Go To Hell (ao vivo)/Brutal Planet (remix)/Gimme (vídeo prolongado)/It's the Little Things (vídeo prolongado)

Eagle CD 181, 2001 (As faixas 13-18 são faixas bônus da edição da turnê)

The Eyes of Alice Cooper
What Do You Want From Me?/Between High School and Old School/Man of the Year/Novocaine/By, Bye, Baby/Be With You Awhile/Detroit City/Spirits Rebellious/This House Is Haunted/Love Should Never Feel Like This/The Song That Didn't Rhyme/I'm So Angry/Backyard Brawl

Spitfire CD 090, 2003

Dirty Diamonds
Woman of Mass Distraction/You Make Me Wanna/Perfect/Dirty Diamonds/Pretty Ballerina/Sunset Babies (All Got Rabies)/Zombie Dance/The Saga of Jesse Jane/Six Hours/Steal That Car/Run Down the Devil/Your Own Worst Enemy

Spitfire CD 257, 2005

Live At Montreaux 2005
Department of Youth/No More Mr. Nice Guy/Dirty Diamonds/ Billion Dollar Babies/Be My Lover/Lost In America/I Never Cry/

Woman of Mass Distraction/I'm Eighteen/Between High School and Old School/What Do You Want From Me/Is It My Body/Gimme/Feed My Frankenstein/Welcome To My Nightmare/School's Out/Poison/ Wish I Were Born In Beverly Hills/Under My Wheels
   Spitfire DVD+CD, 2006

Along Came a Spider
I Know Where You Live (prólogo)/Vengeance Is Mine/Wake The Dead/Catch Me If You Can/(In Touch With)Your Feminine Side/ Wrapped In Silk/Killed By Love/I'm Hungry/The One That Got Away/ Salvation/I Am the Spider (epílogo)
   (SPV 90602, 2008)

Theatre of Death
School's Out (versão curta)/Department of Youth/I'm Eighteen/ Wicked Youg Man/Ballad of Dwight Fry/Go to Hell/Guilty/Welcome to My Nightmare/Cold Ethyl/Poison/The Awakening/From the Inside/ Nurse Rozetta/Is It My Body/Be My Lover/Only Women Bleed – I Never Cry/Black Widow (instrumental)/Vengeance Is Mine/Devil's Food/Dirty Diamonds/Billion Dollar Babies/Killer/I Love the Dead/ No More Mr. Nice Guy/Under My Wheels/School's Out (versão longa)
   BGP 2525591, 2009

Old School
Disco Um: No Price Tag (Spiders)/Nobody Likes Me (demo)/On a Train Trip (Sing Low Sweet Cheerio) (demo)/Reflected (demo)/Easy Action Version Two (publicidade de rádio)/Mr. and Misdemeanor (Chicado Underground)/Fields of Regret (Chicago Underground)/I'm Eighteen (Chicago Underground)/Love It to Death (publicidade de rádio)/I'm Eighteen (pré-produção)/Be My Lover (demo)/Killer (demo)/ Halo of Flies (demo)/Tornado Warning (Desperado) (demo)/Killer (publicidade de rádio) Is It My Body (ao vivo em Seattle, 1971)
   Disco Dois: Akron Rubber Bowl Ad (publicidade de rádio)/School's Out (Mar Y Sol, Porto Rico)/Kids Session (School's Out Kids Session)/ Outtakes – Luney Tune (pré-produção)/Outtakes – My Stars (pré-produção)/School's Out (demo)/Under My Wheels (ao vivo no Madison Square Garden)/Teenage Lament '74 (demo)/Never Been Sold Before (demo)/Working Up a Sweat (demo)/Muscle of Love (pré-produção)/ Teenage Lament '74 (pré-produção)/Muscle of Love (publicidade na rádio)/Good to See You Alice Cooper (publicidade na rádio)/Muscle of Love (Rio)/Greatest Hits (publicidade na rádio)

Disco Três: In Their Own Words
Disco Quatro: Intro/Be My Lover (introdução)/Be My Lover/You Drive Me Nervous/Yeah, Yeah, Yea/I'm Eighteen/Halo of Flies/Is It My Body/Dead Babies/Killer/Long Way to Go (todas as faixas do disco quatro foram gravadas na turnê *Killer* Live em St. Louis, 1971)
Universal B004X96IZA, 2011

Welcome to My Nightmare
I Am Made of You/Caffeine/The Nightmare Returns/A Runaway Train/Last Man On Earth/The Congregation/Disco Bloodbath Boggie Fever/I'll Bite Your Face Off/Ghouls Gone Wild/Something to Remember Me By/When Hell Comes Home/What Baby Wants/I Gotta Get Outta Here/The Underture/Under the Bed (faixa bônus do CD da revista *Classic Rock*)/Poison (ao vivo em *Download* 2011) (faixa bônus do CD da revista *Classic Rock*)/We Gotta Get Out of This Place (faixa bônus do *digipack*, edição limitada)/No More Mr Nice Guy (ao vivo em *Download*) (faixa bônus do *digipack*, edição limitada)/ The Black Widow (ao vivo em *Download*) (faixa bônus do *digipack*, edição limitada)/Flatline (faixa bônus da versão iTunes)/A Bad Situation (faixa bônus no vinil)
Spinefarm Records B005F908W6, 2011.

Índice Remissivo

Símbolos

10cc 12, 14

A

Abse, Leo 173, 174, 308
Advert, Gaye 5, 222
Aerosmith 220, 229, 230, 263, 266, 273, 274
A Fistful of Alice 288, 323
Alcock, John 189
Alice Cooper, banda 9, 10, 71, 74, 77, 82, 83, 84, 88, 89, 91, 95, 99, 101, 105, 112, 113, 116, 117, 120, 126, 129, 152, 154, 155, 162, 171, 175, 183, 192, 201, 287, 291, 308
Alice Cooper Goes to Hell 208, 321, 324
Alice Cooper Golf Monster 19
The Alice Cooper Show 218, 321
Alice In Chains 282
Alice's Deadly Seven 288
Allen, Mike 55, 99
Allen, Rick 258
Along Came a Spider 308, 326
Amboy Dukes 94, 96, 121
Amor Sublime Amor 50, 97, 133, 144, 198, 214, 288, 312
Appice, Carmine 240
Aranza, Jacob 255
Asheton, Ron 95

B

Bacharach, Burt 81, 150, 154, 187
Bachman Turner Overdrive 108
Badanjek, Johnny 195
Baker, Roy Thomas 234, 236
Baker, Susan 267
Bangs, Lester 94, 127
Baron, Duane 284
Barrett, Syd 61
Bators, Stiv 5, 100, 223
Beach, Reb 289
Beardsley 87
Beck, Jeff 46, 49, 50, 161, 196
Bennett, Michael 149
Berry, Chuck 34, 46, 89, 277
Billion Dollar Babies 9, 10, 137, 156, 157, 158, 160, 162, 163, 164, 177, 178, 180, 182, 193, 205, 206, 207, 208, 222, 241, 245, 246, 252, 259, 285, 305, 308, 316, 318, 320, 321, 323, 325, 326
Birdie, Conrad 49
Black Oak Arkansas 121, 189
Black Sabbath 121, 143, 272, 297
Blades, Jack 284
Blake, Marcus 5, 297
Blood Sweat & Tears 88
Blue Cheer 60, 68, 272
Blues Image 76, 239, 240, 244
Blunkett, David 271
Bogert, Tim 240
Bonham, John 190
Bon Jovi, Jon 274
Boone, Pat 199, 292, 293
Bowie, David 12, 13, 14, 43, 117, 120, 144, 146, 164, 179, 181, 182, 192, 248, 290
Boyce, Keith 5, 200
Boyd, Jim 47
Bradbury, Ray 284
Briggs, David 96
Broadway 49, 138, 143, 149, 150, 154, 171, 191, 192, 214, 215, 288
Brooks, Elkie 189
Brown, Arthur 5, 129, 130, 131
Browne, Jackson 73
Brownsville Station 100, 101
Bruce, Lenny 60

Bruce, Michael 11, 50, 53, 55, 57, 63, 68, 80, 90, 110, 111, 115, 116, 133, 142, 153, 157, 159, 163, 183, 188, 193, 287, 293, 295, 309, 310
Brutal Planet 297, 298, 299, 300, 301, 302, 324, 325
Buckley, Tim 74
Buffalo Springfield 53, 59, 61
Burdon, Eric 46
Burns, Stef 288
Buxton, Glen 5, 9, 11, 37, 39, 53, 55, 56, 61, 62, 67, 68, 84, 86, 88, 90, 97, 106, 122, 127, 133, 136, 137, 140, 152, 154, 158, 160, 162, 163, 176, 177, 183, 191, 223, 287, 293, 312
The Byrds 47

C

Cage, John 87
Canned Heat 77, 121
Captain Beefheart 73
Carnel, Charlie 55, 99
Carnival Spirit 289
Carr, Eric 114
Carr, Robert 173
Carson, David A. 95
Cave, Nick 199
Charlesworth, Chris 145, 183
Cheap Trick 206, 230
Child, Desmond 273, 274, 276, 277
Chirowski, Josef 195
Christian, Brian 112
Christian, Dick 55
Clapton, Eric 90, 160, 232
Clark, Dick 293
Classicks 287, 288, 323
Clear Light 62
Clemons, Clarence 260
The Coasters 42
Cobain, Kurt 279, 286
Cochran, Eddie 12, 34, 286
Cohen, Herb 75, 193
Collective Soul 291
Collins, Judy 155
Collins, Peter 278
Condello, Mike 48
Constrictor 264, 265, 270, 275, 324
Corman, Roger 20

Cornell, Chris 282
Cottle, Sherry 60, 61, 68
Crane, Vincent 130
Crazy Horse 85
Cream 60, 88, 128, 210, 233
Criminal Justice 264
Culture Club 248, 266
Cummings, Burton 108
Cunningham, Diane 85
Curtis, Jack 5, 41, 47, 48, 52
Curtis, Tony 57

D

Dada 107, 252, 253, 263, 277, 283, 322, 324
Dalí, Salvador 32, 171, 222
Daltrey, Roger 286
Dandy, Jim 189
Dead Boys 100, 223
Dee, Kiki 230
Def Leppard 258
DeGrasso, Jimmy 288
Delaney & Bonnie 102
Delon, Alain 134
Derringer, Rick 127
Dewar, James 189
Diary of a Mad Housewife 105
Dion & The Belmonts 35
Dirty Diamonds 78, 303, 325, 326
Dolenz, Mickey 190
Dolin, Bob 205
Donovan 5, 160
The Doors 53, 59, 60, 62, 90, 117
Dragontown 300, 301, 325
Dreja, Chris 50
Dunaway, Dennis 11, 32, 33, 36, 55, 68, 90, 100, 110, 115, 126, 133, 160, 176, 287, 293, 310
Duran Duran 248, 266
Dylan, Bob 40, 248, 255

E

Easy Action 96, 97, 98, 108, 153, 155, 252, 319, 323, 326
Eddy, Duane 35
Emerson, Keith 88

Epic Records 272, 274, 287
The Eyes of Alice Cooper 302, 325
Ezrin, Bob 108, 110, 111, 112, 113, 115, 125, 127, 154, 158, 161, 163, 178, 183, 189, 190, 194, 196, 206, 207, 215, 252, 262, 264, 272, 297, 298, 299, 300

F

Facienda, Tommy 35
Fafara, Frank 47
Faith No More 287
Feinstein, Harley 5, 85
Fields, Danny 122
Fischer, Wild Man 73
Fleming, Don 284
Fleury, Joseph 156
Ford, Betty 224
Foreigner 232
Four Seasons 35
Fowley, Kim 182
Frampton, Peter 5, 229, 296
Freddie & The Dreamers 36
The Frost 95
Frye, Dwight 113, 114, 115
Furnier, Damien 24
Furnier, John Washington 22
Furnier, Thurman Sylvester 22
Furnier, Vincent Damon 21

G

Gaiman, Neil 20, 283, 284, 287
Gardner, Bunk 73, 75
Garni, Kelly 122
Geffen, David 73
Geldof, Bob 260
Gerry & The Pacemakers 36
Gilkeson, Rod 146
Girls Together Outrageously (GTO's) 61
Glan, Whitey 195, 218, 233
Glitter, Gary 12
Goddard, Sheryl 197, 209
Gold, Andrew 83
Gordon, Alan 194
Gordon, Shep 5, 78, 81, 88, 92, 94, 106, 108, 135, 144, 153, 154, 163, 164, 168, 183, 188, 190, 199, 205, 207, 212, 217, 221, 249, 273, 312

Grand Funk Railroad 100
Grateful Dead 102
Greatest Hits 188, 201, 277, 288, 320, 326
Greenberg, Joe 78

H

Hagar, Sammy 288
Halfnelson 84, 85
Halford, Rob 278
Hall, Sister Pat 179
Hamilton, Tom 274
Hammond, Steve 189
Hanoi Rocks 258
Harris, Bob 134
Harris, Richard 212
Harris, Rolf 111
Hawkins, Ronnie 91
Hawkwind 12, 13, 14
Hendrix, Jimi 11, 53, 77, 131, 139, 195, 204, 240, 300
Henske, Judy 74
Hey Stoopid 278, 279, 281, 318, 322, 323, 324
Hickey, Debby 48
Hill, Beau 264, 267
Hitchings, Duane 240, 243, 245
The Hives 302
Holly, Buddy 34
Hollywood Records 287, 289
Hope, Bob 175
Howar, Pam 267
Hunter, Steve 161, 162, 178, 195, 196, 216, 218, 233
Huntington, Doke 57

I

Insane Clown Posse 289

J

Jackson, Michael 196, 248, 260
Jagger, Bianca 134
Jagger, Mick 40, 221, 254
Jan & Dean 42
Jefferson Airplane 67
Jett, Joan 248, 273, 274, 276

Joel, Billy 260
John, Elton 140, 164, 226, 227, 228, 232
Johnny & The Hurricanes 35
John, Prakash 195, 218, 233
Johnstone, Davey 230, 233, 235
Jones, Gloria 179
Jones, Grace 257
Joplin, Janis 12, 60, 78, 300
Journey 232

K

Kachina, a píton 106, 127, 134, 137, 138
Kaylan, Howard 152, 153, 154, 231, 236
Kempf, Rolf 155
Kershaw, Doug 102
Killer 9, 126, 127, 135, 139, 140, 144, 148, 156, 162, 171, 172, 174, 178, 180, 193, 213, 252, 272, 304, 310, 319, 323, 326, 327
Killsmith 10
King, BB 102, 295
King, Carole 83
Kingsley, Pat 125
The Kinks 36
Kiss 10, 114, 190, 191, 206, 214, 233, 248, 249, 254, 259, 262, 263, 273, 274, 285, 289, 293, 298, 299, 324, 325
Koda 101
Kooper 88
Korn 299
Kramer, Joey 274
Kwiatkowski, Ladimir 48

L

Lambton, Lord 173
Landy, Eugene 212
Lang, Cindy 174, 197
The Last Temptation 283, 285, 286, 287, 323, 324
Led Zeppelin 88, 121, 144, 152, 164, 183, 190, 272
Left Banke 78
Lennon, John 46, 91, 152, 190, 221, 300
Lescoulie, Jack 100
Levin, Tony 195
Levy, Marcy 232
Lewis, Jerry Lee 34, 89
The Life and Crimes of Alice Cooper 296, 323

Limbaugh, Rush 116
Limp Bizkit 299
Little Richard 34
Lofgren, Nils 296
Love It to Death 121, 122, 125, 127, 133, 135, 178, 180, 245, 247, 252, 262, 277, 310, 323, 326
Lovin' Spoonful 49
Lowe, James Thaddeus 155
Lugosi, Bela 114, 146, 155, 185
Lukather, Steve 230, 274
Lulu 180

M

Madonna 286
Mancini, Henry 35
Mandel, Fred 218
Mann-Dude, Guy 274
Manson, Marilyn 292
Marconi, Mike 205, 206
Martin, George 229, 230
Martin, Steve 230
Marx, Groucho 134, 175
Mascot 47, 315
Mashbir, Mike 160
Mason, Nick 62
Mayall, John 89
MC5 81, 85, 89, 94, 96, 143
McCartney, Paul 97, 179, 221
McCarty, Jim 5, 50
McCoy, Andy 258
McDonald, Country Joe 89
McLaren, Malcolm 128, 222
McMahon, Pat 48
Me Alice 21, 36, 39, 52, 63
Megadeth 266, 287
Metallica 266
Michaels, Hilly 5, 234, 235
Midnight Oil 274
Mitchell, Joni 66, 106
Mitchell, Mitch 240
Mitchelson, Marvin 253
Monroe, Mike 258
Monster Dog (filme) 257, 258, 324

Moon, Keith 160, 189, 213, 227, 229, 300
Moore, Sam 296
Morrison, Jim 60, 77, 90, 91, 111, 119, 300
Mothers of Invention 72, 82, 86, 102, 152
Mötley Crüe 258, 266, 278
Motörhead 266
Mott the Hoople 12, 14, 100
Mountain 69, 100, 101
Murray, Dee 5, 228, 230, 231, 234
Murray, Jan 49
Muscle of Love 177, 178, 180, 181, 182, 183, 188, 190, 191, 192, 276, 295, 304, 320, 323, 326

N

The Nazz 57, 323
Nielsen, Rick 230
Nilsson, Harry 5, 154, 160, 190
Nine Inch Nails 291
Nirvana 278, 279, 282, 286
Nitty Gritty Dirt Band 68
Nitzinger, John 251
Numan, Gary 235, 237
Nyro, Laura 66

O

O'Hurley, John 296
Oldham, Andrew Loog 136
Old School 135, 309, 325, 326
Osbourne, Ozzy 254, 265, 278, 287

P

Page, Jimmy 196
Pandel, Ashley 135, 176
Parents' Music Resource Centre 267
Paul, Steve 86
Pepe, Barbara 223
Perry, Joe 257, 263, 274
Peter & Gordon 49
Pfeifer, Bob 272, 284, 285, 287
Pfeiffer, Caroline 125
Phillips, Dick 65
Pierce, Dave 189

Pinera, Mike 5, 76, 239, 241, 243, 244, 249
Pink Floyd 61, 62, 63, 68, 76, 97, 115, 116, 118, 130, 164, 192
Pitney, Dale 42
Plastic Ono Band 89
Platinum Gods 180, 189
P-Nut Butter 45, 47
Poco 178
Podell, Jon 125
Podolar, Richard 250
Ponti, Jack 278
Pop, Iggy 86, 94, 100, 121, 251, 290
Precious Few 45
Presley, Elvis 11, 19, 65, 221
Pretties For You 81, 87, 126, 155, 249, 252, 319, 323
Pretty Things 46, 80, 97, 223
Price, Vincent 138, 196, 197
Prior, Maddy 189
Purdell, John 284

Q

Quatro, Suzi 5, 200, 210, 220
Queen 183, 197, 232, 234, 235
Queensrÿche 278
Quicksilver Messenger Service 76

R

Rage Against the Machine 299
Raise Your Fist and Yell 267, 270, 322, 324
Ramatan 240
Ramone, Phil 108, 196
Ratt 264, 266
Red & White Blues Band 45
Reed, Dan 144
Rhoads, Kelle 122
Rhoads, Randy 122
Richards, Keith 183, 221, 224
Richardson, Jack 107, 109, 178, 206
Rich, Charlie 138
The Righteous Brothers 42
Roberts, Kane 263, 266, 272, 274
Ronstadt, Linda 83
Rotten, Johnny 128, 222
Roxie, Ryan 289, 298

Roxy Music 12, 14, 146
Rufus 161
Rundgren, Todd 65, 155
Ryder, Mitch 161

S

Safka, Melanie 66
Sambora, Richie 274
Samuels, Sol 212
Sataslow, Nick 40
Satriani, Joe 278
School's Out 9, 13, 125, 140, 141, 142, 143, 144, 146, 148, 151, 152, 154, 156, 158, 162, 164, 172, 178, 180, 182, 194, 207, 217, 222, 231, 241, 246, 248, 252, 260, 269, 275, 285, 290, 305, 307, 308, 312, 316, 317, 318, 320, 321, 323, 325, 326
Scorpions 289
Seger, Bob 96, 100
Serling, Rod 212
Setzer, Brian 260
Sexual Savior 10
The Shangri-Las 35
Shannon, Del 42
Sharif, Omar 134
Shaw, Tommy 284
Shepherd, Cybill 183
Simon, Carly 12, 164
Simon & Garfunkel 108
Sinatra, Frank 227
Singer, Eric 298
Sixx, Nikki 278
Slade 12, 13, 144
Slash 278, 288
Sly & The Family Stone 88
Smith, Emmet 33
Smith, Greg 289
Smith, Joe 139
Smith, Neal 5, 9, 62, 63, 65, 68, 71, 80, 81, 90, 91, 92, 99, 104, 106, 110, 114, 115, 117, 123, 126, 140, 163, 164, 167, 168, 177, 179, 180, 189, 193, 204, 287, 293, 295, 304, 308, 309, 310
Snider, Dee 260, 268
Soft Cell 266
Soft Machine 130
Solters, Lee 125

Sonny & Cher 77
Soul Asylum 291
Soundgarden 282, 291
Sparks 85, 133, 155, 156, 234, 251
Spear, Roger Ruskin 129
Special Forces 243, 244, 245, 246, 249, 250, 253, 263, 265, 297, 301, 321, 324
Spector, Phil 35, 111, 112
Speer, John 33, 36, 39, 55, 63
The Spiders 323
Spielberg, Steven 211
Spirit 121, 122, 280, 289
Spirit Rebellious 288
Spooner, Bill 41, 50
Springsteen, Bruce 211, 248
Starr, Ringo 190, 211, 213
Steppenwolf 12, 77, 81, 105, 121, 244
Stigwood, Robert 229
Stockert, Ron 161
Straight Records 73, 75, 79, 81, 98, 152
Stray Cats 260
The Strokes 302
Styx 232
Sutch, Screaming Lord 131
The Sweet 12, 13

T

Tatum, John 37, 38, 42, 45, 52
Taupin, Bernie 140, 190, 226, 230
Taylor, Derek 145, 171
Taylor, James 83, 105, 117, 136, 192
Taylor, Paul 289
Ten Years After 75, 100, 123
Theaker, Drachen 130
Thee Image 76, 240
Them 27, 223
Thirlwell, Jim 199
Thompson, Bill 48
Three Dog Night 81, 168, 244
Tiny Tim 72, 146, 168
Toto 230, 232
Townshend, Pete 92, 286
Traffic 100, 101
Trash 274, 275, 276, 277, 278, 285, 311, 318, 322, 324

T Rex 12, 13, 117, 144, 152
Tutone, Tommy 248
Twisted Sister 258, 260, 261, 268
Tyler, Steve 196, 220, 273, 274, 282

U

Underwood, Ian 80
Uptown Horns 260

V

Vai, Steve 278
Vanian, Dave 5, 222
Vee, Bobby 42
Velvet Underground 86
Vincent, Gene 34, 35, 90, 91, 92
The Vines 302
Volman, Mark 5, 152
Voorman, Klaus 154

W

Wagener, Michael 264, 267
Wagner, Dick 95, 162, 178, 183, 194, 196, 216, 218, 230, 233, 251, 263, 272, 287
Wallace, Andy 284
War 164, 282, 323
Warhol, Andy 107, 119
Warner Brothers 81, 98, 102, 103, 105, 120, 125, 141, 145, 164, 170, 193, 201, 209, 218, 221, 249, 252, 258
Watts, Charlie 133
Watts, Michael 131, 146, 170
Welcome To My Nightmare 192, 326
West, Mae 213
Wheeler, Phil 38, 39
White, Jack 309
The White Stripes 302
White Zombie 288, 290, 291
The Who 11, 40, 77, 92
Wilson, Brian 212, 217
Wilson, Jim 297
Winger, Kip 5, 264, 272, 273, 274, 289
Wings 179

Winkler, Henry 208
Winters, David 198

X

The XLs 41

Y

The Yeah Yeah Yeahs 302
Yester, Jerry 74
The Young Men 45
Young Rascals 53

Z

Zappa, Frank 77, 80, 82, 87, 92, 102, 106, 111, 139, 150, 152, 193, 268, 312
Zephyr 100
Zipper Catches Skin 251, 252, 253, 263, 277, 322, 324
Zombie, Rob 288, 290, 297, 312, 324
Zulli, Michael 284

MADRAS® Editora

CADASTRO/MALA DIRETA

Envie este cadastro preenchido e passará a receber informações dos nossos lançamentos, nas áreas que determinar.

Nome _____
RG _____ CPF _____
Endereço Residencial _____
Bairro _____ Cidade _____ Estado ____
CEP _____ Fone _____
E-mail _____
Sexo   Fem.   Masc.   Nascimento _____
Profissão _____ Escolaridade (Nível/Curso) _____

Você compra livros:
❏ livrarias   ❏ feiras   ❏ telefone   ❏ Sedex livro (reembolso postal mais rápido)
❏ outros: _____

Quais os tipos de literatura que você lê:

Jurídicos	Pedagogia	Business	Romances/espíritas
Esoterismo	Psicologia	Saúde	Espíritas/doutrinas
Bruxaria	Autoajuda	Maçonaria	Outros:

Qual a sua opinião a respeito desta obra? _____
_____

Indique amigos que gostariam de receber MALA DIRETA:
Nome _____
Endereço Residencial _____
Bairro _____ Cidade _____ CEP _____

Nome do livro adquirido: <u>Alice Cooper</u>

Para receber catálogos, lista de preços e outras informações, escreva para:

MADRAS EDITORA LTDA.
Rua Paulo Gonçalves, 88 – Santana – 02403-020 – São Paulo/SP
Caixa Postal 12183 – CEP 02013-970 – SP
Tel.: (11) 2281-5555 – Fax.:(11) 2959-3090
www.madras.com.br

Este livro foi composto em Times New Roman, corpo 11,5/13.
Papel Offset 75g
Impressão e Acabamento
Atrativa Gráfica — Rua Cabo Romeu Casagrande, 277
— Parque Novo Mundo/São Paulo/SP
CEP 02180-060 — Tel.: (011) 2632-6633